中国轻工业"十三五"规划立项教材

食品添加剂
(第二版)

迟玉杰　主　编

中国轻工业出版社

图书在版编目(CIP)数据

食品添加剂/迟玉杰主编.—2 版.—北京:中国轻工业出版社,2022.4
中国轻工业"十三五"规划立项教材
ISBN 978-7-5184-3359-9

Ⅰ.①食… Ⅱ.①迟… Ⅲ.①食品添加剂—高等学校—教材 Ⅳ.①TS202.3

中国版本图书馆 CIP 数据核字(2020)第 266495 号

责任编辑:罗晓航

策划编辑:伊双双　　　责任终审:张乃柬　　　封面设计:锋尚设计
版式设计:砚祥志远　　　责任校对:吴大朋　　　责任监印:张　可

出版发行:中国轻工业出版社(北京东长安街 6 号,邮编:100740)
印　　刷:北京君升印刷有限公司
经　　销:各地新华书店
版　　次:2022 年 4 月第 2 版第 1 次印刷
开　　本:787×1092　1/16　印张:22.5
字　　数:580 千字
书　　号:ISBN 978-7-5184-3359-9　定价:55.00 元
邮购电话:010-65241695
发行电话:010-85119835　传真:85113293
网　　址:http://www.chlip.com.cn
Email:club@ chlip.com.cn
如发现图书残缺请与我社邮购联系调换
191446J1X201ZBW

本书编写人员

主　编　迟玉杰（东北农业大学）
副主编　张华江（东北农业大学）
　　　　　梁丽雅（天津农学院）
　　　　　周爱梅（华南农业大学）
　　　　　武俊瑞（沈阳农业大学）
　　　　　程文健（福建农林大学）
参　编　夏　宁（东北农业大学）
　　　　　周　涛（南京师范大学）
　　　　　白　英（内蒙古农业大学）
　　　　　王立枫（东北农业大学）
　　　　　王金玲（东北林业大学）
　　　　　周鸿媛（西南大学）
　　　　　吕慕雯（华南农业大学）
　　　　　查恩辉（锦州医科大学）
　　　　　王俊彤（黑龙江八一农垦大学）

前言（第二版） Preface

食品添加剂是现代食品工业的重要组成部分，是为改善食品品质和色、香、味，以及为防腐、保鲜和加工工艺的需要而加入食品中的人工合成或者天然物质。食品添加剂在食品行业的发展中发挥着十分重要的作用。

本书第一版由中国轻工业出版社于2013年4月出版，作为高校教材得到食品专业高校师生的认可及相关企业从业者的青睐。随着中国食品工业的快速发展，为保障食品安全和人民健康，国家先后颁布了《中华人民共和国食品安全法》、《食品安全国家标准 食品添加剂使用标准》（GB 2760—2014）和《食品安全国家标准 食品营养强化剂使用标准》（GB 14880—2012）等法律法规。依据国家最新颁布的法律法规，结合食品添加剂工业的发展，编者对本书进行了修订和完善，以确保第二版的内容更具科学性、准确性和时效性。

本书共分为十五章。重点介绍了常用的食品添加剂，包括食品添加剂的概念、作用原理、生产方法、安全性和使用原则以及相关的注意事项等。

本书由迟玉杰主编。具体编写分工如下：第一章由东北农业大学迟玉杰编写，第二章由福建农林大学程文健编写，第三章由天津农学院梁丽雅编写，第四章由东北农业大学夏宁编写，第五章由南京师范大学周涛编写，第六章由内蒙古农业大学白英编写，第七章由东北农业大学张华江编写，第八章由东北农业大学王立枫编写，第九章由东北林业大学王金玲编写，第十章由华南农业大学周爱梅编写，第十一章由沈阳农业大学武俊瑞编写，第十二章由西南大学周鸿媛编写，第十三章由华南农业大学吕慕雯编写，第十四章由锦州医科大学查恩辉编写，第十五章由黑龙江八一农垦大学王俊彤编写。本书第一版编者潘超然教授、刘欣教授、安辛欣教授因退休申请不参与编写，张宇昊、肖贵平、李真顺、王洪伟四位教授因工作原因未能参与编写。

本书参考了国内外书籍与文献，在此向所有参考文献的作者表示真诚感谢。也感谢各位编者的辛勤付出。

限于编者水平，书中难免出现不足和疏漏，敬请同行专家、读者不吝斧正。

编 者

2021年11月于哈尔滨

前言（第一版） Preface

食品产业是民生产业，也是国民经济支柱产业和永恒的朝阳产业。进入 21 世纪以来，中国食品工业年均增长率超过 20%，为同期 GDP 增长率的 2 倍。2010 年产值规模以上食品企业实现产值 4.97 万亿元人民币，预计 2015 年食品工业产值将达到 11.5 万亿元人民币。

中国食品添加剂和配料产业在最近二十多年来经历了从无到有、从少到多、从粗到精的发展历程，也折射出中国食品工业的巨大飞跃。在全球食品相关工业中，食品约占 60%，包装机械约占 20%，食品机械约占 17%，食品添加剂仅占 3%。虽然食品添加剂和配料相对于其他工业领域来说是一个小行业，但它却是整个食品工业的灵魂，是食品工业技术进步和科技创新的重要推动力，没有食品添加剂就没有现代食品工业。快速发展的中国食品工业乃至全球食品工业，给中国食品添加剂和配料行业带来了挑战，也引导了新的市场方向。随着全球人口增长和城市化的加速，工业化食品的消费越来越多，食品添加剂行业的竞争也日益激烈。

各国批准使用的食品添加剂品种越来越多，添加剂使用水平已成为衡量一个国家现代化程度的重要标志。到目前为止，全世界食品添加剂品种达到 25000 种，其中 80% 为香料。直接食用的有 3000~4000 种，常见的有 600~1000 种。为了进一步提高食品添加剂使用的科学性、安全性、实用性，2011 年 6 月 20 日我国颁布并实施了新的 GB 2760—2011《食品安全国家标准 食品添加剂使用标准》，规定了我国包括食品添加剂、食品工业用加工助剂、胶基糖果中基础剂物质和食品用香料等共 2314 个品种，23 个功能类别，涉及 16 大类食品。其中，有相应使用范围和使用量的食品添加剂 280 种；按生产需要适量使用的食品添加剂 77 种；食品用香料 1853 种；食品工业用加工助剂 159 种；胶基糖果中基础剂物质及其配料 55 种。新标准中删除了不再使用的、没有生产工艺必要性的食品添加剂和加工助剂，如过氧化苯甲酰、过氧化钙、甲醛等品种；明确规定了食品添加剂的使用原则，规定使用食品添加剂不得掩盖食品腐败变质，不得掩盖食品本身或者加工过程中的质量缺陷，不得以掺杂、掺假、伪造为目的而使用等；增加了食品用香料和食品工业用加工助剂的使用原则；调整食品用香料分类、食品工业用加工助剂名单等。

随着中国食品工业的蓬勃发展，中国食品添加剂的销售额在近 10 年增长 3 倍以上。据不完全统计，我国食品添加剂的生产、经营企业大约 3000 家，2010 年食品添加剂产量达到 712 万 t，比 2009 年增加了 11%；销售收入达到 719 亿元人民币，比 2009 年增长了 12.5%；出口创汇 32 亿美元。主要产品产销情况如下：①着色剂类产品，主要是指天然色素、焦糖色素和天然提取物色素，2010 年产品产量为 35 万 t，销售额达 30 亿元人民币；②乳化剂、增稠剂及品质改良剂，2010 年产品产量达到 62 万 t，销售额近 30 亿元人民币；③甜味剂，2010 年甜味剂总产量约 130 万 t，比 2009 年增加 11%，其中化学合成高倍甜味剂产量约 12 万 t，糖醇类甜味剂约 115 万 t；④防腐剂、抗氧化剂，2010 年该类产品的总产量约 24.5 万 t，比 2009 年增加了 13%；⑤香精、香料类产品，2010 年该类产品的产量约为 12.1 万 t；⑥其他包括味精、柠檬酸等大宗产品，2010 年的总产量为 447.9 万 t。中国食品添加剂有不少已在国际上占有重要地位和影响，除了传统出口的天然香精香料和中国特有的品种以外，一些最近发展起来的品种也显示出优良的出口竞争力，如山梨醇、木糖醇、糖精、异抗坏血酸钠、甜蜜素、维生素 C、赖氨酸、牛磺酸等。

近几年的食品安全事件使得公众对食品安全问题十分关注，但对于食品添加剂的认识还不够全面，往往把安全问题与食品添加剂联系起来，对食品添加剂存在一定的误解，把非法添加物等同于规范使用的食品添加剂。食品添加剂是指为改善食品品质和色、香、味以及为防腐、保鲜和加工工艺的需要而加入食品中的人工合成或者天然物质。添加物不等于食品添加剂，三聚氰胺、苏丹红等不是食品添加剂，一些有影响的食品安全事件都不是食品添加剂造成的，但食品添加剂往往成了讨论的焦点。食品添加剂对食品工业的发展有巨大的推动作用，没有食品添加剂就没有食品产业的进步，食品添加剂是食品工业的灵魂，如果没有食品添加剂，那么食品安全也会受到更大的威胁。关键是要生产销售合法、合格的食品添加剂，正确使用食品添加剂，不违规，不超范围、超量使用食品添加剂。

有关食品添加剂的理论教材首先应明确和阐明食品添加剂的是非论；依物质属性科学认识和客观评价食品添加剂的安全性和积极作用；从法律和法规、食品安全方面论述强化法制管理、建立完善监管体系的必要性。并利用专业教学的环境和条件，学习和探讨如何运用相宜的技术原理，使食品添加剂更好地发挥其积极、有效的作用。

本教材作为食品相关专业的理论教材，在编写的过程中依据我国最新颁布的 GB 2760—2011《食品安全国家标准　食品添加剂使用标准》，紧密结合该行业及学术方面的研究动向，在内容上重点突出了食品专业学科的特点，不仅明确阐述了不同食品添加剂类别、功效、毒理等基础理论，而且详细论述食品添加剂在应用方面的技术原理和使用原则。本教材编写中未一一列举食品添加剂的全部种类，仅将其中的典型或重点类别进行讨论介绍，希望广大读者以此为例，举一反三，扩展对其他内容的学习和掌握。书中每一章节后都附有一定量的思考题，以帮助读者对相关理论的理解和重点内容的掌握。本教材的内容突出表现在以下几个方面：

（1）既要认识食品添加剂的积极作用，同时也注重了解其物质属性和毒理方面的分析；
（2）明确食品添加剂的是非论和使用原则，介绍有关的法规和限制要求；
（3）既要求掌握食品添加剂的应用理论，也不忽视对相关法规的学习；
（4）根据不同类别的食品添加剂的性质和功能，介绍相关的使用条件和影响因素；
（5）既注重技术理论的学习，又不忽略实际应用技能的培养。

为了更好完成本教材，突出各编写成员的特色，编写组对本书做了明确的分工：前言、附录部分以及第一章由东北农业大学迟玉杰负责编写；第二章由福建农林大学潘超然负责编写；第三章由天津农学院梁丽雅负责编写；第四章由东北农业大学夏宁负责编写；第五章和第七章由东北农业大学张华江负责编写；第六章由西南农业大学王洪伟负责编写；第八章由长江大学李真顺负责编写；第九章由东北林业大学王金玲负责编写；第十章由华南农业大学周爱梅负责编写；第十一章由福建农林大学肖贵平负责编写；第十二章由西南农业大学张宇昊负责编写；第十三章由华南农业大学刘欣负责编写；第十四章由辽宁医学院查恩辉负责编写；第十五章由南京农业大学安辛欣负责编写。

  本教材以近期国家对食品添加剂的相关规定为依据，结合了各位编者多年的科研技术和实践经验，除了适合作为食品相关专业学生用教材外，也可作为食品添加剂的生产者、研究者和使用者的辅助资料。本书主要编写人员多年从事食品添加剂方面的教学和科研工作，但由于个人能力和认识水平毕竟有限，书中难免有一些不足和疏漏之处，肯望读者给予明示和赐教，以便我们今后及时修订、补充和完善。

编 者

2013 年 3 月于哈尔滨

目录 | Contents

第一章 绪　论 …………………………………………………………………… 1
　第一节　食品添加剂的发展历程 ………………………………………………… 1
　第二节　食品添加剂的定义和分类 ……………………………………………… 3
　　一、食品添加剂的定义 …………………………………………………………… 3
　　二、食品添加剂的分类 …………………………………………………………… 4
　第三节　食品添加剂和食品工业的关系 ………………………………………… 5
　第四节　食品添加剂的现状和发展趋势 ………………………………………… 6
　　一、食品添加剂的现状 …………………………………………………………… 6
　　二、食品添加剂的发展趋势 ……………………………………………………… 7
　第五节　国内外对食品添加剂使用的管理 ……………………………………… 8
　　一、FAO/WHO 对食品添加剂的管理 …………………………………………… 8
　　二、美国对食品添加剂的管理 …………………………………………………… 9
　　三、欧洲经济共同体（EEC）对食品添加剂的管理 ………………………… 10
　　四、我国对食品添加剂的管理 ………………………………………………… 10
　　五、食品添加剂管理的国际化 ………………………………………………… 11
　第六节　食品添加剂的安全性评价 …………………………………………… 12
　　一、食品添加剂的毒理学评价 ………………………………………………… 12
　　二、食品添加剂的使用评估 …………………………………………………… 13
　　三、食品添加剂的质量标准 …………………………………………………… 14
　第七节　食品添加剂的发展现状和前景 ……………………………………… 14
　　一、新产品开发 ………………………………………………………………… 14
　　二、生产技术 …………………………………………………………………… 15
　　三、监管体系的建立与完善 …………………………………………………… 16

第二章 食品防腐剂 …………………………………………………………… 18
　第一节　概述 …………………………………………………………………… 18
　　一、食品的腐败变质 …………………………………………………………… 18
　　二、食品防腐剂的概念与分类 ………………………………………………… 19
　第二节　防腐剂的作用机制与抑菌效果 ……………………………………… 20

一、食品防腐剂的作用机制 …………………………………………………… 20
二、食品防腐剂的抑菌效果 …………………………………………………… 20
第三节　常用的化学食品防腐剂 …………………………………………………… 23
一、苯甲酸及其盐类 …………………………………………………………… 23
二、山梨酸及其盐类 …………………………………………………………… 24
三、对羟基苯甲酸酯类 ………………………………………………………… 25
四、丙酸及其盐类 ……………………………………………………………… 27
五、双乙酸钠 …………………………………………………………………… 28
六、脱氢乙酸及其钠盐 ………………………………………………………… 29
七、其他化学防腐剂 …………………………………………………………… 29
第四节　常用的天然食品防腐剂 …………………………………………………… 30
一、乳酸链球菌素 ……………………………………………………………… 30
二、纳他霉素 …………………………………………………………………… 31
三、ε-聚赖氨酸和 ε-聚赖氨酸盐酸盐 ………………………………………… 32
四、溶菌酶 ……………………………………………………………………… 33
五、其他天然防腐剂 …………………………………………………………… 34
第五节　食品防腐剂的使用 …………………………………………………………… 35
一、食品防腐剂的选择 ………………………………………………………… 35
二、防腐剂的使用方法 ………………………………………………………… 36
三、食品防腐剂使用注意事项 ………………………………………………… 36

第三章　食品抗氧化剂 ……………………………………………………………………… 38
第一节　食品抗氧化剂的作用机制 …………………………………………………… 38
一、食品的氧化变质 …………………………………………………………… 39
二、食品抗氧化剂的作用机制 ………………………………………………… 40
第二节　油溶性食品抗氧化剂的性质及应用 ………………………………………… 41
一、丁基羟基茴香醚 …………………………………………………………… 41
二、二丁基羟基甲苯 …………………………………………………………… 42
三、没食子酸丙酯 ……………………………………………………………… 43
四、特丁基对苯二酚 …………………………………………………………… 44
五、抗坏血酸棕榈酸酯 ………………………………………………………… 45
六、硫代二丙酸二月桂酯 ……………………………………………………… 45
七、羟基硬脂精 ………………………………………………………………… 46
八、4-己基间苯二酚 …………………………………………………………… 47
第三节　水溶性食品抗氧化剂的性质及其应用 ……………………………………… 47
一、抗坏血酸 …………………………………………………………………… 47
二、抗坏血酸钠 ………………………………………………………………… 48
三、抗坏血酸钙 ………………………………………………………………… 49
四、D-异抗坏血酸 ……………………………………………………………… 49

五、D-异抗坏血酸钠 ………………………………………………… 50
　　六、乙二胺四乙酸二钠 ………………………………………………… 51
第四节　天然食品抗氧化剂 ……………………………………………… 51
　　一、生育酚 ……………………………………………………………… 51
　　二、茶多酚 ……………………………………………………………… 53
　　三、植酸 ………………………………………………………………… 55
　　四、甘草抗氧化物 ……………………………………………………… 56
　　五、迷迭香提取物 ……………………………………………………… 56
　　六、竹叶抗氧化物 ……………………………………………………… 57
第五节　食品抗氧化剂使用注意事项 …………………………………… 58

第四章 食品着色剂 …………………………………………………… 60
第一节　食品着色剂概念 ………………………………………………… 60
　　一、食品着色剂及着色原理 …………………………………………… 60
　　二、食品着色剂的分类 ………………………………………………… 61
第二节　食用合成着色剂 ………………………………………………… 62
　　一、苋菜红 ……………………………………………………………… 62
　　二、胭脂红及其铝色淀 ………………………………………………… 63
　　三、赤藓红及其铝色淀 ………………………………………………… 64
　　四、新红 ………………………………………………………………… 64
　　五、诱惑红 ……………………………………………………………… 65
　　六、柠檬黄 ……………………………………………………………… 66
　　七、日落黄 ……………………………………………………………… 66
　　八、亮蓝 ………………………………………………………………… 67
　　九、靛蓝 ………………………………………………………………… 68
第三节　食用天然着色剂 ………………………………………………… 69
　　一、萝卜红 ……………………………………………………………… 69
　　二、红曲米和红曲红 …………………………………………………… 70
　　三、越橘红 ……………………………………………………………… 71
　　四、高粱红 ……………………………………………………………… 72
　　五、甜菜红 ……………………………………………………………… 73
　　六、辣椒红 ……………………………………………………………… 74
　　七、紫胶红 ……………………………………………………………… 74
　　八、天然苋菜红 ………………………………………………………… 75
　　九、落葵红 ……………………………………………………………… 76
　　十、葡萄皮红 …………………………………………………………… 77
　　十一、黑豆红 …………………………………………………………… 77
　　十二、玫瑰茄红 ………………………………………………………… 78
　　十三、桑葚红 …………………………………………………………… 78

十四、黑加仑红 … 79
十五、花生衣红 … 79
十六、蓝靛果红 … 80
十七、番茄红素 … 80
十八、紫草红 … 81
十九、红花黄 … 82
二十、可可壳色 … 82
二十一、β-胡萝卜素 … 83
二十二、玉米黄 … 84
二十三、姜黄和姜黄色素 … 85
二十四、沙棘黄 … 86
二十五、菊花黄 … 87
二十六、栀子黄 … 87
二十七、紫甘薯紫色天然食品着色剂 … 89
二十八、叶绿素铜钠 … 89
二十九、焦糖色 … 90
三十、金樱子棕 … 91
三十一、酸枣色 … 91
三十二、栀子蓝 … 92
三十三、橡子壳棕 … 92
第四节 食品着色剂使用注意事项 … 93
一、人工合成着色剂使用注意事项 … 93
二、食用天然着色剂毒理评价及使用注意事项 … 94

第五章 食用香料和香精 … 96
第一节 香料、香精的概述 … 96
第二节 常见的食用香料 … 97
一、天然香料 … 98
二、合成香料 … 105
第三节 食用香精 … 111
一、食用香精的分类 … 111
二、食用香精的配制 … 112
第四节 香精、香料在食品工业中的应用及制取方法 … 120
一、香精、香料在食品工业中的应用 … 120
二、香精、香料制取方法 … 121
三、影响食用香精、香料安全性的因素及其控制 … 122
四、香料和香精的作用 … 126
第五节 香精、香料的选择原则和使用注意事项 … 126
一、香精、香料的选择原则 … 126

二、香料、香精的使用注意事项 …………………………………………………… 127

第六章 食品增稠剂 ……………………………………………………………………… 129
第一节 食品增稠剂的概述 ……………………………………………………………… 129
一、食品增稠剂的分类 …………………………………………………………… 130
二、食品增稠剂在食品加工中的作用 …………………………………………… 131
第二节 植物来源的食品增稠剂 ………………………………………………………… 133
一、果胶 …………………………………………………………………………… 133
二、卡拉胶 ………………………………………………………………………… 134
三、海藻酸钠 ……………………………………………………………………… 134
四、阿拉伯胶 ……………………………………………………………………… 135
五、罗望子多糖胶 ………………………………………………………………… 136
六、田菁胶 ………………………………………………………………………… 136
七、琼脂 …………………………………………………………………………… 136
第三节 动物来源的食品增稠剂 ………………………………………………………… 138
一、食用明胶 ……………………………………………………………………… 138
二、酪蛋白酸钠 …………………………………………………………………… 139
第四节 半合成食品增稠剂 ……………………………………………………………… 139
一、黄原胶 ………………………………………………………………………… 139
二、结冷胶 ………………………………………………………………………… 140
三、β-环状糊精 ……………………………………………………………………… 141
四、羧甲基纤维素钠 ……………………………………………………………… 142
五、淀粉磷酸酯钠 ………………………………………………………………… 143
六、羧甲基淀粉钠 ………………………………………………………………… 143
七、羟丙基淀粉 …………………………………………………………………… 144
第五节 复合食品增稠剂在食品中的应用 ……………………………………………… 144

第七章 食品乳化剂 ……………………………………………………………………… 146
第一节 食品乳化剂概述 ………………………………………………………………… 146
一、食品乳化剂的概念 …………………………………………………………… 146
二、食品乳化剂的分类 …………………………………………………………… 147
三、乳浊液及食品乳化剂的亲水亲油平衡值 …………………………………… 147
第二节 食品乳化剂的作用机制 ………………………………………………………… 150
一、界面吸附 ……………………………………………………………………… 150
二、胶束形成和增溶 ……………………………………………………………… 151
三、乳化剂与淀粉作用 …………………………………………………………… 151
四、乳化剂与蛋白质的相互作用 ………………………………………………… 152
五、脂肪品型的控制 ……………………………………………………………… 152
第三节 乳化剂的作用及其影响因素 …………………………………………………… 152

一、乳化剂的作用 · 152
　　二、乳化效果的影响因素 · 154
　第四节　常用离子型食品乳化剂 · 155
　　一、乙酰化单甘油脂肪酸酯 · 155
　　二、乳酸脂肪酸甘油酯 · 156
　　三、柠檬酸脂肪酸甘油酯 · 156
　　四、琥珀酸脂肪酸甘油酯 · 157
　　五、硬脂酰乳酸酯 · 157
　　六、硬脂酸钾 · 158
　　七、双乙酰酒石酸单（双）甘油酯 · 158
　第五节　常用非离子型食品乳化剂 · 159
　　一、单硬脂酸甘油酯 · 159
　　二、蔗糖脂肪酸酯 · 159
　　三、大豆磷脂（部分氢化） · 161
　　四、改性大豆磷脂 · 161
　　五、木糖醇酐单硬脂酸酯 · 162
　　六、司盘类乳化剂 · 162
　　七、酪蛋白酸钠 · 165
　　八、吐温类乳化剂 · 166
　　九、丙二醇脂肪酸酯 · 169
　　十、三聚甘油单硬脂酸酯 · 170
　　十一、聚甘油脂肪酸酯 · 171
　　十二、聚甘油蓖麻醇酯 · 172
　　十三、氢化松香甘油酯 · 172
　　十四、辛癸酸甘油酯 · 173
　　十五、聚氧乙烯木糖醇酐单硬脂酸酯 · 173

第八章　食品护色剂和漂白剂
　第一节　食品护色剂的机制与作用 · 175
　　一、肉制品护色剂的机制及作用 · 175
　　二、果蔬护色剂 · 181
　　三、食品护色剂的安全性问题 · 182
　　四、食品护色剂的使用注意事项 · 183
　　五、食品护色剂的研究进展 · 184
　第二节　常见的食品漂白剂 · 184
　　一、食品漂白剂的作用机制 · 185
　　二、还原性食品漂白剂 · 185
　　三、氧化性食品漂白剂 · 187
　　四、漂白剂在使用中注意事项 · 188

第九章 食品调味剂 190
第一节 味觉及食品调味剂概述 190
一、味觉 190
二、食品调味剂概述 192
第二节 酸度调节剂 205
一、酸度调节剂概述 205
二、常用酸度调节剂 207
第三节 甜味剂 209
一、甜味剂概述 209
二、天然甜味剂 210
三、人工合成甜味剂 212
第四节 食品增味剂和苦味剂 214
一、食品增味剂概述 214
二、常用食品增味剂 215
三、苦味剂 216
第五节 具有发展潜力的调味剂 217

第十章 食品膨松剂、稳定剂和凝固剂 219
第一节 常见的食品膨松剂 219
一、碱性膨松剂 220
二、酸性膨松剂 224
三、生物膨松剂 228
第二节 常见的食品稳定剂和凝固剂 229
一、盐类稳定剂和凝固剂 230
二、酸类稳定剂和凝固剂 233
三、其他稳定剂和凝固剂 235
第三节 食品膨松剂的复配、食品稳定剂和凝固剂的复配 238
一、食品膨松剂的复配 238
二、食品稳定剂和凝固剂的复配 241

第十一章 食品营养强化剂 243
第一节 食品营养强化剂概述 243
一、食品营养强化剂的相关概念 243
二、食品营养强化剂的应用与作用 244
三、食品营养强化剂的使用 245
第二节 维生素类营养强化剂 246
一、维生素 A 246
二、维生素 D 248
三、维生素 E 249

四、维生素 B_1 ……………………………………………………… 250
五、维生素 B_2 ……………………………………………………… 252
六、维生素 PP ……………………………………………………… 253
七、维生素 B_6 ……………………………………………………… 254
八、叶酸 ………………………………………………………………… 255
九、维生素 C …………………………………………………………… 256

第三节 氨基酸类营养强化剂 ………………………………………… 257
一、赖氨酸 ………………………………………………………………… 258
二、牛磺酸 ………………………………………………………………… 259

第四节 无机盐类营养强化剂 ………………………………………… 260
一、钙 ……………………………………………………………………… 260
二、铁 ……………………………………………………………………… 263
三、锌 ……………………………………………………………………… 266
四、硒 ……………………………………………………………………… 268
五、碘 ……………………………………………………………………… 269

第五节 脂肪酸类营养强化剂 ………………………………………… 270
一、γ-亚麻油酸 ………………………………………………………… 270
二、α-亚麻酸 …………………………………………………………… 271
三、二十二碳六烯酸 …………………………………………………… 271
四、二十碳五烯酸 ……………………………………………………… 272
五、花生四烯酸 ………………………………………………………… 273
六、1,3-二油酸-2-棕榈酸甘油三酯 ………………………………… 273
七、亚油酸 ……………………………………………………………… 274

第六节 复合营养强化剂在食品中的使用 ……………………… 275
一、营养强化食品的种类 ……………………………………………… 275
二、复合营养强化剂在食品中的应用 ……………………………… 276

第十二章 食品酶制剂 …………………………………………………… 279

第一节 动物来源酶制剂 …………………………………………… 281
一、凝乳酶 ……………………………………………………………… 281
二、胃蛋白酶 …………………………………………………………… 282
三、胰蛋白酶 …………………………………………………………… 282

第二节 植物来源酶制剂 …………………………………………… 283
一、木瓜蛋白酶 ………………………………………………………… 283
二、菠萝蛋白酶 ………………………………………………………… 284
三、无花果蛋白酶 ……………………………………………………… 284

第三节 微生物来源酶制剂 ………………………………………… 285
一、淀粉酶 ……………………………………………………………… 285
二、蛋白酶 ……………………………………………………………… 287

三、果胶酶 ………………………………………………………… 289
　第四节　酶制剂的使用安全性 ……………………………………… 289

第十三章　水分保持剂和抗结剂 …………………………………… 291
　第一节　水分保持剂 ………………………………………………… 291
　　　一、水分保持剂概述 ……………………………………………… 291
　　　二、常用水分保持剂 ……………………………………………… 294
　　　三、水分保持剂的复配 …………………………………………… 297
　　　四、复合磷酸盐在食品中的应用 ………………………………… 298
　第二节　抗结剂 ……………………………………………………… 299
　　　一、硅酸钙 ………………………………………………………… 299
　　　二、硬脂酸钙 ……………………………………………………… 300
　　　三、微晶纤维素 …………………………………………………… 300
　　　四、亚铁氰化钾和亚铁氰化钠 …………………………………… 300
　　　五、硅铝酸钠 ……………………………………………………… 301
　　　六、二氧化硅 ……………………………………………………… 301

第十四章　其他食品添加剂 ………………………………………… 303
　第一节　消泡剂 ……………………………………………………… 303
　　　一、概述 …………………………………………………………… 303
　　　二、常用消泡剂 …………………………………………………… 304
　第二节　助滤剂 ……………………………………………………… 305
　　　一、概述 …………………………………………………………… 305
　　　二、常用助滤剂 …………………………………………………… 305
　第三节　被膜剂 ……………………………………………………… 307
　　　一、概述 …………………………………………………………… 307
　　　二、常用被膜剂 …………………………………………………… 308
　第四节　胶姆糖基础剂 ……………………………………………… 309
　　　一、概述 …………………………………………………………… 309
　　　二、常用胶姆糖基础剂 …………………………………………… 310

第十五章　食品中非食用物质和易滥用的食品添加剂 …………… 313
　第一节　食品非法添加物 …………………………………………… 313
　第二节　食品中常见的非食用物质 ………………………………… 318
　　　一、着色增亮类 …………………………………………………… 318
　　　二、漂白、质构改良、防腐综合类 ……………………………… 321
　　　三、保鲜防腐类 …………………………………………………… 323
　　　四、掺假造假类 …………………………………………………… 325
　　　五、养殖流通用 …………………………………………………… 327

第三节　食品添加剂的滥用 ………………………………………………… 328
      一、滥用食品添加剂 ………………………………………………………… 328
      二、使用劣质、过期及污染的食品添加剂 ………………………………… 331

附　录　食品添加剂相关常用缩略语 ……………………………………………… 332

参考文献 ………………………………………………………………………………… 334

第一章 绪 论

[本章简介]

本章主要介绍了食品添加剂的发展历程，食品添加剂的定义及分类情况，食品添加剂与食品工业的关系。

[学习重点]

1. 了解食品添加剂的定义和分类；
2. 了解对食品添加剂进行安全评估的模式和方法；
3. 掌握规范使用和监督管理方面的法规和标准要求；
4. 正确认识发展食品添加剂的积极意义及建立法制管理机制的必要性。

第一节　食品添加剂的发展历程

食品添加剂一词始于西方的工业革命，但人类实际使用食品添加剂的历史却十分久远。我国在周朝时期就已经开始使用肉桂增香，中国传统点制豆腐所使用的稳定剂和凝固剂盐卤，在公元25—220年的东汉时期就有应用，并一直流传至今。公元6世纪，北魏末年农业科学家贾思勰所著《齐民要术》中就曾记载从植物中提取天然色素加以应用的方法。作为肉制品防腐和护色用的亚硝酸盐，大约在800年前的南宋时就用于腊肉生产，并于公元13世纪传入欧洲。在国外，公元前1500年古埃及墓碑上就描绘有糖果的着色。葡萄酒也已在公元前4世纪进行了人工着色。这些大都是天然物的应用。

自19世纪工业革命以来，食品工业发生了巨大变化，导致人们提高了对食品的品种和质量的要求，其中包括对改善食品色、香、味等的要求。科学技术的发展大大促进了有关食品添加剂知识和技术的应用。化学工业特别是合成化学工业的发展，更使食品添加剂进入一个新的加速发展阶段，许多人工合成的化学品相继大量地应用于食品加工。

正是由于人工化学合成食品添加剂在食品中的大量应用，有的甚至被滥用，人们很快意识到它可能会给人类健康带来危害，再加上毒理学和化学分析技术的发展，到20世纪初相继发现不少食品添加剂对人体健康产生危害。在20世纪50~60年代还发现不少食品添加剂，如某些食用合成色素，具有致癌、致畸作用。据报道，在饮水中给予50~100mg/kg的亚硝胺喂养动物，在160~200d内全部动物致癌。这种实验结果使人们担心某些食品添加剂长期低剂量摄食可能给人们带来危害。这除了促使一些国家加强对食品添加剂的科学管理外，某些国家和地区出现了"食品安全化运动"和"消费者运动"等，提出禁止使用食品添加剂，恢复天然食品和使用天然食品添加剂等。与此同时，国际上于1955年和1962年先后成立了FAO/WHO食品添加剂联合专家委员会（JECFA）和食品添加剂法典委员会［CCFA，1988年改名为食品添加剂与污染物法典委员会（CCFAC）］，集中研究食品添加剂的有关问题，特别是食品添加剂的安全性问题，并向各有关国家和组织提出推荐意见，从而使食品添加剂逐步走向健康发展的轨道。

我国食品添加剂工业起步较晚，对食品添加剂进行全面、系统的研究和管理起步也较晚。尽管中华人民共和国成立后不久便出台了对食品生产中某些添加剂的使用规定，例如1953年卫生部颁布了《清凉冷饮食物管理暂行办法》，规定清凉饮料的制造不得使用有危害的色素与香料，一般不得使用防腐剂，必要时使用苯甲酸钠，用量不得超过1g/kg；1954年颁布了《关于食物中使用糖精含量的规定》，规定糖精在清凉饮料、面包、饼干、蛋糕中的最大允许量为0.15g/kg；等等。但是直到1973年成立全国食品添加剂卫生标准科研协作组，才开始全面研究食品添加剂有关问题。1977年国家颁布《食品添加剂使用卫生标准》（试行）及《食品添加剂卫生管理办法》，1980年成立全国食品添加剂标准化技术委员会，先后颁布了一系列法规性文件，1993年成立了中国食品科学技术学会食品添加剂分会和中国食品添加剂生产应用工业协会，将食品添加剂工业推向快速发展的阶段。

1981年，国家颁布了《食品添加剂使用卫生标准》（GB 2760—1981），并在1986年、1996年、2007年由卫生部加以更新（GB 2760—1986、GB 2760—1996、GB 2760—2007），2011年修订为《食品安全国家标准 食品添加剂使用标准》（GB 2760—2011）。为了适应食品添加剂行业发展，同时为了更好地保证食品安全，2014年12月发布了修订的《食品安全国家标准 食品添加剂使用标准》（GB 2760—2014），2015年4月修订通过了新的《中华人民共和国食品安全法》，自2015年10月1日起正式施行，对食品添加剂的使用范围和使用剂量进行了规定。

食品添加剂工业已成为我国食品工业的重要组成部分，是食品工业新的增长点。近5年来，我国食品添加剂的年产量从947万t增长至1200万t，平均每年增长6.3%，年销量从935亿元增长至1160亿元，年平均增长率为6.0%，出口额度基本维持在36亿~37亿美元。随着我国食品行业的稳定发展，食品添加剂行业也保持着稳定发展的态势，至2019年，取得许可的食品添加剂生产经营企业达3000多家。我国食品企业已经能够通过技能改造和技术升级等方式增加产能，但与发达国家相比，不论在企业的规模、产量、种类和质量等方面都存在着一定的差距。

第二节　食品添加剂的定义和分类

一、食品添加剂的定义

联合国粮食及农业组织/世界卫生组织（FAO/WHO）食品法典委员会（CAC）1983年规定："食品添加剂是指本身不作为食品消费，也不是食品特有成分的任何物质，而不管其有无营养价值；它们在食品的生产、加工、调制、处理、充填、包装、运输、贮藏等过程中，由于技术（包括感官）的目的，有意加入食品中或者预期这些物质或其副产物会成为（直接或间接）食品的一部分，或者改善食品的性质。它不包括污染物或者为保持、提高食品营养价值而加入食品中的物质。"此定义既不包括食品营养强化剂，也不包括污染物。

我国《食品安全国家标准　食品添加剂使用标准》（GB 2760—2014）规定：食品添加剂（food additives）是指为改善食品品质和色、香、味，以及为防腐、保鲜和加工工艺的需要而加入食品中的人工合成或者天然物质。食用香料、胶基糖果中基础剂物质、食品工业用加工助剂也包括在内。食品添加剂的使用应符合以下基本要求：①不应对人体健康产生任何危害；②不应掩盖食品腐败变质；③不应掩盖食品本身或加工过程中的质量缺陷或以掺杂、掺假、伪造为目的而使用食品添加剂；④不应降低食品本身的营养价值；⑤在达到预期效果的前提下尽可能降低在食品中的使用量。

美国规定：食品添加剂是"由于生产、加工、贮藏或包装而存在于食品中的物质或物质的混合物，而不是基本的食品成分"。将食品添加剂分为：直接添加剂、间接添加剂。直接添加剂即为有意向食品中添加以达到某种作用的食品添加剂，又称为有意食品添加剂。间接添加剂是指在食品生产、加工、贮藏或包装中少量存在于食品中的物质（如残留农药、微量包装溶出物、来自设备等物质），又称无意食品添加剂。

日本《食品卫生法》规定：食品添加剂系指"在食品制造过程中为了保存的目的而加入食品，使之混合、浸润及其他目的所使用的物质"。此外，日本将食品添加剂分为天然物和非天然物两大类，对非天然物的质量指标，使用限量均有严格的规定，而对天然物则没有明确的限制和规定。但如下物质不属于食品添加剂：①干燥剂；②在人类长期的饮食习惯中，一直被作为食品的物质，如盐、糖等；③某些不是有意混入食品中的化学物质，如某些化学农药；④被指定用于治疗或预防疾病的物质，如药物。

上述三国的食品添加剂定义中均包括食品营养强化剂（nutrient supplements），不包括食品污染物。

食品污染物（food contaminants）指不是有意加入食品中，而是在生产（包括谷物栽培、动物饲养和兽药使用）、制造、加工、调制、处理、充填、包装、运输和贮藏等过程中，或是由于环境污染带入食品中的任何物质。但不包括昆虫碎体、动物毛发和其他外来物质。残留农药和残留兽药均是污染物。

此外，在食品加工和原料处理过程中，为使之能够顺利进行，还有可能应用某些辅助物质。如助滤、澄清、润滑、脱膜、脱色、脱皮、提取溶剂等，它们一般应在食品成品中除去而不成为最终食品的成分,或仅有残留。对于这类物质称为食品加工助剂(processing aids)。

二、食品添加剂的分类

由于食品添加剂在现代食品工业中所起的越来越重要的作用,各国许可使用的食品添加剂品种越来越多。据统计,国际上使用的与食品有关的添加剂已有14000种以上(包括非直接使用的添加剂),国际上批准可直接使用的品种有3000余种,常用的有680种。

美国食品添加剂范围略广,食品添加剂的产量和种类在世界上位列榜首,2018年美国食品与药物管理局(FDA)发布的《食品添加剂物质》中一共包含32大类,约4000种。根据日本化学研究中心提供的数据,日本使用的食品添加剂为1535种,其中指定添加剂455种,既存食品添加剂365种,天然香料611种,一般食品添加剂104种。2017年的数据表明,欧洲食品添加剂主要分36大类1520种。我国最新的《食品安全国家标准 食品添加剂使用标准》(GB 2760—2014)将食品添加剂分为22类,其中允许使用的食品用天然香料393种,允许使用的食品用合成香料为1477种,不限制用量的加工助剂38种,限定使用的添加剂417种,共计2325种。

食品添加剂的分类可按来源、功能和安全评价的不同进行划分。按来源,可分为天然食品添加剂和人工化学合成食品添加剂。前者主要由动、植物提取制得,也有一些来自微生物的代谢产物或矿物;后者则是通过化学合成的方法所得,其中又可分为一般化学合成品与人工合成天然等同物如天然等同香料、天然等同色素。目前我国生产的食品添加剂,如按其来源分类,则有化学合成、生物合成(酶法和发酵法)、天然提取物三大类。谷氨酸、柠檬酸、乳酸等用发酵法生产的品种,由于其化学结构和天然提取的完全一样,在人体中能吸收和代谢,有一定的营养功能和生理活性,国际上也归为视同天然物。

按功能作用(functionality)分,食品添加剂可有很多类别,各国亦可有不同。如美国在第三版《食品用化学品法典》(1981 Ⅲ)中又曾分为45类。FAO/WHO基于JECFA的工作,于1984年曾将其细分为95类,而1994年则将其分为40类。分类过细,一方面有不少类别仅1~2个品种,另一方面又有某些类别中重复出现某一品种的情况,给使用食品添加剂带来一些混乱。

在最新的美国《食品药品与化妆品法》中,将食品添加剂分为32类:①抗结剂和自由流动剂;②抗微生物剂;③抗氧剂;④着色剂和护色剂;⑤腌制和酸渍剂;⑥面团增强剂;⑦干燥剂;⑧乳化剂和乳化盐;⑨酶类;⑩固化剂;⑪风味增强剂;⑫香味料及其辅料;⑬小麦粉处理剂;⑭成型助剂;⑮熏蒸剂;⑯保湿剂;⑰膨松剂;⑱润滑和脱模剂;⑲非营养甜味剂;⑳营养增补剂;㉑营养性甜味剂;㉒氧化剂和还原剂;㉓pH调节剂;㉔加工助剂;㉕气雾推进剂、充气剂和气体;㉖螯合剂;㉗溶剂和助剂;㉘稳定剂和增稠剂;㉙表面活性剂;㉚表面光亮剂;㉛增效剂;㉜组织改进剂。

日本在《食品卫生法规》中,将食品添加剂分为30类,依次为:①防腐剂;②杀菌剂;③防腐剂;④抗氧化剂;⑤漂白剂;⑥面粉改良剂;⑦增稠剂;⑧赋香剂;⑨防虫剂;⑩发色剂;⑪色调稳定剂;⑫着色剂;⑬调味剂;⑭酸度调节剂;⑮甜味剂;⑯乳化剂及乳化稳定剂;⑰消泡剂;⑱保水剂;⑲溶剂及溶剂品质保持剂;⑳疏松剂;㉑口香糖基础剂;㉒被膜剂;㉓营养剂;㉔抽提剂;㉕制造食品用助剂;㉖过滤助剂;㉗酿造用剂;㉘品质改良剂;㉙豆腐凝固剂及合成酒用剂;㉚防黏着剂。

按照食品添加剂的功能分类,我国GB 2760—2014将食品添加剂一共分为22个功能类别,涉及16大类食品。按其主要功能作用不同可分为:①酸度调节剂;②抗结剂;③消泡剂;④抗氧化剂；⑤漂白剂；⑥膨松剂；⑦胶基糖果中基础剂物质；⑧着色剂；⑨护色剂；⑩乳化剂；⑪酶制剂；⑫增味剂；⑬面粉处理剂；⑭被膜剂；⑮水分保持剂；⑯防腐剂；⑰稳定剂和凝固剂；⑱甜味剂；⑲增稠剂；⑳食用香料；㉑食品工业用加工助剂；㉒其他。

第三节 食品添加剂和食品工业的关系

食品添加剂工业是伴随食品工业发展而起步和发展的。食品工业必须提供更多更好的食品来满足人们日益增长的需要，这带动和促进了食品添加剂行业的发展。食品添加剂已成为现代食品工业的重要基料和烹饪行业必备的配料，这主要是因为它在现代食品工业中发挥着重要的作用。食品添加剂的主要作用分述如下：

1. 有利于食品的保藏，防止食品败坏变质

各种生鲜食品原料在采收或屠宰后，若不能及时加工或加工不当，往往造成败坏变质，给食品加工企业带来损失。防腐剂可以防止由微生物引起的食品腐败变质，延长食品的保存期，同时它还具有防止由微生物污染引起的食物中毒作用。食品抗氧化剂则可阻止或推迟食品的氧化变质，以提高食品的稳定性和耐藏性。同时也可抑制油脂的自动氧化反应及油脂氧化过程中有害物的形成。此外，抗氧化剂还可用来防止食品，特别是水果、蔬菜的酶促褐变与非酶褐变，这同样对食品的保藏具有一定意义。

2. 改善食品的感官性状

食品的色、香、味、形态和质地等是衡量食品质量的重要指标。食品加工储运过程中会出现褪色、变色、风味和质地等变化。适当使用着色剂、护色剂、漂白剂、食用香料以及乳化剂、增稠剂等食品添加剂，可明显提高食品的感官质量和商品价值，满足人们的不同需要。

3. 保持或提高食品的品质

食品在生产销售过程中，其品质的保持和提高对于产品的质量具有重要意义。食品防腐剂和抗氧化剂在防止食品败坏变质的同时，对保持食品的营养价值具有一定意义。食品添加剂可以提高食品的乳化性、凝胶性、溶解性和膨松性，从一定程度上优化食品的感官品质。可以对产品的品质进行最大程度的改善，优化产品质量，给消费者更好的使用体验。

4. 增加食品的品种和方便性

今天，不少超级市场已可为消费者提供种类众多的食品。科学合理地使用食品添加剂，对增加食品的花色和品种有着积极的作用，在方便食品与即食食品的生产中，食品添加剂在防腐、抗氧化、乳化、增稠处理技术以及着色、增香、调味等方面发挥着重要作用。正是由于这些种类众多的食品，尤其是方便食品的供应，才给人们的生活和工作带来极大的方便。

5. 有利于食品的加工处理，适应生产的机械化和自动化

我国食品工业目前正向机械化、自动化、规格化的方向发展。在食品加工中使用消泡剂、助滤剂、稳定剂和凝固剂等，可有利于食品的加工操作。例如，当使用葡萄糖酸-δ-内酯作为豆腐稳定剂和凝固剂时，可有利于豆腐生产的机械化和自动化。

6. 满足其他特殊需要

针对不同的生长阶段、不同职业及一些特定人群食用的需要，很多产品在生产的时候需要

加入食品添加剂。例如，糖尿病人不能吃糖，则可用无营养甜味剂或低热能甜味剂，用天门冬酰苯丙氨酸甲酯（又名阿巴斯甜）制成无糖食品供应。对缺碘地区供给碘强化食盐，可防治当地居民的缺碘性甲状腺肿。

理想的食品添加剂应当是有益无害的。但过量使用则有可能产生不良后果。如维生素 A、维生素 D 和铁营养素的剂量达到 100 倍于营养学上的正常用量时均可引起过剩性中毒作用。亚硝酸钠长期以来一直作为肉类制品的护色剂，或称发色剂应用。此外，亚硫酸钠还具有防腐作用，可以抑制多种厌氧性梭状芽孢杆菌（*Clostridium*），尤其是肉毒梭状芽孢杆菌（*C. botulinum*），防止肉毒中毒，在肉制品的加工保藏中具有重要意义。然而，随着科学技术的发展，人们认识到它本身具有较大的毒性［小鼠经口，LD_{50} 为 220mg/kg（bw）］，而且进一步研究发现亚硝酸盐还可以与仲胺类物质反应生成亚硝胺。后者对实验动物有很强的致癌作用。但是，如果禁用亚硝酸盐，即使在肉制品护色方面可以找到某些替代品，而对于如何有效地防止肉毒梭状芽孢杆菌的肉毒中毒仍是一大问题。一旦发生肉毒中毒则有可能给人类带来生命危险。尽管人们为寻求取代亚硝酸盐做了很大努力，迄今为止尚未找到可代替亚硝酸钠的理想替代品，更何况亚硝酸钠还具有增进肉制品风味的作用。至于对其有可能产生亚硝胺致癌的危险，一方面是至今尚未见有人类以低剂量在肉制品中消费引发癌症的证据；另一方面还可以在进一步保证其工艺作用有效的前提下，降低用量、严格控制残留量等以减少因其使用可能带来的威胁。正是基于上述认识，目前世界各国在严格控制其使用范围、使用量和残留量的前提下仍普遍许可使用亚硝酸盐。

值得指出的是，经过 FAO/WHO 和各国政府的努力，一方面已禁止使用那些对动物致癌、致畸，并有可能危害人类健康的添加剂品种；另一方面对那些有怀疑的品种则继续进行更严格的毒理学检验与评价。现有大多数食品添加剂均已经过严格的安全性评价程序才可以得到使用许可，因此，可以认为，现已将食品添加剂的危害风险降到了最低水平。

第四节　食品添加剂的现状和发展趋势

一、食品添加剂的现状

目前，全世界食品添加剂品种达到 25000 种，其中 80% 为香料。常用的食品添加剂有 5000 多种，直接使用的品类大约有 3000~4000 种，而比较常见的有 600~1000 种。美国是世界上食品添加剂使用量最大、使用品种最多的国家。目前允许直接使用的有 2300 种以上。食品添加剂工业已成为我国食品工业的重要组成部分，是食品工业新的增长点，我国允许使用的食品添加剂比国外少很多，为 2000 多种。

我国具有一定产量的食品添加剂主要品种有味精、柠檬酸、酶制剂、酵母、防腐剂、食用香精香料、食用着色剂、甜味剂、乳化剂、增稠剂、维生素等。如味精生产量占全世界的 70% 左右，柠檬酸占 60%，木糖醇占 50%，山梨糖醇占 40%，甜蜜素占 65%，乙基麦芽酚占 80%，分子蒸馏单甘酯占 50%，山梨酸钾占 40%；此外营养强化剂中的牛磺酸占 65% 左右，这些品种不仅产能和产量快速增长，产品在国际市场上占据主导地位，而且部分企业在添加剂方面的生产工艺和设备也位于世界领先地位。我国很多产品质量好，生产成本低，在国际上具有很强的竞争力。许多原来依靠进口的食品添加剂，在国内开发与生产发展也较快，如阿巴斯甜、三氯蔗糖、卵磷脂、新型糖醇、β-胡萝卜素、叶酸等产品在我国已有多家企业生产。

我国食品添加剂行业的技术水平和管理水平，近年来也有很大提高。很多产品均能达到《食用化学品法典》（FCC）标准和FAO/WHO标准，且生产成本大幅度下降，产品的市场竞争力明显增强。在食品添加剂行业发展的同时，我国在食品市场的监督、执法以及处罚等方式有国家层面制定统一的国家标准，并在2018年修正了《中华人民共和国食品安全法》有效地规范了食品添加剂市场。我国食品添加剂的生产能力基本能够满足我国食品工业的需要，但质量需要进一步提高。食品添加剂也和食品工业一样，市场走向全球化，今后的发展、机遇与挑战并存。

二、食品添加剂的发展趋势

（一）重视开发天然色素、天然抗氧剂等食品添加剂

我国食品添加剂发展方向是发展天然、营养、多功能的食品添加剂和食品配料。我国生产的食品添加剂中生物合成品以谷氨酸钠、柠檬酸、维生素C、酵母等居第一位；第二位是天然提取物，包括色素、香料、甜味剂、水溶胶等；用石油化工原料的化学合成品，如糖精、甜蜜素、合成色素等居第三位。

天然提取物，相对化学合成品而言更为安全，且很多天然提取物具有一定的生理活性和健康功能。近年来，我国功能性食品添加剂的品种和产量逐年上升，不仅增加了天然物提取的食品添加剂品种，原来用合成法生产的品种也转向从天然物中提取。例如在着色剂方面，各国所用的合成品已减至10种左右，而天然色素已达到百余种。2018年食用着色剂产销总量将达到47.35万t，总销售额将超过45.6亿元人民币，出口创汇总额超过2.99亿美元。其中，辣椒红色素、栀子黄色素、栀子蓝色素、红曲黄色素、姜黄素、藻蓝色素、红花黄色素等品种的产销量实现增长目标。紫甘薯色素、萝卜红色素、甘蓝红等品种将实现稳定持续增长的目标。数据表明，当今全球市场对天然色素的需求不断攀升。近10多年来，我国经批准使用的天然着色剂品种，从20多种增加到40多种，是目前世界上批准天然着色剂最多的国家。

加强对天然抗氧化剂物质的研究，以天然抗氧化剂逐步取代合成抗氧化剂也是今后的发展趋势。如维生素E，过去主要是合成的，年产能力万吨以上，近年来又开发了从油脂中提取的天然维生素E，天然维生素E抗氧化功能明显高于合成维生素E，2017年我国维生素E出口量6.87万t，占我国当年产维生素E的80%以上。很多香辛料具有抗氧化效果，日本在其抗氧化成分的提取与应用方面进行了较深入的研究。如从迷迭香中提取的迷迭香酚是一种天然、高效、无毒的抗氧化剂，其抗氧化性能大大优于丁基羟基茴香醚（BHA）、二丁基羟基甲苯（BHT）、没食子酸丙酯（PG）、叔丁基对苯二酚（TBHQ）的抗氧化效果。

（二）重视发展功能性食品添加剂

我国已批准列入GB 2760—2014的食品添加剂中，虽然分类中并没有功能性食品添加剂这一标注，但有不少兼具生理活性的功能性食品添加剂，它们已经分别列入了保健食品和药物的名单中，如着色剂红曲、甜味剂甘草甜和木糖醇。

在我国有些天然提取物或发酵法生产的视同天然物，并不是食品添加剂，可以作食品直接食用，或可以作为食品配料在食品中直接使用。如从番茄中提取的番茄红素和大豆中提取的大豆异黄酮。前者有极强的消除自由基、抗氧化、抗衰老的功能，其抗氧化活性为维生素E的

100倍；后者具有缓解妇女更年期综合征、预防心脑血管疾病、降低血脂、促进钙吸收等功能。

我国功能性食品添加剂的发展已有一定基础。我国植物资源丰富，有上千年药食同源和食疗的历史，开发功能性食品添加剂有充分的文化和物质基础。我国一些具有生理活性的功能性食品添加剂及配料也具有走向国际市场的潜力。我国于2016年公布了保健食品宣传的管理方案，在2017年发布了对于功能性食品的发展意见。目前，有很多保健食品的配料，采用了国家批准列入 GB 2760—2014 名单的食品添加剂。

国际上一些著名的食品添加剂公司，如丹尼斯克、巴斯夫、罗氏、赛力事达、罗盖特、郎那勃郎克以及嘉吉和 ADM 公司近年来对天然抗氧化剂、膳食纤维、脂肪代用品、氨基酸、肽类、磷脂、低聚糖、维生素、矿物质、异黄酮类等功能性产品的开发力度也较大。

（三）采用高新技术开发生产食品添加剂

很多传统的食品添加剂本身有很好的使用效果，但在制造过程中，采用传统的脱色、过滤、交换、蒸发、蒸馏、结晶等净化精制技术，已经不能满足现代食品工业的要求。从而造成产品成本高，产品价格昂贵，使应用受到了限制。迫切需要采用一些高效节能的高新技术。例如，辣椒红色素采用超临界萃取技术；香精油采用分子蒸馏技术；木糖醇采用膜分离技术；柠檬酸采用色谱分离技术等，天然红曲色素的微胶囊技术。新型分离技术的应用能提高产品纯度和收率，起到提高产品档次，降低产品成本，改善生产环境的多重效益。纳米技术的应用可以提高食品添加剂的使用率，同时应用纳米技术也可以长时间的使产品保持功效，提高食品的稳定性和安全性。

天然色素和香料对于光、热、氧、pH等的稳定性不如合成着色剂好，其纯度都不高，只有采用高新技术才能得到更高纯度、性能更稳定的产品。这些高档次产品才具有国际竞争能力。

（四）调整结构，加强应用技术研究

为了适应进入世界贸易组织（WTO）以后的新形势，我国食品添加剂行业，为了提高国际竞争力和全行业的经济效益，必须做好以下工作：

（1）调整产业结构和产品结构　总体上看，我国食品添加剂工业是一个新兴产业，主要问题是小而散。其次是有很多企业设备落后，管理水平低，产品质量不稳定，优级品比例低。我国食品添加剂行业，应该根据市场需要做优势产业，提高管理水平，保证产品质量稳定。在产品结构调整方面，研发重点要紧密围绕我国食品工业的发展方向，重视国内的潜在市场，采用先进技术降低成本，提高档次，增加品种。

（2）加强应用研究和推广工作　食品添加剂的使用有严格的限定，食品添加剂企业在推销产品的同时，也需要帮助用户解决如何使用的问题，以此不断扩大自己的市场。所以食品添加剂行业，应加强应用技术研究，并争取做到为用户提供无偿技术服务。

第五节　国内外对食品添加剂使用的管理

一、FAO/WHO 对食品添加剂的管理

FAO/WHO 在 1955 年 9 月日内瓦联合召开第一次国际食品添加剂会议，商讨有关食品添加

剂的管理和成立世界性国际机构等事宜。1955年在罗马成立了FAO/WHO所属的"食品添加剂联合专家委员会（JECFA）"，由世界权威专家组织以个人身份参加、以纯科学的立场对世界各国所用的食品添加剂进行评议，并将评议结果中的毒理学评价部分于"食品和营养报告"［Food and Nutrition Paper（FNP）］上公布，由FAO出版发行。会议基本上每年召开一次，至2019年已召开JECFA会议86次。

1962年FAO/WHO联合成立了"食品法典委员会（CAC）"，下设有"食品添加剂法典委员会（CCFA）"，后者也每年定期召开会议，对JECFA所通过的各种食品添加剂的标准、试验方法、安全性评价等进行审议和认可，再提交CAC复审后公布，以期在广泛的国际贸易中，制定统一的规格和标准，确定统一的试验方法和评价系统等，克服由于各国法规不同所造成的贸易上的障碍。1988年食品添加剂法典委员会（CCFA）更名为"食品添加剂与污染物法典委员会（CCFAC）"，并在2005年拆分为"食品添加剂法典委员会"和"食品污染物法典委员会"。2019年第51届国际食品添加剂法典委员会（CCFA）会议在中国山东济南举行，48个成员国和1个成员组织（欧盟）及33个国际组织的300余名代表参加了本届会议。

由于联合国是一种松散型的组织，因此其所属机构所通过的决议只能作为向各国推荐的建议，不具备直接对各国起到指令性法规的作用，因此，各国仍自行制定各自的相应法规标准，但可作为世贸组织在国际贸易中的参照标准。

迄今为止，联合国为各国所提供的主要法规或标准，包括以下几个方面：

（1）准许用于食品的各种食品添加剂的名单，以及它们的毒理学评价（1996年）。

（2）各种准用的食品添加剂的质量指标等规定（1993年）。

（3）各种食品添加剂在食品中的允许使用范围和建议用量（1987年）。

（4）各种食品添加剂质量指标的通用测定方法（1991年）。

（5）建立新的食品添加剂和与食品接触物质审查其结构和毒性的电子数据库（2008年）。

二、美国对食品添加剂的管理

美国最早于1908年制定有关食品安全的《食品卫生法》（*Pure Food Act*），1938年增订成至今仍有效的《食品、药物和化妆品法》，1959年颁布《食品添加剂法》，1967年颁布《肉品卫生法》（肉类中允许使用的食品添加剂按该法裁定），1968年颁布《禽类产品卫生法》。以上各法分别由美国食品与药物管理局（FDA）和美国农业部（USDA）贯彻实施。另有一部分与食品有关的熏蒸剂和杀虫剂，则归美国环境保护局管理。这些联邦法规对食品添加剂（或称食品用化学品）的主要作用是建立和定期公布"允许使用范围、最大允许使用量和食品标签表示法"，并于每年出版的《美国联邦法规》（CFR）上汇总修订。其中有关USDA所辖的肉禽制品，发表于联邦法规［编码（title 9）］9CFR上，FDA管辖的则发表于21CFR上。

对于各种食品添加剂的质量标准和各种指标的分析方法，由FDA所委任的《食用化学品法典》委员会（Committee on Food Chemicals Codex）负责编写《食用化学品法典》（FCC），定期出版，由FDA认可。至2000年已出版第四版和第二次增补本，由美国国家科学院出版社出版。

FDA将加入食品中的化学物质分为四类：

（1）食品添加剂，需经两种以上的动物实验，证实没有毒性反应，对生育无不良影响，不会引起癌症等。

（2）一般公认为安全物质，如糖、盐、香辛料等，不需动物实验，列入FDA所公布的

"一般公认安全物质"（GRAS）名单，但如发现已列入而有影响的，则从 GRAS 名单中删除。

（3）凡需审批者，一旦有新的实验数据表明不安全时，应指令食品添加剂制造商重新进行研究，以确定其安全性。

（4）凡食用着色剂上市前，需先经全面安全测试。

此外，对营养强化剂的标签标示，FDA 在《国标和教育法令》（NLEA）中规定了新标示管理条件。其中要求维生素、矿物质、氨基酸及其他营养强化剂的制造商对其产品作有益健康的标示声明，其准确度达 9~10 级（10 级制），于 1994 年 5 月 8 日生效，目前批准的有钙强化剂和叶酸等营养强化剂。

三、欧洲经济共同体（EEC）对食品添加剂的管理

欧洲经济共同体（EEC）于 1974 年成立欧共体食品科学委员会（Scientific Committee for Food of the Commission of the EEC）负责 EEC 范畴内有关食品添加剂的管理，包括对每日允许摄入量（ADI）的确认（对 FAO/WHO 所公布的 ADI 的确认）、是否允许使用、允许使用范围及限量，并据此编制各种准用食品添加剂的 EECNo.，并有各种不定期的出版物出版。

欧盟为了避免各国成员国因添加剂管理和使用条件的差异阻碍食品的自由流通，创建一个公平的环境及促进共同市场的完善，通过立法实现所有国家实施一致的食品添加剂批准、使用和管理制度。必须获得许可是欧盟食品添加剂的立法原则，其基本框架以《食品添加剂通用要求指令》（89/107/EEC）为纲领文件，以《着色剂指令》和《着色剂纯度指令》、《甜味剂指令》和《添加剂纯度指令》、《其他添加剂质指令》和《其他添加剂纯度指令》三组特定指令为基本构成。

欧委会健康和消费者保护总理事会负责欧盟食品添加剂的管理，主要负责受理食品添加剂的申请列入准许使用名单的申请和审批。随着食品工业的发展和研究的深入，欧盟不断对食品添加剂的安全标准进行修订和更新，2002 年欧盟新食品法及欧洲议会与理事会 178/2002 法规正式生效，并于 2003 年修订，新食品法是欧盟迄今出台的最重要的食品法。

四、我国对食品添加剂的管理

我国与国际食品法典委员会和其他发达国家的管理措施基本一致，建立了食品添加剂管理的相关法规制度，规范食品添加剂生产经营和使用管理。我国食品添加剂的使用原则与申报审批程序已如前述。由各省、自治区、直辖市的主管部门和卫生部门、全国食品添加剂卫生标准协作组、全国食品添加剂标准化技术委员会、国家卫健委和国家市场监督管理总局根据有关法规与标准，对食品添加剂的生产、运输、销售、使用等各有关环节加强监督，进行严格控制与管理。目前仍在执行的有关国家标准与法规主要有：

（1）《中华人民共和国食品安全法》[①]（2018 年修正）；
（2）《食品安全国家标准　食品添加剂使用标准》（GB 2760—2014）；
（3）《食品安全国家标准　复配食品添加剂通则》（GB 26687—2011）；
（4）《进出口食品添加剂检验规程》（SN/T 2360.1—2009）；
（5）《食品安全风险监测管理规定》（2010 年试行）；

[①] 以下简称《食品安全法》。

(6)《食品安全国家标准　食品营养强化剂使用卫生标准》(GB 14880—2012);

(7)《食品安全国家标准　食品安全性毒理学标准》(GB 15193.1—2014);

(8)《食品安全国家标准　预包装食品标签通则》(GB 7718—2011);

(9)《食品添加剂生产监督管理规定》(2010年发布);

(10)《食品安全国家标准　食品添加剂》(GB 1886系列标准)。

食品添加剂产品要求小包装,并注明品名、标准、规格、使用范围、使用量、生产厂名、批号、日期,并注明有"食品添加剂"字样。经营和使用食品添加剂的部门,必须遵守食品安全国家标准　食品添加剂使用标准和产品规格标准的规定,不得经营、不得使用不合格产品和非指定工厂的产品。

食品添加剂是食品中添加量远低于1%甚至含量更少的物质,对其进行检验与分析的技术要求较高;因此要贯彻以预防为主的方针,依法规办事,加强对食品添加剂的管理,防止其滥用,以保证食品质量,保障人民身体健康。

五、食品添加剂管理的国际化

20世纪以来,随着食品工业和化学工业的发展,出现了大量使用食品添加剂的状况,食品添加剂对食品工业的发展起到了很大的作用。在发达国家中,几乎所有食品中都直接或间接地加入了食品添加剂。而在不少国家的国际贸易中,食品贸易占很大比重,食品加工行业也产生了很多跨国公司。因此,食品添加剂的滥用或误用会造成一些国际贸易问题。随着食品添加剂的安全问题逐渐引起各国的重视,很多国家加强了食品添加剂的卫生管理,并相继制定出有关的法规来进行控制和监督。但是各国的食品添加剂法规大都从本国特点和饮食习惯出发,所以控制程度出入很大,某些国家准许使用的品种,另一些国家禁用,甚至对于食品添加剂的定义也不一样。这给食品国际贸易及其他方面的交流合作带来了一些问题,也会造成食品添加剂管理、使用的国际化问题。食品添加剂管理的国际活动主要有以下几个方面:

(一)国际食品标准规划

FAO/WHO联合CAC推行国际食品标准规划,这将对世界各国的食品添加剂的生产、贸易、使用、管理、科研和标准化产生很大影响,已受到各方面的重视。

(二)食品添加剂的国际评价系统

CCFAC每年定期审议讨论JECFA通过的标准、试验方法、安全性评价结果等,经CAC复审后公布。以期建立统一的国际评价系统。另外,食品添加剂的安全性评价也需要大量经费和时间,产品质量标准的制定也需要大量的数据和资料,并需取得公认,在这方面急需国际上广泛合作,交流各国所积累的科学数据。同时也要发挥有关国际组织的作用,制定出国际上普遍接受的国际评价标准,促使食品添加剂的管理走向国际化。

(三)食品添加剂国际交流活动

20世纪80年代起,一些食品工业发达的国家积极组织了一系列与食品添加剂相关的活动,如参加有关国际性组织、定期举行会议、对食品添加剂进行统一编号等。

第六节　食品添加剂的安全性评价

一、食品添加剂的毒理学评价

任何一种化学物质当以足够大的剂量摄入时都可能对机体产生一定的损害，此即该物质的毒性所致。毒性大表示用较小的剂量即可造成损害；毒性小则必须有较大的剂量才能造成损害。食品添加剂的安全性评价是根据有关法规和卫生要求，以食品添加剂的理化性质、质量标准、使用效果、使用范围、使用量、毒理学评价结果等为依据，对其安全性或毒性做出的综合评价，以确实该添加剂在食品中的无害最大限量，其中最重要的就是毒理学评价。将各种不同物质按其急性毒性试验，即一次给予较大剂量的受试物后，观察动物所产生的毒性反应，并用其半数致死量（LD_{50}）来了解该物质的毒性大小。将各种物质按其对大鼠经口 LD_{50} 的大小分为极毒（$LD_{50}<1mg/kg$）、剧毒（LD_{50} 为 1~50mg/kg）、中等毒（LD_{50} 为 51~500mg/kg）、低毒（LD_{50} 为 501~5000mg/kg）、实际无毒（LD_{50} 为 5001~15000mg/kg）和无毒（$LD_{50}>15000mg/kg$）等六大类。食品添加剂大多为低毒和实际无毒级，也有一些属无毒级，仅有极少数品种如亚硝酸钠属中等毒级别。

评估食品添加剂的毒性情况，需进行一定的毒理学试验。食品添加剂的安全性需要达到 GB 15193.1—2014 规定的我国食品（包括食品添加剂）安全性毒理学评价的试验内容。

早期，人们以为急性毒性试验的动物研究即已足够证明食品添加剂的安全性。今天的标准则通常要求进行长期的动物研究，并测定其无副作用量（no-observable-effect level，NOEL）。这是评估食品添加剂安全性最重要的基本数据。将此数据按一定规律推论到人，得到人的每日允许摄入量（acceptable daily intake，ADI）。ADI 是指人类终生每日摄入正常使用的某种化学物质（如食品添加剂），不产生可检测到的对健康产生危害的量。以每千克体重可摄入的量表示，即 mg/kg（bw）。

对不同受试物选择毒性试验的原则：

（1）凡属我国首创的物质，特别是化学结构提示有潜在慢性毒性、遗传毒性或致癌性，又或该受试物产量大、使用范围广、人体摄入量大，应进行系统的毒性试验，包括急性经口毒性试验、遗传毒性试验、90d 经口毒性试验、致畸试验、生殖发育毒性试验、毒物动力学试验、慢性毒性试验和致癌试验（或慢性毒性和致癌合并试验）。

（2）凡属与已知物质（指经过安全性评价并允许使用者）的化学结构基本相同的衍生物或类似物，或在部分国家和地区有安全使用历史的物质，则可先进行急性经口毒性试验、遗传毒性试验、90d 经口毒性试验和致畸试验，根据试验结果判定是否需进行毒物动力学试验、生殖毒性试验、慢性毒性试验和致癌试验等。

（3）凡属已知的或在多个国家有食用历史的物质，同时申请单位又有资料证明申报受试物的质量规格与国外产品一致，则可先进行急性经口毒性试验、遗传毒性试验和 28d 经口毒性试验，根据试验结果判断是否进行进一步的毒性试验。

对于香料，因其品种繁多、化学结构很不相同且绝大多数香料的化学结构均存在于食品之中，用量又很少，故另行规定：

(1) 凡属 WHO 已建议批准使用或已制定每日允许摄入量者，以及美国食品香料和萃取物制造者协会（FEMA）、欧洲理事会（COE）和国际香料工业组织（IOFI）四个国际组织中的两个或两个以上允许使用的，参照国外资料或规定进行评价。

(2) 凡属资料不全或只有一个国际组织批准的先进行急性经口毒性试验和遗传毒性试验组合中的一项，经初步评价后，再决定是否需进行进一步试验。

(3) 凡属尚无资料可查、国际组织未允许使用的，先进行急性经口毒性试验、遗传毒性试验和 28d 经口毒性试验，经初步评价后，决定是否需进行进一步试验。

(4) 凡属用动、植物可食部分提取的单一高纯度天然香料，如其化学结构及有关资料并未提示具有不安全性的，一般不要求进行毒性试验。

在进行毒理学评价、制定出各食品添加剂的 ADI 值以后，便可确定该品种每人每日允许摄入的总量。这通常是其在食品中的每日最大摄入量，由此便可进一步确定该食品添加剂在具体食品中的使用（和/或残留）情况。各国多以法规的形式，如 GB 2760—2014 等确定许可使用的食品添加剂品种、使用目的（用途）、范围、使用最大量和/或最大残留量。

二、食品添加剂的使用评估

理想的食品添加剂应当有益无害。但是，一概要求如此或绝对安全也不现实。事实上，即使是食品也并非都绝对安全。某些食品成分如菠菜中的草酸盐和豆类中的植物血球凝集素与胰蛋白酶抑制剂等就对人体有害。营养强化剂虽为人体所需，但过量使用，如维生素 A 和维生素 D 均可引起过剩性中毒。这就要求人们将其所带来的益处与可能的危害进行权衡。在食品添加剂的使用中主要遵循以下三种原则：

(1) **安全性原则** 食品添加剂使用不得对人体产生任何健康威胁，对于不符合安全的添加剂坚决不允许使用。

(2) **简单性原则** 尽可能减少食品添加剂的用量，通过提高生产工艺和复配，做到在生产中使用最少添加剂的标准。

(3) **经济性原则** 使用价格最低或者不使用食品添加剂达到提高产品品质的效果。

在权衡食品添加剂的利弊方面，随着科学技术的发展和人们认识的不断深入，还会有新的发现、新的变化。按照《食品安全法》新标准规定，对食品添加剂的安全性和工艺必要性进行严格审查。GB 7718—2011 对现行涉及食品标签管理的法规、标准进行了清理整合。修订后的标准强调了食品标签中食品添加剂的标示方式，要求所有食品添加剂必须在食品标签上明显标注。同时，食品标签应当真实、准确、通俗易懂、有科学依据，不得标示违背营养科学常识的内容，也不应具有暗示预防、治疗疾病作用的内容；食品名称应当反映食品的真实属性，所使用的商品名称不应对消费者产生误导；标准进一步明确了生产日期和保质期的标示规定，规定了食品生产者、经销者的名称、地址和联系方式标示要求，增加了推荐标示可能对人体致敏物质的要求。

我国食品添加剂的使用，首先是满足了国内市场的需求，提高了食品品质，使得我国进入食品工业现代化，同时大大降低了食品工业各种配料、产品的生产成本，使得人民生活在丰富、卫生、健康的前提下，有了消费承受能力的保障。食品是人类生存的必需条件，食品原料、配料的主动权掌握在本国手中，对于国家稳定、食品安全都是至关重要的。虽然在社会上有许多偏见，但是我国的食品添加剂行业以国家利益为重，在非常艰苦、一片空白的条件下完成了重要的创业，有力地支持、保障、促进了我国食品行业成为国民经济中各行各业的首位，食品添加剂应用于食品工业会产生巨大的经济效益和社会效益，食品添加剂是食品工业技术创新和技术进步的重要推动力。

三、食品添加剂的质量标准

食品添加剂的质量标指体系分为外观、含量和纯度三个方面，有的还包括微生物指标和黄曲霉毒素等卫生指标，在纯度指标中的一般均有铅、砷、铬、铜、镉、汞等有害金属的指标，此外有干燥失重、灼烧残渣、不溶物、残存溶液等指标。

食品添加剂的产品质量是食品添加剂保证消费者安全的关键。在生产过程中必须严格控制产品的质量标准。我国食品添加剂质量标准，首选为食品添加剂的国家标准或者行业标准，对于还未形成国家或行业的标准，可适当采取企业标准，对于未颁布新品的标准制定，多以国际或发达国家标准为依据，如 FAO/WHO、FDA 和 FCC 的相关标准等。当企业达到标准后才可正式生产。根据《关于加强食品添加剂监督管理工作的通知》（卫监督发〔2009〕89 号）规定，其产品质量要求、检测方法可以参照国际组织或相关国家标准，由卫生部会同有关部门制定。2010 年卫生部制定发布了 95 项食品添加剂产品标准；对于商务产品标准的食品添加剂，自 2015 年开始，国家卫生和计划生育委员会陆续出台《食品安全国家标准 食品添加剂》（GB 1886 系列标准）等 127 项食品安全国家标准，来规范食品添加剂的使用标准，对产品的使用范围、技术要求和检验方法做了明确的说明。之后又在 2015 年、2016 年和 2018 年相继出台了 47 项、243 项和 27 项食品安全国家标准的使用公告，以促进我国食品添加剂向标准化、统一化、国际化发展。目前各国食品添加剂质量标准十分接近，但由于各国情况的具体不同，不同国家之间依然存在一定的差异，近年来，我国的许多食品添加剂品种的质量标准已与最新出版的美国《食品化学品法典》（FCC Ⅳ）和日本《食品添加物公定书》的标准几乎一致。

第七节 食品添加剂的发展现状和前景

食品添加剂产业，在现代食品工业中已占据着极其重要的地位。现代化工业和技术对食品添加剂的发展起到了决定性的作用。根据食品加工情况及对产品质量的影响因素，可将食品添加剂的发展趋向归为以下几个方面。

一、新产品开发

（一）加大天然产物的研发和利用

有机食品、绿色食品、功能性食品、保健食品已经成为世界食品工业新的增长点。加大与之密切相关的动物、植物、微生物的研究和利用，突出天然食品添加剂的开发、生产、应用和功能性特点是主要的发展趋势。我国自然资源丰富，地大物博，和其他国家相比更有利于发展天然添加剂。目前国内部分天然添加剂受到了国际市场的普遍青睐，如天然抗氧化剂茶多酚、二烯丙基硫化物（又名大蒜素）和天然色素等一系列天然添加剂已经广泛应用于食品中。

(二)开发研制高效、多功能添加剂产品

食品添加剂属于食品加工过程中添加使用的辅助材料。为提高食品添加剂的使用效率，宜开发具有多功能的食品添加剂，以实现提高食品质量、降低加工成本的目标，研发和利用高效、多功能类型的食品添加剂应具有更强的竞争力。利用高新技术改造和提升传统产业已经成为必然，基因技术、细胞工程技术、纳米技术等相关领域的发展将会对生物技术在天然食品添加剂制备中的应用起到推动作用。

(三)复配型添加剂的研究利用及其规范管理

任何添加剂都有一定的局限性，利用不同类型的食品添加剂性质和特点进行复合添加使用，使不同食品添加剂的各自优势进行组合，对加工产品能明显增加其互补作用和协同效果，更利于提高添加剂使用效率，这类产品优势明显：使各种单一食品添加剂作用通过复配已达到更经济、更有效、更安全的目的。复配型食品添加剂有利于知识产权的保护，且具有显著的添加作用和市场潜力。在研发新型复配添加剂的同时也要对其产品功能特性、组成和实验标准形成详细说明，以完善相应的管理内容。

(四)扩大生物制品的数量和研发生物类型的食品添加剂

生物高新技术在很多食品添加剂中广泛应用。利用微生物发酵或生物酶催化等生物技术生产传统的和新型的食品添加剂。由于生物合成采用动植物原材料，生产过程无须高温、高压处理，因此得到的添加剂产品安全性较高，生物高新技术能量消耗较低，有利于保护环境，在染料、药品以及化学品的生产中得到了广泛的应用。但生产物种相对较少，已经生产的物种一般规模较小。由于生物方法生产周期相对较长，因此，需要扩大生产规模来进行弥补，否则其优势难以显现。

(五)采用高新技术开发生产食品添加剂

很多传统食品添加剂加工技术已经不能满足现代食品工业及食品安全的要求，从而造成成本提高，产品价格昂贵，严重限制了食品添加剂的应用。新型分离技术能提高食品添加剂的纯度和得率，提高产品的级别降低生产成本、改善生产环境等多重效益。如微胶囊技术能提高食品添加剂的稳定性和保存期，纳米技术能提高添加剂的使用效果和利用率等。

二、生产技术

(一)选择廉价或回收物料作生产原料，以降低生产中的原料成本

我国生物物种资源丰富，可作为众多天然食品添加剂的生物来源。在添加剂的生产过程中使用天然产物为主要加工原料，在保证食品安全性的同时，尽可能多地利用农产品中的副产品、下脚料和生产废物来开发、提取新的食品添加剂。在节省生产成本的同时增加了原料的利用率和附加值，降低产品价格增加其市场竞争力。

(二)研究和应用新的生产技术与合成工艺

对大多数食品添加剂产品的制备以及天然提取物的变性处理，仍需要借助化学合成或化学处理的方法来完成。利用天然来源添加剂的生产用碳量低，绿色加工环保技术改进生产格局对其生产具有重要意义。因此对其合成工艺、分离纯化技术均需要不断地研究与改进。充分利用微生物发酵、酶工程等生物技术，结合化学合成、修饰与分离的优势进行制备，以降低产品中杂质、有害物质的残留，使添加剂成品不仅有产量规模，而且在质量和纯度方面都有所提高，

真正达到安全、高效、可靠。

（三）现代分析技术在食品添加剂检测中的应用

为了进一步保证食品安全，加强对食品添加剂的检测技术的研究，也是保证食品安全的重要手段。目前在食品添加剂的检测方面，现在分析技术手段已经被广泛的使用，如分子结构检测、质谱技术、生物传感技术等。建立快速、高效、微量、高灵敏的检测方法能够有效应用于添加剂的生产和应用，推动添加剂行业的发展。

三、监管体系的建立与完善

（一）细化法规与标准内容

为使食品添加剂健康发展，发挥其积极有效的作用，避免错误使用和超量使用现象发生，需要对食品添加剂的生产与使用实施严格的管理和监督。《食品安全法》的实施，以及食品安全国家标准的统一制定，在涉及食品添加剂的生产、经营及使用等方面，不仅有明确的卫生标准和技术规范细则，且对不同违规、违法的行为也有相应惩处的法规条例。

（二）实施专职操作管理

在食品生产的企业中，要严格按照 GB 2760—2014 规范对食品添加剂进行生产和使用。相关的技术管理人员必须具有一定专业技术或是专职人员，且专职人员也需要定期进行培训和考核。了解食品添加剂行业最新出台的政策和最新标准。无专业资质证明或未通过考核者不得从事食品加工中的配料和使用食品添加剂的工作。

（三）标签的明注

为保证食品的质量与安全性，按照《食品安全法》的要求，对产品的名称、规格、净含量、生产日期、成分配料和产品标准代号等做详细说明，不得含有虚假、夸大内容。生产者对标签、说明书上的内容负责，使消费者了解加工食品的主料、辅料以及食品添加剂的主要功能，以便消费者正确使用。

（四）明确监管职能

根据《食品安全法》和《食品添加剂新品种管理办法》的相关规定，工商行政管理部门承担监督管理，农业部门负责农产品的质量安全监督。为保证食品添加剂的规范使用，监管部门应明确相应的职能和责任，确保对原材料采集、加工配料、成品生产、商品流通等领域的监管和交叉影响，避免监管环节间的疏漏和问题发生。

（五）建立监管通报及问题成品的召回制度

根据在食品加工方面的特点，需要对食品添加剂的生产与流通情况建立技术档案。在化验室条件下对产品进行安全危害评估，对因食品添加剂质量和使用导致的问题食品与添加剂产品应及时进行通报说明，如产品不符合食品安全，责令停止生产，严重者应采取对流通的问题商品进行召回等处理措施。

总之，正确地认识食品添加剂，需要客观、全面、积极地进行分析评估，要有科学的发展观。现今食品添加剂早已超越其最初的改善食品品质和贮藏的作用，随着其逐渐发展也从侧面推动食品加工工业的发展，并对现在食品需求起到改善和提高，对食品行业的需要起到了至关重要的作用。

随着社会的发展和工业的进步，食品添加剂不论是在用途多样性还是在应用范围上都有长足的发展。食品添加剂在很大程度上也代表食品工业的发展水平,使得判断食品添加剂不再以其功能性作为评判标准和依据。所有的食品添加剂都必须通过毒理学评价和检测才能批准生产使用。功效显著、毒理明确及政府法规允许是识别食品添加剂是非的基本准则。在食品加工过程中,遵循国家法规使用食品添加剂,不仅有利于提高添加剂的使用效果,也能保证食品的安全质量。

食品添加剂的规范使用关系到食品安全、质量及卫生的评价标准。与此相关的食品添加剂的生产、销售、使用等环节都必须严格实施法规管理。因此,我们需要不断完善相关的标准与法规,健全监管机制,在提高食品品质的同时推动食品工业进步,促进食品添加剂产业的健康发展。

思考题

1. 什么是食品添加剂?
2. 简述食品添加剂的主要作用。
3. 简述食品添加剂的发展趋势。
4. 简述我国食品添加剂的一般审批程序。
5. 使用食品添加剂时应该注意哪些问题?并举例说明。

第二章 食品防腐剂

[本章简介]

本章主要介绍了食品腐败变质的原因和防止办法；食品防腐剂的概念和分类；食品防腐剂的作用机制及抑菌效果；常用的化学合成食品防腐剂和天然食品防腐剂；食品防腐剂的合理选择与使用注意事项。

[学习重点]

1. 掌握食品防腐剂的作用机制；
2. 影响防腐剂抑菌效果的因素；
3. 常用化学合成食品防腐剂和天然食品防腐剂的性质和防腐性能；
4. 食品防腐剂的合理选择与使用。

第一节 概述

一、食品的腐败变质

（一）食品腐败的概念

食品在加工、贮藏和流通过程中，由于各种物理、化学或生物因素的影响食品组分会发生各种不利的变化，造成营养物质的损失、变色变味，甚至产生有害物质，导致食品的食用品质降低，甚至不能食用，这种现象称为食品变质（food deterioration）。而其中由有害微生物导致的食品变质则称为食品腐败（food spoilage）。

(二)引起食品腐败的主要微生物

微生物导致的腐败是食品变质的最重要原因。能导致食品腐败的微生物种类很多,包括很多细菌、霉菌和酵母菌都能引起食品的腐败。不同食品由于所含有的营养成分的差异,引起腐败的主要微生物也有差别。蛋白质含量高的食品如肉、蛋、乳类食品,引起腐败的主要是细菌,其次为霉菌和酵母菌。淀粉含量高的食品如面包、馒头等面点中引起腐败的主要是霉菌,其次为酵母菌和少量的细菌[如枯草芽孢杆菌(*Bacillus subtilis*)]。含糖量高的食品如蜜饯、果酱和蜂蜜中则主要是酵母,其次为霉菌。

(三)防止食品腐败的方法

由于多数食品的生产具有季节性,以前人们为了确保非食品产出季节有足够维持生存的食品,摸索发现了多种防止食品腐败变质的保藏方法,如日晒、风干、盐腌、糖渍、醋泡、烟熏等。这些传统的食品保藏方法至今很多仍然得以沿用。随着现代食品工业的发展,为了适应食品规模化生产的需求,又开发了热处理、低温处理、干燥脱水、气体调节、辐照、超高压等物理保藏方法。人类对食品有效保藏方法的寻找从未停止。然而,时至今日,最有效、最经济便捷的方法还是使用防腐剂。

二、食品防腐剂的概念与分类

(一)食品防腐剂的概念

食品防腐剂(food preservatives)的主要作用是抑制食品中腐败微生物的生长繁殖,因此又称为抗菌剂(antimicrobial agent)。食品防腐剂的概念有广义和狭义之分:

狭义的食品防腐剂,是指能够直接加入食品,用以防止由微生物引起的腐败,延长食品贮藏期的一类化学物质。

广义的食品防腐剂,则包括食盐、食醋等调味品以及在食品贮藏、加工过程中用于工器具、设备消毒使用的消毒剂。通常我们所指的食品防腐剂一般是狭义上的具有抑菌性的化学物质。

(二)食品防腐剂的分类

根据 GB 2760—2014,我国目前允许使用的防腐剂有 26 种。这些防腐剂根据其来源划分,可分为化学合成防腐剂和天然防腐剂。

1. 化学合成防腐剂

目前应用较为广泛的食品防腐剂大多是化学合成的。化学合成防腐剂根据其化学组成可分为有机化学合成防腐剂和无机化学合成防腐剂。

(1)有机化学合成防腐剂

①酸型防腐剂:此类防腐剂具有防腐效果的是其未解离的弱酸分子,在酸性 pH 条件下防腐效果明显,这类防腐剂主要包括苯甲酸及其钠盐、山梨酸及其钾盐、脱氢醋酸及其钠盐、双乙酸钠等。

②酯型防腐剂:主要是指对羟基苯甲酸酯类及其钠盐,它们在很宽的 pH 范围内都有效。属于此类防腐剂的还有单辛酸甘油酯。

③其他有机合成防腐剂:除上述两种类型之外,食品中允许使用的有机合成防腐剂还有乙氧基喹、联苯醚、二甲基二碳酸盐等。

（2）无机化学合成防腐剂　无机化学合成防腐剂包括焦亚硫酸盐、亚硫酸盐、硝酸盐等。

2. 天然防腐剂

天然防腐剂主要是从动、植物及微生物中提取分离获得的抗菌物质。目前广泛使用的天然防腐剂主要是从微生物中获得，如乳酸链球菌素、纳他霉素、ε-聚赖氨酸及其盐酸盐等。

第二节　防腐剂的作用机制与抑菌效果

一、食品防腐剂的作用机制

食品防腐剂抑制与杀死微生物的机制十分复杂，一般认为，目前使用的食品防腐剂对微生物的作用机制主要包括以下几个方面：

（一）破坏微生物细胞结构和功能完整性

一些防腐剂可以破坏微生物细胞的细胞壁或者细胞膜，使细胞失去完整性，细胞膜功能受损，导致正常的生理功能被破坏，甚至造成细胞的溶解而导致微生物失活。如乳酸链球菌素等肽类物质和对羟基苯甲酸酯等酯类化学防腐剂主要就是通过破坏或干扰细胞膜功能实现抑菌功能的。而溶菌酶则能够水解革兰阳性菌细胞壁中肽聚糖的 N-乙酰胞壁酸和 N-乙酰氨基葡糖之间的 β-1,4 糖苷键，使细胞壁不溶性肽聚糖分解成可溶性糖肽，导致细胞壁破裂，细胞结构瓦解。

（二）影响微生物代谢相关酶活性

防腐剂干扰微生物代谢活动通过影响物质代谢和能量代谢相关酶的活性来达成。防腐剂可与酶的巯基作用，破坏多种含硫蛋白酶的活性。通常情况下，防腐剂是作用于微生物的呼吸酶系，如乙酰辅酶 A 缩合酶、脱氢酶、电子传递酶系等。如山梨酸可以与微生物酶中的巯基结合，破坏酶的作用使其生长受阻。

（三）能量消耗

酸型防腐剂如苯甲酸、山梨酸等，溶于水后，随 pH 不同在解离和未解离状态间存在动态平衡，在低 pH 条件下，多数处于未解离状态，未解离的有机弱酸分子是亲脂性的，因此可自由透过原生质膜。进入细胞内后，在细胞内高 pH 环境下，分子解离成带正电荷的氢离子和阴离子，这些解离成分不易透过膜而在细胞内蓄积，造成细胞内环境的酸化。为了维持细胞内正常的 pH 环境，需要将氢离子通过原生质膜泵出菌体细胞外，这个过程需要三磷酸腺苷（ATP）提供能量，造成细胞能量大量消耗，从而影响微生物的正常代谢活动，造成生长受阻。造成能量消耗是大部分酸型防腐剂抑制微生物生长的主要作用机制。

需要指出的是，各种防腐剂对微生物的抑制作用有不同的机制，同一种防腐剂的抑菌效果往往也不是由单一作用机制实现的，可能是多种机制共同作用的结果。总之，深入了解防腐剂在微生物体内的作用机制可帮助我们更有效、更合理地使用防腐剂。

二、食品防腐剂的抑菌效果

（一）抑菌效果评价方法

防腐剂的抑菌效果是指对某类或某种防腐剂所能抑制或杀灭微生物范围的大小（抑菌谱）

以及效果强弱程度的综合评价。如果某防腐剂在其最大安全使用剂量范围内能有效抑制微生物的类、属、种范围大，则说明其抑菌谱广；反之，则说明其抑菌谱窄。如果某防腐剂对抑制一种微生物的生长所需要的浓度越小，则说明其抑菌效果越好。

评价防腐剂的抑菌性能的常用试验方法主要有抑菌圈试验法和最小抑菌浓度（MIC）试验法。抑菌圈法操作便捷、简单易行、成本低廉、结果准确可靠，是抑菌试验的经典方法，可以将防腐剂按其最大安全使用剂量加到滤纸圆片上，并置于涂布有某种微生物的平板培养基上进行培养，看是否有透明抑菌圈的出现，来逐一判断该防腐剂对各种腐败微生物的有效性，确定抑菌范围。而要精确判断防腐剂对特定微生物的抑菌效果强弱程度，则一般采用最小抑菌浓度试验法。最小抑菌浓度指防腐剂在特定培养条件下抑制微生物生长的最低浓度，常采用肉汤稀释分析法确定防腐剂的 MIC。在肉汤稀释分析法中，防腐剂被依次稀释，并以单一浓度添加到非选择性肉汤培养基的培养试管中。在试管中接种供试菌种在最佳生长温度下培养一定时间，能完全抑制细菌生长的最高稀释试管中所含防腐剂的浓度即为最小抑菌浓度。最小抑菌浓度越低，说明防腐剂对某特定微生物的抑制效果越好。

（二）影响食品防腐剂抑菌效果的因素

食品防腐剂的抑菌效果除了与自身特性（如抑菌谱、溶解性、挥发性等）密切相关外，还与食品所处的内外环境和加工过程、方法密切相关，只有三者有机结合，才能使食品防腐剂发挥最大的效能。在食品加工过程中，实际影响食品防腐剂作用效果的因素主要有：食品基质状况；加工过程中的微生物污染情况；热处理程度；食品防腐剂的复配效应。

1. 食品基质状况

食品基质的组成和物理、化学特性对防腐剂的抑菌效果有影响，主要包括基质的 pH、食品成分、水分活度等。

（1）pH 食品基质的 pH 对酸型防腐剂的抑菌效果有很大的影响，根据其作用机制，酸型防腐剂的防腐主要是依靠食品基质中溶解的未解离分子对微生物起作用，而 pH 直接影响其分子的解离情况。根据弱酸分子解离公式，在不同 pH 食品基质中溶解的食品防腐剂已解离的部分浓度可用式（2-1）表示：

$$\lg([RCOOH]/[RCOO^-]) = pK_a - pH \tag{2-1}$$

式中　[RCOOH]／[RCOO$^-$]——未解离酸浓度与已解离酸阴离子浓度的比值；

pK_a——酸解离常数。

从式（2-1）中可以看出，当食品基质的 pH=pK_a 时，食品基质中未解离酸与已解离的酸阴离子浓度相等，溶液的 pH 低于该防腐剂的 pK_a 越多，则未解离部分所占的比例越高；反之则所占的比例约低。因此，对同样浓度的酸型防腐剂来说，食品基质的 pH 越低，抑菌效果越好，pH 越高，抑菌效果变差，直至没有效果。而在同一 pH 条件下，pK_a 越大的防腐剂，其有效抑菌浓度越高。常用的酸型防腐剂的酸解离常数 pK_a 按大小依次为：脱氢醋酸（5.53）>丙酸（4.87）>山梨酸（4.76）>乙酸（4.74）>苯甲酸（4.21）。总之，在不影响食品本身风味的前提下，降低食品的基质 pH 有利于提高这种类型防腐剂的作用效果。而当食品基质的 pH 较高时，则宜选择酸解离常数较高的防腐剂，其作用效果较好。

（2）食品成分　食品成分中对防腐剂抑菌效果影响最大的是其中的油脂含量。油脂含量也对防腐剂的作用效果有比较大的影响。有些防腐剂含有疏水基团，如苯甲酸、山梨酸、对羟基苯甲酸酯类等，疏水基团的存在有助于其穿过微生物原生质膜发挥作用，也有利于其进入油脂中。在含脂量高的食品（如奶油制品、调味酱等）中使用这些防腐剂，由于微生物仅能存在于水相，进入油相中的防腐剂则无法发挥作用。因此，这类防腐剂的作用效果就取决于防腐剂在油水两相中的分配系数。分配系数是指防腐剂在食品基质油水两相中溶解质量的比值。分配系数越大，说明溶解在油脂中的防腐剂越多，防腐效果越差；反之则效果越好。故而在高脂食品中宜选用分配系数较小的防腐剂。另外，食品基质中高浓度的盐、糖等成分也可能会对防腐剂在水相中的溶解度产生影响，如高浓度的食盐可造成防腐剂盐析使溶解度降低，抑菌效果变差。

（3）水分活度（A_w） 微生物的生长代谢与周围环境的 A_w 密切相关。食品中大多数重要细菌繁殖必须在 A_w>0.9 条件下；绝大部分霉菌在 A_w<0.8 时，停止生长；当 A_w<0.6 时，几乎所有微生物都不能生存。降低 A_w 有利于发挥食品防腐剂的性能。在水中加入电解质或其他可溶性物质，以及采用物理手段如脱水、冻结，可降低 A_w，起到增效作用。因此，脱水、高糖、高盐和冻结食品，其食品防腐剂的用量可相应地减少。

2. 微生物污染情况

食品染菌的程度、微生物种类、有无芽孢等情况对防腐剂的作用效果也有很大影响。在使用等量防腐剂的情况下，食品染菌情况越严重，则防腐效果越差。由于食品防腐剂的作用性质和用量限制，通常只是抑制微生物，如果食品已经严重污染，再使用防腐剂也无济于事。如山梨酸加入到已经严重污染了大量微生物的食品中，不仅防腐无效，还会被乳酸菌等还原成山梨糖醇，成为碳源而被微生物利用。另外，不同的食品防腐剂对食品中的各类微生物作用效果存在差异，如苯甲酸及其盐类对部分细菌和酵母菌的抑制效果好，而对霉菌的抑制作用较弱，对羟基苯甲酸乙酯则对霉菌、酵母菌有较强的抑制作用。因此，在加工过程中应遵守良好卫生操作规范，在加工过程中应采取一些减菌处理措施，尽可能减少食品的染菌程度。在此基础上使用防腐剂才可能取得良好的效果。

3. 热处理程度

热处理程度包括热处理温度和热处理时间两个因素。在一定范围内，热处理程度增加，能增强食品防腐剂的作用效果，但某些食品防腐剂（如苯甲酸）具有挥发性，或在一定温度下分解，因此，要根据食品防腐剂的性质，在适宜的条件下加入，发挥其最大防腐性能。

4. 食品防腐剂的复配效应

由于防腐剂都有其各自的作用范围（抑菌谱），即每种防腐剂仅能对一定的微生物群有抑制作用，因此，在食品中使用单一防腐剂往往达不到理想的效果，在某些情况下需要考虑两种以上的防腐剂进行复配，以提高防腐剂的作用效果。当两种不同的防腐剂共同作用时，可能存在三种效应，即相加、增效和拮抗效应。相加效应是指两种防腐剂共同作用的效果等于其分别作用效果之和；增效效应是指两种防腐剂共同作用的效果大于其分别单独作用效果之和；拮抗效应指两种防腐剂共同作用的效果小于其分别单独使用效果之和。食品防腐剂复配使用往往具有协同增效作用，如苯甲酸钠和山梨酸钾的复配，扩大了抑菌谱范围，对细菌、霉菌和酵母菌均有抑制作用，防腐效果明显增强。但防腐剂复配也可能存在拮抗效应，如在 pH 5.0 的条件下，将山梨酸与对羟基苯甲酸酯复配使用，对黑曲霉的抑制效果反而减弱。因此，在防腐剂的复配时，应防止拮抗效应的搭配。

第三节 常用的化学食品防腐剂

GB 2760—2014 规定了大量可以用于食品的防腐剂，目前，在食品中常用的化学防腐剂有以下 6 种：苯甲酸及其钠盐、山梨酸及其钾盐、对羟基苯甲酸酯类及其钠盐、丙酸及其盐类、双乙酸钠、脱氢乙酸及其钠盐。

一、苯甲酸及其盐类

（一）性状与性能

1. 苯甲酸（benzoic acid）

别名安息香酸、苯酸、苯蚁酸，分子式 $C_7H_6O_2$，相对分子质量 122.12，熔点 121~123℃，沸点 249.2℃，相对密度 1.2659（15℃/4℃）。苯甲酸为白色片状或针状晶体，无味或有苯甲醛的气味，100℃时开始升华，蒸汽刺激性强。苯甲酸是弱酸，化学性质稳定，不易被氧化，在常温下难溶于水，有吸湿性，在空气（特别是热空气）中具有挥发性，易溶于乙醇、乙醚等有机溶剂。

2. 苯甲酸钠（sodium benzoate）

分子式 $C_7H_5O_2Na$，相对分子质量 144.11。苯甲酸钠大多为白色颗粒，味微甜，有收敛性，无臭或者略带安息香气味，在空气中十分稳定，易溶于水，其水溶液呈碱性。

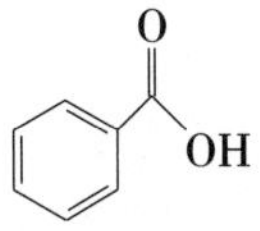

苯甲酸 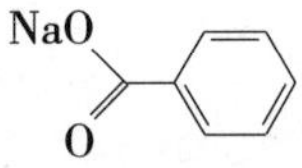　　　　　　　苯甲酸钠

苯甲酸对部分细菌和酵母菌有较强的抑制作用，对霉菌的抑制效果较弱，作用的最适 pH 为 2.5~4.0，一般以低于 pH 4.5 为宜，在碱性介质中则易失去抑菌作用。苯甲酸的最小抑菌浓度为 0.15~1g/L。当苯甲酸和苯甲酸钠作为防腐剂添加到食品中时，1g 苯甲酸钠和 0.847g 苯甲酸的作用效果相当。

（二）防腐机制

（1）苯甲酸类食品防腐剂是酸型防腐剂，发生作用的是其未离解的分子；

（2）苯甲酸亲油性大，易透过微生物细胞膜，进入细胞体内，干扰细胞膜的通透性，抑制细胞膜对氨基酸的吸收；

（3）苯甲酸分子进入细胞后，电离酸化细胞内的碱性物质，抑制细胞呼吸酶系的活性，阻止乙酰辅酶 A 的缩合反应，从而起到防腐作用。

苯甲酸钠的防腐机制与苯甲酸相同，要转化成苯甲酸后，才能发挥其防腐性能。

（三）毒性和安全性

1. 苯甲酸

①LD_{50}：2700~4440mg/kg（bw）（大鼠，经口）；

②ADI：0~5mg/kg（bw）。

2. 苯甲酸钠

①LD_{50}：4070mg/kg（bw）（大鼠，经口）；

②ADI：0~5mg/kg（bw）。

（四）使用建议

苯甲酸在水中溶解度低，实际应用时，通常加入适量碳酸钠或碳酸氢钠，用90℃以上的热水溶解，将其转化成苯甲酸钠后再使用。将苯甲酸钠添加到酸性食品（如酱油、醋）中时，要防止其解离转变成苯甲酸，使溶解度下降，形成沉淀析出，降低作用效果。实际操作是，按生产需要，将其配制成一定浓度的苯甲酸钠水溶液，将溶液与食品质量以某一比例均匀地加入食品中。若食品中需要添加酸性物质，应在加入苯甲酸钠且在其分散均匀后添加。苯甲酸与其他食品防腐剂复配使用，可增强防腐效果。在酱油中，苯甲酸与对羟基苯甲酸酯类有协同增效的作用。

GB 2760—2014规定，苯甲酸和苯甲酸钠的使用标准如下：碳酸饮料，0.2g/kg；配制酒（仅限预调酒），0.4g/kg；蜜饯凉果，0.5g/kg；复合调味料，0.6g/kg；除胶基糖果以外的其他糖果、果酒，0.8g/kg；风味冰、冰棍类、果酱（罐头除外）、腌渍的蔬菜、调味糖浆、醋、酱油、酱及酱制品、半固体复合调味料、液体复合调味料（不包括醋和酱油）、果蔬汁（肉）饮料（包括发酵型产品等）、蛋白饮料类、风味饮料（包括果味饮料、乳味、茶味、咖啡味及其他味饮料等）、茶、咖啡、植物饮料类，1.0g/kg；胶基糖果，1.5g/kg；浓缩果蔬汁（浆）（仅限食品工业用），2.0g/kg。以上用量均为最大使用量（以苯甲酸计）。

二、山梨酸及其盐类

（一）性状与性能

1. 山梨酸（sorbic acid）

又名花楸酸或清凉茶酸，化学名称2,4-己二烯酸，分子式$C_6H_8O_2$，相对分子质量112.13，相对密度1.2034（19℃/4℃），熔点132~135℃，沸点228℃（分解）。山梨酸是由巴豆醛与乙烯酮缩合，生成聚酯，再分解制得，为无色针状或粉状晶体，无臭或略有特殊气味，耐热性好，溶于乙醇、乙醚、丙酮等有机溶剂，难溶于水，常温溶解度只有0.16g/100g（20℃/4℃）。山梨酸长期暴露在空气中时，易发生氧化反应而失去防腐作用。

2. 山梨酸钾（potassium sorbate）

化学名称2,4-己二烯酸钾，分子式$C_6H_7KO_2$，相对分子质量150.22，相对密度1.363（20℃/20℃），熔点270℃（分解）。山梨酸钾是由碳酸钾或氢氧化钾与山梨酸合成制得，为白色至浅黄色鳞片状结晶或结晶性粉末，几乎无臭，在空气中长期放置，易被氧化着色，应密封贮存，避光，避潮。

山梨酸　　　　　　　　　　　　　山梨酸钾

山梨酸能有效抑制霉菌、酵母菌和好气性腐败菌的活性，对厌气性细菌和乳酸菌几乎无效，而且其分子态的抑菌活性比离子态强，因此，在低 pH 的溶液中抑菌效果显著。一般情况下，当 pH<4 时，山梨酸钾的抑菌活性强；当 pH>6 时，抑菌活性降低。值得注意的是，山梨酸钾只能抑菌，不能杀菌，微生物数量过高时不起作用。1g 山梨酸的防腐效果与 1.33g 山梨酸钾的防腐效果相当。

（二）防腐机制

山梨酸与微生物相关酶的巯基相结合，破坏许多重要酶的作用，此外，它还能干扰传递机能，如细胞色素 C 对氧的传递，以及细胞膜表面能量传递的功能，从而抑制微生物增殖，达到防腐目的。

（三）毒性和安全性

1. 山梨酸

①毒性很低，其毒性仅为苯甲酸钠的 1/40；
②能参与人体代谢，生成二氧化碳和水，对人体无害；
③LD_{50}：1050mg/kg（bw）（大鼠，经口）；
④ADI：0~25mg/kg（bw）。

2. 山梨酸钾

①LD_{50}：4200~6170mg/kg（bw）（大鼠，经口）；
②ADI：0~25mg/kg（bw）（以山梨酸计）。

（四）使用建议

配置山梨酸溶液时，一般先在乙醇、碳酸氢钠或碳酸钠溶液中溶解，再添加到食品中去，而且要避免使用铜、铁容器，同时，由于它的刺激性，要避免溅入眼内。山梨酸能与某些酶反应，不宜用于具有生物活性的组织中；用于需要加热的产品时，为了防止其受热挥发，应在加热后期添加。由于常温下山梨酸难溶于水，分散性差，加工中大都采用山梨酸钾。使用山梨酸钾时，经常用 15~20 倍于山梨酸钾的温水（45~55℃）进行溶解。配料时，应先加山梨酸钾溶液，后加酸液，以免产生絮状物。

GB 2760—2014 规定，山梨酸和山梨酸钾的使用标准如下：熟肉制品、预制水产品（半成品），0.075g/kg；葡萄酒，0.2g/kg；配制酒，0.4g/kg；风味冰、冰棍类、经表面处理的鲜水果、蜜饯凉果、经表面处理的新鲜蔬菜、腌渍的蔬菜、加工食用菌和藻类、酱及酱制品、饮料类（包装饮用水类除外）、果冻、胶原蛋白肠衣，0.5g/kg；果酒，0.6g/kg；配制酒（仅限青稞干酒），0.6g/L；干酪、氢化植物油、人造黄油及其类似制品（如黄油和人造黄油混合品）、果酱、即食笋干、豆干再制品、新型豆制品（大豆蛋白膨化食品、大豆素肉等）、除胶基糖果以外的其他糖果、面包、糕点、焙烤食品馅料及表面用挂浆、风干、烘干、压干等水产品、即食海蜇、调味糖浆、醋、酱油、复合调味料、乳酸菌饮料，1.0g/kg；胶基糖果、杂粮灌肠制品、米面灌肠制品、肉灌肠类、蛋制品（改变其物理性状），1.5g/kg；浓缩果蔬汁（浆）（仅限食品工业用），2g/kg。以上用量均为最大使用量（以山梨酸计），用于固体饮料和果冻粉时，按冲调倍数增加使用量。

三、对羟基苯甲酸酯类

对羟基苯甲酸酯类（para-hydroxy benzoate），又称尼泊金酯类，GB 2760—2014 规定，可以

使用的对羟基苯甲酸酯类有对羟基苯甲酸甲酯（钠）和对羟基苯甲酸乙酯（钠）。

（一）性状与性能

1. 对羟基苯甲酸甲酯（methyl p-hydroxy benzoate）

亦称尼泊金甲酯，分子式 $C_8H_8O_3$，相对分子质量 152.15，熔点 125~128℃。对羟基苯甲酸甲酯为无色结晶或白色结晶粉末，无气味或略有焦糊味，易溶于乙醇、丙二醇和乙醚，微溶于苯和四氯化碳，难溶于水，其饱和水溶液呈微酸性。

2. 对羟基苯甲酸乙酯（ethyl p-hydroxy benzoate）

亦称尼泊金乙酯，分子式 $C_9H_{10}O_3$，相对分子质量 166.18，熔点 116~118℃，沸点 297~298℃。对羟基苯甲酸乙酯为无色细小结晶或白色晶体粉末，有轻微麻舌感涩味，耐光、耐热，微溶于水，易溶于乙醇、丙二醇和花生油。本品遇铁易变色，在强酸、强碱的条件下极易分解。

对羟基苯甲酸甲酯　　　　　　　　　　　对羟基苯甲酸乙酯

对羟基苯甲酸酯类对霉菌、酵母菌和细菌均有抑制作用，对霉菌、酵母菌的作用较强，但对细菌特别是革兰阴性杆菌及乳酸菌的作用较弱。由于其分子内羟基酯化，不易电离，对羟基苯甲酸酯类的抗菌效果不易受 pH 变化的影响，在 pH 4~8 的范围内均有抑菌作用。整体来讲，对羟基苯甲酸酯类的抑菌作用强于苯甲酸和山梨酸，而且其烷基链越长，抗菌作用越强。因此，对羟基苯甲酸乙酯的防腐性能优于对羟基苯甲酸甲酯的防腐性能。

（二）防腐机制

对羟基苯甲酸酯类主要是分子态的酯类起抑菌作用，它能破坏微生物的细胞膜，抑制微生物细胞的呼吸酶系与电子传递酶系的活性，从而阻断微生物的生长代谢途径，达到抑菌和杀菌目的。

（三）毒性和安全性

1. 对羟基苯甲酸甲酯

ADI：0~10mg/kg（bw）。

2. 对羟基苯甲酸乙酯

①LD_{50}：5000mg/kg（bw）（小鼠，经口）；

②ADI：0~10mg/kg（bw）。

（四）使用建议

为了使对羟基苯甲酸酯类更好地分散到食品中，一般将其用氢氧化钠、醋酸、乙醇等溶解，如用于果酱中，就是将其溶于醋酸后再加入。对羟基苯甲酸酯类应用于含有酯酶的食品（如酱油）中时，要先将食品加热，使酯酶失活，避免分解。由于溶解性差，在生产实践中，该酯类常混合使用。

GB 2760—2014 规定，对羟基苯甲酸酯类的使用标准如下：经表面处理的鲜水果、经表面处理的新鲜蔬菜，0.012g/kg；热凝固蛋制品（如蛋黄酪、松花蛋肠）、碳酸饮料，0.2g/kg；果酱（罐头除外）、醋、酱油、酱及酱制品、蚝油、虾油、鱼露、果蔬汁（肉）饮料（含发酵型产品)、果味饮料，0.25g/kg；焙烤食品馅料及表面用挂浆（仅限糕点馅），0.5g/kg。以上用量均为最大使用量（以对羟基苯甲酸计）。

四、丙酸及其盐类

(一) 性状与性能

1. 丙酸（propionic acid）

分子式 CH_3CH_2COOH，相对分子质量 74.08，沸点 141℃，熔点 -22℃，相对密度 0.993~0.99（20℃/4℃）。丙酸是无色透明、具有腐蚀性的液体，有特殊的刺激性气味，易溶于水、乙醇及其他有机溶剂。丙酸蒸汽能刺激眼睛和呼吸系统，液体能灼烧皮肤和眼睛。

2. 丙酸钙（calcium propionate）

分子式 $(CH_3CH_2COO)_2Ca \cdot nH_2O$（$n=0$、1、3），相对分子质量 186.22（不含结晶水）。丙酸钙为白色结晶的细小微粒，无臭或微带丙酸气味，其一水盐在食品工业中作为防腐剂使用。丙酸钙一水盐对热稳定，有吸湿性；易溶于水，不溶于醇和醚类，10%水溶液的pH 为 8~10。

3. 丙酸钠（sodium propionate）

分子式 CH_3CH_2COONa，相对分子质量 96.06。丙酸钠为无色透明晶体、颗粒或结晶性粉末，无臭或略带丙酸臭味；有吸湿性，极易溶于水，能溶于乙醇，微溶于丙酮。

丙酸能抑制引起面包粘丝状物质的需气型芽孢杆菌，对酵母菌几乎无效；丙酸钙是酸型防腐剂，对霉菌有较好的抑制作用，对细菌抑制作用不大。丙酸钙用于面团时，能抑制面团发酵时枯草杆菌繁殖，pH 为 5.0 时，最小抑菌浓度为 0.01%，最适 pH 以低于 5.5 为宜。丙酸钠抑菌作用受 pH 的影响，在酸性介质中较强抑制各类霉菌、革兰阴性菌、好氧芽孢杆菌，防止黄曲霉（Aspergillus flavus）的产生，和丙酸一样，对酵母菌几乎无效。

(二) 防腐机制

(1) 丙酸分子在霉菌或细菌等细胞外形成高渗透压，使霉菌或细菌的细胞脱水而失去繁殖能力；

(2) 丙酸分子可以穿透霉菌和细菌的细胞壁，抑制细胞内酶的活性，阻碍 β-丙氨酸合成，抑制霉菌和细菌的繁殖。

丙酸钙和丙酸钠均是通过未离解的丙酸起防腐作用。

(三) 毒性和安全性

1. 丙酸

①LD_{50}：5600mg/kg（bw）（大鼠，经口）；

②ADI：不作限制性规定；

③丙酸是人体正常代谢的中间产物，进入人体后，依次转变成丙酰 CoA、L-甲基丙二酸单酰 CoA 和琥珀酰 CoA，琥珀酰 CoA 可以进入三羧酸循环彻底氧化分解，或者进入糖异生途径合成葡萄糖或糖原。

2. 丙酸钙

①LD_{50}：5160mg/kg（bw）（大鼠，经口），LD_{50}：3300mg/kg（bw）（小鼠，经口）；

②ADI：不作限制性规定。

3. 丙酸钠

①LD_{50}：5100mg/kg（bw）（小鼠，经口）；

②ADI：不作限制性规定。

（四）使用建议

丙酸及其盐类适合于面包和糕点的保鲜；丙酸钙除了可以作为食品防腐剂使用外，还可作为营养强化剂使用，添加到食品中可补充钙质，但丙酸钙在二氧化碳和水的作用下，会生产碳酸钙沉淀，降低化学膨松剂的作用；相同质量的丙酸钠和丙酸钙，前者抑制霉菌的能力比后者低，但它不影响化学膨松剂的作用，应用更为广泛。

GB 2760—2014 规定，丙酸、丙酸钙和丙酸钠的使用标准如下：生湿面制品（如面条、饺子皮、馄饨皮、烧卖皮），0.25g/kg；原粮，1.8g/kg；豆类制品、面包、糕点、醋、酱油，2.5g/kg；其他（杨梅罐头加工工艺），50g/kg。以上用量均为最大使用量（以丙酸计）。

五、双乙酸钠

（一）性状与性能

双乙酸钠（sodium diacetate，SDA），别名二乙酸钠。分子式 $C_4H_7NaO_4 \cdot nH_2O$，相对分子质量 142.09（无水），熔点 96~97℃。双乙酸钠为白色晶状固体，有吸湿性和醋酸气味；易溶于水和醇类，10%溶液的 pH 为 4.5~5.0。双乙酸钠加热至 150℃ 以上分解，可燃，需保存在 40℃ 以下的阴凉处，密封、防晒、防潮。

双乙酸钠主要用于防霉，效果优于丙酸钙，对绿色木霉（*Trichoderma virde*）、李斯特菌属（*Listeria*）、黑根霉（*Rhizopus nigricans*）和黄曲霉有很好的效果，比苯甲酸钠和山梨酸钾的防腐防霉作用强，此外，还可用于抑制马铃薯杆菌和枯草芽孢杆菌的繁殖。双乙酸钠在食品中稳定，不受食品本身 pH 的影响，能保持食品的特色。

（二）防腐机制

双乙酸钠主要是通过溶于水时释放的单分子乙酸抗菌。释放的单分子乙酸能透过霉菌的细胞壁，进入微生物体内，干扰酶的相互作用，使细胞内蛋白质变性，抑制霉菌的生长和繁殖。

（三）毒性和安全性

①LD_{50}：4960mg/kg（bw）（大鼠，经口），LD_{50}：3310mg/kg（bw）（小鼠，经口）；

②ADI：0~15mg/kg（bw）；

③双乙酸钠能参与人体代谢，产生 CO_2 和 H_2O，对人体安全、无毒。

（四）使用建议

双乙酸钠应用范围广泛，可用于调味料、膨化食品、豆制品类和粮谷物的防霉防腐。当要求利用乙酸的杀菌性能，而食品酸性又不能有所变化时，即可使用双乙酸钠，其水溶液可直接添加到食品中，也可喷洒于食品表面或用于浸渍食品。用于粮谷物防霉时，要注意使用环境的温度和湿度。

GB 2760—2014 规定，双乙酸钠的使用标准如下：豆干类、豆干再制品、原粮、熟制水产品（可直接食用）、膨化食品，1.0g/kg；调味品，2.5g/kg；预制肉制品、熟肉制品，3.0g/kg；糕点、粉圆，4.0g/kg；复合调味料，10.0g/kg。以上用量均为最大使用量。

六、脱氢乙酸及其钠盐

（一）性状与性能

1. 脱氢乙酸（dehydroacetic acid）

又名脱氢醋酸，系统命名是3-乙酰基-6-甲基-二氢吡喃-2,4-(3H)二酮，分子式$C_8H_8O_4$，相对分子质量168.15，熔点109~112℃，沸点269.9℃。脱氢乙酸为无色片状或针状结晶或白色结晶性粉末，无臭，无味，无吸湿性；溶于苛性碱的水溶液和苯，微溶于乙醇，难溶于水，其饱和水溶液（质量浓度约0.1%）pH为4。脱氢乙酸加热不易分解，但可随水蒸气挥发。

2. 脱氢乙酸钠（sodium dehydroacetate）

分子式$C_8H_7NaO_4·H_2O$，相对分子质量208.15。脱氢乙酸钠为白色晶体粉末，几乎无臭，微有特殊味，易溶于水、丙二醇和甘油，微溶于乙醇和丙醇。其水溶液呈中性或微碱性，对光、热较稳定。

脱氢乙酸在酸型防腐剂中具有最高的酸解离常数（$pK_a=5.53$），因此在较高的pH范围内仍能保持较好的抑菌效果。脱氢乙酸和脱氢乙酸钠的作用主要是抗酵母菌和霉菌，抗酵母菌和霉菌的能力为苯甲酸钠的2~10倍，有效浓度为0.1%即可。抗细菌能力弱，在高剂量时才能抑制细菌。脱氢乙酸和脱氢乙酸钠通常用于防止食品霉变。

（二）防腐机制

脱氢乙酸主要是通过渗透微生物的细胞壁，干扰膜电位和细胞内各种酶的活性以及消耗菌体能量来抑制微生物的生长繁殖。脱氢乙酸钠与脱氢乙酸的防腐机制相同。

（三）毒性和安全性

1. 脱氢乙酸

LD_{50}：1000mg/kg（bw）（大鼠，经口）。

2. 脱氢乙酸钠

LD_{50}：570mg/kg（bw）（大鼠，经口），LD_{50}：1175mg/kg（bw）（小鼠，经口）。

（四）使用建议

脱氢乙酸的溶解性差，生产中常用其钠盐，即脱氢乙酸钠。用于食品表面防霉时，将脱氢乙酸钠水溶液喷雾到食品表面即可。

GB 2760—2014规定，脱氢乙酸和脱氢乙酸钠的使用标准如下：黄油和浓缩黄油、腌渍的蔬菜、腌渍的食用菌和藻类、发酵豆制品、果蔬汁（浆），0.3g/kg；面包、糕点、焙烤食品馅料及表面用挂浆、熟肉制品、预制肉制品、复合调味料，0.5g/kg；淀粉制品，1.0g/kg。以上用量均为最大使用量（以脱氢乙酸计）。

七、其他化学防腐剂

（一）单辛酸甘油酯

单辛酸甘油酯（capryl monoglyceride），分子式$C_{11}H_{22}O_4$，相对分子质量218，熔点40℃，常温下为浅黄色黏稠液或乳白色塑性固体，无臭，略带苦味。单辛酸甘油酯不溶于水，与热水振摇后形成乳浊液，能溶于乙醇、乙酸乙酯、氯仿及其他氯化烃和苯。单辛酸甘油酯能参与生物体代谢，分解生成二氧化碳和水，其ADI不作限量规定。单辛酸甘油酯对霉菌和酵母菌均有抑制作用，在使用过程中，易水解而产生刺激性气味，与甘氨酸、有机酸、乙二胺四乙酸（EDTA）、聚磷酸盐有协同效应。GB 2760—2014 规定：单辛酸甘油酯用于肉灌肠类时，最大使用量为 0.5g/kg；用于生湿面制品（如面条、饺子皮、馄饨皮、烧卖皮）、糕点和焙烤食品馅料（仅限豆馅）时，最大使用量为 1.0g/kg。

（二）二甲基二碳酸盐

二甲基二碳酸盐（dimethyl dicarbonate），商品名为维果灵，分子式 $C_4H_6O_5$，相对分子质量 134.09，沸点 172℃。室温下，为稍有涩味的无色液体。通常情况下，在饮料罐装过程中加入维果灵，能有效控制酵母菌，霉菌和发酵型细菌的增殖。维果灵在加入饮料后，迅速完全分解成微量的甲醇和二氧化碳，对饮料的品质（如口味、气味和色泽）无不利影响。GB 2760—2014 规定：二甲基二碳酸盐用于果蔬汁（浆）饮料、碳酸饮料、麦芽汁发酵的非酒精饮料、果味饮料和茶饮料类时，最大使用量为 0.25g/kg。固体饮料按稀释倍数增加使用量。

（三）二氧化碳

二氧化碳（carbon dioxide），分子式 CO_2，相对分子质量 44.01，熔点 -56.6℃（5270Pa），沸点 -78.48℃。常温下，二氧化碳无色无味，密度比空气略大，微溶于水，不具有可燃性。气态二氧化碳在一定的温度和压力条件下，可液化成无色液体，即液态二氧化碳。二氧化碳对霉菌和革兰阴性菌有抑制作用，对乳酸菌和厌氧菌作用不明显。其防腐机制包括两个方面：①二氧化碳分压增高，影响需氧微生物对氧的利用，从而终止微生物的呼吸代谢；②食品中存在着大量二氧化碳时，可改变食品基质的 pH，改变微生物的生存环境。二氧化碳跟山梨酸钾一样，只能抑制微生物生长，而不能杀死微生物。GB 2760—2014 规定：二氧化碳可以按生产需要适量使用于除胶基糖果以外的其他糖果、饮料类、饮用天然矿泉水、配制酒和其他发酵酒类（充气型）；煤气化法制备的液体二氧化碳则按生产需要适量使用于碳酸饮料类和其他发酵酒类（充气型）。

（四）专用于新鲜果蔬的防腐剂

专用于新鲜果蔬的防腐剂，也称为防霉剂和保鲜剂。GB 2760—2014 的规定，专用于新鲜果蔬的防腐剂有以下 5 种：乙氧基喹、2,4-二氯苯氧乙酸、肉桂醛、联苯醚和稳定态二氧化氯。

第四节 常用的天然食品防腐剂

天然防腐剂是由生物体分泌或者生物体内存在的具有抑菌作用的物质，经人工提取、加工而成的食品防腐剂。本节主要介绍乳酸链球菌素、纳他霉素、ε-聚赖氨酸和 ε-聚赖氨酸盐酸盐、溶菌酶的性状与性能、防腐机制、毒性和安全性以及使用建议，并简要介绍鱼精蛋白、壳聚糖和香辛料提取物。

一、乳酸链球菌素

（一）性状与性能

乳酸链球菌素（nisin）又称乳链球菌素和乳链菌肽，是由乳酸链球菌产生的一种多肽抗菌素类物质，由34个氨基酸组成，分子式$C_{143}H_{228}N_{42}O_{37}S_7$，相对分子质量3348。乳酸链球菌素为白色或略带黄色的流动性粉末，略带咸味，在酸性介质中热稳定性强，在水中的溶解度随pH的下降而提高，在pH>7时，几乎呈水不溶性。商品制剂为乳酸链球菌素和氯化钠等成分的复配品，含有活度（由氯化钠和非脂乳固体调节）不低于900IU/mg（1IU相当于0.025mg纯的乳酸链球菌素）的乳酸链球菌素和不低于50%的氯化钠。

乳酸链球菌素分子结构中含有5种稀有氨基酸，它们通过硫醚键形成五个内环，有抗菌活性的分子通常是其二聚体或四聚体。乳酸链球菌素的最佳抑菌pH范围是6.5~6.8，其抗菌谱偏窄，只能杀死或抑制革兰阳性细菌，特别是对金黄色葡萄球菌、链球菌、肉毒梭状芽孢杆菌和其他厌氧芽孢杆菌作用很强。但对革兰阴性菌、酵母菌和霉菌的抑制效果明显减弱。乳酸链球菌素与某些螯合剂（如EDTA或柠檬酸）一起使用时，对部分革兰阴性菌有抑制作用。

（二）防腐机制

乳酸链球菌素具有阳离子表面活性，能影响细菌胞膜和抑制革兰阳性菌的胞壁质合成，可破坏营养细胞原生质膜，导致重要的细胞物质如三磷酸腺苷渗出，细胞自溶解体。

（三）毒性与安全性

①LD_{50}：7000mg/kg（bw）（大鼠，经口）；

②ADI：0~0.875mg/kg（bw）；

③乳酸链球菌素食用后可被体内蛋白酶消化分解，既不会改变肠道内的正常菌群，也不会引起抗药性和与其他抗生素发生交叉抗性问题，安全性高。

（四）使用建议

乳酸链球菌素使用范围较为广泛，但是主要还是用于蛋白质含量高的食品中，用于蛋白质含量低的食品中时，会被微生物作为氮源利用。乳酸链球菌素用于鱼肉蛋白食品时，防腐保鲜效果显著。

GB 2760—2014规定，乳酸链球菌素的使用标准如下：醋，0.15g/kg；食用菌和藻类罐头、杂粮罐头、酱油、酱及酱制品、复合调味料、饮料类（包装饮用水除外），0.2g/kg；杂粮灌肠制品、方便湿面制品、米面灌肠制品、蛋制品（改变其物理性状），0.25g/kg；乳及乳制品（巴氏杀菌乳、灭菌乳和特殊膳食用食品除外）、预制肉制品、熟肉制品、熟制水产品（可直接食用），0.5g/kg。以上用量均为最大使用量，固体饮料按冲调倍数增加使用量。

二、纳他霉素

（一）性状与性能

纳他霉素（natamycin），别名游霉素、海松素等，其商品名为霉克，是纳他霉素与乳糖1:1的混合物。纳他霉素无色无味，含3分子结晶水，分子式$C_{33}H_{47}NO_{13}$，相对分子质量665.75，熔点280℃，等电点6.5。其难溶于大部分有机溶剂，微溶于水和甲醇，溶于稀酸；在中性pH条件下溶解度最低，在pH>9或pH<3时，其溶解度有所增加。纳他霉素具有一定的抗热性，能耐受短时高温处理，在干燥状态下相对稳定，但对紫外线颇敏感，不宜与阳光接触。

纳他霉素是一种多烯烃大环内酯类抗真菌剂，具有酸碱二性，在pH 4.5~9的范围内非常稳定，在极端的pH下迅速失活，因此，在大部分食品的pH范围内，纳他霉素处于稳定状态。纳他霉素对几乎所有的霉菌和酵母菌有抑菌效果，它还可抑制真菌毒素的产生，但对细菌和病毒

纳他霉素

无明显效果。它的抗菌谱与乳酸链球菌素的抗菌谱互补,二者共同使用可增强防腐效果。

(二)防腐机制

纳他霉素与存在于细胞膜中的固醇(尤其是麦角固醇)形成复合体,使细胞膜的通透性及其渗透压发生变化,从而抑制微生物生长,导致细胞体死亡。因此,对细胞膜中无固醇的机体无效。

(三)毒性与安全性

①LD_{50}:2730mg/kg(bw)(雄性大鼠,经口),LD_{50}:1500mg/kg(bw)(小鼠,经口);

②ADI:0~0.3mg/kg(bw);

③纳他霉素难溶于水和油脂,难消化吸收,口服对哺乳动物的毒性极低。

(四)使用建议

纳他霉素可用来喷洒肉制品和焙烤制品(如面包、蛋糕等);将其添加到浓缩果汁中,可防止果汁发霉;运用到葡萄酒中,能终止酵母菌发酵,控制葡萄酒的发酵度;在酱油、食醋等调味品中使用,亦可防止白花出现;用于酸乳等发酵产品时,由于只抑制其中的霉菌和酵母菌,对酸乳生产菌无影响,兼有杀菌和筛选菌种的双重效果。

GB 2760—2014 规定,纳他霉素的使用标准如下:发酵酒,0.01g/L;蛋黄酱和沙拉酱,0.02g/kg;干酪和再制干酪,糕点,酱卤肉制品类,熏、烧、烤肉类,油炸肉类,西式火腿(熏烤、烟熏、蒸煮火腿)类,肉灌肠类,发酵肉制品类,果蔬汁(浆),0.3g/kg。以上用量均为最大使用量,残留量<10mg/kg;除蛋黄酱和沙拉酱不作要求外,其他均要求表面使用,混悬液喷雾或浸泡。

三、 ε-聚赖氨酸和 ε-聚赖氨酸盐酸盐

(一)性状与性能

ε-聚赖氨酸(ε-polylysine,ε-PL)为一种由单一赖氨酸在 α-羧基和 ε-氨基形成酰胺键而连接成的含有 25~30 个赖氨酸残基形成的同型单体聚合物。由小白链霉菌(Streptomyces albulus)PD-1 经过液体深层有氧发酵制得。分子式为 $[C_6H_{12}N_2O]_n$,相对分子质量 3222~3863。ε-聚赖氨酸为淡黄色粉末,易溶于水,微溶于乙醇,水溶液无异味。热稳定性好,120℃,40min 热处理不被降解。

ε-聚赖氨酸盐酸盐(ε-polylysine hydrochloride)为 ε-聚赖氨酸的盐酸盐,由淀粉酶产色链霉菌(Streptomyces diastatochromogenes)受控发酵培养液经离子交换树脂吸附、解吸、提纯制得。分子式 $[C_6H_{12}N_2O \cdot HCl]_n \cdot H_2O$,相对分子质量 4130~5776。ε-聚赖氨酸盐酸盐为白色至

奶油黄色；吸湿性强，略有苦味；水溶性好，溶液清澈、无异味，方便使用且不影响食品的原有色泽和风味。

$$H{\left[NH-(CH_2)_4-\underset{NH_2}{CH}-CO\right]}_n OH$$
ε-聚赖氨酸

$$H{\left[NH-(CH_2)_4-\underset{NH_2 \cdot HCl}{CH}-CO\right]}_n OH$$
ε-聚赖氨酸盐酸盐

ε-聚赖氨酸和 ε-聚赖氨酸盐酸盐抑菌谱广，对革兰阳性菌、革兰阴性菌、霉菌、酵母菌、病毒都有很好的抑制作用。其对大肠杆菌（*Escherichia coli*）、金黄色葡萄球菌（*Staphylococcus aureus*）、枯草芽孢杆菌、毕赤酵母菌（*Pichia* spp.）、假丝酵母菌（*Candida* spp.）的最小抑菌浓度（MIC）均小于 0.05g/kg。在 pH 3~9 范围内都能很好地发挥作用，适用于大部分食品。

（二）防腐机制

ε-聚赖氨酸和 ε-聚赖氨酸盐酸盐呈高聚合多价阳离子态，它能吸附到细胞膜上，破坏微生物的细胞膜结构，引起细胞的物质、能量和信息传递中断，并可导致胞内溶酶体膜破裂而诱导微生物产生自溶作用，最终导致细胞死亡。

（三）毒性和安全性

①LD_{50}>5000mg/kg（bw）（小鼠，经口）。

②ε-聚赖氨酸的安全性高，90d 喂养慢性毒性试验表明，每日摄入 895mg/kg（bw）（雄鼠）和 995mg/kg（bw）（雌鼠）属于极安全水平。小鼠试验表明即使达到 20000mg/kg（bw）的高剂量饲喂水平，也观察不到明显的组织病理变化和可能的致癌性。

（四）使用建议

GB 2760—2014 规定，ε-聚赖氨酸的使用标准如下：焙烤食品，0.15g/kg；果蔬汁类及其饮料，0.2g/L；熟肉制品，0.25g/kg。ε-聚赖氨酸盐酸盐的使用标准如下：饮料类，0.2g/kg；大米及其制品，0.25g/kg；水果、蔬菜（包括块根类）、豆类、食用菌、藻类、坚果以及籽类、小麦粉及其制品、肉及肉制品，0.3g/kg；调味品，0.5g/kg。以上用量均为最大使用量，固体饮料按稀释倍数增加使用量。

四、溶菌酶

（一）性状与性能

溶菌酶（lysozyme），全称为 1,4-β-N-溶菌酶，又称为胞壁质酶或 N-乙酰胞壁质肽聚糖水解酶。它是由 129 个氨基酸组成的碱性球蛋白，相对分子质量约 14000。溶菌酶存在于动物、植物或禽鸟类蛋清中。根据《食品安全国家标准 食品添加剂 溶菌酶》（GB 1886.257—2016）的规定，只有从鸡蛋清中提取、精制制得的溶菌酶才能用作食品添加剂。精制的溶菌酶为白色、微黄或黄色的结晶体或无定形粉末，无异味，微甜，易溶于水，不溶于丙酮、乙醚。溶菌酶化学性质十分稳定。在酸性环境下，溶菌酶对热的稳定性很强，在 pH 为 4~7 时，100℃处理 1min，其活性几乎 100%保持。pH 为 3 时，能耐 100℃加热处理 45min。210℃加热 1h 仍具活性。在中性水溶液中，溶菌酶可维持数天而不失去活性。但在碱性条件下稳定性较差。

溶菌酶在 pH6~7、温度为 50℃时，活性最高，溶菌能力最强，其对革兰阳性菌的抑菌作用强于革兰阴性菌,如对藤黄微球菌(*Micrococcus luteus*)、枯草芽孢杆菌或溶壁微球菌(*Micrococcus lysodeikticus*)等革兰阳性菌表现出良好的抗菌性。

(二)防腐机制

溶菌酶是糖苷水解酶,它能切断肽聚糖中 N-乙酰葡萄糖胺和 N-乙酰胞壁酸之间的 β-1,4 糖苷键,使细胞壁黏多糖分解为可溶性糖肽,导致细菌细胞壁破裂,细菌溶解而失活。革兰阳性菌细胞壁几乎全部由肽聚糖组成,而革兰阴性菌只有内壁层为肽聚糖,因此,溶菌酶对于革兰阳性菌表现出更强的抗菌性。

(三)毒性与安全性

① LD_{50}:20g/kg(bw)(大鼠,经口);
② ADI:未作规定,允许使用(FAO/WHO,1992)。

(四)使用建议

GB 2760—2014 规定,溶菌酶在干酪和再制干酪及其类似品中可以按生产需要适量添加。溶菌酶也可以用于发酵酒中,最大使用量为 0.5g/kg。

五、其他天然防腐剂

1. 鱼精蛋白

鱼精蛋白(milt protein)是从鱼类精巢分离出来的蛋白质,为白色至淡黄色粉末,有特殊味道。鱼精蛋白在中性和碱性介质中有较高的抗菌能力,与山梨酸混合使用,可以互补不足,增强抗菌效果。鱼精蛋白对枯草芽孢杆菌、凝结芽孢杆菌和干酪乳杆菌(*Lactobacillus casei*)均有良好的抗菌作用;对革兰阳性菌、酵母菌、霉菌的抑制效果明显。鱼精蛋白可用于淀粉类食品,如米饭、面类、面包、饺子等,还可用于鱼糜类制品和调味料,以及与醋酸钠等复配后用于蛋糕和糊状食品的防腐。

2. 壳聚糖

壳聚糖(chitosan)是一种含氮多糖类物质,化学名称为聚葡萄糖胺(1-4)-2-氨基-β-D-葡萄糖,别名脱乙酰甲壳素,是甲壳素用 NaOH 溶液脱去乙酰基的制品,平均相对分子质量 10 万~200 万。壳聚糖广泛存在于甲壳类动物的外壳中。壳聚糖呈白色或灰黄色粉末状,不溶于水、有机溶剂、中性溶液和碱溶液,可溶于酸中(如盐酸、醋酸等),酸性水溶液有涩味。壳聚糖抑菌谱广,生物相容性好,对霉菌、酵母菌、革兰阳性菌和革兰阴性菌有抑菌作用。壳聚糖为阳离子多糖,还具有成膜性。因为壳聚糖的抗菌性和成膜性,它有推迟果实生理衰老,防止果实腐败变质的功效,广泛用于食品保藏和水果保鲜。已有将其用于草莓、苹果、柑橘和猕猴桃保鲜的实例。壳聚糖经常用于腌菜的调味液、水果等不含蛋白质的酸性食品中。此外,将 0.1% 壳聚糖添加到酱油中,可敞开放置长达一个月。壳聚糖还可用于焙烤制品,面包,含油食品等的防腐。

3. 香辛料提取物

近年来,我国众多学者对植物源天然食品防腐剂做了广泛深入的研究,从大蒜、生姜、丁香等 50 多种香辛科植物提取物的抗菌试验得知,许多香辛料提取物具有广谱的抑菌活性。这里仅介绍二烯丙基硫化物和丁香油。

二烯丙基硫化物(allicin)是从大蒜的鳞茎中提取的一种有机硫化合物,又称大蒜素。二烯丙基硫化物是淡黄色油状液体，具有强烈的大蒜臭。溶于水、乙醇、氯仿、乙醚，其水溶液 pH 为 6.5，对热碱不稳定，对酸稳定。大蒜素的最适作用约为 pH 4，适宜用于酸性食品的防腐保鲜，其抗菌性能随着温度的升高而明显下降，一般在 85℃ 下使用。对某些致病性肠道细菌（如痢疾杆菌）、霉菌、酵母菌等真菌有较强的抑制和杀灭作用，防腐性能与苯甲酸钠和山梨酸钾相近。

丁香油（clove oil）是从丁香花提取、精制而成。丁香油是无色至淡黄色液体，主要成分是丁香酚、丁香酚乙酸酯和石竹烯，具有丁香酚特有的香气和辛香味，100℃ 以下稳定性强。研究发现，丁香油抑制真菌作用强，对金黄色葡萄球菌、大肠杆菌、酵母菌、黑曲霉等均有抑制作用。主要用于烹饪调味料、泡菜和糕点。

自然界的天然抗菌物质种类多、范围广，上述提到的只是其中的一部分。天然防腐剂由于其安全性高、毒性低的特点，受到食品业界和消费者的青睐，研究与应用已日趋广泛。

第五节　食品防腐剂的使用

在相当多的食品生产过程中，食品防腐剂的使用十分有必要。目前，还没有其他更安全、经济、有效的保藏方法能够完全替代防腐剂而做到满足消费者对食品新鲜品质、安全健康和方便保存的更高需求。我们国家对食品防腐剂等添加剂的管理是非常严格的，允许使用的防腐剂都通过严谨的安全性评价，并且制定了严格的使用规范，所以在规定范围内使用食品防腐剂是非常安全的。但是，我国食品防腐剂的使用上也存在一些问题。首先，部分消费者对食品防腐剂的认识存在一些误区，如对防腐剂的概念模糊、对防腐剂安全性认识不足、将食品安全性问题都归咎于防腐剂的使用等；其次，某些食品企业为了掩盖食品原料变质的真相、追求暴利故意使用变质原料或者一味追求过高的保质期等原因，存在超限量、超范围使用食品防腐剂的违法行为。出于各种目的，甚至存在违法将已被禁用的化学防腐物质添加到食品中的行为。因此，在食品加工过程中，如何科学、合理地选择和使用防腐剂显得尤为重要。

一、食品防腐剂的选择

食品防腐剂的使用要严格遵守 GB 2760—2014，在食品中使用食品防腐剂前，先要正确选用食品防腐剂，可以从以下几点考虑：

1. 食品类别

首先，应按照 GB 2760—2014 附录 E 的食品分类系统，了解需添加防腐剂食品所属类别，再查找该类别食品允许使用的防腐剂。

2. 食品染菌情况

根据食品自身组分特性以及食品加工、贮藏、流通和使用过程中所处的环境条件，判断该食品可能存在的腐败微生物的种类及主要腐败微生物特征，再查找食品添加剂手册和相关资料，在充分了解所允许使用食品防腐剂的理化特性和防腐性能，如溶解性、耐热性能、抗菌谱、最低抑菌浓度和最适作用条件的基础上；进一步筛选出能有效抑制该类食品腐败微生物的防腐剂。

3. 使用成本

考虑各种防腐剂的商品价格，选择使用成本低的防腐剂；或者对允许使用的防腐剂之间通过适当复配，通过复配增效作用降低防腐剂的使用量也可以降低使用成本。

4. 标签友好

由于消费者对食品质量和安全性的要求越来越高，有许多消费者对化学合成防腐剂的使用比较敏感，追求绿色、健康的食品，因此，选择防腐剂的时候，也可以考虑选择允许使用的天然防腐剂代替化学合成防腐剂，生产标签友好的食品满足这类消费者的需求。

二、防腐剂的使用方法

食品防腐剂使用之前先用适当的溶剂（如水、乙醇、酸等）溶解（若有必要，可以用热水溶解，或适当加热溶解），或与其他配料一起混合分散均匀后，再加到食品中混合均匀。食品防腐剂的使用方法有直接加入法、表面喷洒法、浸涂法等。根据不同的食品，选择不同的使用方法。直接加入法适用于液态、半固态或多组分混合再造食品；表面喷洒法和浸涂法则适用于固态块状食品。

三、食品防腐剂使用注意事项

为了充分发挥食品防腐剂的防腐效果，减少食品防腐剂的使用量，在食品中使用防腐剂应注意以下问题：

1. 注意食品原辅料和生产过程中的卫生状况

没有一种防腐剂能够良好地保护受到严重污染的食品。大多数情况下，尽管防腐剂可以延长某些微生物的生长诱导期，抑制微生物生长或使某些微生物失活。但它们的效果将受到微生物污染程度的限制，通常情况，防腐剂不能掩盖食品的腐败。因此在食品生产过程中，应选择新鲜原辅材料，对原料进行适当的清洗；对相关设备、容器等进行彻底消毒，保持洁净；工作人员要持健康证上岗，保持个人卫生清洁，以减少加工过程中的外源微生物污染。

2. 采取减菌化处理

减菌化处理包括臭氧处理、热处理、紫外线处理等方式，它们都有一定程度的抑菌、杀菌作用，能减少初始微生物数量，食品防腐剂与其中的一种或两种方法相结合，防腐效果非常明显。如热处理能杀死食品中大多数的腐败菌，再加入食品防腐剂，作用效果显著提高。

3. 适当降低食品的 pH

食品 pH 低，微生物难以生存。在不影响食品口感和风味前提下，降低食品 pH，可以适当减少防腐剂的使用量，降低生产成本。

4. 复配使用食品防腐剂

复配使用食品防腐剂可起到协同或互补作用。值得注意的是，复配使用必须依照 GB 2760—2014 的规定，应按比例计算使用量，不得超过最大使用量。

5. 防腐剂要分散均匀

防腐剂的使用量低，为了充分发挥其防腐效果，防腐剂需要按照使用方法选择适当的溶剂进行充分的溶解或与食品配料混合后，再加入食品中，或喷洒、浸涂食品表面，这样才能使防腐剂在食品中或食品表面均匀分布。

> **思考题**
>
> 1. 食品防腐剂的作用机制有哪些?
> 2. 影响食品防腐剂抑菌效果的因素有哪些?
> 3. 常用化学防腐剂的防腐性能。
> 4. 常用天然防腐剂的防腐性能。
> 5. 食品生产过程中,如何合理选择食品防腐剂?
> 6. 为了充分发挥防腐剂的作用,防腐剂使用过程中应注意哪些问题?

第三章 食品抗氧化剂

[本章简介]

本章主要介绍食品氧化变质的形式，食品抗氧化剂的作用机制，生产中常用的油溶性、水溶性食品抗氧化剂的性质及应用，天然食品抗氧化剂的性质及应用，以及食品抗氧化剂的使用注意事项。

[学习重点]

1. 掌握食品抗氧化剂的概念及作用机制；
2. 掌握常用食品抗氧化剂的性质及应用。

第一节 食品抗氧化剂的作用机制

食品抗氧化剂（food antioxidants）是指能防止或延缓油脂或食品成分氧化分解、变质，提高食品稳定性的一类食品添加剂。氧化是导致食品在加工、贮藏及运输过程中品质变劣的又一重要因素，会使油脂或含油脂食品发生氧化酸败，还会引起食品褪色、褐变、营养物质损失等，这不仅降低了食品的营养品质，使食品风味和色泽发生劣变，而且还会产生一些有毒有害物质，引起食物中毒，危及人体健康。氧化反应的发生影响到食品的保质期和安全性。因此，有效防止食品氧化变质已成为食品工业发展历程中采取的有效措施。结合食品加工与贮藏工艺特点，防止食品氧化变质应着重从原料、加工、贮藏等多个环节采取相应的措施，如降温、避光、真空或充氮包装等；此外，在食品加工中配合使用安全性高、效果好的食品抗氧化剂，也是一种简单、经济而有效的方法。

一、食品的氧化变质

食品的氧化变质表现为多种形式,其中油脂的氧化酸败是食品氧化变质的主要形式,此外还有食品的酶促褐变及其他氧化变质。

(一)油脂氧化酸败

油脂或含油脂食品长时间暴露在空气中会自发地发生氧化反应,氧化产物分解生成低级脂肪酸、醛和酮等小分子有机化合物,同时产生恶劣的酸臭气味,这一现象被称为油脂的氧化酸败,或"氧化哈败"。这种现象主要是由油脂的自动氧化引起的。

油脂的自动氧化是一个复杂的化学变化过程,属于一种链式反应,可分为以下3个阶段:

1. 诱导阶段

$$RH + O_2 \xrightarrow[\text{能量}]{\text{催化剂}} R \cdot + \cdot OH \qquad RH \xrightarrow[\text{能量}]{\text{催化剂}} R \cdot + \cdot H$$

在诱导阶段主要是产生自由基,即油脂或脂肪酸(RH)在催化剂的作用下,脱去氢(H)生成自由基(R·、·OH、·H),反应速度比较缓慢,但如果有光照、热、金属离子或水存在时可以加速此过程。此阶段刚开始产生自由基,油脂的感官品质没有明显变化。

2. 波及阶段

诱导阶段生成的自由基不稳定,遇到氧、油脂等易发生反应,生成新的自由基。

$$R \cdot + O_2 \longrightarrow ROO \cdot \qquad \text{(过氧化自由基)}$$

$$ROO \cdot + RH \longrightarrow R \cdot + ROOH \qquad \text{(过氧化物)}$$

自由基(R·)与氧作用生成过氧化自由基(ROO·),过氧化自由基(ROO·)是高活性的粒子,在不停的分子运动中,可与其他脂肪分子发生有效碰撞,夺取不饱和脂肪酸(RH)的氢(H)生成稳定的过氧化物(ROOH),而失去氢(H)的不饱和脂肪酸又形成新的自由基(R·);这样就构成了油脂自动氧化的链式反应,直至油脂中的不饱和脂肪酸全部被氧化成过氧化物(ROOH)。

波及阶段氧化反应速度很快,油脂的感官品质发生显著的变化。由于过氧化自由基非常活泼,可使油脂中的不饱和双键(C=C)变得更不稳定,甚至发生断裂分解成为醛、酮和羧酸等小分子物质,同时产生令人不愉快的刺激性气味,即哈喇味。

3. 终结阶段

终结阶段主要是被分解的自由基相互作用,生成相对稳定的聚合物。这些反应多数是在油脂酸败以后发生的。

$$R \cdot + \cdot R \longrightarrow RR$$

$$R \cdot + ROO \cdot \longrightarrow ROOR$$

$$ROO \cdot + ROO \cdot \longrightarrow ROOR + O_2$$

可通过测定酸价、过氧化值等来判断油脂的氧化酸败程度。脂肪是肉制品呈现良好质构特性的基础物质之一,适度的脂肪氧化又是特征性风味形成的前提条件。肉制品中含有丰富的不饱和脂肪酸、色素、金属催化剂和其他氧化因子,在光照、酶、金属离子、高温和斩拌等作用下,脂肪极易被氧化,产生大量的自由基、过氧化物和醛类物质等;所以脂肪氧化成为影响肉制品品质和安全性的主要因素。因此,食品加工中必须要防止脂肪的氧化。

（二）酶促褐变

酶促褐变是食品氧化变质的又一主要形式，主要发生在水果、蔬菜等新鲜植物性食品中。新鲜果蔬组织中仍在进行活跃的代谢活动。完整的果蔬组织中氧化还原反应是偶联进行的，但当发生机械性损伤（如削皮、切分、磨浆等）时，果蔬中所含的酚类物质在氧和多酚氧化酶的作用下发生酶促褐变反应，先生成醌，继而生成羟醌，羟醌聚合即生成黑色素。如香蕉、苹果、马铃薯等果蔬经削皮、切分等工序后的色泽变化即是酶促褐变反应发生的结果，严重影响了果蔬类食品的感官品质。

（三）蛋白质氧化

蛋白质氧化是近年来食品领域研究的热点之一。蛋白质氧化是活性氧或氧化应激的副产物作用于蛋白质，引起共价修饰，从而进一步引起结构和功能的改变。主要包括蛋白质表面疏水性、持水性、溶解度和水解特性等的变化，从而引起水产和畜禽肉类的风味、色泽、弹性、嫩度和凝胶等品质的变化。蛋白质氧化会影响肉及肉制品的营养品质、质构特性和贮藏品质。所以，防止蛋白质氧化也是提高肉及肉制品品质需考虑的主要问题。

（四）维生素和天然色素的氧化

食品原料中含的维生素 C 和维生素 E 具有较强的还原性，在贮藏加工过程中易被氧化而发生结构的改变；类胡萝卜素和花青素等天然色素分子结构中的双键易被氧化褪色。天然的维生素和色素由于氧化反应会失去原有的生物活性，不同程度地降低了食品的品质。

二、食品抗氧化剂的作用机制

食品抗氧化剂种类很多，抗氧化作用机制也不尽相同，但多数是以其还原作用为依据的。一是食品抗氧化剂可提供自身的氢原子来阻断油脂自动氧化的连锁反应，从而防止油脂的氧化变质；二是食品抗氧化剂直接消耗食品内部和环境中的氧气，自身被氧化，从而保护食品不被氧化；三是食品抗氧化剂通过破坏、抑制催化酶促反应的氧化酶的活性来防止食品氧化变质。

（一）自由基吸收剂

阻断油脂氧化酸败最有效的手段是清除自由基。如果一种物质能够提供氢原子与自由基进行反应，使自由基转变为较稳定的化合物，可中断自由基的氧化反应历程，该物质即为自由基吸收剂。

油溶性食品抗氧化剂主要用于防止油脂及含油食品的氧化酸败，其作用机制比较复杂，被认为主要是终止油脂自动氧化链式反应的传递。均属于酚类化合物（AOH），是有效的自由基吸收剂，能够提供氢原子与自由基结合，形成相对稳定的产物，阻断油脂的链式自动氧化过程。

$$R\cdot + AOH \longrightarrow AO\cdot + RH \text{（稳定产物）}$$

$$ROO\cdot + AOH \longrightarrow AO\cdot + ROOH \text{（稳定产物）}$$

酚类化合物自身产生的自由基（AO·）属醌式自由基，可通过分子内部的电子共振而重新排列，呈现出比较稳定的新构型，不再具备夺取油脂分子中氢原子所需的能量，故属于稳定产物。这类能够提供氢原子的酚类抗氧化剂不能使已经酸败的油脂恢复原状，必须在油脂未发生自动氧化或油脂刚刚开始氧化时添加才会有较好的抗氧化效果。

（二）氧清除剂

氧清除剂是用以除去食品中的氧气而延缓、阻止氧化反应发生的物质。常用的有抗坏血酸

（钠）、抗坏血酸棕榈酸酯、异抗坏血酸（钠）等。以抗坏血酸为代表的氧清除剂处于还原态，反应后被氧化成脱氢抗坏血酸。当氧清除剂与自由基吸收剂结合使用时抗氧化效果更好。

（三）金属离子螯合剂

使用食品抗氧化剂时通常配合使用柠檬酸、磷酸、植酸、EDTA 等增效剂。增效剂本身并没有抗氧化作用，但可增强抗氧化剂的作用效果。这是由于增效剂能对催化氧化反应的金属离子起钝化作用，同时增效剂产生的氢离子又可使抗氧化剂再生。如 EDTA 能与所有的过渡金属离子生成热力学稳定的螯合物，有很强的螯合能力；柠檬酸的螯合能力比 EDTA 弱，但它具有抑制脂类化合物氧化酸败的效果，且其溶解性远高于 EDTA，因此其抗氧化效果非常好。因为金属离子是一种很好的助氧化剂，因此，螯合金属离子就成为一种抗氧化的有效手段。

第二节　油溶性食品抗氧化剂的性质及应用

油溶性食品抗氧化剂是指能溶于油脂，对油脂和含油脂食品起到良好抗氧化作用的物质。常用的有丁基羟基茴香醚、二丁基羟基甲苯、没食子酸丙酯、特丁基对苯二酚、抗坏血酸棕榈酸酯等，都属于化学合成物质。天然的油溶性食品抗氧化剂有混合生育酚浓缩物等。

一、丁基羟基茴香醚

丁基羟基茴香醚（butylated hydroxyanisole，BHA），又称叔丁基-4-羟基茴香醚，分子式 $C_{11}H_{16}O_2$，有两种同分异构体：3-叔丁基-4-羟基茴香醚（3-BHA）、2-叔丁基-4-羟基茴香醚（2-BHA），市场上通常出售的 BHA 商品是由 3-BHA（占 95%~98%）和 2-BHA（占 5%~2%）组成的混合物。3-BHA 的抗氧化能力是 2-BHA 的 1.5~2 倍，两者混合使用有协同效果，所以没有必要完全分开。

BHA 是利用对苯二酚和叔丁醇为原料，以磷酸为催化剂，在 101℃下反应形成中间体叔丁基对苯二酚，然后与硫酸二甲酯进行甲基化反应而制得。

（一）性状与性能

BHA 为白色或微黄色结晶或蜡状固体，具有轻微特征性气味。熔点 48~63℃，随 3-BHA、2-BHA 混合比不同而异，如 3-BHA 占 95% 时，熔点为 62℃。不溶于水，易溶于乙醇、丙二醇和各类油脂，在几种溶剂和油脂中的溶解度（25℃）为：25g/100g（乙醇）、50g/100g（丙二醇）、60g/100g（丙酮）、30g/100g（猪油）、40g/100g（花生油）、42g/100g（棉籽油）。BHA 对热稳定性高。

BHA易溶于丙二醇，形成乳化态，具有使用方便的特点；具有单酚的挥发性，易在高温下挥发，而残留在焙烤食品或油炸食品中BHA则显示出"携带进入"能力。当食品中有碱金属存在时，色泽会变深，对动物油脂的抗氧化作用较强，对不饱和植物油的抗氧化效果较差。

BHA与其他抗氧化剂或增效剂复配使用时，可提高其抗氧化效果。BHA除了具有抗氧化作用外，因其分子中有酚羟基而具有相当强的抗菌能力，0.15g/kg BHA可抑制金黄色葡萄球菌、蜡状芽孢杆菌（*Bacillus cereus*）、鼠伤寒沙门菌（*Salmonella typhimurium*）、枯草芽孢杆菌等的生长；0.28g/kg BHA可阻止寄生曲霉孢子的生长，并能阻碍黄曲霉毒素的生成。

（二）毒性与安全性

①LD_{50}：2.2~5g/kg（bw）（大鼠，经口）；

②ADI：0~0.5mg/kg（bw）；

③BHA比较安全。

（三）使用建议

GB 2760—2014规定：BHA可用于脂肪、油和乳化脂肪制品，基本不含水的脂肪和油，熟制坚果与籽类（仅限油炸坚果与籽类），坚果与籽类罐头，油炸面制品，杂粮粉，即食谷物［包括碾轧燕麦（片）］，方便米面制品，饼干，腌腊肉制品类（如咸肉、腊肉、板鸭、中式火腿、腊肠），风干、烘干、压干等水产品，固体复合调味料（仅限鸡肉粉），膨化食品，最大使用量0.2g/kg（以油脂中的含量计）；用于胶基糖果中，最大使用量0.4g/kg。

在油脂和含油脂食品中使用时，可采用直接加入法，即将油脂加热到60~70℃时加入BHA，充分搅拌，使其充分溶解和分布均匀。用于鱼肉制品时，可采用浸渍法和拌盐法，浸渍法抗氧化效果较好，预先将BHA配成1%的乳化液，然后按比例加入浸渍液中。

二、二丁基羟基甲苯

二丁基羟基甲苯（butylated hydroxytoluene，BHT），又称2,6-二叔丁基对甲酚，分子式$C_{15}H_{24}O$，相对分子质量220.36，结构式：

$$\underset{\text{BHT}}{\underset{|}{\overset{\overset{\displaystyle OH}{|}}{\bigcirc}}}$$

（结构式：苯环上位为OH，2,6位为$(CH_3)_3C$，4位为CH_3，标注BHT）

BHT是以对甲酚、异丁醇为原料，以浓硫酸作为催化剂，氧化铝作为脱水剂，反应生成的食品添加剂。

（一）性状与性能

BHT为白色结晶或结晶性粉末，无臭、无味，熔点69℃。不溶于水与甘油，溶于乙醇和各种油脂，其溶解度为：25g/100g（乙醇，120℃）、20g/100g（棉籽油，25℃）、30g/100g（大豆油，25℃）、40g/100g（猪油，50℃）。化学稳定性好，对热相对稳定，具有单酚型特征的升华性，遇金属离子不变色。BHT的抗氧化效果稍逊于BHA，但其价格远低于BHA，因此BHT是使用量最大的食品抗氧化剂之一。BHT的"携带进入"能力低于BHA。

（二）毒性与安全性

① LD_{50}：2.0g/kg（bw）（大鼠，经口）；

② ADI：0~0.3mg/kg（bw）；

③ BHT 的急性毒性比 BHA 稍大，但无致癌性。

（三）使用建议

GB 2760—2014 规定：BHT 可用于脂肪、油和乳化脂肪制品，基本不含水的脂肪和油，干制蔬菜（仅限脱水马铃薯粉），熟制坚果与籽类（仅限油炸坚果与籽类），坚果与籽类罐头，油炸面制品，即食谷物［包括碾轧燕麦（片）］，方便米面制品，饼干，腌腊肉制品类（如咸肉、腊肉、板鸭、中式火腿、腊肠），风干、烘干、压干等水产品，膨化食品，最大使用量 0.2g/kg（以油脂中的含量计）。BHT 用于胶基糖果中，最大使用量 0.4g/kg。

BHT 经常与 BHA 混合使用，二者混合使用时总量不得超过 0.2g/kg。以柠檬酸为增效剂与 BHA 复配使用时，复配比例为：m（BHT）：m（BHA）：m（柠檬酸）= 2：2：1。BHT 也可用在包装食品的材料中，其用量为 0.2~1kg/t（包装材料）。

三、没食子酸丙酯

没食子酸丙酯（propyl gallate，PG），又称棓酸丙酯，分子式 $C_{10}H_{12}O_5$，相对分子质量 212.20，结构式：

$$\text{HO} - \underset{\underset{\text{COO(CH}_2)_2\text{CH}_3}{|}}{\overset{\overset{\text{OH}}{|}}{\bigcirc}} - \text{OH}$$

PG

PG 是以正丙醇、没食子酸为原料，用硫酸作酸性脱水剂，加热进行酯化反应，生成物经过脱色，用蒸馏水或乙醇重结晶而制得。

（一）性状与性能

PG 为白色或乳白色结晶性粉末，无臭，稍有苦味，水溶液无味。熔点146~150℃，易溶于乙醇等有机溶剂，微溶于油脂和水，25℃时的溶解度为：103g/100g（乙醇）、67.5g/100g（丙二醇）、25g/100g（甘油）、10g/100g（猪油）、1.2g/100g（棉籽油）、0.5g/100g（花生油）、0.35g/100g（水）。0.25%PG 水溶液 pH 为 5.5。

PG 对热比较稳定，抗氧化效果好，易与铜、铁离子发生呈色反应，变为紫色或暗绿色。具有吸湿性，对光不稳定易分解。PG 对油脂的抗氧化能力很强，与增效剂柠檬酸或与 BHA、BHT 复配使用抗氧化能力更好。PG 对猪油的抗氧化作用较 BHA、BHT 强。

（二）毒性与安全性

① LD_{50}：3.6g/kg（bw）（大鼠，经口）；

② ADI：0~1.4mg/kg（bw）；

③ PG 安全性较高，大部分在体内可被水解成 4-O-甲基没食子酸或内聚葡萄糖醛酸，由尿液排出体外。

（三）使用建议

GB 2760—2014 规定：PG 可用于脂肪、油和乳化脂肪制品，基本不含水的脂肪和油，熟制坚果与籽类（仅限油炸坚果与籽类），坚果与籽类罐头，油炸面制品，方便米面制品，饼干，腌腊肉制品类（如咸肉、腊肉、板鸭、中式火腿、腊肠），风干、烘干、压干等水产品，固体复合调味料（仅限鸡肉粉），膨化食品，最大使用量 0.1g/kg（以油脂中的含量计）。PG 用于胶基糖果中，最大使用量 0.4g/kg。

PG 使用量达 0.1g/kg 时即能使食品着色，因此一般不单独使用，而与 BHA、BHT 或与柠檬酸、异抗坏血酸等增效剂复配使用。复配使用时，BHA、BHT 的总使用量不超过 0.10g/kg，PG 使用量不超过 0.05g/kg。PG 用量为 0.05g/kg 时即能起到良好的抗氧化效果。

PG 在油脂中的溶解度较小，可先取少部分油脂将 PG 加温充分溶解，然后再与全部油脂混合。一般是在油脂精炼后立即添加。也可将 PG 与柠檬酸、95%乙醇按 1∶0.5∶3 质量比混合均匀后，再徐徐加入油脂中搅拌均匀。

PG 有与铜、铁等金属离子反应变色的特性，所以在使用时应避免使用铜、铁等金属容器。具有螯合作用的柠檬酸、酒石酸与 PG 复配使用，不仅可起到增效作用，而且还可防止金属离子的呈色作用。

四、特丁基对苯二酚

特丁基对苯二酚（tertiary butylhydroquinone，TBHQ），又称叔丁基对苯二酚，分子式 $C_{10}H_{14}O_2$，相对分子质量 166.22，结构式：

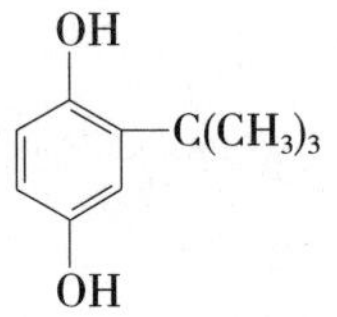

（一）性状与性能

TBHQ 为白色结晶性粉末，具有一种特殊的气味，熔点 126.5~128.5℃。溶于油脂、乙醇和丙二醇，微溶于水，其溶解度随温度升高而增大。溶解度为：1g/100g（水，20℃）、5g/100g（水，95℃）、10g/100g（大豆油、棉籽油，20℃）、100g/100g（乙醇，25℃）、30g/100g（丙二醇，20℃）。具有良好的热稳定性。

TBHQ 的结构与 BHA、BHT 相似，但其苯环上的酚羟基更多，因此抗氧化效果优于 BHA、BHT、PG。对于植物油，抗氧化能力顺序为：TBHQ>PG>BHT>BHA；对于动物油脂，抗氧化能力顺序为：TBHQ>PG>BHA>BHT。TBHQ 的两个酚羟基也使其具有较强的抗菌作用，能有效抑制细菌和霉菌的产生。TBHQ 在油炸食品中具有"携带进入"能力，但其在焙烤食品中没有这种能力，可通过与 BHA 的复配获得改善。

（二）毒性与安全性

①LD_{50}：0.7~1.0g/kg（bw）（大鼠，经口）；

②ADI：0~0.2mg/kg（bw）；

③FAO/WHO食品添加剂联合专家委员会评价TBHQ无致突变性，在5g/kg剂量下对大小鼠均无致癌作用。

（三）使用建议

GB 2760—2014规定：TBHQ可用于脂肪、油和乳化脂肪制品，基本不含水的脂肪和油，熟制坚果与籽类，坚果与籽类罐头，油炸面制品，方便米面制品，月饼，饼干，焙烤食品馅料及表面用挂浆，腌腊肉制品类（如咸肉、腊肉、板鸭、中式火腿、腊肠），风干、烘干、压干等水产品，膨化食品，最大使用量0.2g/kg（以油脂中的含量计）。

五、抗坏血酸棕榈酸酯

抗坏血酸棕榈酸酯（ascorbyl palmitate，AP），又称抗坏血酸十六酸酯，分子式$C_{22}H_{38}O_7$，相对分子质量414.56，结构式：

$$\text{AP}$$

抗坏血酸棕榈酸酯，是用棕榈酸与氯化亚砜反应制取棕榈酰氯后，与抗坏血酸反应制得的食品添加剂。

（一）性状与性能

AP为白色或黄白色粉末，几乎无臭味，熔点107~117℃。难溶于水，易溶于乙醇，可溶于油脂。保存时应该避光、热、潮湿，隔绝氧气。

AP与自由基反应能阻止油脂中过氧化物形成，也能与O_2反应，与维生素E配合使用具有增效抗氧化作用。不仅保持了L-抗坏血酸抗氧化的特性，而且在动植物油中具有相当的溶解度，被广泛应用于食品、化妆品及医药卫生等领域。

（二）毒性与安全性

AP是一种安全高效的油溶性抗氧化剂，是被FAO/WHO食品添加剂联合专家委员会（JECFA）认可的营养型抗氧化剂。其水解产物L-抗坏血酸及脂肪酸都是天然产物，毒性很小。

①LD_{50}：10g/kg（bw）（大鼠，经口）；

②ADI：0~1.25mg/kg（bw）。

（三）使用建议

GB 2760—2014规定：AP可用于乳粉（包括加糖乳粉）和奶油粉及其调制产品，脂肪、油和乳化脂肪制品，基本不含水的脂肪和油，即食谷物［包括碾轧燕麦（片）］，方便米面制品，面包，最大使用量0.2g/kg（以脂肪中抗坏血酸计）；用于婴幼儿配方食品、婴幼儿辅助食品，最大使用量0.05g/kg（以脂肪中抗坏血酸计）。

六、硫代二丙酸二月桂酯

硫代二丙酸二月桂酯（dilauryl thiodipropionate，DLTP），分子式$C_{30}H_{58}O_4S$，相对分子质量514.84，结构式：

$$\begin{array}{c} CH_2-CH_2-COO(CH_2)_{11}CH_3 \\ | \\ S \\ | \\ CH_2-CH_2-COO(CH_2)_{11}CH_3 \end{array}$$
DLTP

DLTP 是以丙烯氰为原料，通过与硫化钠缩合生成硫代二丙氰，水解成硫代二丙酸，再与月桂醇反应，经分离、精制而制成。

（一）性状与性能

DLTP 为白色片状结晶，具有特殊的甜香气息和类脂气味，熔点 38℃。不溶于水，溶于丙酮、四氯化碳、苯、石油醚等有机溶剂，在油脂中溶解度小。作为一种过氧化物分解剂，它能有效分解油脂自动氧化链反应中的氢过氧化物（ROOH），达到中断链式反应的目的，从而延长了油脂及富脂食品的保存期。DLTP 具有很好的抗氧化性能和稳定性能，与 BHA 和 BHT 等酚类抗氧化剂有协同作用，在生产中加以利用既可提高抗氧化性能，又能降低毒性和成本。DLTP 具有极好的热稳定性，200℃下 30min 损失率只有 0.7%。

（二）毒性与安全性

① LD_{50}：15g/kg（bw）（小鼠，经口）；
② ADI：0~3mg/kg（bw）。

（三）使用建议

GB 2760—2014 规定：DLTP 可用于经表面处理的鲜水果、经表面处理的新鲜蔬菜、熟制坚果与籽类（仅限油炸坚果与籽类）、油炸面制品、膨化食品，最大使用量 0.2g/kg。

七、羟基硬脂精

羟基硬脂精（oxystearin），又称氧化硬脂精，分子式 $C_{21}H_{42}O_5$，相对分子质量 374.55。结构式：

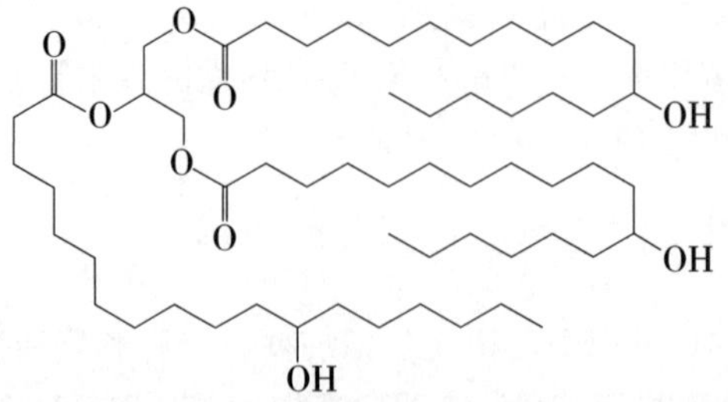

羟基硬脂精

羟基硬脂精是以经过氢化的食用油为原料，经熔化、脱色、加热反应、过滤等步骤加工制得的食品添加剂。羟基硬脂精是部分氧化的硬脂酸和其他脂肪酸的甘油酯的混合物。

（一）性状与性能

羟基硬脂精为棕黄至浅棕色脂状或蜡状物质，溶于乙醚、己烷和氯仿，也可作为色拉油和烹饪用油的结晶抑制剂。

（二）毒性与安全性

① LD_{50}：15g/kg（bw）（小鼠，经口）；
② ADI：0~25mg/kg（bw）。

（三）使用建议

GB 2760—2014 规定：羟基硬脂精可用于基本不含水的脂肪和油，最大使用量 0.5g/kg。

八、4-己基间苯二酚

4-己基间苯二酚（4-hexylresorcinol），分子式 $C_{12}H_{18}O_2$，相对分子质量 194.27。结构式：

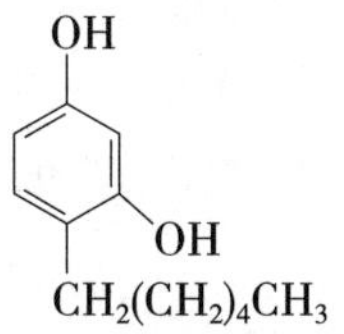

4-己基间苯二酚

（一）性状与性能

4-己基间苯二酚为白色粉末，熔点 62~67℃。易溶于乙醚和丙酮，微溶于水。作为虾类加工助剂，可保持虾类在贮藏过程中色泽良好，主要是防止虾类机体内多酚氧化酶催化反应所致的褐变。

（二）毒性与安全性

① LD_{50}：550mg/kg（bw）（大鼠，经口）；
② ADI：0~0.11mg/kg（bw）。

（三）使用建议

GB 2760—2014 规定：4-己基间苯二酚可用于鲜水产（仅限虾类），按生产需要适量使用，残留量≤1mg/kg。

第三节　水溶性食品抗氧化剂的性质及其应用

水溶性食品抗氧化剂是指能溶解于水的抗氧化物质，主要用于对食品的护色，防止食品氧化变色，以及防止因氧化作用而降低食品的风味和质量等方面。常用的水溶性食品抗氧化剂有抗坏血酸及其盐、异抗坏血酸及其盐、植酸、乙二胺四乙酸二钠等。

一、抗坏血酸

抗坏血酸（ascorbic acid），又称维生素 C，分子式 $C_6H_8O_6$，相对分子质量 176.12，结构式：

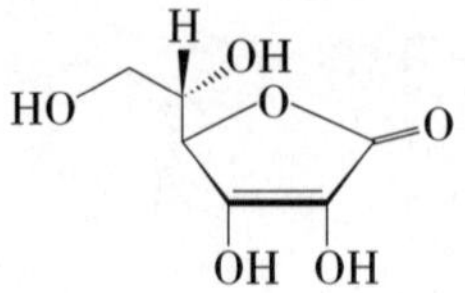

抗坏血酸

抗坏血酸是以 D-葡萄糖或山梨糖醇为起始原料，经发酵后化学合成制得的食用添加剂。

（一）性状与性能

抗坏血酸为白色或微黄色结晶或结晶性粉末，无臭，味酸。熔点 190~192℃。易溶于水，不溶于乙醚、苯等有机溶剂和脂肪。遇光颜色逐渐变深，干燥状态比较稳定。抗坏血酸水溶液很快会被氧化分解，在酸性溶液中较稳定。水溶液由于易被热、光等因素显著破坏，特别是在碱性及金属存在时更促进其破坏，因此在使用时必须注意避免在水及容器中混入金属或与空气接触。

（二）毒性与安全性

①LD_{50}：11.9g/kg（bw）（大鼠，经口）；

②ADI：0~15mg/kg（bw）；

③正常剂量的抗坏血酸对人体无毒性作用。

（三）使用建议

GB 2760—2014 规定：抗坏血酸可用于去皮或预切的鲜水果，去皮、切块或切丝的蔬菜，最大使用量 5.0g/kg；用于浓缩果蔬汁（浆），按生产需要适量使用（固体饮料按稀释倍数增加使用量）；抗坏血酸作为面粉处理剂可用于小麦粉，最大使用量 0.2g/kg；在其他各类食品中按生产需要适量使用。

抗坏血酸用于果汁及碳酸饮料中，可防止氧化变质，理论上每 3.3mg 抗坏血酸可与 1mL 空气反应，若容器的顶隙中空气含量平均为 5mL，则添加 15~16mg 的抗坏血酸就可以使空气中的氧气含量降低到临界水平以下，从而防止产品因氧化而引起的变色、变味。抗坏血酸作为抗氧化剂使用时，可以用柠檬酸作为增效剂。

二、抗坏血酸钠

抗坏血酸钠（sodium ascorbate），分子式 $C_6H_7NaO_6$，相对分子质量 198.11，结构式：

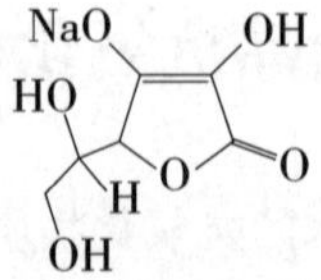

抗坏血酸钠

抗坏血酸钠是以抗坏血酸与碳酸氢钠（或碳酸钠）等钠盐为原料制得的食品添加剂。

（一）性状与性能

抗坏血酸钠为白色至黄白色结晶固体，无臭，稍咸；干燥状态下稳定，吸湿性强；较抗坏血酸易溶于水，溶解度为：62g/100g（25℃）、78g/100g（75℃）；极难溶于乙醇；遇光颜色逐渐变深。2%水溶液 pH 为 6.5~8.0。其抗氧化作用与抗坏血酸相同。

（二）毒性与安全性

与抗坏血酸相同。

（三）使用建议

GB 2760—2014 规定：抗坏血酸钠可用于浓缩果蔬汁（浆），按生产需要适量使用（固体饮料按稀释倍数增加使用量）。在其他各类食品中按生产需要适量使用。

因抗坏血酸呈酸性，在不适宜添加酸性物质的食品中可使用抗坏血酸钠，如牛乳等制品。另外，抗坏血酸钠用于肉制品还可以作为发色助剂，同时可以保持肉的风味、增加肉制品的弹性。

三、抗坏血酸钙

抗坏血酸钙（calcium ascorbate），分子式 $C_{12}H_{14}CaO_{12} \cdot 2H_2O$，相对分子质量 426.34，结构式：

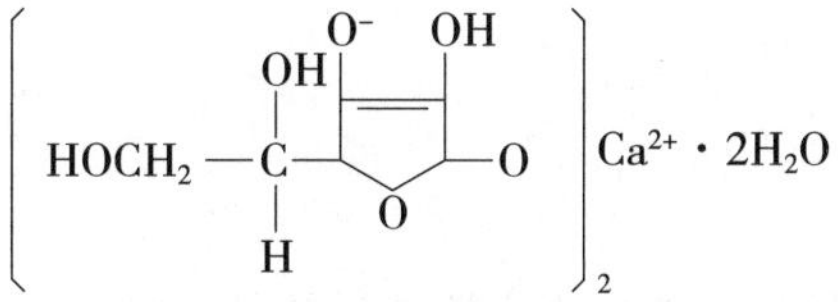

抗坏血酸钙

抗坏血酸钙是以抗坏血酸和钙盐为原料制得的食品添加剂。

（一）性状与性能

抗坏血酸钙为白色或淡黄色结晶粉末，无臭，溶于水，微溶于乙醇，不溶于乙醚。10%水溶液 pH 为 6.8~7.4。

（二）毒性与安全性

抗坏血酸钙相对无毒。

ADI：不作特殊规定。

（三）使用建议

GB 2760—2014 规定：抗坏血酸钙可用于去皮或预切的鲜水果，去皮、切块或切丝的蔬菜，最大使用量 1.0g/kg（以水果、蔬菜中抗坏血酸钙残留量计）；用于浓缩果蔬汁（浆），按生产需要适量使用（固体饮料按稀释倍数增加使用量）；在其他各类食品中按生产需要适量使用。

四、D-异抗坏血酸

D-异抗坏血酸 [D-isoascorbic acid（erythorbic acid）]，分子式 $C_6H_8O_6$，相对分子质量 176.12，结构式：

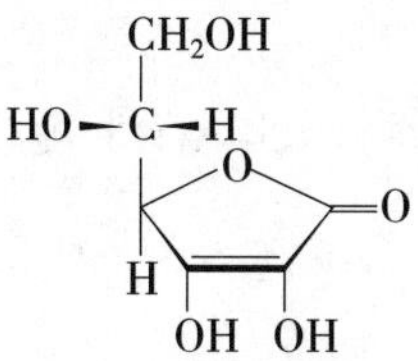

D-异抗坏血酸

D-异抗坏血酸是以葡萄糖为原料，经发酵制得 2-酮基-D-葡萄糖酸，再经酯化、转化、酸化、精制等步骤生产的食品添加剂。

（一）性状与性能

D-异抗坏血酸是抗坏血酸的一种立体异构体，在化学性质上与抗坏血酸相似。D-异抗坏血酸为白色或微黄色的结晶颗粒或粉末，无臭，有酸味；遇光颜色逐渐变黑；干燥状态下在空气中相当稳定，而在溶液中暴露于空气时则迅速变质。极易溶于水，溶解度为 40g/100g；溶于乙醇，溶解度为 5g/100g；难溶于甘油；不溶于苯、乙醚。1%水溶液 pH 为 2.8。异抗坏血酸几乎无抗坏血酸的生理功效。异抗坏血酸的耐热性差，还原性强，金属离子能促进其分解。异抗坏血酸没有抗坏血酸的生理作用，但其抗氧化性能优于抗坏血酸。在肉制品中异抗坏血酸与亚硝酸盐配合使用，既可防止肉氧化变色，又可提高肉制品的发色效果，还能增强亚硝酸盐抗肉毒杆菌的能力，且可减少致癌物质亚硝胺的产生。

（二）毒性与安全性

① LD_{50}：18g/kg（bw）（大鼠，经口）；
② ADI：不作特殊规定。

（三）使用建议

GB 2760—2014 规定：异抗坏血酸可用于浓缩果蔬汁（浆），按生产需要适量使用（固体饮料按稀释倍数增加使用量）；用于葡萄酒，最大使用量 0.15g/kg（以抗坏血酸计）；在其他各类食品中按生产需要适量使用。

五、D-异抗坏血酸钠

D-异抗坏血酸钠（sodium erythorbic acid），分子式 $C_6H_7NaO_6 \cdot H_2O$，相对分子质量 216.12，结构式：

D-异抗坏血酸钠

（一）性状与性能

D-异抗坏血酸钠为白色或微黄色的结晶颗粒或粉末，无臭，微有咸味；易溶于水，1%水溶液 pH 为 7.4，几乎不溶于乙醇。干燥状态下在空气中相当稳定，但在水溶液中，当遇空气、金属、热、光时，则易被氧化。异抗坏血酸钠的抗氧化性能与异抗坏血酸相同。

（二）毒性与安全性

① LD_{50}：9.4g/kg（bw）（大鼠，经口），LD_{50}：1.5g/kg（bw）（小鼠，经口）。
② ADI：不作特殊规定。

（三）使用建议

GB 2760—2014 规定：异抗坏血酸钠可用于浓缩果蔬汁（浆），按生产需要适量使用（固体饮料按稀释倍数增加使用量）；用于葡萄酒，最大使用量 0.15g/kg（以抗坏血酸计）；在其他各类食品中按生产需要适量使用。

六、乙二胺四乙酸二钠

乙二胺四乙酸二钠（disodium ethylene-diamine-tetra-acetate，EDTA-2Na），分子式为 $C_{10}H_{14}N_2Na_2O_8 \cdot 2H_2O$，相对分子质量 372.24，结构式：

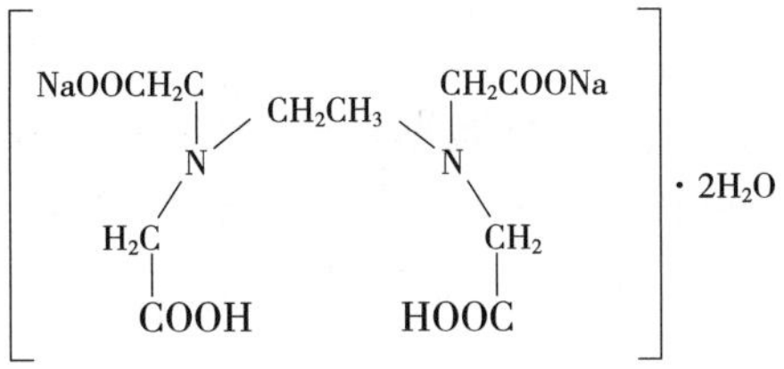

乙二胺四乙酸二钠

（一）性状与性能

乙二胺四乙酸二钠为白色结晶性粉末，无臭，无味；易溶于水，极难溶于乙醇。其是一种重要的螯合剂，能螯合溶液中的金属离子，防止由金属离子引起的食品氧化变质，从而保持食品的色、香、味。

（二）毒性与安全性

①LD_{50}：2g/kg（bw）（大鼠，经口）；

②ADI：0~2.5mg/kg（bw）。

（三）使用建议

GB 2760—2014 规定：乙二胺四乙酸二钠可用于果酱、蔬菜泥或酱（番茄沙司除外），最大使用量 0.07g/kg；用于果脯类（仅限地瓜果脯）、腌渍的蔬菜、蔬菜罐头、坚果与籽类罐头、杂粮罐头，最大使用量 0.25g/kg；用于复合调味料，最大使用量 0.075g/kg；用于饮料类（包装饮用水除外），最大使用量 0.03g/kg。同时，GB 2760—2014 规定：乙二胺四乙酸二钠钙作为抗氧化剂可用于复合调味料，最大使用量 0.075g/kg。

第四节 天然食品抗氧化剂

天然食品抗氧化剂是指从天然动、植物体或其代谢物中提取出来的具有抗氧化活性的物质。和化学合成食品抗氧化剂相比，它们具有天然、低毒等优点。开发广谱、高效、安全的天然食品抗氧化剂，已成为当今食品添加剂研究领域中的热点之一。

一、生育酚

生育酚（tocopherol），即维生素 E，广泛存在于高等动植物体中，具有防止动植物组织内的脂溶性成分氧化变质的功能。已知的天然生育酚有 α-、β-、γ-、δ-、ε-、ζ-、η-、θ-8 种同分异构体。作为食品抗氧化剂使用的混合生育酚浓缩物是天然维生素 E 的 8 种同分异构体的混合物,是目前国际上唯一大量生产的天然抗氧化剂。结构通式:

生育酚

生育酚在小麦胚芽油、大豆油、米糠油等的不皂化物中存在,在工业上以小麦胚芽油、米糠油、大豆油、亚麻仁油为原料,将其中的不皂化物用冷苯处理,除去沉淀,再加乙醇除去沉淀,用洋地黄皂苷处理其石油醚可溶成分,除去硬脂,用热乙醇抽提,然后真空蒸馏制得。

(一)性状与性能

混合生育酚浓缩物为黄至褐色透明黏稠状液体,几乎无臭,相对密度 0.932~0.955;不溶于水,溶于乙醇,可与油脂自由混合;对热稳定,具有耐酸性,但不耐碱;在无氧条件下,即使加热至 200℃也不被破坏;对氧气十分敏感,在空气中及光照下,会缓慢氧化,颜色变深。

混合生育酚浓缩物因所用原料油和加工方法不同,成品的总浓度和同分异构体的组成也不一样。品质较纯的混合生育酚浓缩物中生育酚含量可达 80% 以上。以大豆油为原料的制品,其同分异构体的比例为:α-型 10%~20%、γ-型 40%~60%、δ-型 25%~40%。

生育酚的抗氧化活性主要来自苯环上 6 位的羟基,与氧化物、过氧化物结合成酯后失去抗氧化性。同分异构体的抗氧化性能:α-型<β-型<γ-型<δ-型,d-δ-型抗氧化性能最强。

生育酚的抗氧化效果弱于 BHA、BHT。对动物油脂的抗氧化效果好,这是由于动物油脂中天然存在的生育酚比植物油少。在较高温度下,生育酚仍有较好的抗氧化性能,例如在猪油中,BHA 在 200℃加热 2h 则 100% 挥发,而生育酚在 220℃加热 3h 仅损失 50%。特别是天然生育酚比合成 dl-α-生育酚的热稳定性还高。

生育酚的耐光性、耐紫外线性、耐放射性也较强,而 BHA、BHT 则较差。这对于利用透明薄膜包装材料包装食品是很有意义的。因为太阳光、荧光灯等产生的光能是促进食品氧化变质的因素。生育酚对光的作用机制目前尚未阐明。

(二)毒性与安全性

①LD_{50}:5g/kg(大鼠,经口);

②ADI:0.15~2mg/kg(bw);

③美国对生育酚的安全性评价认为:毒性非常低;关于高含量服用后血清脂肪增加的说法不一,但不是重要因素;人的双盲试验表明,即使服用 3.2g 高用量生育酚,也不产生副作用;最大摄入量 1g/d,安全,无副作用。

(三)使用建议

GB 2760—2014 规定:生育酚可用于熟制坚果与籽类(仅限油炸坚果与籽类)、油炸面制品、膨化食品,最大使用量 0.2g/kg(以油脂中含量计);用于调制乳、方便米面制品、蛋白饮料、蛋白固体饮料，最大使用量 0.2g/kg；用于果蔬汁（浆）类饮料，其他型碳酸饮料，茶、咖啡、植物（类）饮料，特殊用途饮料，风味饮料，最大使用量 0.2g/kg（固体饮料按稀释倍数增加使用量）；用于基本不含水的脂肪和油、复合调味料，按生产需要适量使用；用于即食谷物［包括碾轧燕麦（片）］，最大使用量 0.085g/kg。

目前许多国家除使用天然混合生育酚浓缩物外，还使用人工合成 dl-α-型生育酚，二者的抗氧化效果基本相同。人工合成 dl-α-型生育酚是以异植物醇和三甲基氢醌为主要原料，经化学合成法制得的食品添加剂。分子式 $C_{29}H_{50}O_2$，相对分子质量 430.71，结构式：

dl-α-型生育酚

dl-α-型生育酚为淡黄色至琥珀色的澄清的黏稠液体，暴露在空气或光线下色泽会变深。不溶于水，易溶于乙醇，可混溶于乙醚。dl-α-型生育酚是活性最高的维生素 E 形式。

生育酚添加到食品中不仅具有抗氧化作用，而且还具有营养强化作用。许多国家对其使用量无限制，在美国，生育酚除用作保健食品外，最大的市场在油脂行业，其次是休闲食品和糖果制品。它适宜作为婴儿食品、疗效食品及乳制品的抗氧化剂和营养强化剂使用。目前，在我国混合生育酚浓缩物价格还较高，主要供药用，也作为油溶性维生素的稳定剂和凝固剂，随着我国食品添加剂行业的快速发展，生育酚将会在食品工业中得到广泛应用。

二、茶多酚

茶多酚（tea polyphenol，TP），又称维多酚，是以茶叶为原料，经提取而成的以儿茶素为主体的多酚类化合物食品添加剂。茶多酚是茶叶中特有的多酚类化合物的总称，主要包括儿茶素、黄酮、花青素、酚酸 4 类化合物，其中儿茶素数量最多，占茶多酚总量的 60%~80%。

（一）性状与性能

茶多酚为淡黄至淡茶色或茶褐色粉末，略带茶香，有涩味；易溶于水、乙醇、乙酸乙酯、丙酮、冰醋酸等溶剂；微溶于油脂，不溶于氯仿、石油醚。在酸性和中性条件下稳定，最适宜 pH 范围为 4~8，在碱性条件下易氧化褐变。

茶多酚是含有多酚羟基的天然抗氧化剂，易氧化提供质子，具有酚类抗氧化通性。茶多酚抗氧化作用的主要成分是儿茶素，儿茶素抗氧化能力最强的有以下 4 种：表儿茶素（EC）、表没食子儿茶素（EGC）、表儿茶素没食子酸酯（ECG）和表没食子儿茶素没食子酸酯（EGCG）。等物质的量浓度抗氧化能力顺序为：EGCG>ECG>EGC>EC。茶多酚除了具有供氢能力外，酯型没食子儿茶素还具有较强的清除自由基的能力。

茶多酚的抗氧化能力高于一般非酚型或单酚羟基类抗氧化剂（如 BHA、BHT 等），在植物油中的抗氧化活性约为 BHT 的 3 倍。茶多酚的抗氧化活性是生育酚的 4~7 倍。茶多酚对猪油的抗氧化性能优于混合生育酚浓缩物和 BHA、BHT；由于植物油中含有生育酚，所以茶多酚用于植物油中可以更加显示出其很强的抗氧化能力。茶多酚与柠檬酸、苹果酸、酒石酸有良好的协同效应，与柠檬酸协同效应最好；与抗坏血酸、生育酚也有很好的协同效应。

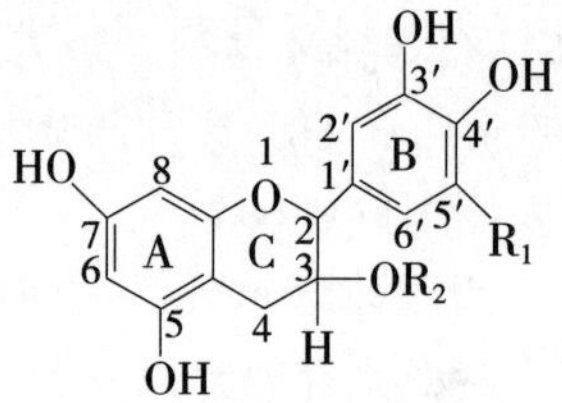

儿茶素的结构通式

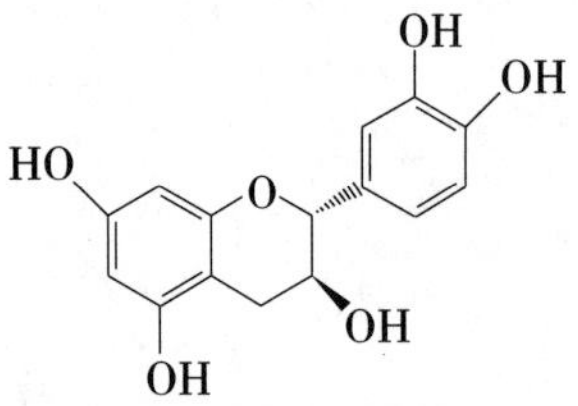

表儿茶素（EC）

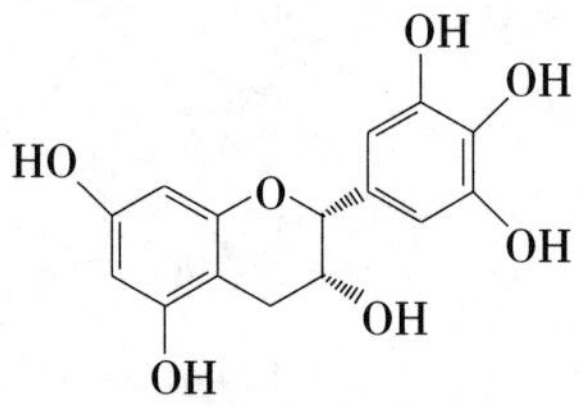

表没食子儿茶素（EGC）

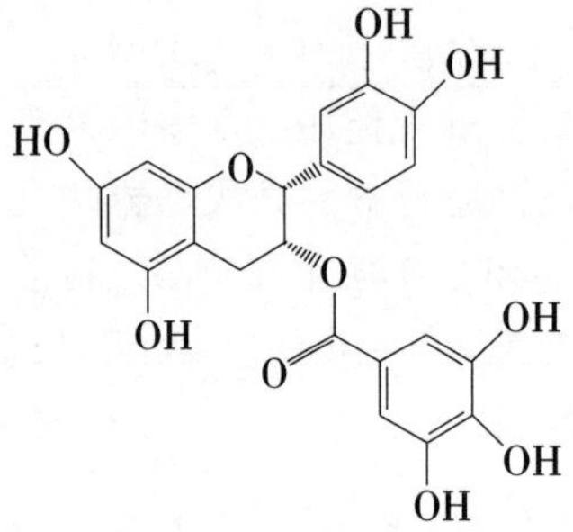

表儿茶素没食子酸酯（ECG）

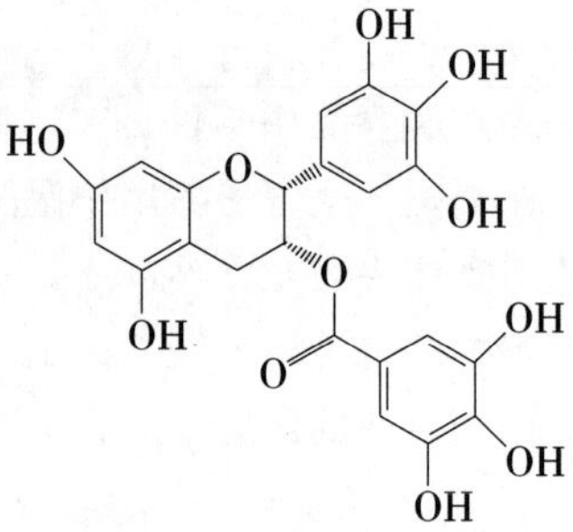

表没食子儿茶素没食子酸酯（EGCG）

（二）毒性与安全性

茶多酚无毒，对人体无害。

（三）使用建议

GB 2760—2014 规定：茶多酚可用于蛋白固体饮料，最大使用量 0.8g/kg（以儿茶素计）；用于基本不含水的脂肪和油、糕点、焙烤食品馅料及表面用挂浆（仅限含油脂馅料）、腌腊肉制品类（如咸肉、腊肉、板鸭、中式火腿、腊肠），最大使用量 0.4g/kg（以油脂中儿茶素计）；用于酱卤肉制品类，熏、烧、烤肉类，油炸肉类，西式火腿（熏烤、烟熏、蒸煮火腿）类，肉灌肠类，发酵肉制品类，预制水产品（半成品），熟制水产品（可直接食用），水产品罐头，最大使用量 0.3g/kg（以油脂中儿茶素计）；用于熟制坚果与籽类（仅限油炸坚果与籽类）、油炸面制品、即食谷物 [包括碾轧燕麦（片）]、方便米面制品、膨化食品，最大使用量 0.2g/kg（以油脂中儿茶素计）；用于复合调味料、植物蛋白饮料，最大使用量为 0.1g/kg（以儿茶素计，固体饮料按稀释倍数增加使用）。

茶多酚棕榈酸酯（tea polyphenol palmitate）是以绿茶为原料提取的茶多酚经过与棕榈酰氯酯化、过滤、水洗、脱溶、结晶、离心、冻干、包装等步骤加工生产的食品添加剂。呈淡黄色粉末状，无结块现象，具有茶多酚棕榈酸酯特有滋味，无异味；和水溶性茶多酚在油脂或者其他低极性溶剂中溶解度差别很大，其溶解度为 25g/100g（植物油）。

GB 2760—2014 规定：茶多酚棕榈酸酯可用于基本不含水的脂肪和油，最大使用量 0.1g/kg。

三、植 酸

植酸（phytic acid），又称肌醇六磷酸，分子式 $C_6H_{18}O_{24}P_6$，相对分子质量 660.02，结构式：

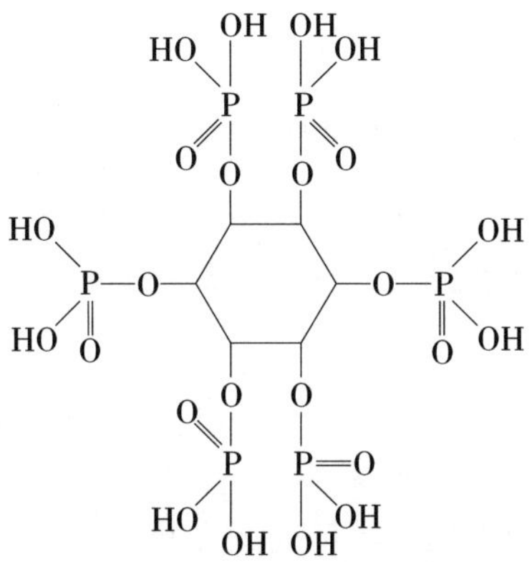

植酸

植酸是以米糠、玉米等植物为原料，用化学方法提取、纯化、浓缩而制得的食品添加剂。

（一）性状与性能

植酸为淡黄色或浅褐色黏稠液体；易溶于水、95%乙醇、丙二醇和甘油，微溶于无水乙醇，不溶于乙醚、己烷和氯仿；对热较稳定；在碱性条件下比较稳定，遇钙、镁等成盐并沉淀。1.3%水溶液 pH 为 0.40，0.7%水溶液 pH 为 1.70，0.13%水溶液 pH 为 2.26，0.013%水溶液 pH 为 3.20，具有调节 pH 及缓冲作用。

植酸分子上有 12 个羟基、6 个磷酸基，有极强的螯合能力，能与金属螯合成白色不溶性金属化合物。植酸还可抑制果蔬中的多酚氧化酶，有效减少酶促氧化褐变。植酸的强螯合能力决定着较强的抗氧化活性。

（二）毒性与安全性

①LD_{50}：4.192g/kg（bw）（小鼠，经口）；毒性比食盐还低。

②在美国，植酸被认为是一般公认安全（GRAS）物质。

（三）使用建议

GB 2760—2014 规定：植酸可用于基本不含水的脂肪和油，加工水果，加工蔬菜，装饰糖果（如工艺造型，或用于蛋糕装饰）、顶饰（非水果材料）和甜汁，腌腊肉制品类（如咸肉、腊肉、板鸭、中式火腿、腊肠），酱卤肉制品类，熏、烧、烤肉类，油炸肉类，西式火腿（熏烤、烟熏、蒸煮火腿）类，肉灌肠类，发酵肉制品类，调味糖浆，果蔬汁（浆）类饮料（固体饮料按稀释倍数增加使用量），最大使用量 0.2g/kg；用于鲜水产（仅限虾类），按生产需要适量使用，残留量 ≤ 20mg/kg。通常也以植酸钠形式使用。

植酸在食品加工中应用广泛。在果蔬加工中，可防止果蔬的氧化变质、有效抑制维生素 C 的氧化。在油和脂肪制品中应用植酸，可防止油脂氧化酸败；植酸主要是螯合可促进氧化作用的金属离子，同时释放出氢离子，破坏分解油脂在自动氧化过程中产生的过氧化物，阻止其继续形成醛、酮等有害物。在实际工业化生产中，现存的主要问题是水溶性植酸在油脂中溶解度过小，还需进一步通过结构修饰成脂溶性产物，或者通过乳化作用、微乳化制剂等形式将水溶性植酸分散于油脂中。植酸用于水产品保鲜与加工中，可防止鲜虾变黑。使用 0.7% Na_2SO_3 很有效，但 SO_2 残留量过高，若添加 0.01%~0.05%植酸与 0.3% Na_2SO_3 效果甚好，可避免 SO_2 残留量过高。植酸作为一种天然、绿色、安全、营养、健康的多功效食品添加剂，具有广阔的应用前景。

四、甘草抗氧化物

甘草抗氧化物（antioxidant of glycyrrhiza）是将甘草的根经物理方法用有机溶剂提取精制所得的食品添加剂。甘草抗氧化物的主要成分是黄酮类和类黄酮类物质的混合物。

（一）性状与性能

甘草抗氧化物为棕色或棕褐色粉末，略有甘草的特殊气味，熔点 70~90℃；不溶于水，可溶于乙酸乙酯、丙酮和氯仿，在乙醇中溶解度为 117g/L。耐光、耐氧、耐热，与维生素 C、维生素 E 混合使用有相乘效果。甘草抗氧化物具有较强的清除自由基及拮抗脑组织脂质过氧化作用，尤其是对氧自由基的作用效果较强。

（二）毒性与安全性

甘草抗氧化物为无毒性物质，安全性高。

（三）使用建议

GB 2760—2014 规定：甘草抗氧化物可用于基本不含水的脂肪和油，熟制坚果与籽类（仅限油炸坚果与籽类），油炸面制品，方便米面制品，饼干，腌腊肉制品类（如咸肉、腊肉、板鸭、中式火腿、腊肠），酱卤肉制品类，熏、烧、烤肉类，油炸肉类，西式火腿（熏烤、烟熏、蒸煮火腿）类，肉灌肠类，发酵肉制品类，腌制水产品，膨化食品，最大使用量 0.2g/kg（以甘草酸计）。

五、迷迭香提取物

迷迭香提取物（rosemary extract）是以迷迭香的茎、叶为原料，经溶剂提取或超临界二氧化碳萃取、精制等工艺生产的食品添加剂。提取溶剂为水、甲醇、乙醇、丙酮和正己烷。迷迭香提取物含有多种有效的抗氧化活性成分，主要为迷迭香酚、迷迭香酸、鼠尾草酚、鼠尾草酸、熊果酸等化合物。

（一）性状与性能

迷迭香提取物为黄褐色粉末或褐色液体，有特殊香气，耐热性、耐紫外线性能良好。不溶于水，溶于乙醇、油脂。其特点：①安全性：已通过卫生部规定的安全性评价试验；②高效性：在不同油脂中比 BHA 抗氧化效果强 1~6 倍；③耐热性：能长期耐受 190℃高温油炸而仍具有抗氧化效果；④广谱性：对各种复杂的类脂物氧化有广泛而很强的抑制效果。迷迭香提取物还能防止氧对类胡萝卜素等色素的破坏，稳定食品的色泽和感官品质。

（二）毒性与安全性

①LD_{50}：12g/kg（bw）（小鼠，经口）；

②具有高效无毒的特点。

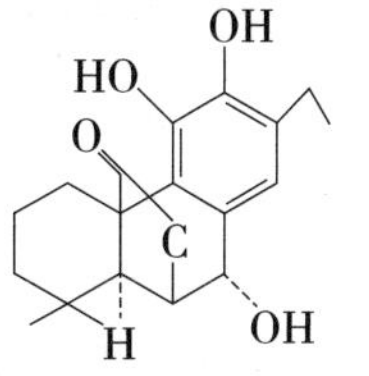

迷迭香酚 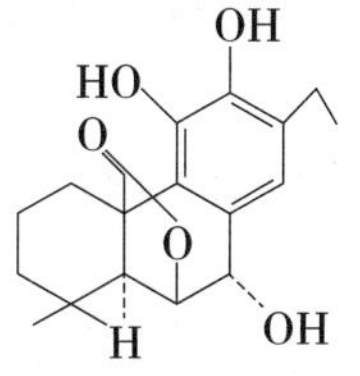　　　　表迷迭香酚 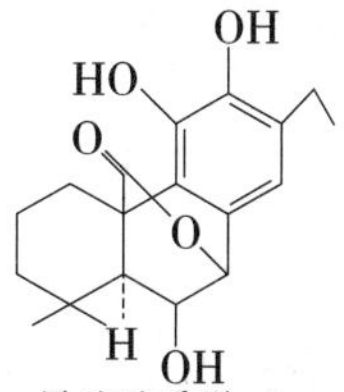　　　　异迷迭香酚 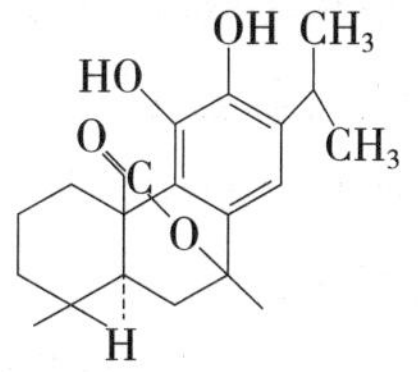　　　　鼠尾草酚

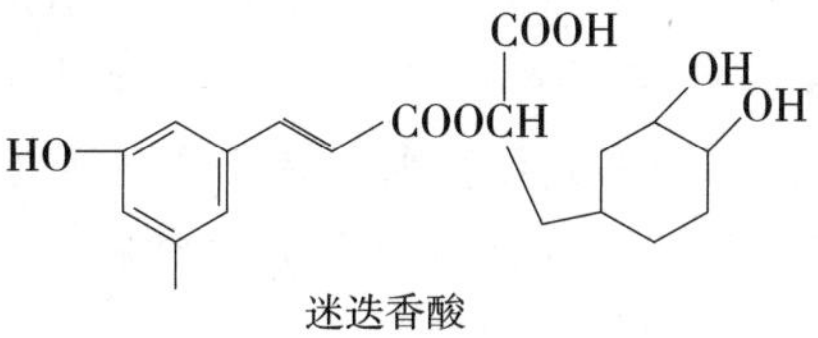

迷迭香酸 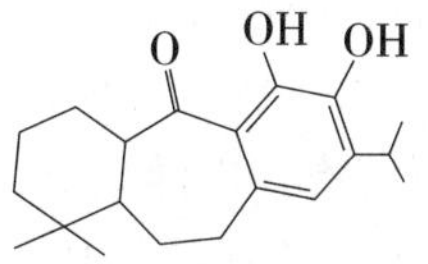　　　　　　迷迭香二酚 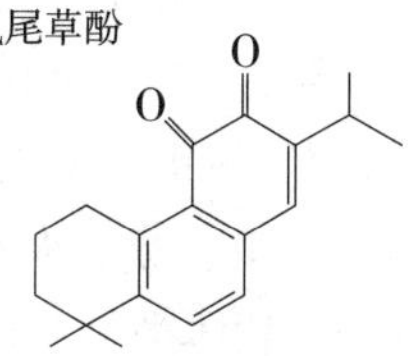　　　　　迷迭香酮

（三）使用建议

GB 2760—2014 规定：迷迭香提取物可用于植物油脂，脂肪含量 80% 以上的乳化制品，02.02 食品类以外的脂肪乳化制品，包括混合的和（或）调味的脂肪乳化制品，最大使用量 0.7g/kg；用于动物油脂（包括猪油、牛油、鱼油和其他动物脂肪等）、熟制坚果与籽类（仅限油炸坚果与籽类）、油炸面制品、预制肉制品、酱卤肉制品类、熏、烧、烤肉类、油炸肉类、西式火腿（熏烤、烟熏、蒸煮火腿）类、肉灌肠类、发酵肉制品类、膨化食品，最大使用量 0.3g/kg。

GB 2760—2014 规定：使用超临界二氧化碳萃取法制得的迷迭香提取物还可用于蛋黄酱、沙拉酱、浓缩汤（罐装、瓶装），最大使用量 0.3g/kg。

六、竹叶抗氧化物

竹叶抗氧化物（antioxidant of bamboo leaves，AOB）是以刚竹属竹种的叶为原料，经提取、精制而成的食品添加剂。竹叶抗氧化物根据其溶解性分为水溶性产品和脂溶性产品。其水溶性产品的主要有效成分为竹叶碳苷黄酮（异荭草苷、荭草苷、牡荆苷、异牡荆苷）和绿原酸等；脂溶性产品的主要有效成分为对香豆酸、阿魏酸、苜蓿素以及竹叶黄酮的酯化产物等。

主要化学成分异荭草苷：分子式 $C_{21}H_{20}O_{11}$，相对分子质量 448.38。

主要化学成分对香豆酸：分子式 $C_9H_8O_3$，相对分子质量 164.16。

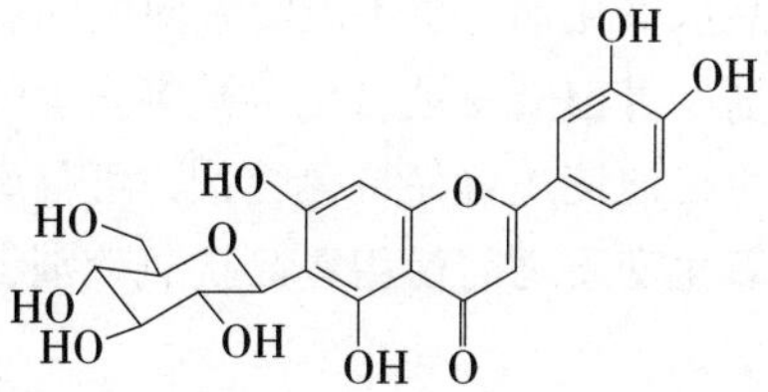

异荭草苷 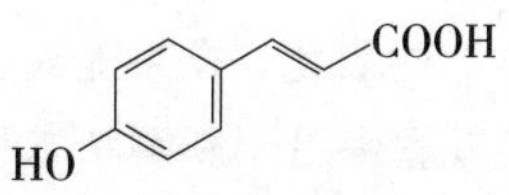　　　　　　对香豆酸

（一）性状与性能

竹叶抗氧化物为黄色至黄棕色或黄褐色的粉末状物质，吸湿时色渐变深。水溶性产品具有典型的竹叶清香，脂溶性产品清香淡、略带酯味。水溶性竹叶抗氧化物中总酚含量 ≥40.0%，

异荭草苷含量≥2.0%，水溶解度（25℃）≥6.0g/100g，可用糊精稀释。脂溶性竹叶抗氧化物中总酚含量≥20.0%，对香豆酸含量≥0.5%，乙酸乙酯溶解度（25℃）≥3.0g/100g。

（二）毒性与安全性

LD_{50}：>10g/kg（bw）（大鼠，经口），竹叶抗氧化物的毒性属于无毒级。

（三）使用建议

GB 2760—2014 规定：竹叶抗氧化物用于基本不含水的脂肪和油，熟制坚果与籽类（仅限油炸坚果与籽类），油炸面制品，即食谷物［包括碾轧燕麦（片）］，焙烤食品，腌腊肉制品类（如咸肉、腊肉、板鸭、中式火腿、腊肠），酱卤肉制品类，熏、烧、烤肉类，油炸肉类，西式火腿（熏烤、烟熏、蒸煮火腿）类，肉灌肠类，发酵肉制品类，水产品及其制品（包括鱼类、甲壳类、贝类、软体类、棘皮类等水产品及其加工制品），果蔬汁（浆）类饮料，茶（类）饮料，膨化食品，最大使用量 0.5g/kg（固体饮料按稀释倍数增加使用量）。

第五节　食品抗氧化剂使用注意事项

食品抗氧化剂是在食品加工中广泛使用的一类食品添加剂，由于各种食品抗氧化剂都有其特殊的化学结构和理化性质，不同种类的食品也具有不同的特性，所以在选择和使用食品抗氧化剂时必须进行综合分析。

（一）充分了解食品抗氧化剂的性能

各种食品抗氧化剂的性质不同，所以抗氧化效果存在差异；当确定在生产某种食品时需要添加食品抗氧化剂以防止其氧化变质后，应充分了解各种食品抗氧化剂的性质并进行分析比较，然后通过试验来选择最适宜的食品抗氧化剂品种。

（二）准确掌握食品抗氧化剂的添加时机

食品抗氧化剂只能阻碍氧化作用，延缓食品开始氧化变质的时间，并不能对已经变质的食品产生抗氧化效果。如果食品已开始氧化变质，添加食品抗氧化剂则基本无效。这对于油脂尤其重要。在油脂氧化酸败诱发期前添加食品抗氧化剂，就能有效阻断过氧化物的产生，切断反应链，发挥食品抗氧化剂的功效，达到阻止氧化反应的目的。而当氧化反应已经开始时，自由基的链式传导已很难终止，即使添加较多的食品抗氧化剂，也不能有效阻断油脂的氧化链式反应，还可能发生相反的作用。因为食品抗氧化剂本身也极易被氧化，被氧化了的食品抗氧化剂反而可能促进油脂的氧化。在果蔬褐变反应发生之前使用食品抗氧化剂，可很好地保持产品的色泽。因此，应在食品处于新鲜状态和未发生氧化变质之前使用食品抗氧化剂，以充分发挥其抗氧化作用。

（三）食品抗氧化剂及增效剂的复配使用

在实际使用中，油溶性食品抗氧化剂通常与柠檬酸、抗坏血酸等增效剂复配使用，这样能够显著提高食品抗氧化剂的作用效果，同时可明显降低其使用量，既降低了成本，又减少了食品抗氧化剂带来的不利影响。因为这些酸性物质对金属离子有螯合作用，能够钝化促进油脂氧化的金属离子，从而削弱了氧化作用。也有一种理论认为，酸性增效剂能与食品抗氧化剂产物基团（A·）发生作用，使食品抗氧化剂（AH）获得再生。

食品抗氧化剂与食品稳定剂配合使用也会取得良好的抗氧化效果。例如在加工含脂率低的食品时，若使用油溶性食品抗氧化剂，由于溶解性较差，可配合使用必要的乳化剂，是发挥其抗氧化作用的一种有效措施。

目前市场上已经有配伍好的成品出售，例如生育酚-抗坏血酸或抗坏血酸棕榈酸酯是一组相互增效的混合食品抗氧化剂。国外销售的食品抗氧化剂产品多为复配品，如 Tenox（2）为 BHA、PG、CA 的复配品，Tenox（6）为 BHA、BHT、PG 和 CA 的复配品，不同的复配品对某种食品有不同的抗氧化效果，使用时应注意说明。

（四）选择合适的食品抗氧化剂添加量

使用食品抗氧化剂的浓度要适当。虽然浓度较大时抗氧化效果较好，但它们之间并不成正比。试验证明，BHA 的抗氧化效果以用量 0.01%~0.02% 为好。0.02% 比 0.01% 的抗氧化效果约提高 10%，但超过 0.02% 时抗氧化效果反而下降。另外，由于食品抗氧化剂的溶解度、毒性等问题，油溶性食品抗氧化剂的使用浓度一般不超过 0.02%。水溶性食品抗氧化剂的使用浓度相对较高，一般不超过 0.1%。所以，在使用食品抗氧化剂时，需严格按照 GB 2760—2014 规定以及国家最新颁布的有关规定与公告所允许使用的范围与剂量使用。

（五）控制影响食品抗氧化剂作用效果的因素

影响食品抗氧化剂作用效果的因素主要有光、热、氧气、金属离子及食品抗氧化剂在食品体系中的分散性。光、热能促进一些食品抗氧化剂分解、挥发或失效，严重影响食品抗氧化剂的作用效果。氧气也是食品抗氧化剂失效的主要因素。在使用时还应采取充氮或真空包装，以降低氧气浓度和隔绝环境中的氧气，使食品抗氧化剂更好地发挥作用。铜、铁等金属离子是促进氧化反应的催化剂，在食品加工时应尽量避免这些金属离子混入食品体系中。

食品抗氧化剂使用量一般较少，只有使之充分地分散在食品体系中，才能有效地发挥作用。水溶性食品抗氧化剂的溶解度较大，在水基食品中一般分布均匀。油溶性食品抗氧化剂在油脂中的溶解度较小，一般需将其溶解在有机溶剂中，搅拌均匀后再加到油基食品中，最常用的溶剂是乙醇、丙二醇、甘油等。

只有将这些影响食品抗氧化剂作用效果的因素控制好，才能保证食品抗氧化剂的作用效果，以提高食品的品质。

思考题

1. 什么是食品抗氧化剂？
2. 食品抗氧化剂的作用机制是什么？
3. 按照溶解性食品抗氧化剂可分为哪些类型？各有何使用特点？
4. 合成食品抗氧化剂的种类有哪些？
5. 天然食品抗氧化剂的种类有哪些？
6. 使用食品抗氧化剂时应该注意哪些问题？

第四章

食品着色剂

CHAPTER 4

[本章简介]

本章主要讲述食品着色剂的分类、性质和应用，以及使用过程中的注意事项。

[学习重点]

1. 掌握食品着色剂的概念；
2. 了解常用的食品着色剂及其使用注意事项，具备在实际应用中把握食品着色剂的特点与正确发挥食品着色剂功效的基本知识。

第一节 食品着色剂概念

一、食品着色剂及着色原理

（一）食品着色剂的概念

食品着色剂（food colorant）又称食用色素。是以食品着色为主要目的赋予食品一定色泽或改善色泽的一类食品添加剂。食品的颜色是评价食品感官质量的重要因素之一。食品具有的鲜艳色泽不仅可以提高食品的感官质量，给人以美的享受，还可以增进食欲。很多天然食品都有很好的色泽。但是在加工过程中，由于加热氧化等各种原因食品容易发生褪色甚至变色，严重影响食品的感官质量。因此在食品工业中使用合适的食品着色剂可以更好地保持或改善食品的色泽。

（二）食品着色剂的着色原理

自然光是由不同波长的电磁波组成的，波长在 400~800 nm 的是可见光，在可见光区不同波长的光显示不同的颜色。物质的颜色，是因着色剂分子吸收了自然光中某些波长的光，反射或透过未被吸收的光（其互补色）而呈现出来的。不同的物质能吸收不同波长的光，如果某种食物所吸收的光的波长在非可见光区，则这种物质看起来是白色的。如果它吸收的光的波长在可见光区，则该物质会呈现一定的颜色。例如，某种物质选择吸收了波长为 640nm 的红色光，其呈现出来的是红色光的互补色，即青绿色。不同波长光的颜色及其互补色如表 4-1 所示。

表 4-1　　　　　　　　　　不同波长光的颜色与互补色

波长 / nm	相应的颜色	反射或透过的光
400	紫色	黄绿色
425	蓝青色	黄色
450	青色	橙黄色
490	青绿色	红色
510	绿色	紫色
530	黄绿色	紫色
550	黄色	蓝青色
590	橙黄色	青色
640	红色	青绿色
730	紫色	绿色

食物中主要的发色团有碳碳双键、羰基、偶氮基、硝基、亚硝基、对苯醌等，分子中含有 1 个发色团的化合物，其吸收波长在 200～400nm，是无色的。当化合物分子中有 2 个或 2 个以上的发色团时，共轭体系中激发 π 电子所需能量降低。其最大吸收波长移向近紫外光区或可见光区，即吸收较长波段的光。共轭体系越长，则最大吸收峰的波长越长。当被物质吸收光的波长移至可见光区时，该物质便显色。如乙烯中有 1 个共轭双键，无色；番茄红素有 11 个共轭双键，呈红色。

化合物中有些基团，如—OH、—OR、—NH$_2$、—NR$_2$、—SH、—Br 等，其本身的吸收波段在远紫外区，但这些基团与共轭双键或发色团相连时，可使共轭体系吸收波长向长波方向移动。通常将这类基团称为助色团（助色基）。在色素物质中，助色团的个数或取代位置不同，表现出的颜色不同。

生色团与助色团相互作用可以使化合物的分子结构发生变化，而化合物的电子光谱对这种结构改变非常敏感，伴随着结构的改变，吸收光谱发生显著移动，以及谱带强度与标准值比较也发生变化，从而呈现各种不同的颜色。

二、食品着色剂的分类

（一）食用合成着色剂

也称为食用合成色素，是用人工合成方法所制得的有机着色剂。常用的主要有苋菜红、胭脂红、柠檬黄、日落黄、亮蓝、靛蓝等。根据其化学结构不同可分为两大类，即偶氮类着色剂和非偶氮类着色剂。偶氮类着色剂中，由于油溶性偶氮类着色剂不溶于水，进入人体内不易排出体外，毒性较大，目前基本上不再使用。世界各国现阶段使用的合成着色剂有相当一部分是毒性较低的水溶性偶氮类着色剂。此外，食品合成着色剂还包括色淀和不被吸收的聚合着色剂。色淀是由水溶性着色剂沉淀在允许使用的不溶性基质上所制备的特殊着色剂，其着色剂部分是允许使用的合成着色剂，基质部分多为氧化铝，称之为铝色淀。合成着色剂具有着色力强、色泽鲜艳、不易褪色、稳定性好、易溶解、易调色、成本低等优点，但其安全性差。

（二）食用天然着色剂

也称食用天然色素，主要由动、植物和微生物中提取而得，某些天然着色剂本身是一种营养素或含有人体必需的营养物质，具有增强营养的效果。常用的有红曲红、甜菜红、辣椒红、红花黄、姜黄、β-胡萝卜素、紫胶红、栀子黄等。食品天然着色剂按化学结构可以分成 6 类：①多酚类衍生物：如萝卜红、高粱红等；②异戊二烯衍生物：如 β-胡萝卜素、辣椒红等；③四吡咯衍生物（卟啉类衍生物）：如叶绿素等；④酮类衍生物：如红曲红、姜黄等；⑤醌类衍生物：如紫胶红、胭脂红等；⑥其他类色素：如甜菜红、焦糖色等。与合成着色剂相比，天然着色剂具有安全性较高、着色色调比较自然等优点，而且一些品种还具有维生素活性（如 β-胡萝卜素），但其具有成本高、着色力弱、稳定性差、容易变质、难以调出任意色调等缺点，有的还有异味、异臭。

第二节　食用合成着色剂

一、苋菜红

苋菜红，又称酸性红、杨梅红、鸡冠花红、蓝光酸性红、食用红色 2 号，为水溶性偶氮类着色剂。分子式 $C_{20}H_{11}N_2Na_3O_{10}S_3$，相对分子质量 604.46，结构式：

苋菜红

（一）性状与性能

苋菜红为紫红色均匀粉末，无臭，易溶于水，0.01%的水溶液呈玫瑰红色，可溶于甘油及丙二醇，不溶于油脂等其他有机溶剂。21℃时的溶解度为：17.2g/100g（水）、6.9g/100g（10%乙醇）、0.5g/100g（50%乙醇）。最大吸收波长为（520±2）nm，耐细菌性差，有耐光性、耐热性、耐盐性、耐酸性良好，对柠檬酸、酒石酸等稳定，遇碱变为暗红色。与铜、铁等金属接触易褪色。耐氧化、还原性差，不适于在发酵食品及含还原性物质的食品中使用。

（二）毒性与安全性

苋菜红多年来公认其安全性高，并被世界各国普遍使用。

①LD_{50}：10g/kg（bw）（小鼠，经口）；

②ADI：0~0.5mg/kg（bw）。

（三）使用建议

GB 2760—2014 规定：苋菜红可用于冷冻饮品（03.04 食用冰除外）、糖果、糕点上彩装、果酒（仅限于配制果酒）、果冻，最大使用量 0.2g/kg；用于饮料类（14.01 包装饮用水除外），最大使用量 0.1g/kg。

FAO/WHO（2001）规定，本品用于苹果酱或梨罐头、果酱或果冻，最大使用量 0.2g/kg；小虾或对虾罐头，最大使用量 0.03g/kg；冷饮，最大使用量 0.05g/kg。单独或与其他着色剂并用。

二、胭脂红及其铝色淀

胭脂红，又称丽春红 4R、大红、亮猩红，为水溶性偶氮类着色剂，结构式：

胭脂红

胭脂红铝色淀是将胭脂红水溶液加入氯化铝、硫酸铝水溶液和碳酸钠作用所形成的氧化铝水合物中，使之吸附形成胭脂红色淀。胭脂红铝色淀呈红色微细粉末，无臭，耐光、耐热性质优于胭脂红。不溶于水及有机溶剂。

（一）性状与性能

胭脂红为红色至深红色粉末，无臭，溶于水，水溶液呈红色，20℃时在水中的溶解度为 23g/100g。溶于甘油，微溶于乙醇，不溶于油脂。胭脂红吸湿性强。最大吸收波长为（508±2）nm。耐光性、耐酸性、耐盐性较好，但耐热性、耐还原性相当弱，耐细菌性也较弱。遇碱变为褐色。着色性能差。

（二）毒性与安全性

本品经动物试验证明无致癌、致畸作用。

①LD_{50}：19.3g/kg（bw）（小鼠，经口）；

②ADI：0~4mg/kg（bw）；

③目前除美国不许可使用外，绝大多数国家许可使用。

（三）使用建议

GB 2760—2014 规定：用于调制乳，风味发酵乳，调制炼乳（包括加糖炼乳及使用了非乳原料的调制炼乳等），冷冻饮品，蜜饯凉果，可可制品、巧克力和巧克力制品（包括代可可脂巧克力及制品）以及糖果（05.04 装饰糖果、顶饰和甜汁除外），腌渍的蔬菜，虾味片，糕点上彩装，含乳饮料、配制酒、果冻、碳酸饮料、风味饮料（仅限果味饮料）、膨化食品、胭脂树橙（红木素、降红木素）、人造黄油及其类似制品（如黄油和人造黄油混合品）等食品，最大使用量 0.05g/kg；用于水果罐头、装饰性果蔬、糖果和巧克力制品包衣等，最大使用量 0.1g/kg。

三、赤藓红及其铝色淀

赤藓红，又称食用色素红3号、四碘荧光素、新品酸性红、樱桃红，为水溶性非偶氮类着色剂。分子式 $C_{20}H_6I_4Na_2O_5 \cdot H_2O$，相对分子质量897.88，结构式：

赤鲜红及其铝色淀

赤藓红铝色淀是将赤藓红水溶液加入氯化铝、硫酸铝水溶液和碳酸钠作用所形成的氧化铝水合物中，使之吸附形成赤藓红色淀。化学结构为分布于氧化铝水合物上的水溶性食品着色剂赤藓红的铝色淀。

（一）性状与性能

赤藓红为红褐色颗粒或粉末，无臭。0.1%水溶液呈微蓝的红色，酸性时生成黄棕色沉淀，碱性时产生红色沉淀。溶于乙醇、甘油及丙二醇，不溶于油脂。25℃时的溶解度为：9.0/100g（水）、1.0g/100g（50%乙醇）、0.6g/100g（75%乙醇）、6.0g/100g（50%丙二醇）、16.0g/100g（50%甘油）。着色力强，耐热、耐还原性好，但耐酸性、耐光性很差，吸湿性强。最大吸收波长（526±2）nm。

（二）毒性与安全性

①LD_{50}：1.9g/kg（bw）（小鼠，经口）；
②ADI：0~0.1mg/kg（bw）。

（三）使用建议

GB 2760—2014 规定：用于凉果，可可制品、巧克力和巧克力制品（包括代可可脂巧克力及制品）以及糖果（05.01.01 可可制品除外），糕点上彩装，酱及酱制品，复合调味料果蔬汁（浆）类饮料，碳酸饮料，风味饮料（仅限果味饮料），配制酒，最大使用量 0.05g/kg；用于肉灌肠类，最大使用量 0.015g/kg；用于熟制坚果与籽类（仅限油炸坚果与籽类）、膨化食品，最大使用量 0.025g/kg。

四、新红

新红属水溶性偶类着色剂，分子式 $C_{18}H_{12}O_{11}N_3Na_3S_3$，相对分子质量611.45，结构式：（见下页）

新红铝色淀为红色微细粉末，不溶于水和有机溶剂，耐光及耐热性能优于新红。

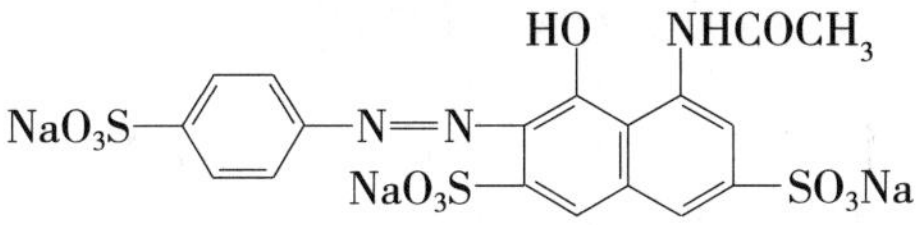

新红

（一）性状与性能

新红为红色粉末，易溶于水，水溶液呈红色，微溶于乙醇，不溶于油脂，具有酸性染料特性。遇铁、铜易变色，对氧化-还原较为敏感。最大吸收波长为（515±10）nm。

（二）毒性与安全性

经长期动物试验，除偶见有肾盂移行上皮增生外，未见致癌、致畸、致突变性，大鼠最大无作用量（MNL）为 0.5%。

（三）使用建议

GB 2760—2014 规定：用于液体酱类或膏状食品，可将新红与食品搅匀；用于固态食品，可用水溶液喷涂表面着色；用于糖果生产，可在熬糖后冷却前加入糖坯中混匀；它们的最大使用量为 0.05g/kg。装饰性果蔬中最大使用量为 0.1g/kg。

五、诱惑红

诱惑红，又称洛拉红、艳红、食用赤色 40 号。分子式 $C_{18}H_{14}N_2Na_2O_8S_2$，相对分子质量 496.42，结构式：

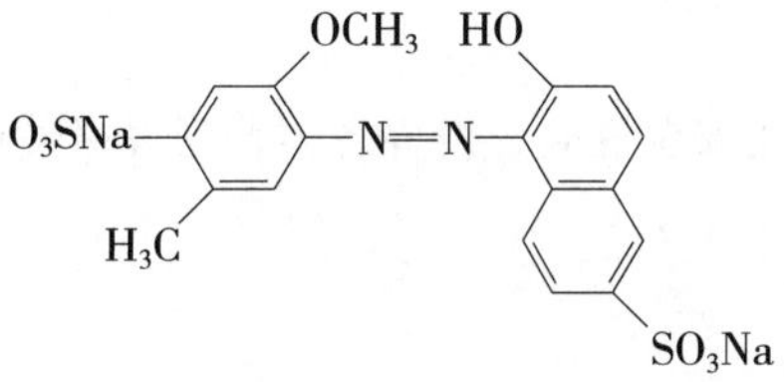

诱惑红

（一）性状与性能

诱惑红为暗红色粉末，无臭。溶于水、甘油和丙二醇，微溶于乙醇，不溶于油脂。中性和酸性水溶液中呈红色，碱性条件下则呈暗红色。耐光、耐热性好，耐碱、耐氧化还原性差。

（二）毒性与安全性

①LD_{50}：10g/kg（bw）（小鼠，经口）；

②ADI：0~7mg/kg（bw）。

（三）使用建议

GB 2760—2014 规定：用于熟制豆类、加工坚果与籽类、焙烤食品馅料及表面用挂浆（仅限饼干夹心）、饮料类（14.01 包装饮用水除外）、膨化食品，最大使用量 0.1g/kg；用于胶原蛋白肠衣、配制酒、肉制品的可食用动物肠衣类、糕点上彩装、装饰性果蔬，最大使用量 0.05g/kg；用于冷冻饮品（03.04 食用冰除外）、水果干类（仅限苹果干）、即食谷物［包括碾轧燕麦（片）］（仅限可可玉米片），最大使用量 0.07g/kg。

六、柠檬黄

柠檬黄，又称酒石黄、酸性淡黄、食用黄色4号，为水溶性偶氮类着色剂。分子式为 $C_{16}H_9N_4Na_3O_9S_2$，相对分子质量534.37，结构式：

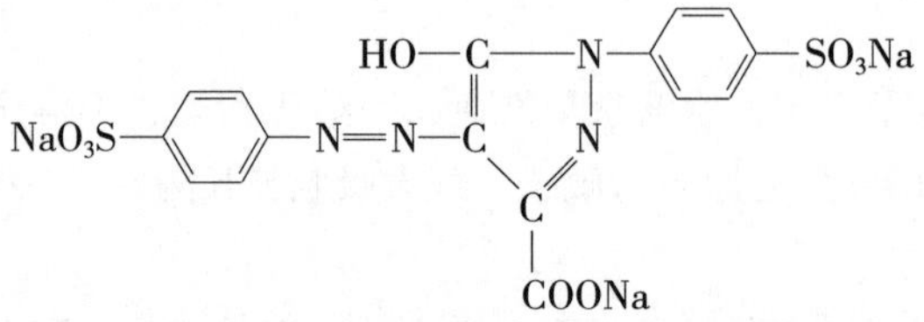

$$\text{柠檬黄结构式}$$

柠檬黄

柠檬黄铝色淀是由柠檬黄水溶液加入氯化铝、硫酸铝水溶液与碳酸钠反应所形成的氧化铝水合物中，使之吸附形成柠檬黄铝色淀，呈黄色细微粉末。耐光、耐热性较柠檬黄好，不易溶于水和有机溶剂，在酸碱溶液中能缓慢溶解柠檬黄。

（一）性状与性能

柠檬黄为橙黄色粉末，无臭。易溶于水，0.1%水溶液呈黄色，溶于甘油、丙二醇，微溶于乙醇，不溶于油脂。25℃时的溶解度为：20g/100g（水）、12.0g/100g（25%乙醇）、4.0g/100g（50%乙醇）、20.0g/100g（25%丙二醇、25%甘油）。最大吸收波长为（428±2）nm。耐酸性、耐热性、耐盐性、耐光性均好，但耐氧化性较差。遇碱稍红，还原时褪色。在柠檬酸、酒石酸中稳定。着色力强。

（二）毒性与安全性

柠檬黄经长期动物试验表明安全性高，世界各国普遍许可使用。
ADI：0~7.5mg/kg（bw）。

（三）使用建议

GB 2760—2014 规定：用于蜜饯凉果，装饰性果蔬，腌渍的蔬菜，熟制豆类，加工坚果与籽类，可可制品、巧克力和巧克力制品（包括代可可脂巧克力及制品）以及糖果（05.01.01 可可制品除外），虾味片，糕点上彩装，香辛料酱（如芥末酱、青芥酱），饮料类（14.01 包装饮用水除外），配制酒，膨化食品，腌渍的食用菌和藻类，最大使用量0.1g/kg；用于风味发酵乳、调制炼乳（包括加糖炼乳及使用了非乳原料的调制炼乳等）、冷冻饮品（03.04 食用冰除外）、焙烤食品馅料及表面用挂浆（仅限风味派馅料）、焙烤食品馅料及表面用挂浆（仅限饼干夹心和蛋糕夹心）、果冻，最大使用量0.05g/kg；红绿丝的使用量可加倍，果味粉着色剂按稀释倍数的50%加入；冰淇淋，最大使用量0.01965mg/kg。

七、日落黄

日落黄，又称晚霞黄、夕阳黄、橘黄、食用黄色5号，为水溶性偶氮类着色剂。分子式为 $C_{16}H_{10}N_2Na_2O_7S_2$，相对分子质量452.37，结构式：（见下页）

日落黄铝色淀是把日落黄水溶液加入氯化铝、硫酸铝水溶液和碳酸钠作用所形成的氧化铝水合物中，吸附形成。日落黄铝色淀为橙黄色均匀微细粉末，无臭。耐光性、耐热性优于日落

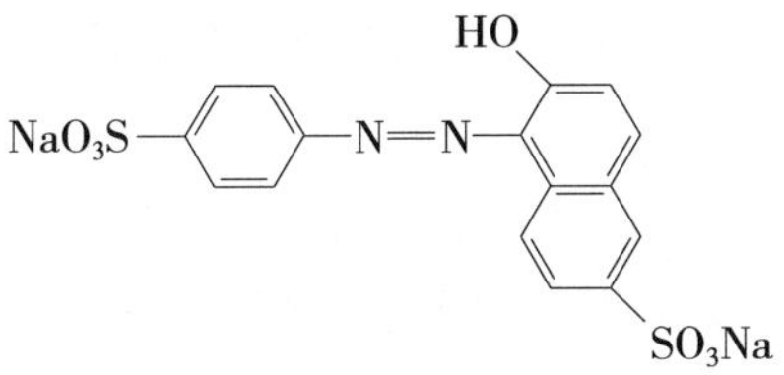

日落黄

黄。难溶于水及有机溶剂。

（一）性状与性能

日落黄为橙色的颗粒或粉末，无臭。易溶于水，0.1%水溶液呈橙黄色。溶于甘油、但难溶于乙醇，不溶于油脂。25℃时的溶解度为：19.0g/100g（水）、3.0g/100g（50%乙醇）、20.0g/100g（50%甘油）、7.0g/100g（50%丙二醇）。易吸湿。最大吸收波长为（482±2）nm。对光、热和酸都很稳定，遇碱呈红褐色，还原时褪色。着色性能强。

（二）毒性与安全性

本品经长期动物试验，被认为安全性高，世界各国普遍许可使用。

ADI：0~2.5mg/kg（bw）。

（三）使用建议

GB 2760—2014 规定：用于水果罐头（仅限西瓜酱罐头），蜜饯凉果，加工坚果与籽类，可可制品、巧克力和巧克力制品（包括代可可脂巧克力及制品）以及糖果（05.01.01、05.04 除外），虾味片，糕点上彩装，焙烤食品馅料及表面用挂浆（仅限饼干夹心），果蔬汁（浆）类饮料，乳酸菌饮料，植物蛋白饮料，碳酸饮料，特殊用途饮料，风味饮料，膨化食品，最大使用量 0.1g/kg；用于调制乳、风味发酵乳、含乳饮料，最大使用量 0.05g/kg；用于糖果色衣，最大使用量 0.165g/kg；用于巧克力和巧克力制品、（05.01.01 可可制品除外）、除胶基糖果以外的其他糖果、糖果和巧克力制品包衣、焙烤食品馅料及表面用挂浆（仅限布丁、糕点）、其他调味糖浆，最大使用量 0.3g/kg；用于冰淇淋，最大使用量 0.0887g/kg；红绿丝的使用量可加倍，果味粉着色剂按稀释倍数的 50%加入。

八、亮蓝

亮蓝，又名食用色素蓝 1 号，属水溶性非偶氮类着色剂。分子式 $C_{37}H_{34}N_2Na_2O_9S_3$，相对分子质量 792.84，结构式：

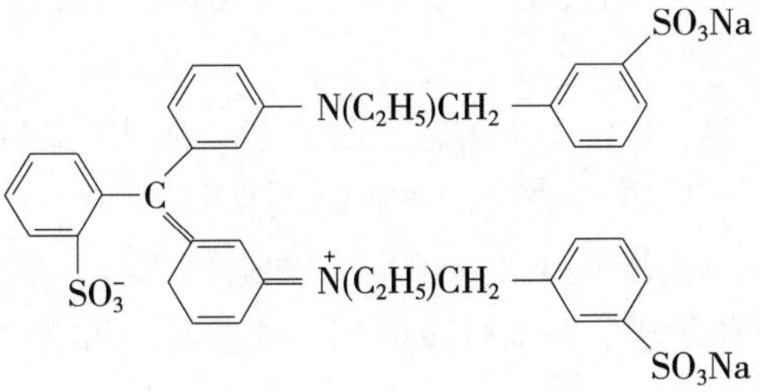

亮蓝

将亮蓝水溶液加入由氯化铝、硫酸铝水溶液和碳酸钠作用所形成的氧化铝水合物中，吸附生成。亮蓝绿色淀为蓝色微细粉末，不溶于水及有机溶剂，耐光性和耐热性优于亮蓝。

（一）性状与性能

亮蓝为有金属光泽的深紫色至青铜色颗粒或粉末，无臭。易溶于水，水溶液呈亮蓝色，也可溶于乙醇、丙二醇和甘油。25℃时的溶解度为：20.0g/100g（水）、2.0g/100g（25%、50%、75%乙醇）、20g/100g（25%~100%甘油）、20g/100g（25%、50%、75%丙二醇）。耐光性、耐热性、耐酸性、耐盐性和耐微生物性均很好，耐碱性和耐氧化还原特性也好。弱酸时呈青色，强酸时呈黄色，在沸腾碱液中呈紫色。

（二）毒性与安全性

本品经动物试验证明安全性高。

ADI：0~12.0mg/kg（bw）。

（三）使用建议

GB 2760—2014 规定：用于风味发酵乳、调制炼乳（包括加糖炼乳及使用了非乳原料的调制炼乳等）、冷冻饮品（03.04 食用冰除外）、凉果类、腌渍的蔬菜、熟制豆类、加工坚果与籽类、虾味片、焙烤食品馅料及表面用挂浆（仅限饼干夹心）、调味糖浆、果蔬汁（浆）类饮料、含乳饮料、碳酸饮料、风味饮料（仅限果味饮料）、配制酒、果冻、糕点上彩装、腌渍的食用菌和藻类，最大使用量 0.025g/kg；用于熟制坚果与籽类（仅限油炸坚果与籽类）、焙烤食品馅料及表面用挂浆（仅限风味派馅料）、膨化食品，最大使用量 0.05g/kg；红绿丝中的使用量可加倍，果味粉着色剂按稀释倍数的 50% 加入。

九、靛蓝

靛蓝，又称食用色素蓝 2 号、酸性靛蓝、磺化靛蓝，为水溶性非偶氮类着色剂。分子式为 $C_{16}H_8O_8N_2S_2Na_2$，相对分子质量 466.36，结构式：

靛蓝

靛蓝铝色淀是让靛蓝水溶液与氧化铝水合物作用，使其沉淀吸附而成。靛蓝铝色淀呈略带紫色的均匀微细粉末，难溶于水及有机溶剂；耐光性和耐热性优于靛蓝。

（一）性状与性能

靛蓝为蓝黑色粉末，无臭，0.05%水溶液呈深蓝色。对水的溶解度较其他合成着色剂低，溶于甘油、丙二醇，不溶于乙醇与油脂。25℃时的溶解度为：1.6g/100g（水）、6.5g/100g（25%乙醇）、0.3g/100g（50%乙醇）、0.6g/100g（25%丙二醇）。最大吸收波长（610±2）nm。对光、热、酸、碱、氧化都很敏感，耐盐性及耐细菌性较差，还原时褪色，但着色力好。

（二）毒性与安全性

本品经动物试验，被认为安全性高，世界各国普遍许可使用。

ADI：0~5mg/kg（bw）。

(三) 使用建议

GB 2760—2014 规定：蜜饯类，凉果类，可可制品、巧克力和巧克力制品（包括代可可脂巧克力及制品）以及糖果（05.01.01 可可制品除外），糕点上彩装，焙烤食品馅料及表面用挂浆（仅限饼干夹心），果蔬汁（浆）类饮料，碳酸饮料，风味饮料（仅限果味饮料），配制酒，最大使用量 0.1g/kg；熟制坚果与籽类（仅限油炸坚果与籽类）、膨化食品，最大使用量 0.05g/kg；红绿丝的使用量可加倍，果味粉着色剂按稀释倍数的 50% 加入。

FAO/WHO（2001）规定：苹果调味酱、豌豆罐头、果酱和果冻，最大使用量 0.2g/kg；冷饮，最大使用量 0.1g/kg。

本品色泽比亮蓝暗，染着性、稳定性、溶解度也较差，实际应用较少。

第三节　食用天然着色剂

我国利用天然着色剂对食品着色有悠久的历史，从植物中提取天然着色剂的技术也很早，北魏末年（6世纪）农业科学家贾思勰所著的《齐民要术》中，就有关于从植物中提取着色剂的记载。由于天然食品着色剂毒性小，对人体副作用低，所以目前被广泛用于食品加工中。世界各国许可使用的食品天然着色剂的品种和用量都在不断增加，国际上开发的天然着色剂已有 100 种以上，其中天然着色剂中使用量最大的是焦糖色素。大力发展天然着色剂已成为食品着色剂的发展方向。

我国植物资源丰富，为我国食品天然着色剂的发展提供了原料保障，新品种不断出现，我国 GB 2760—2014 中允许使用的天然着色剂已有 40 余种。

一、萝卜红

萝卜红是由红萝卜压榨、真空浓缩制得，其主要着色物质是含有天竺葵素的花青苷。结构式：

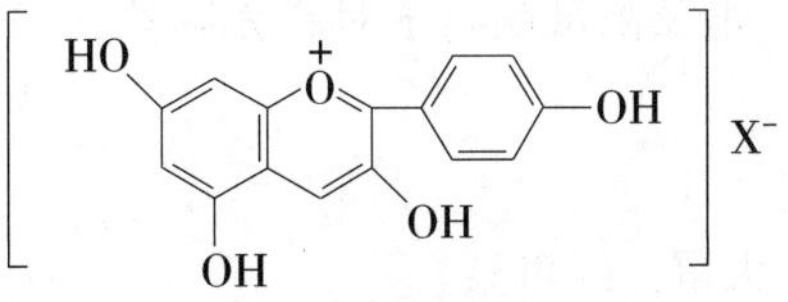

萝卜红

注：X^- 为酸部分。

(一) 性状与性能

萝卜红为深红色液体、膏状、固体或粉末，稍有特异臭。易溶于水，不溶于无水乙醇、丙酮、氯仿、四氯化碳等极性较小的溶剂。耐光、耐氧、耐热，酸性溶液呈橘红色，强碱液呈黄色。萝卜红色彩鲜艳，着色力强，在酸性食品中使用效果尤佳。本品水溶液随介质 pH 升高，其最大吸收波长发生红移，吸光度下降。Cu^{2+}可加速其降解，并使之变为蓝色；Fe^{3+}可使其溶液变为锈黄色；Mg^{2+}、Ca^{2+}对本品影响不大；Al^{3+}、Sn^{2+}及抗坏血酸对它有保护作用。

（二）毒性与安全性

①LD_{50}：>15g/kg（bw）（大鼠、小鼠，经口）；

②致突变试验：骨髓细胞微核试验、显性致死突变试验和Ames突变试验，三项结果均为阴性。

（三）使用建议

GB 2760—2014规定：用于冷冻饮品（03.04食用冰除外）、果酱、蜜饯类、糖果、糕点、醋、复合调味料、果蔬汁（浆）类饮料、风味饮料（仅限果味饮料）、配制酒、果冻，按生产需要适量使用。

二、红曲米和红曲红

（一）红曲米

红曲米，又称红曲、赤曲、红米和褐米，是用红曲霉、变红曲霉等菌种接种于蒸熟的大米，经发酵培养制得。它是中国传统使用的天然着色剂，安全性高，在许多亚洲国家均有应用。科学研究证明，红曲中的次生代谢产物Monacolin类物质能降低血脂和胆固醇，因此越来越受到重视。红曲米色素的主要成分是矢车菊-3-葡萄糖苷，属于花青苷类色素。结构式：

红曲米色素

1. 性状与性能

红曲米为深红色液体、黑紫色膏状物或粉末，易溶于水和乙醇溶液，不溶于丙酮和石油醚。在酸性溶液中呈红色至紫红色，随pH上升而变成红褐色，碱性时为青褐色而到黄色，加热则为黄色。具有良好的着色性能，亲水性较强。稳定性好，耐热、耐光、耐储存，但对氧化剂敏感。钠、钾、钙、钡、锌、铜及微量铁离子对它无影响，但遇锡变玫瑰红色，遇铅及多量Fe^{3+}则褪色并沉淀。

2. 毒性与安全性

①LD_{50}：21.5g/kg（bw）（大鼠，经口）；

②Ames试验，无致突变作用。

3. 使用建议

GB 2760—2014规定：可用于冰淇淋、糖果和配制酒，按正常生产需要添加。

（二）红曲红

红曲红，又称红曲色素，可由红曲深层培养或从红曲米中提取制得。红曲红有多种色素成分，一般粗制品含有18种成分，其主要着色成分为潘红（红色色素），分子式$C_{12}H_{26}O_5$，相对分子质量354.43；梦那红（黄色色素），分子式$C_{21}H_{26}O_5$，相对分子质量358.43；梦那玉红

（红色色素），分子式 $C_{23}H_{26}O_5$，相对分子质量 382.46；安卡黄素（黄色色素），分子式 $C_{23}H_{30}O_5$，相对分子质量 386.49；潘红胺（紫红色色素），分子式 $C_{21}H_{23}NO_4$，相对分子质量 339.39；梦那玉红胺（紫色色素），分子式 $C_{23}H_{27}NO_4$，相对分子质量 367.44。

1. 性状与性能

红曲红为粉末状，色暗红，带油脂状，无味、无臭。熔点 165~192℃。溶于热水及酸、碱溶液，极易溶于乙醇、丙二醇、丙三醇及它们的水溶液，不溶于油脂及非极性溶剂。水溶液最大吸收峰波长为（490±2）nm，乙醇溶液最大吸收峰波长为 470nm，有荧光。对 pH 稳定。耐热性强，用其乙醇溶液在 100℃加热 1.5h 或 120℃加热 0.5h，色素保存率为 92%以上。其醇溶液对紫外线相当稳定，但日光直射可褪色。几乎不受金属离子和氧化还原剂的影响。对含蛋白质高的食品染着性好，一旦染色后，经水洗也不褪色。结晶品不溶于水，可溶于酒精、氯仿，呈橙红色。红曲红对枯草芽孢杆菌、金黄色葡萄球菌具有较强的抑制作用，对大肠杆菌、灰色链霉菌（*Streptoces griseus*）的抑制作用较弱，而对酵母菌、霉菌和藤黄微球菌（*Micrococcus luteus*）无抑制作用。

2. 毒性与安全性

小鼠经口试验几乎无毒性，即使以试验可能的最大给予 20g/kg（bw）的剂量饲喂，也无死亡例。腹腔注射，LD_{50} 为 7g/kg（bw）。亚急性毒性试验、霉菌素试验均未发现异常，说明红曲红安全性高，且性质稳定。

3. 使用建议

GB 2760—2014 规定：调制乳、调制炼乳（包括加糖炼乳及使用了非乳原料的调制炼乳等）、冷冻饮品（03.04 食用冰除外）、果酱、腌渍的蔬菜、蔬菜泥（酱）（番茄沙司除外）、腐乳类、熟制坚果与籽类（仅限油炸坚果与籽类）、糖果、装饰糖果（如工艺造型，或用于蛋糕装饰）、顶饰（非水果材料）和甜汁、方便米面制品、粮食制品馅料、饼干、腌腊肉制品类（如咸肉、腊肉、板鸭、中式火腿、腊肠）、熟肉制品、调味糖浆、调味品（12.01 盐及代盐制品除外）、果蔬汁（浆）类饮料、蛋白饮料、膨化食品等，按正常生产需要添加。

三、越橘红

越橘红是由越橘果实提取制得，其主要着色物质是含矢车菊素和芍药素的花青苷。结构式：

越橘红

注：矢车菊素：$R_1=OH$，$R_2=H$；

芍药素：$R_1=OCH_3$，$R_2=H$；

X^- 为酸部分。

（一）性状与性能

越橘红为深红色液体、膏状、固体或粉末，稍有特异臭。易溶于水和酸性乙醇，不溶于无水乙醇，水溶液透明、无沉淀。色泽随 pH 的变化而变化，酸性条件下呈红色，碱性条件下呈橙黄色至紫青色。对光敏感，耐热性较好，遇铜、铁离子变色。

（二）毒性与安全性

① LD_{50}：36.9g/kg（bw）（雄性大鼠，经口），LD_{50}：29.437g/kg（bw）（雌性大鼠，经口）；

② 致突变试验、Ames 试验无致突变作用，亦无明显诱发畸变作用。

（三）使用建议

GB 2760—2014 规定：用于冷冻饮品（03.04 食用冰除外）、果蔬汁（浆）类饮料、风味饮料（仅限果味饮料），按正常生产需要适量使用，一般用量为 2~4g/kg（膏状品）；用于汽水、果子露，最大使用量 3g/kg。使用本品着色时，可带有一定的野果芳香气味。

四、高粱红

高粱红由黑紫色高粱壳提取制得，其主要着色物质为芹菜素和槲皮黄苷。前者分子式 $C_5H_{10}O_5$，相对分子质量 270.24；后者分子式 $C_{21}H_{20}O_{12}$，相对分子质量 464.38，结构式：

高粱红

（一）性状与性能

高粱红为深红色液体、膏状或粉末，易溶于水、乙醇，不溶于油脂。水溶液在酸性时呈红色，在碱性时呈紫色。对光和热非常稳定，但易受金属离子影响，特别是遇铁离子变褐，添加微量焦磷酸钠能抑制金属离子的影响。

（二）毒性与安全性

① LD_{50}：10g/kg（bw）（小鼠，经口）；

② 骨髓微核试验，无致突变作用。

（三）使用建议

GB 2760—2014 规定：可用于调制乳；风味发酵乳；调制乳粉和调制奶油粉；炼乳及其调制品；调制稀奶油；稀奶油类似品；干酪和再制干酪及其类似品、以乳为主要配料的即食风味食品或其预制产品（不包括冰淇淋和风味发酵乳）；其他乳制品（如乳清粉、酪蛋白粉）；人造黄油（人造奶油）及其类似制品（如黄油和人造黄油混合品）；脂肪含量 80% 以下的乳化制品；02.02 类以外的脂肪乳化制品，包括混合的和（或）调味的脂肪乳化制品脂肪类甜品；其他油脂或油脂制品；冷冻饮品；加工水果；干制蔬菜；腌渍的蔬菜；蔬菜罐头；蔬菜泥（酱）（番茄沙司除外）等，按正常生产需要适量使用。

五、甜菜红

甜菜红，又称甜菜根红。其是由食用红甜菜的根（俗称紫菜头）制取的天然红色素，主要由红色的甜菜花青和黄色的甜菜黄素组成（除色素外可以有糖、盐和蛋白质等）。甜菜花青中的主要成分为甜菜苷，占红色素的75%～95%。分子式$C_{24}H_{26}O_{13}$，相对分子质量550.8，结构式：

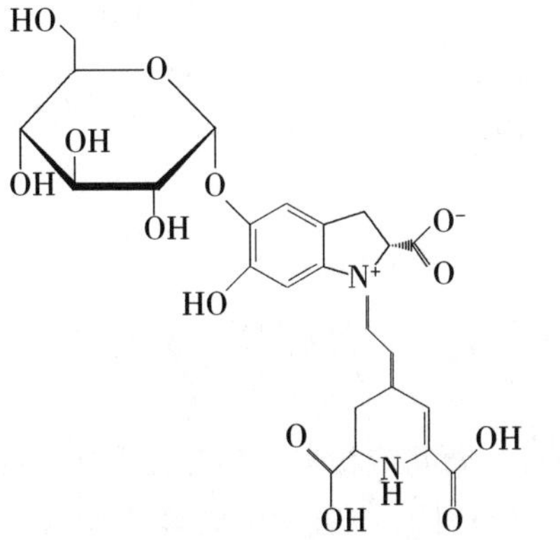

甜菜红

（一）性状与性能

甜菜红为红紫色至深紫色液体、块或粉末，或糊状物，有异臭，性状类似花色苷。甜菜红一般包含花青苷和花青素，它们的比例取决于品种的不同。一些品种仅仅含有黄色的花青素，这使得作为色素的水溶液可呈红色至红紫色。甜菜红苷可水解成甜菜苷配基和葡萄糖，易溶于水、牛乳，难溶于醋酸、丙二醇，不溶于乙醇、甘油、油脂。不因氧化而褪色、变色，可因光照而略为褪色。中性至酸性范围内呈稳定红紫色，在碱性条件下转化为呈黄色的甜菜红素。着色性好，耐热性差，其降解速度随温度的上升而加快。

（二）毒性与安全性

①LD_{50}：10g/kg（bw）（小鼠，经口）；

②ADI：不作特殊规定；

③红甜菜是一种可供人们食用的植物，对人体健康无不良影响，而甜菜红是甜菜的成分之一，所以可认为极低毒性。

（三）使用建议

GB 2760—2014规定：调制稀奶油；稀奶油类似品；干酪和再制干酪及其类似品；以乳为主要配料的即食风味食品或其预制产品（不包括冰淇淋和风味发酵乳）；人造黄油（人造奶油）及其类似制品（如黄油和人造黄油混合品）；脂肪含量80%以下的乳化制品；02.02类以外的脂肪乳化制品，包括混合的和（或）调味的脂肪乳化制品；脂肪类甜品；其他油脂或油脂制品；冷冻饮品；加工水果；干制蔬菜；腌渍的蔬菜；蔬菜罐头；蔬菜泥（酱）（番茄沙司除外）；经水煮或油炸的蔬菜；其他加工蔬菜；干制食用菌和藻类；腌渍的食用菌和藻类；食用菌和藻类罐头；经水煮或油炸的藻类；其他加工食用菌和藻类；豆类制品；坚果和籽类；可可制品、巧克力和巧克力制品（包括代可可脂巧克力及制品）以及糖果等，按正常生产需要适量使用。

六、辣椒红

辣椒红是由辣椒属植物的果实用溶剂提取后去除辣椒素制得。其主要着色物质为辣椒红素。分子式 $C_{40}H_{56}O_3$，相对分子质量 584.85，结构式：

辣椒红

（一）性状与性能

辣椒红为深红色黏稠状液体、膏状或粉末，具有特殊气味或辣味。熔点 176℃。不溶于水，溶于油脂和乙醇。在石油醚（及汽油）中最大吸收峰波长为 475.5nm，在正己烷中为 504nm，在二硫化碳中为 503nm 和 542nm，在苯中为 486nm 和 519nm。乳化分散性及耐酸性、耐热性均好，在 160℃加热 2h 几乎不褪色。耐光性稍差，波长 210~440nm 特别是 285nm 紫外光可促使辣椒红褪色。Fe^{3+}、Cu^{2+}、CO^{2+} 等重金属离子也可使其褪色，遇 Al^{3+}、Sn^{2+}、Pb^{2+} 等离子会发生沉淀，不受其他离子影响。在 pH 为 3~12 时颜色不变。着色力强，色调因稀释浓度不同由浅黄色至橙红色。

（二）毒性与安全性

①LD_{50}：75g/kg（bw）（小鼠，经口）；
②天然色素，无毒性。

（三）使用建议

GB 2760—2014 规定：脆腊肉制品类（如咸肉、腊肉、板鸭、中式火腿、腊肠）、熟肉制品、冷冻鱼庭制品（包括鱼丸等）、调味品（12.01 盐及代盐制品除外）、果蔬汁（浆）类饮料、蛋白饮料、果冻、膨化食品、脆渍的食用菌和藻类、豆干类、经烹调或油炸的水产品、新型豆制品（大豆蛋白及其膨化食品、大豆素肉等）、香辛料油、豆干再制品、熟制水产品（可直接食用），按正常生产需要适量使用。在罐头食品中，主要用于传统的肉、禽类罐头的生产；用于糕点上彩装时，可在奶油中添加本品 3%~8%。

此外，本品在国外还可制成具有一定辣味的品种，对食品进行调色、调味。

七、紫胶红

紫胶红，又称虫胶红，是由紫胶虫在蝶形花科黄檀属、梧桐科芒木属等寄主植物上所分泌的紫胶原胶中的着色剂。主要着色物质是紫胶酸，且有 A、B、C、D、E 5 个组分，以 A 和 B 为主，结构式：

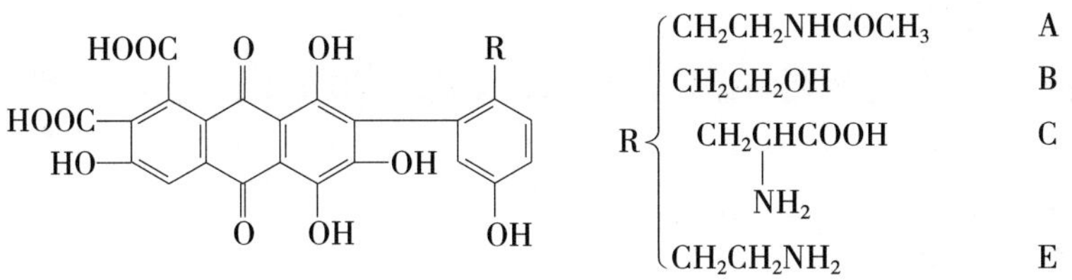

$$\text{紫胶酸A、B、C、E}$$

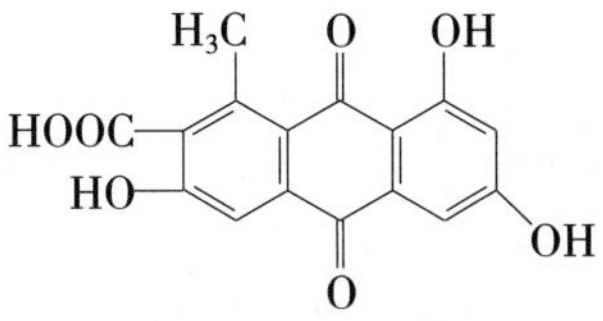

R:
- CH₂CH₂NHCOCH₃ — A
- CH₂CH₂OH — B
- CH₂CHCOOH, NH₂ — C
- CH₂CH₂NH₂ — E

紫胶酸D

（一）性状与性能

紫胶红为鲜红色粉末，微溶于水、乙醇和丙醇，20℃时的溶解度为：0.0335g/100g（水）、0.916g/100g（95%乙醇）。纯度越高，在水中的溶解度越小。易溶于碳酸氢钠、碳酸钠和氢氧化钠等碱液。其色调随pH的变化而改变，pH<4时为橙黄色，pH在4.0~5.0时为橙红色，pH>6时为紫红色，pH>12时放置则褪色。在酸性条件下对光和热稳定，在100℃时加热2h无变化。对维生素C稳定，几乎不褪色。易受金属离子影响，特别是铁离子含量在6~10μg/g以上，使着色剂变黑。

（二）毒性与安全性

①LD_{50}：1.8g/kg（bw）（大鼠，经口）；

②Ames试验，无致突变现象。

（三）使用建议

GB 2760—2014规定：果酱，可可制品，巧克力和巧克力制品（包括代可可脂巧克力及制品）以及糖果，焙烤食品馅料及表面用挂浆（仅限风味派馅料），复合调味料，果蔬汁（浆）类饮料，碳酸饮料，风味饮料（仅限果味饮料），配制酒，最大使用量0.5g/kg。因本品对光、热的稳定性高，故适于对糖果、饮料等食品的着色。

八、天然苋菜红

天然苋菜红是由苋科苋属天然苋菜提取制得，主要着色物质是苋菜苷和甜菜苷。结构式：

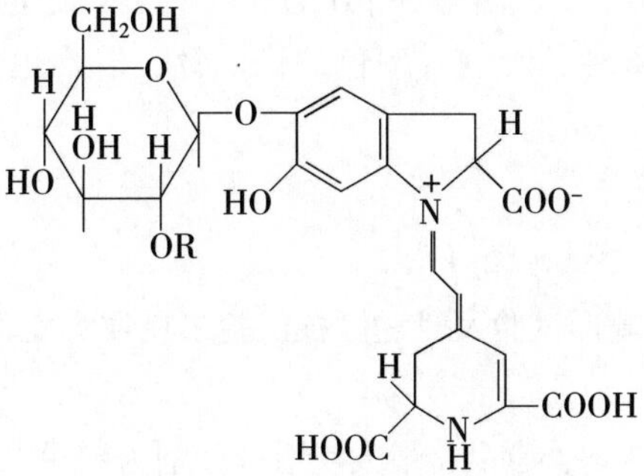

天然苋菜红

注：苋菜苷：R为β-D-吡喃葡萄糖醛酸；

甜菜苷：R为H。

（一）性状与性能

天然苋菜红为红色至紫红色液体、膏状或固体粉末。溶于水，难溶于乙醇。pH 为 4~6 时呈紫红色，pH>8 时呈紫色，在碱液（pH>12）中则变为黄色。对热和光的稳定性较差，金属离子对其也有一定影响。耐二氧化碳和蔗糖。

（二）毒性与安全性

①LD_{50}：10g/kg（bw）（大鼠，经口），LD_{50}：10.8g/kg（bw）（雌性小鼠，经口），LD_{50}：12.6g/kg（bw）（雄性小鼠，经口）；

②Ames 试验、雄小鼠精子畸形试验及小鼠骨髓微核试验未见致突变作用。

（三）使用建议

GB 2760—2014 规定：蜜饯凉果、装饰性果蔬、糖果、糕点上彩装、果蔬汁（浆）类饮料、碳酸饮料、风味饮料（仅限果味饮料）、配制酒、果冻，最大使用量 0.25g/kg。本品着色物质与甜菜红类似，理化性质也相似，故最好用于不需要高温加工和短期贮藏的干燥食品着色，也可用于短期高温处理的食品，如硬糖等的着色。

九、落葵红

落葵红是从落葵属植物落葵的果实中提取制得，其主要着色物质为甜菜苷。分子式 $C_{24}H_{26}O_{13}N_2$，相对分子质量 550，结构式：

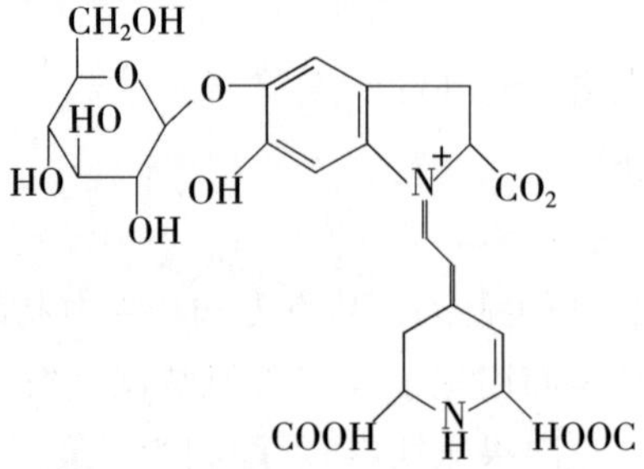

落葵红

（一）性状与性能

落葵红为暗紫色粉末，有吸湿性，易溶于水，可溶于稀乙醇，不溶于无水乙醇、丙酮、乙酸乙酯、氯仿、乙醚等有机溶剂。其溶液在 pH 为 5~6 时呈较稳定的紫红色澄明液。对光和热的稳定性欠佳。铜、铁等金属离子影响其颜色的稳定性，但维生素 C 的存在有利于改善其稳定性。

（二）毒性与安全性

①LD_{50}：10g/kg（bw）（小鼠，经口）；

②Ames 试验、小鼠精子畸形试验及骨髓微核试验未见致突变作用。

（三）使用建议

GB 2760—2014 规定：用于各类食品，最大使用量分别为糖果 0.1g/kg，糕点上彩装 0.2g/kg，碳酸饮料 0.13g/kg，果冻 0.25g/kg。

十、葡萄皮红

葡萄皮红，又称葡萄皮色素，为花青苷色素。由制造葡萄汁或葡萄酒的皮渣用水萃取而得。主要成分为锦葵色素、芍药素、飞燕草素、3′-甲花翠素等。结构式：

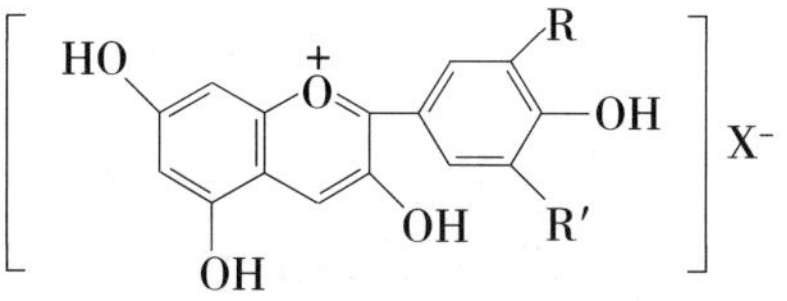

葡萄红皮

注：芍药素（$C_{16}H_{13}O_6X$）：$R=OCH_3$，$R'=H$；

　　锦葵色素（$C_{17}H_{11}O_7X$）：R、$R'=OCH_3$；

　　飞燕草色素（$C_{15}H_{11}O_7X$）：R、$R'=OH$；

　　3′-甲花翠素（$C_{16}H_{13}O_7X$）：$R=OCH_3$，$R'=OH$；

　　X^-为酸部分。

（一）性状与性能

葡萄皮红为红色至紫色液状、块状、粉末状或糊状，略带异臭，溶于水、乙醇、丙二醇，不溶于油脂。色调随 pH 的变化而变化，酸性时呈红至紫红色，碱性时呈暗蓝色，铁离子存在时呈暗紫色，着色性不太强。聚磷酸盐能使色调稳定。维生素 C 可提高其耐光性。

（二）毒性与安全性

①LD_{50}：15g/kg（bw）（小鼠，经口）；

②ADI：0~2.5mg/kg（bw）。

（三）使用建议

GB 2760—2014 规定：用于冷冻饮品（03.04 食用冰除外）、配制酒，最大使用量 1.0g/kg；糖果、焙烤食品，最大使用量 2.0g/kg；饮料类（14.01 包装饮用水除外），最大使用量 2.5g/kg。

十一、黑豆红

黑豆红是由黑豆皮用稀乙醇抽提后浓缩提取制得，其主要着色物质是含有矢车菊素 3-半乳糖的花青苷。分子式 $C_{21}H_{21}O_{11}$，相对分子质量 449.39，结构式：

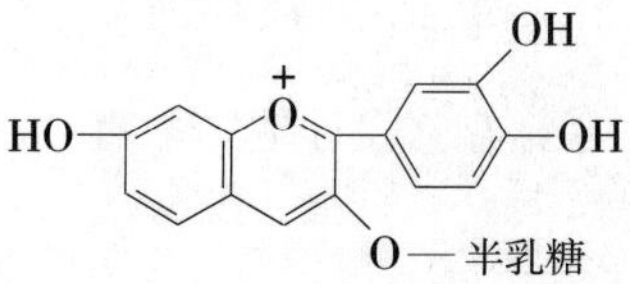

黑豆红

（一）性状与性能

黑豆红为深红色液体、黑紫色膏状物或粉末，易吸潮，易溶于水和稀乙醇，不溶于无水乙醇、丙酮和油脂。其水溶液在酸性条件下为樱红色，中性时为紫红色，碱性时为蓝紫色。耐光性、耐热性均好，着色力强。对铁、铅离子敏感，易变色。

（二）毒性与安全性

LD_{50}：10g/kg（bw）（小鼠，经口）。

（三）使用建议

GB 2760—2014 规定：用于糖果、糕点上彩装、果蔬汁（浆）类饮料、风味饮料（仅限果味饮料）、配制酒，最大使用量0.8g/kg。因结构特点，本品耐光、耐热性较好，适用于多种酸性食品及饮料的着色。在糖果中的用量通常为0.4~0.6g/kg，汽水、葡萄酒等饮料中的用量为0.5~0.8g/kg。

十二、玫瑰茄红

玫瑰茄红是由玫瑰茄花萼片用乙醇，过滤提取制得，其主要着色物质是含氯化飞燕草素和氯化矢车菊素的花青苷。结构式：

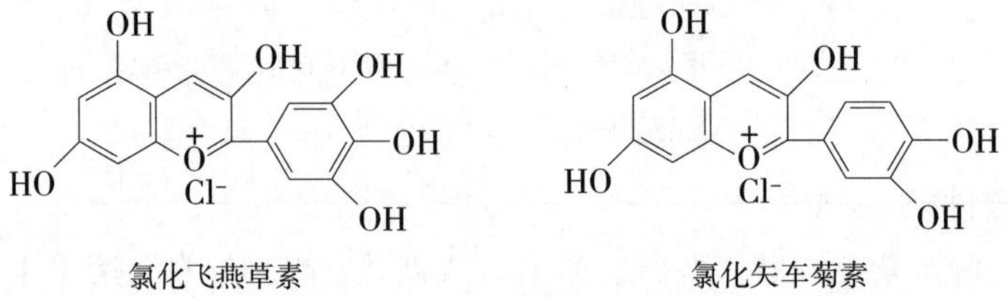

氯化飞燕草素　　　　氯化矢车菊素

玫瑰茄红

（一）性状与性能

玫瑰茄红为深红色液体、膏状或固体粉末，呈酸性。中性-碱性时呈红-紫色，稍有特异臭，易溶于水、乙醇和甘油，难溶于油脂。耐热、耐光性不良，遇金属离子变色，添加植酸可螯合金属离子，提高其稳定性。

（二）毒性与安全性

LD_{50}：9.26g/kg（bw）（小鼠，经口）。

（三）使用建议

GB 2760—2014 规定：用于糖果、果蔬汁（浆）类饮料、风味饮料（仅限果味饮料）、配制酒。具体用量：硬糖，3~6g/kg；琼脂软糖，1.6~2.4g/kg。本品用于糖果着色时，若凉糖迅速（如制硬糖），虽经过135℃高温也很少降解；但若冷却时间过长（如制软糖），则应在75℃以下着色，否则可有明显降解。

十三、桑葚红

桑葚红由桑葚果中提取制得，主要着色成分是矢车菊-3-葡萄糖苷。结构式：

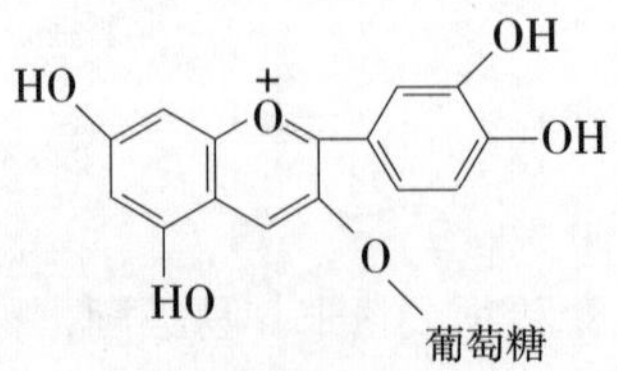

桑葚红

（一）性状与性能

桑葚红为深紫红色浸膏，易溶于水和稀乙醇，不溶于非极性有机溶剂。在 pH 2.8 的柠檬酸-柠檬酸钠的缓冲溶液中最为稳定，并在 513nm 处有最大吸收值。pH 为 3~5 时水溶液显红色，pH 为 5.7~6.0 时无色，pH = 7.0 时紫色，pH = 8.0 时蓝紫色。光照 10~20d 不分解，20~100℃ 时比较稳定，对金属离子比较敏感。Fe^{2+}、Cu^{2+}、Zn^{2+} 及 Fe^{3+} 的存在，对色素有不良影响，而 K^+、Na^+、Ca^{2+}、M^+ 和 Al^{3+} 的存在，则有护色作用。

（二）毒性与安全性

LD_{50}：26.8g/kg（bw）（小鼠，经口），LD_{50}：13.4g/kg（bw）（大鼠，经口）。

（三）使用建议

GB 2760—2014 规定：本品用于不同食品有其使用范围和最大使用量，糖果，2g/kg；果冻，5g/kg；果酒、果蔬汁（浆）类饮料、风味饮料，1.5g/kg；果糕类，5.0g/kg。

十四、黑加仑红

黑加仑红是由黑加仑浆果果渣用水提取、浓缩、喷雾干燥制得，含多种成分，其主要着色物质为花翠素 $C_{15}H_{11}O_7X$ 和矢车菊色素 $C_{15}H_{11}O_6X$。结构式：

黑加仑红

注：花翠素 $C_{15}H_{11}O_7X$：R_1、R_2 =OH；
矢车菊色素 $C_{15}H_{11}O_6X$：R_1 = OH，R_2 = H；
X^- 为酸部分。

（一）性状与性能

黑加仑红为深红色粉末，有吸湿性，易溶于水，微溶于乙醇，不溶于乙酸乙酯、丙酮、氯仿等弱极性或非极性有机溶剂。耐光、耐热性良好。但随着 pH 的变化紫色稍有不同。

（二）毒性与安全性

①LD_{50}：10g/kg（bw）（小鼠、大鼠，经口）；
②Ames 试验、小鼠精子畸形试验及骨髓微核试验未见致突变作用。

（三）使用建议

GB 2760—2014 规定：用于果酒、糕点上彩装，按生产需要适量使用，碳酸饮料的最大使用量为 0.3g/kg。

十五、花生衣红

花生衣红主要组成为黄酮类化合物。

(一)性状与性能

紫褐色固体粉末，无臭，无味。溶于水和乙醇溶液，不溶于丙酮、乙醚、氯仿等非极性溶剂。耐光、耐热、耐氧化、耐酸碱性良好，对金属离子稳定。0.2%的水溶液在弱酸性条件下显鲜艳的橙红色，pH<4时颜色变淡，pH>7时颜色加深。

(二)毒性与安全性

LD_{50}：10g/kg（bw）（小鼠，经口）。

(三)使用建议

GB 2760—2014规定：用于碳酸饮料，最大使用量0.1g/kg；用于糖果、饼干、肉灌肠，最大使用量0.4g/kg。

十六、蓝靛果红

蓝靛果红的主要组分为花青素3-葡萄糖苷（Ⅰ）、花青素3,5-二葡萄糖苷（Ⅱ）、花青素3-芸香糖苷（Ⅲ）。

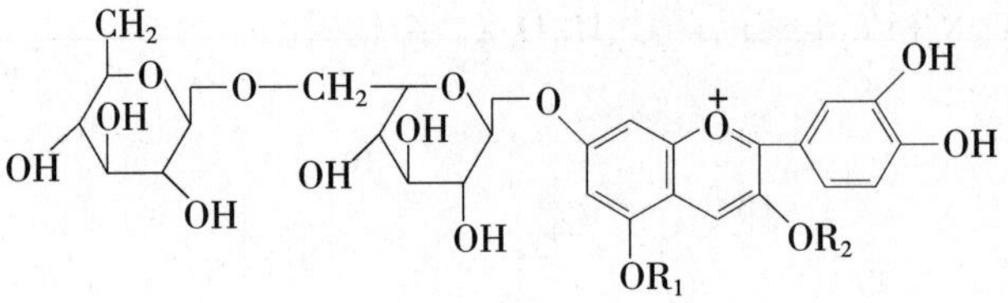

蓝靛果红

注：Ⅰ：R_1=H，R_2=Glu；Ⅱ：R_1=R_2=Glu；Ⅲ：R_1=H，R_2=芸香糖基。

(一)性状与性能

紫红色粉末，味酸甜，有特殊果香。易溶于水和乙醇，不溶于乙醚、丙酮和石油醚。最大吸收峰为440nm。耐热、耐酸和耐氧化性较好，耐光、耐碱性及耐铁、锰离子等较差。酸性条件下呈鲜艳红色，碱性条件下呈紫色。

(二)毒性与安全性

①LD_{50}：21.05g/kg（bw）（小鼠，经口）；
②骨髓微核试验，未见致突变反应。

(三)使用建议

GB 2760—2014规定：用于糕点彩装，最大使用量为3.0g/kg；用于糖果、糕点，最大使用量2.0g/kg；用于冷冻饮品（03.04食用冰除外）、果蔬汁（浆）类饮料、风味饮料，最大使用量1.0g/kg。

十七、番茄红素

番茄红素，是成熟番茄（*Lycopersicon esculentum* L.）中红颜色的成分，主要是胡萝卜素类，另外尚有少量黄酮类化合物。分子式$C_{40}H_{56}$，相对分子质量536.35，结构式：

(一)性状与性能

番茄红素纯品为针状深红色晶体。熔点174℃。可燃，易溶于二硫化碳（1g/50mL）、沸腾

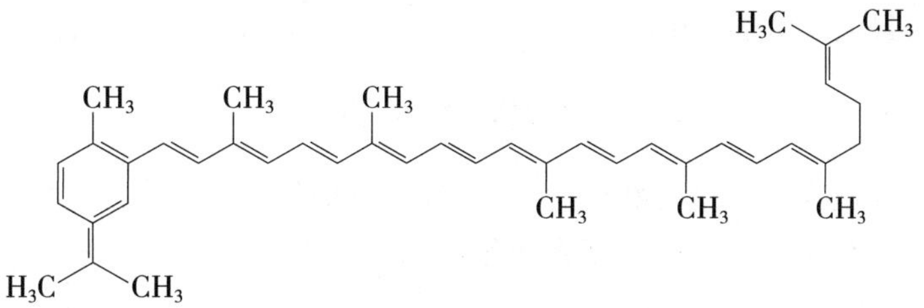

番茄红

的乙醚（1g/3L）、正己烷（1g/14L，0℃）。溶于氯仿和苯，微溶于乙醇和甲醇，不溶于水。在植物体中稳定，制成纯品易氧化，可吸收氧达30%，最后达41%。番茄红素为油溶性色素，对光线、氧和热都比较敏感，为胡萝卜素的一种。

（二）毒性与安全

该色素无毒，使用安全。

（三）使用建议

GB 2760—2014 规定：即食谷物［包括碾轧燕麦（片）］、焙烤食品、果冻，最大使用量 0.05g/kg；调制乳、风味发酵乳、饮料类（14.01 包装饮用水除外），最大使用量 0.015g/kg；糖果，最大使用量 0.06g/kg；固体汤料，最大使用量 0.39g/kg；半固体复合调味料，最大使用量 0.04g/kg。

十八、紫草红

紫草红色素主要成分为紫草宁（shikonin）及其衍生物，其中以乙酰紫草素含量最高，还有 β-甲基丙烯紫草素、β-羟基异戊酰紫草素、异戊酰紫草素等。分子式 $C_{16}H_{16}O_5$，相对分子质量 288.29，结构式：

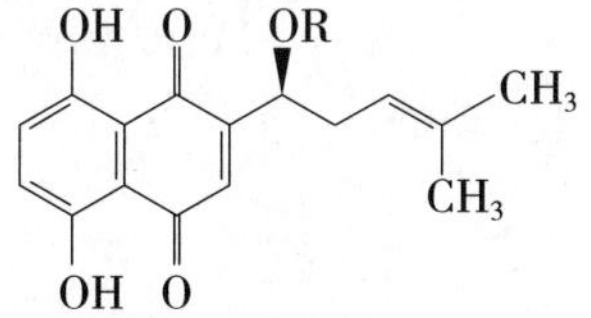

紫草红

注：R=H。

（一）性状与性能

紫草红为紫褐色或紫红色针状晶体或黏稠状浸膏，带有紫草根药气味；若以软紫草为原料，则带有氨气味。溶于苯、乙醚、丙酮、正己烷、石油醚、氯仿、甲醇、乙醇、甘油、动植物油脂及碱性水溶液，不溶于水。色调随 pH 而变化，pH 为 4~6 时呈红色，pH=7 时呈红紫色，pH=8 时呈紫色，pH=9 时呈蓝紫色，pH=10 时呈蓝色。在碱性溶液中呈蓝色，在酸性溶液中呈红色，遇 Fe^{3+} 呈深紫色，遇 Pb^{2+} 呈蓝色，遇 Sn^{2+} 呈深红色。

（二）使用建议

GB 2760—2014 规定：冷冻饮品（03.04 食用冰除外）、饼干、果蔬汁（浆）类饮料、风味饮料（仅限果味饮料）、果酒，最大使用量 0.1g/kg；糕点，最大使用量 0.9g/kg；焙烤食品馅料及表面用挂浆，最大使用量 1.0g/kg。

十九、红花黄

红花黄是从菊科植物红花的花瓣中提取、浓缩干燥而得的黄色素，主要呈色物质为红花黄及其氧化物。分子式 $C_{21}H_{22}O_{11}$，相对分子质量 450.39，结构式：

红花黄

注：Glu 为葡萄糖。

（一）性状与性能

红花黄为黄色或棕黄色粉末。易吸潮，吸潮后呈褐色，并结成块状，但不影响使用效果。熔点 230℃。易溶于水、稀乙醇、稀丙二醇，几乎不溶于无水乙醇，不溶于乙醚、石油醚、油脂和丙酮。耐光性较好，特别是有维生素 C 存在时更为显著。pH=7 时在日光下照射 8h，着色剂残留率为 88.9%。耐热性一般，在 pH 为 5~6 时稍强，加于果汁经 80℃ 瞬间杀菌，着色剂残留率为 70%。其 0.02% 的水溶液呈鲜艳黄色，随着色剂浓度的增加，色调由黄色转向橙黄色。在酸性溶液中呈黄色，在碱性溶液中呈橙黄色。在 pH 为 2~7 范围内色调稳定。耐微生物性和耐盐性较好。红花黄遇铁离子（即使 1mg/kg）变为黑色，若添加聚合磷酸盐则可防止变色。而遇 Ca^{2+}、Sn^{2+}、Mg^{2+}、Al^{3+} 等离子则几乎无影响。对淀粉的着色力强，对蛋白质稍差。

（二）毒性与安全性

①LD_{50}：21.74g/kg（bw）（小鼠，经口）；
②ADI：未作规定。

（三）使用建议

GB 2760—2014 规定，本品使用范围和最大使用量：水果罐头、蜜饯凉果、装饰性果蔬、蔬菜罐头、糖果、糕点上彩装、杂粮罐头、果蔬汁（浆）类饮料、碳酸饮料、风味饮料（仅限果味饮料）、配制酒、果冻，0.2g/kg。冷冻饮品（03.04 食用冰除外）、腌渍的蔬菜、方便米面制品、粮食制品馅料、腌腊肉制品类（如咸肉、腊肉、板鸭、中式火腿、腊肠）、调味品（12.01 盐及代盐制品除外）、膨化食品，0.5g/kg。

二十、可可壳色

可可壳色，又称可可着色剂，是将可可壳粉碎、焙炒后用热水浸提制得。可可壳中的黄酮类物质如儿茶酸、无色花青素、表儿茶酸等在焙炒过程中，经复杂的氧化、缩聚而成颜色很深的多酚化合物，相对分子质量 1500 以上。结构式：

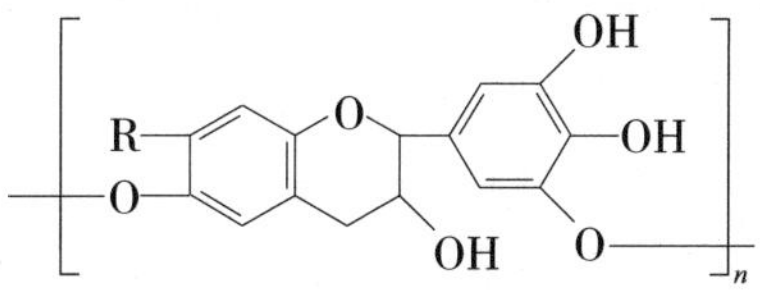

可可壳色

注：$n=5$ 或 6 或更大；R 为半乳糖醛酸。

（一）性状与性能

可可着色剂为巧克力色或褐色液体或粉末，无异味，无臭，易溶于水，对光、热及氧化剂的稳定性均好，但遇还原剂易褪色。在 pH 为 4~11 时颜色稳定，pH<4 时着色剂析出，色调随 pH 的增大而加深。对蛋白质及淀粉的染着性较好，特别是对淀粉的着色远比焦糖色好，在加工及保存的过程中很少变化。

（二）毒性与安全性

① LD_{50}：10g/kg（bw）（小鼠，经口）；
② 急性、亚急性毒性试验结果表明，可可着色剂安全性很高。

（三）使用建议

GB 2760—2014 规定，本品使用范围和最大使用量：冷冻饮品（03.04 食用冰除外）0.04g/kg，可可制品、巧克力和巧克力制品（包括代可可脂巧克力及制品）以及糖果 3.0g/kg，面包 0.5g/kg，糕点 0.9g/kg，糕点上彩装 3.0g/kg，饼干 0.04g/kg，焙烤食品馅料及表面用挂浆 1.0g/kg，植物蛋白饮料 0.25g/kg。

二十一、β-胡萝卜素

β-胡萝卜素广泛存在于胡萝卜、南瓜、辣椒等蔬菜中，水果、谷物、蛋黄、奶油中的含量也比较丰富，可以从这些植物或盐藻中提取制得，现在多用合成法制取。分子式 $C_{40}H_{56}$，相对分子质量 536.88，结构式：

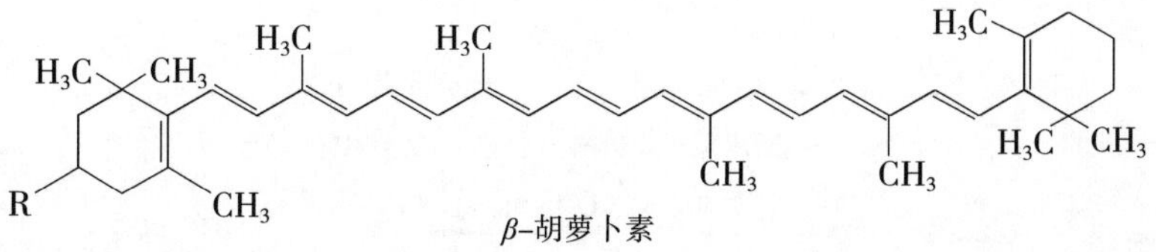

β-胡萝卜素

（一）性状与性能

β-胡萝卜素为紫红色结晶或结晶性粉末，不溶于水、丙二醇、甘油、酸和碱，难溶于乙醇、丙酮，溶于二氧化硫、苯、氯仿、石油醚和橄榄油等植物油，20℃时在橄榄油和苯中的溶解度均为 10g/100g，在氯仿中的溶解度为 4.3g/100g。熔点 176~182℃。色调在低浓度时呈黄色，在高浓度时呈橙红色。在一般食品的 pH 范围内（pH 2~7）较稳定，且不受还原物质的影响。但对光和氧不稳定，受微量金属、不饱和脂肪酸、过氧化物等影响易氧化，铁离子可促进其褪色。β-胡萝卜素结晶在二氧化碳或氮气中储存，温度低于20℃时可长期保存，但在45℃的空气中储存6周后几乎完全被破坏。其油脂溶液及悬浮液在正常条件下很稳定。

人工化学合成β-胡萝卜素，日本将其作为合成着色剂，但欧美各国将其视为天然着色剂。我国现已从盐藻中提制出天然的β-胡萝卜素，并已正式批准许可使用。

（二）毒性与安全性

天然β-胡萝卜素安全性高。

ADI：0~5mg/kg（bw）。

（三）使用建议

GB 2760—2014规定，本品使用范围和最大使用量：装饰性果蔬，可可制品、巧克力和巧克力制品，膨化食品，0.1g/kg。调制乳；风味发酵乳；调制乳粉和调制奶油粉；熟化干酪；再制干酪；干酪类似品；水油状脂肪乳化制品（02.02.01.01黄油和浓缩黄油除外）；02.02类以外的脂肪乳化制品，包括混合的和（或）调味的脂肪乳化制品；脂肪类甜品；醋；油或盐渍水果；水果罐头；果酱（番茄沙司除外）；其他加工蔬菜；面糊（如用于鱼和禽肉的拖面糊）、裹粉；煎炸粉；油炸面制品；杂粮罐头等，1.0g/kg。风味饮料、特殊用途饮料、咖啡（类）饮料、茶（类）饮料、碳酸饮料、蛋白饮料类、果蔬汁（浆）类饮料，2.0g/kg。装饰糖果（如工艺造型，或用于蛋糕装饰）、顶饰（非水果材料）和甜汁、糖果和巧克力制品包衣，20g/kg。

二十二、玉米黄

玉米黄是以黄玉米生产淀粉时的副产品黄麸质为原料提取制得。其主要着色物质为玉米黄素、隐黄素和叶黄素。结构式：

玉米黄

注：玉米黄素、叶黄素：R_1、R_2=OH；
隐黄素：R_1=OH，R_2=H。

（一）性状与性能

玉米黄在温度高于10℃时为红色油状液体，低于10℃时为橘黄色凝固油状体。不溶于水，可溶于乙醚、石油醚、丙酮和油脂。在不同的溶剂中色调有差别，在苯中呈亮黄，甲醇中呈浅黄，氯仿中呈橙黄。色调不受pH影响，对光、热等敏感，40℃以下稳定，高温易褪色。但受金属离子的影响不大。

（二）毒性与安全性

① LD_{50}：18g/kg（bw）（小鼠，经口）；
② ADI：0~5.0g/kg（bw）；
③ Ames 试验发现无致突变作用。

（三）使用建议

GB 2760—2014 规定，本品最大使用量：用于氢化植物油、糖果，5.0g/kg。具体应用于人造奶油约为 0.5%，硬糖约为 0.3%，软糖约为 0.4%。

二十三、姜黄和姜黄色素

（一）姜黄

姜黄由多年生草本植物姜黄的块茎经清洗、干燥、粉碎、过筛制成粉，即姜黄粉——姜黄。其主要着色成分是姜黄素，由 3 个组分组成，即姜黄色素（I）、脱甲氧基姜黄色素（Ⅱ）、双脱甲氧基姜黄色素（Ⅲ）。结构式：

姜黄

注：I：$R_1 = R_2 = OCH_3$；Ⅱ：$R_1 = OCH_3$，$R_2 = H$；Ⅲ：$R_1 = R_2 = H$。

1. 性状与性能

姜黄为橙黄色至黄褐色粉末，具有姜黄特有的香辛气味，味微苦。内含姜黄素 1%~5%。耐光性、耐热性较差。不溶于冷水，易溶于酒精、丙二醇、冰醋酸和碱溶液。在中性和酸性溶液中呈黄色，在碱溶液中呈红褐色。不易被还原，易与铁离子结合而变色。遇正钴盐、钼、钛、钽、镉等金属离子，由黄变为红褐色，在酒精溶液中最大吸收波长 425nm。姜黄着色性能较好，特别是对蛋白质的着色力较强。

2. 毒性与安全性

① LD_{50}：2g/kg（bw）（小鼠，经口）。
② JECFA 1986 年认为姜黄是食品，不规定 ADI。用含姜黄 1% 的饲料饲喂狗 1 年，未发生死亡。用 40~100g 姜黄醇浸液灌服小鼠，观察 3d，未发生死亡。用含姜黄浸膏 0.05%、0.2%、0.5% 的饲料喂养大鼠 30d，动物的食量和活动未见异常，心、肾主动脉、肾上腺均未见明显病变。姜黄属无毒性色素，目前世界各国均允许使用。

3. 使用建议

GB 2760—2014 规定：姜黄可用于冷冻饮品（03.04 食用冰除外），果酱，凉果类，装饰性果蔬，方便米面制品，焙烤食品，调味品，饮料类（14.01 包装饮用水除外），配制酒，果冻，熟制坚果与籽类（仅限油炸坚果与籽类），可可制品、巧克力和巧克力制品（包括代可可脂巧克力及制品）以及糖果，使用量按生产需要适量使用；用于腌渍的蔬菜，最大使用量 0.01g/kg（以姜黄素计）；用于调制乳粉和调制奶油粉，最大使用量 0.40g/kg；用于即食谷物［包括碾轧燕麦（片）］，最大使用量 0.03g/kg；用于膨化食品，最大使用量 0.2g/kg。

姜黄有特殊的香辛味，食品生产中使用较少，一般多用于调味品，如咖喱粉。制备着色溶液时，要先用少量酒精溶解后再用水稀释使用。因其对光稳定性差，使用时应注意避光。为避免变色，最好与六偏磷酸钠、酸式焦磷酸钠同用。

（二）姜黄素

姜黄素，又名姜黄色素。化学结构、分子式等见姜黄。

姜黄素是将蘘荷科多年生草本植物姜黄的地下根茎洗净、干燥、粉碎后，制得的姜黄粉用丙二醇或酒精浸提，得液体色素液，再将其过滤、浓缩、干燥制膏或精制成的结晶。

1. 性状与性能

姜黄素为橙黄色结晶粉末，具有姜黄特有的香辛气味。对光较敏感，日光照射会使其黄色迅速变浅，但不影响其色调。对热较稳定，熔点约 183℃。着色力强，尤其对蛋白质着色力强。在中性或酸性条件下呈黄色，碱性条件下呈红褐色。溶于酒精和丙二醇，易溶于水、乙酸和碱性溶液，不溶于冷水和乙醚。与金属离子，尤其是铁离子可以结合成螯合物，导致变色。抗氧化性差，耐还原性好。

2. 毒性与安全性

ADI：暂定 0~1mg/kg（bw）（FAO/WHO，2001）。

其他参见姜黄。

3. 使用建议

GB 2760—2014 规定：姜黄素用于可可制品、巧克力和巧克力制品（包括代可可脂巧克力及制品）以及糖果、碳酸饮料、果冻，最大使用量 0.01g/kg；用于装饰糖果（如工艺造型，或用于蛋糕装饰）、顶饰（非水果材料）和甜汁、方便米面制品、调味糖浆，最大使用量 0.5g/kg。

使用时要先将姜黄素用少量 95% 酒精溶解，再加水稀释成所需浓度使用。用于透明饮料时，要先乳化再使用。因姜黄素及其溶液耐光性差，需避光保存。

二十四、沙棘黄

沙棘黄是从植物沙棘果渣中提取制得，含多种成分，主要着色物质为黄酮类和类胡萝卜色素。

（一）性状与性能

沙棘黄为橙黄色粉末或黏稠液体，无异味，不溶于水，易溶于乙醇、乙醚等非极性溶剂，耐热性、耐光性强，遇铁、钙等金属离子变色。

（二）毒性与安全性

① LD：21.5g/kg（bw）（小鼠、大鼠，经口）；

② Ames 试验、小鼠精子畸形试验及骨髓微核试验未见致突变作用。

（三）使用建议

GB 2760—2014 规定，本品最大使用量：糕点上彩装和氢化植物油，1.5g/kg 和 1.0g/kg。

二十五、菊花黄

菊花黄是从菊科大金鸡菊的花中提取制得。其主要着色物质是大金鸡菊查尔酮苷（Ⅰ）$C_{22}H_{24}O_{11}$，大金鸡菊查尔酮（Ⅱ）$C_{16}H_{12}O_6$，大金鸡菊噢弄（Ⅲ）$C_{16}H_{12}O_6$ 和大花金鸡噢弄苷（Ⅳ）$C_{22}H_{22}O_{11}$。结构式：

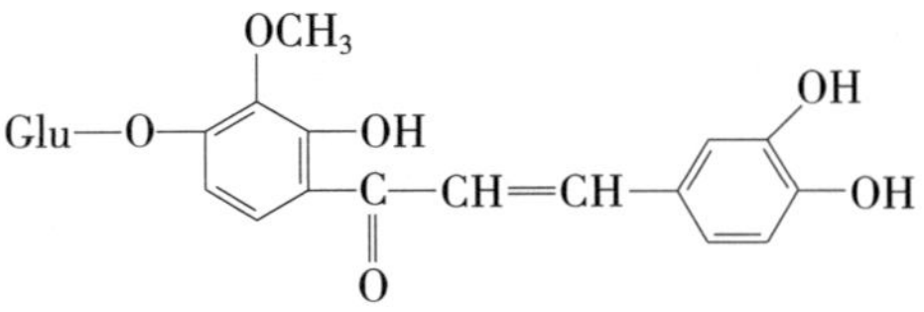

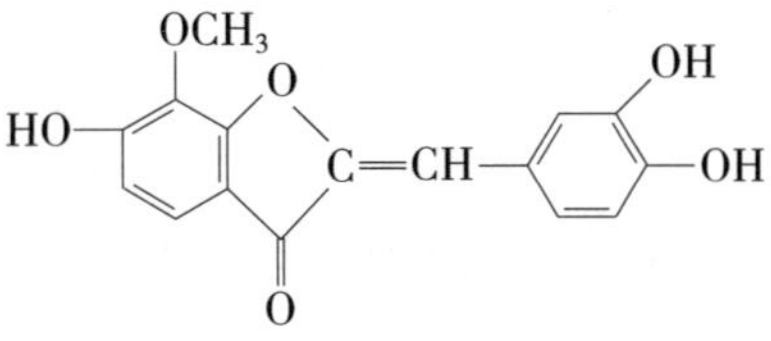

菊花黄

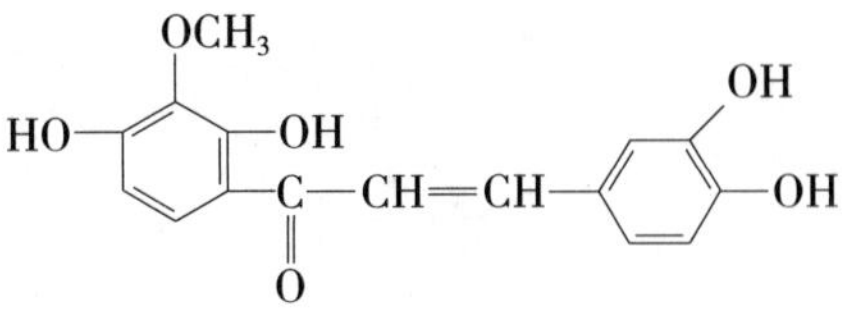

注：Glu 为葡萄糖。

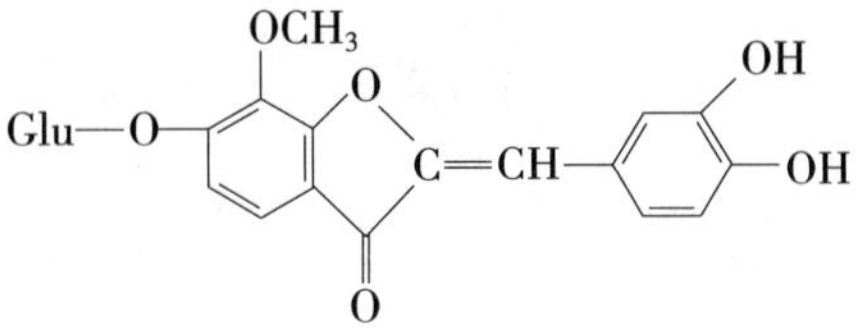

（一）性状与性能

菊花黄为棕褐色黏稠液体，易溶于水和乙醇，具有菊花的清香气味，溶液在酸性时呈黄色，色调稳定，在碱性时呈橙黄色，着色力强，耐光性、耐热性均较好。

（二）毒性与安全性

LD_{50}：22.527g/kg（bw）（小鼠，经口），LD_{50}：21.5g/kg（bw）（大鼠，经口）。

（三）使用建议

GB 2760—2014 规定，本品使用范围和最大使用量：可可制品、巧克力和巧克力制品（包括代可可脂巧克力及制品）以及糖果，糕点上彩装，果蔬汁（浆）类饮料，风味饮料（仅限果味饮料），0.3g/kg。食品着色后可略有增香作用，效果甚好。

二十六、栀子黄

栀子黄是由茜草科植物栀子果实用水或乙醇提取的黄色色素，其主要着色物质为藏花素。分子式 $C_{44}H_{64}O_{24}$，相对分子质量 977.21，结构式：

（一）性状与性能

栀子黄为橙黄色液体、膏状或粉末，易溶于水，可溶于乙醇和丙二醇中，不溶于油脂。pH

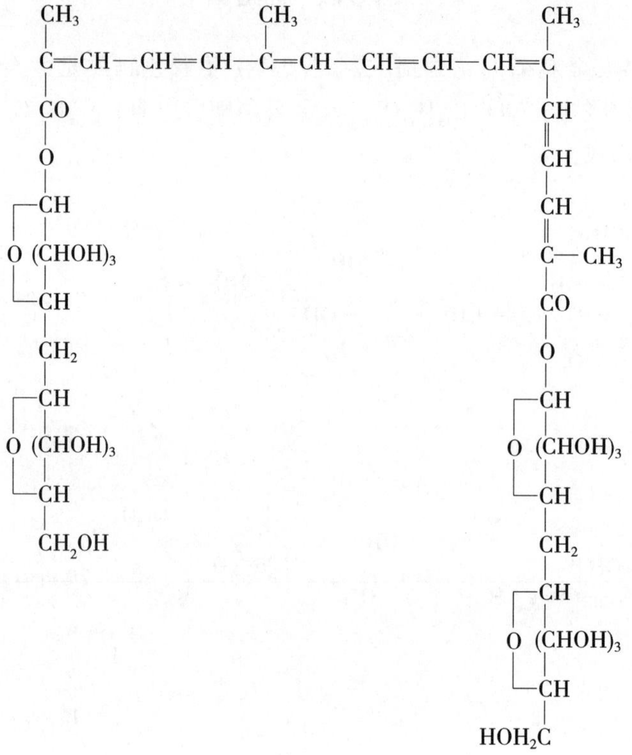

栀子黄

对色调几乎无影响。在酸性（pH 4~6）和碱性（pH 8~11）时都比 β-胡萝卜素稳定。特别是碱性时黄色更鲜明。耐盐性、耐还原性和耐微生物特性均好，但耐热性、耐光性在低 pH 时较差。着色于蛋白质比着色于淀粉时稳定，但在水溶液中则不够稳定。对金属离子（如铅、钙、铝、铜、锡等）相当稳定，铁离子有使栀子黄变黑的倾向。

（二）毒性与安全性

①LD_{50}：22g/kg（bw）（小鼠，经口），LD_{50}：4.64g/kg（bw）（雄性大鼠，经口），LD_{50}：3.16g/kg（bw）（雌性大鼠，经口）；

②蓄积性、致突变试验：有弱蓄积性，无致突变作用；

③用添加 2%栀子黄色素的饲料进行亚慢性毒性试验，结果无任何异常。

（三）使用建议

GB 2760—2014 规定，本品使用范围和最大使用量：冷冻饮品（03.04 食用冰除外），蜜饯类，坚果与籽类罐头，可可制品、巧克力和巧克力制品（包括代可可脂巧克力及制品）以及糖果，生干面制品，果蔬汁（浆）类饮料，风味饮料（仅限果味饮料），配制酒，果冻，膨化食品，0.3g/kg；人造黄油（人造奶油）及其类似制品（如黄油和人造黄油混合品）、腌渍的蔬菜、熟制坚果与籽类（仅限油炸坚果与籽类）、方便米面制品、粮食制品馅料、饼干、熟肉制品（仅限禽肉熟制品）、调味品（12.01 盐及代盐制品除外）、固体饮料，1.5g/kg；生湿面制品（如面条、饺子皮、馄饨皮、烧卖皮）、焙烤食品馅料及表面用挂浆，1.0g/kg。

二十七、紫甘薯紫色天然食品着色剂

甘薯的块根断面有白色、黄色、橙色和紫色多种类别，品种约为1000种，均可作为粮食或制取淀粉、酒精等的原料。橙色品种富含β-胡萝卜素，黄色品种富含黄酮类色素，紫色品种富含鲜红色花色素苷。紫甘薯块呈纺锤形，薯皮和薯肉均为紫红色，煮熟后果肉为紫黑色，又称黑甘薯。

（一）性状与性能

紫甘薯色素的固态呈紫黑色，其稀酸液为鲜艳透亮的深红色，且产品中无甘蓝红色素和胡萝卜素产品中难以除尽的异味，1.0%色素液呈红色。紫甘薯色素可溶于纯水、甲醇、乙醇、冰醋酸、丙酮、稀盐酸和稀氢氧化钠，但不溶于石油醚和菜油等有机溶剂，因此，它是一种水溶性色素。因而可以确定其使用特性，可以用于饮料、果酒、花色乳等食品生产中。将色素提取液用可见紫外分光光度计在200~800nm进行吸收波长扫描。紫甘薯色素有两个特征吸收峰，一个位于528nm附近，这一吸收峰是花青素类色素的特征峰（510~540nm），即呈色物质的吸收在可见光区；另一个位于323nm，这是黄酮物质的光学特性。

（二）使用建议

GB 2760—2014规定：用于冷冻饮品（03.04食用冰除外）、糕点上彩装、配制酒，最大使用量0.2g/kg；用于糖果、果蔬汁（浆）类饮料，最大使用量0.1g/kg。

二十八、叶绿素铜钠

叶绿素广泛存在于一切绿色植物中，叶绿素铜钠可由青草、苜蓿或蚕沙（蚕粪）用有机溶剂抽提出叶绿素后，经皂化、铜化制成，为叶绿素a盐与b盐的复合物。叶绿素铜钠a：分子式$C_{34}H_{30}O_5N_4CuNa_2$，相对分子质量684.17。叶绿素铜钠b：分子式$C_{34}H_{31}O_6N_4CuNa_3$，相对分子质量724.17。结构式：

叶绿素铜钠

注：a盐：R=CH₃；b盐：R=CHO。

(一) 性状与性能

叶绿素铜钠为黑绿色粉末，有金属光泽，有氨一样的臭气。易溶于水，略溶于醇，水溶液呈蓝绿色，透明，无沉淀。若有钙离子存在，则有沉淀析出。此外，本品不宜加入酸性饮料中，否则易沉淀析出。本品耐光性比叶绿素强得多。

(二) 毒性与安全性

本品经动物试验表明安全性高，除美国外，世界其他各国普遍许可使用。日本按化学合成品对待。

ADI：0~15mg/kg（bw）。

(三) 使用建议

GB 2760—2014 规定，本品使用范围和最大使用量：冷冻饮品（03.04 食用冰除外）、蔬菜罐头、熟制豆类、加工坚果与籽类、糖果、粉圆、焙烤食品、饮料类（14.01 包装饮用水除外）、果蔬汁（浆）类饮料、配制酒、果冻，0.5g/kg；果蔬汁（浆）类饮料，按正常生产需要适量添加。用于酸黄瓜时，0.3g/kg，单独或与其他着色剂并用。用于着色羹和汤时，以速食制品为基础，4g/kg。

二十九、焦糖色

焦糖色，又称酱色，是将食品级的糖类物质经高温焦化而成，其生产方法主要有不含催化剂加工的普通法、氨法和亚硫酸铵法。普通法是将食品级的糖类和葡萄糖、转化糖、乳糖、麦芽糖浆、糖蜜、淀粉水解物和蔗糖等，在121℃以上高温热处理使之热化制成。但本品很少用蔗糖作为原料，因为蔗糖不但成本高，而且转化成葡萄糖和果糖后生成焦糖的反应速度不同，致使焦化过程难以控制，往往使得此法所生产的焦糖不如淀粉水解产物制成的质量高。氨法是在普通法生产的过程中添加氨或铵盐作催化剂制得。亚硫酸铵法则是在普通法生产的过程中添加亚硫酸铵作催化剂制得，后两种方法除可缩短生产周期外，制品色泽也较好，得率高。

(一) 性状与性能

焦糖色为暗褐色的液体或固体粉末，有特殊的甜香气和愉快的焦苦味。易溶于水，1%的水溶液呈清亮的黄褐色。可溶于稀乙醇溶液，不溶于一般的有机溶剂和油脂。对光和热稳定性好，在阳光下照射 6h 无明显变化。

焦糖色具有胶体特性，有等电点，其 pH 通常在 3~4.5，依制造方法和产品的不同而异。在一般条件下，焦糖色均带有很少的正电或负电，使用时应特别注意使其与加有它的产品所带电荷种类相同，否则相互吸引，产生絮凝或沉淀。好的饮料用焦糖色应带强负电荷，且等电点 pH 在 1.5 以上。酱油、啤酒焦糖通常带正电荷。一般来说加入饮料的焦糖，其 pH 多在 2.5~3.5，而加入酱油中的焦糖，其 pH 多在 3.8~5。焦糖色用量很大，占食品着色剂总量的 80%以上。

以砂糖为原料制得的焦糖，对酸及盐的稳定性好，红色色度高，着色力强；以淀粉、葡萄糖为原料，在生产中以碱作催化剂制得的产品耐碱性强，红色色度高，对酸或盐不稳定；而用酸作催化剂制得的产品对酸和盐稳定，红色色度高，但着色力弱。

(二) 毒性与安全性

普通法焦糖色安全性高，其 ADI 无须规定。至于氨法焦糖色和亚硫酸铵法焦糖色相比，

JECFA 认为后者的毒性比前者小，他们支持用亚硫酸铵生产的制品。但两者的 ADI 均暂定 0~100mg/kg（bw）。

（三）使用建议

GB 2760—2014 规定：普通法生产焦糖色素用于果酱，可可制品、巧克力和巧克力制品（包括代可可脂巧克力及制品）以及糖果，面糊（如用于鱼和禽肉的拖面糊），裹粉，煎炸粉，即食谷物［包括碾轧燕麦（片）］，饼干，焙烤食品馅料及表面用挂浆（仅限风味派馅料），调理肉制品（生肉添加调理料），调味糖浆，醋，酱油，酱及酱制品复合调味料，果蔬汁（浆）类饮料，含乳饮料，风味饮料（仅限果味饮料），白兰地，配制酒，调香葡萄酒，黄酒，啤酒和麦芽饮料，果冻，按正常生产需要添加。亚硫酸铵法焦糖可按正常生产需要用于黄酒、葡萄酒等中，具体用量：白兰地、配制酒、调香葡萄酒、啤酒和麦芽饮料 50g/L，黄酒 30g/L，威士忌、朗姆酒 6.0g/L。

三十、金樱子棕

金樱子棕是由蔷薇科植物金樱子的果实用温水或稀乙醇提取后过滤、浓缩而成，主要成分为酚类色素。

（一）性状与性能

金樱子棕为棕色浸膏，味甜，无异臭，呈酸梅似果香。耐热、耐光、耐氧化。偏酸性，pH 为 3~4，在 pH 3~7 条件下稳定，遇金属离子呈深棕色沉淀。溶于水、稀乙醇，不溶于油脂、乙醚和石油醚。0.5%~1%水溶液由黄色、橙黄色至橙红色，10%以上呈茶色，溶液色泽鲜艳、透明。

（二）毒性与安全性

LD_{50}：48g/kg（bw）（小鼠，经口）。

（三）使用建议

GB 2760—2014 规定：糕点，0.9g/kg；焙烤食品馅料及表面用挂浆、碳酸饮料，1.0g/kg；配制酒，0.2g/kg。

三十一、酸枣色

酸枣色是从酸枣中提取制得，其主要着色成分为羟基蒽醌类衍生物。

（一）性状与性能

酸枣色素为棕黑色结晶或棕红色粉末，易溶于热水，可缓慢溶于冷水和稀乙醇，不溶于大多有机溶剂。其水溶液和稀乙醇溶液呈橙红色，在酸性溶液中颜色稍浅，遇碱则颜色变深，色调随 pH 改变。对光、热稳定性高，即使将着色剂液长时间煮沸或暴晒，影响均很小。耐酸、碱性及抗氧化性也好。

（二）毒性与安全性

①LD_{50}：6.81g/kg（bw）（小鼠，经口）；

②小鼠精子畸形试验和骨髓微核试验未见致突变作用。

（三）使用建议

GB 2760—2014 规定，本品使用范围和最大使用量：腌渍的蔬菜、果蔬汁（浆）类饮料、风味饮料，1.0g/kg；糖果、糕点，0.2g/kg。

三十二、栀子蓝

栀子蓝是应用生物工程技术开发、研制出来的一种新型着色剂，它以栀子为基本原料，经微生物酶的作用制得。关于栀子黄如何转变成栀子蓝以及栀子蓝的结构目前尚无确切的报告。

（一）性状与性能

栀子蓝为蓝色粉末，无异味，易溶于水和稀醇，不溶于有机溶剂。在pH 2.5~8范围内颜色稳定，对光、热、金属离子等都相当稳定，尤其是它可以与红、黄着色剂任意调配成各种中间色调，适用于多种食品的着色。

（二）毒性与安全性

LD_{50}：16.7g/kg（bw）（小鼠，经口）。

（三）使用建议

GB 2760—2014规定，本品使用范围和最大使用量：糖果、果酱，0.3g/kg；风味饮料（仅限果味饮料）、配制酒，0.2g/kg；冷冻饮品（03.04食用冰除外）、焙烤食品，1.0g/kg；腌渍的蔬菜、熟制坚果与籽类（仅限油炸坚果与籽类）、方便米面制品、粮食制品馅料、调味品（12.01盐及代盐制品除外）、果蔬汁类及其饮料、蛋白饮料、固体饮料、膨化食品，0.5g/kg。

三十三、橡子壳棕

橡子壳棕的化学成分为儿茶酚、花黄素、花色素连接糖基的化合物，分子式$C_{25}H_{32}O_{13}$，相对分子质量540.00，结构式：

橡子壳棕

（一）性状与性能

棕黄色固体粉末，无异味。易与水及稀乙醇互溶，不能与非极性溶剂互溶。在pH为4~10时稳定不沉淀，耐热、耐光性好。

（二）毒性与安全性

①LD_{50}：15g/kg（bw）（大鼠、小鼠，经口）；

②Ames试验、骨髓微核试验及小鼠精子试验均无致突变作用。

（三）使用建议

GB 2760—2014规定：可用于可乐型碳酸饮料和配制酒，最大使用量分别为1.0g/kg和0.3g/kg。

第四节　食品着色剂使用注意事项

随着人类社会与文明的进步，生活水准的提高与价值观念的改变，除了天然食品外，工业化加工食品越来越受到人们的欢迎，品种越来越多，质量越来越好，销量越来越大，食品工业在世界工业中所占比例越来越大，作为工业化加工食品添加成分之一的食品着色剂的合理、安全、成功使用，正在日益受到重视。与其他食品添加剂一样，食品着色剂的毒性与安全性的研究、评估、监督早已成为一种国际化的活动。FAO、WHO 及所设的 JECFA 对之十分重视，基本上每年举行会议提供对食品添加剂也包括食用合成着色剂的各种毒理学评价报告，制定使用原则、规格标准，并不断修改，对食品着色剂的生产，使用进行权威性的指导，将使用食品着色剂有可能引起的不利影响减至最小，以保证安全。

一、人工合成着色剂使用注意事项

（一）着色剂溶液的配制

直接使用人工合成着色剂粉末不易使之在食品中分布均匀，可能形成着色剂斑点，所以最好用适当的溶剂溶解，配制成溶液应用。一般使用为 1%～10%，过浓则难于调节色调。配制时着色剂的称量必须准确。此外，溶液应该按每次的用量配制，因为配好的溶液久置后易析出沉淀。又由于温度对溶解度的影响，着色剂的浓溶液在夏天配好后，贮存于冰箱或是到了冬天，也会有着色剂析出，如胭脂红的水溶液在长期放置后会变成黑色。配制水溶液所使用的水，通常应将其煮沸，冷却后再用，或者应用蒸馏水或经离子交换树脂处理后的水。配制溶液时应尽可能避免使用金属器具，剩余的溶液保存时应避免日光直射，最好在冷暗处密封保存。

（二）色调的选择与拼色

色调的选择应考虑消费者对食品的色、香方面的认识，即应该选择与食品原有色彩相似的或与食品的名称一致的色调。我国规定允许使用的人工合成着色剂分属红、黄、蓝 3 种基本色，为满足食品加工生产中着色的需要，可选择其中 2 种或 3 种拼成不同的色谱。基本方法是由基本色拼配成二次色，或再拼成三次色。

各种人工合成着色剂溶解于不同溶剂中可能产生不同的色调和强度，尤其是在使用两种或数种人工合成着色剂拼色时，情况更为显著。例如，某一定比例的红、黄、蓝三色的混合物，在水溶液中色较黄，而在 50% 酒精中则色较红。各种酒类因酒精含量的不同，溶解后的色调也各不相同，故需要按照其酒精含量及色调强度的需要进行拼色。此外，食品在着色时是潮湿的，当水分蒸发多，逐渐干燥时，着色剂也会随着较集中于表层，造成所谓"浓缩影响"，特别是在这种食品和着色剂的亲和力低时更为显著。拼色中各种着色剂对日光的稳定性不同，褪色快慢也各不相同，如靛蓝褪色较快，柠檬黄则不易褪色。由于影响色调的因素很多，在应用时必须通过具体实践，灵活掌握。

二、食用天然着色剂毒理评价及使用注意事项

（一）食用天然着色剂的毒理评价

食用天然着色剂由于来自天然而给人以安全感，但是必须知道，天然着色剂成分复杂，经提纯后，其性质也有可能和原来不同，而且在加工中，其化学结构可能变化等，同时，天然物本身并不能保证都是安全的，所以食用天然着色剂也要经过毒理试验。其一般要求如下：

（1）凡从已知食物中分离出来的，化学结构上无变化的着色剂，又应用于原来食物，其浓度又是原来食物中的正常浓度，对这种产品可不需要进行毒理评价。

（2）凡从食品原料中分离出来的，化学结构上无变化的着色剂，当其使用浓度超过正常浓度时，对这种产品需要进行毒理评价，各项要求与合成着色剂的毒理评价要求相同。

（3）凡从食品原料中分离出来的，但在其生产过程中化学结构已发生变化的着色剂，或从非食品原料中分离出来的天然着色剂，对它们都要进行与人工合成着色剂相同的毒理评价。

（二）食用天然着色剂使用注意事项

总体上讲，食用着色剂使用具体需要注意以下几点：

（1）添加着色剂时，要严格执行规定标准，并准确称量，以免形成色差。对于同种颜色的着色剂，品种不同，色泽不同，必须通过试验确定换算用量后再大批量使用。

（2）食品着色剂一定要配成溶液再使用。若直接使用，着色剂粉末不易在食品中分布均匀，可能形成颜色斑点，所以一般用适当的溶剂将着色剂溶解，配成浓度为1%~10%的溶液后再使用。配制溶液要使用蒸馏水或冷开水，配制时尽量不用金属器皿，宜用玻璃、陶瓷、搪瓷、不锈钢和塑料器具，以避免金属离子对着色剂稳定性的影响。

（3）染色适度　使用食品合成着色剂时，即使不超过食用标准，也不要将食品染得过于鲜艳，而要掌握住分寸，尤其要注意符合自然和均匀统一。

（4）在使用混合着色剂时，要用溶解性、浸透性、染着性等性质相近的着色剂，并防止褪色与变色的发生。并应考虑着色剂间和环境等的影响，如靛蓝和赤藓红混合使用时，靛蓝会使赤藓红更快地褪色；而柠檬黄与靛蓝拼色时，如受日光照射，靛蓝褪色较快，而柠檬黄则不易褪色。

（5）在食品加工过程中，为避免各种因素对合成着色剂的影响，着色剂的加入应尽可能放在最后。

（6）水溶性着色剂因吸湿性强，宜储存于干燥、阴凉处，长期保存时，应装于密封容器中，防止受潮变质。拆开包装后未用完的着色剂，必须重新密封，以防止氧化、污染和吸湿造成色调的变化。

综上所述，虽然目前国内外食用合成着色剂的生产与消费量大于食用天然着色剂，但食用合成着色剂与食用天然着色剂各有优点，也各有不足，两者应相互补充，相互配合，扬长避短，相辅相成，都将有很大的发展前途与潜力。

> **思考题**
>
> 1. 何为食用着色剂？着色剂生色的机制是什么？
> 2. 食用着色剂分为哪几类？
> 3. 了解常用食用合成着色剂的性质、使用方法及使用注意事项。
> 4. 简述目前我国允许使用的主要食用天然着色剂的性质及使用方法。
> 5. 简述食用合成着色剂与天然着色剂安全性的特点。
> 6. 简述天然着色剂的研究进展。

第五章 食用香料和香精

[本章简介]

本章主要讲述食用香料与香精的基本概念、相互关系、性质和应用；熟悉香料的分类和香精的香型；掌握香料与香精的选择原则和使用的注意事项。

[学习重点]

1. 掌握香料、香精的概念以及二者之间的关系；
2. 熟悉香料的分类与香精的香型。

第一节 香料、香精的概述

食品的香气不仅增加人们的快感、引起人们的食欲，而且可以刺激消化液的分泌，促进人体对营养成分的消化吸收。人们选择食品，主要是根据食品的色、香、味。香味尤其是诱使人们继续选用他们所喜爱食品的重要因素。食用香料和香精是指能够增加食品香气和香味的食品添加剂。

香料是具有香气和（或）香味的材料，是一种能被嗅觉嗅出香气或被味觉尝出香味的物质，是配制香精的原料。在食品的加香中，除烹调外，单独使用香料的情况不多。食品各种独特风味是由许多成分相辅而成的协调、柔和的统一体，如鸡肉的风味成分达 220 种，花生 350 种，可可 323 种，咖啡 450 种等。食用香料中使用较多的是单体香料，但单体香料无法使人在感官上得到满意的效果，所以，人们采用不同香料模仿天然香味。这就产生了香精。食用香精是指由香料、溶剂或载体以及某些食品添加剂组成的一类具有一定香型和浓度的混合体，又称为调和香料。

第二节　常见的食用香料

食用香料系由一种或多种具有气味的有机物组成。有机物具有气味者甚多，其气味与分子结构密切相关。凡是有气味物质的分子均有一定的生香基团。发香的生香基团又称为发香团（发香基）。各种发香基团见表 5-1。

表 5-1　　　　　　　　　　　　　　发香基团

发香基团名称	化学式	发香基团名称	化学式
羟基	ROH	苯基	RC_6H_5
羰基	$RC=O$	硝基	$R-NO_2$
醛基	RCHO	亚硝酸基	$R-ONO$
羧基	RCOOH	酰胺基	$R-CONH_2$
醚基	ROR	氰基	$R-CN$
酯基	ROOR	内酯	$ROO-C$

食用香料之所以发香，是因为具有气味物质的分子内含有一个或数个发香基团，这些发香基团在分子内以不同的方式结合，使食用香料具有不同类型的香气和香味。香料给人的直接感觉不一定是"香"的。相当多的香料纯品具有令人厌恶的气味，当稀释到一定浓度时才呈现出令人喜爱的香气。如吲哚，高浓度时具有很强烈的粪便臭气，浓度低于 0.1% 时呈现出愉快的茉莉花香；又如甲基 2-甲基-3-呋喃基二硫醚，纯品具有不愉快的硫化物气味，浓度低于 10^{-9} 时则为肉香香气。

香料是精细化学品的重要组成部分，它由天然香料（多种）、合成香料（多种）和单离香料组成。

（1）天然香料　是从各种天然植物的花、果、叶、茎、根、皮，或动物的分泌物中提取出来的致香物质。

动物性天然香料：虽然种类不多，只有灵猫香、海狸香、龙涎香、麝香和麝鼠香等，但在香料中占有重要地位。都是动物体内的分泌物，香气各具特色，留香长久，特别是在香水、香粉香精中，是理想的定香剂。目前，由于资源稀缺，价格昂贵，一般在调香中通常使用人工合成品来代替。

植物性天然香料：是用芳香植物的根、皮、籽、花、枝、叶、茎或果实等为原料，用浸提法、压榨法、水蒸气蒸馏法、吸收法、超临界萃取法等方法生产。按照形态和制法，可分为酊剂、香脂、精油、浸膏、香树脂和净油等，如白兰香脂、吐鲁番树脂、玫瑰油、茉莉浸膏、香荚兰豆酊、水仙净油等。

(2) 合成香料　是通过化学合成的方法制取的香料化合物。分类方法：按官能团分类：酮类、醇类、酯类、内酯类、酸类、醚类、氰类以及其他香料；按碳原子骨架分类：萜烯类、芳香类、脂肪族类、含氮、含硫、杂环和稠环类以及合成麝香类。目前世界上合成香料已达 5000 多种，我国目前允许使用的合成香料达 1477 种，常用的产品有 400 多种。

(3) 单离香料　是使用物理或化学方法从天然香料中分离出来的单体香料化合物。从天然精油分离出来的单离香料绝大多数可以用有机合成的方法获得。因此单离香料和合成香料除来源不同外，并无结构上的差异。其成分单一，具有明确的分子结构。例如，薄荷油中含有 70%~80%的薄荷醇；用重结晶的方法从薄荷油中分离出来的薄荷醇就是单离香料，俗称薄荷脑。

一、天然香料

国际上将食用香料分成天然香料（natural flavoring substances）、天然等同香料（natural-identical flavoring substances）和人造香料（artificial flavoring substances）三种。

(1) 天然香料　指用纯物理方法（如蒸馏、压榨、萃取、吸附）从天然芳香植物或动物原料中分离得到的物质，如肉桂油、柠檬油。《香料香精术语》（GB/T 21171—2018）将通过发酵等生物工艺手段从天然产物制得的香料，以及由天然原料经供人类食用的加工过程所得的反应产物（如美拉德反应香料、热裂解香料），也列入天然香料范畴。这类香料通常具有两个特点：①形态多样，如精油、浸膏、净油；②成分复杂，由多种化合物组成。

(2) 天然等同香料　指利用合成方法得到或由天然芳香原料以化学过程分离得到的物质。这些物质与供人类消费的天然产品（不管是否加工过）中存在的物质在化学结构上是相同的。这类香料通常具有几个特点：①成分单一，往往是天然香料中的主要赋香成分，如麦芽酚、香兰素；②品种多，占食用香料的大多数；③是调配香精的重要原料。

(3) 人造香料　是指用化学合成方法得到的在供人类消费的天然产品（不管是否加工过）中尚未发现的香味物质。这类香料一般具有两个特点：①成分单一，如乙基麦芽酚、乙基香兰素；②品种较少。

可用于天然香料的原料很多，但作为食品添加剂使用的主要是天然香料提取物。常见的香料提取物有：

1. 精油

精油（essential oil），又称芳香油、挥发油等，是天然香料中的一大类，是指从香料植物或泌香动物中加工提取所得到的挥发性含香物质制品的总称。其成分多为萜类和烃类及其含氧化合物，十分复杂，多的可达数百种。如生姜精油中的成分有近 300 种。天然香料中有效成分的含量常因原料的栽培地区和条件的不同而有很大差异。香味亦可有明显的不同。精油的提取方法通常采用蒸馏、压榨方式，蒸馏最普遍的是水蒸气蒸馏，如玫瑰油、薄荷油、八角茴香油，也常采用溶剂萃取。但所用溶剂应采用食用级产品。一般来说，戊醇和己醇适用于花蕾，甲苯适用于含芳烃化合物精油的提取，乙醇或丙酮适用于酚类化合物，含氯溶剂适用于含胺类化合物的精油提取。对于柑橘类原料，则主要用压榨法提取精油，如红橘油、甜橙油、圆橙油、柠檬油等。液态精油是我国目前天然香料的最主要的应用形式。

2. 酊剂

酊剂（tincture）是指用一定浓度的乙醇，在室温下或加热条件下，浸提植物原料、天然树脂或动物分泌物所得到的乙醇浸出液，经冷却、澄清、过滤而得到的产品，如枣酊、咖啡酊、可可酊、黑香豆酊、香荚兰豆酊、麝香酊等。

3. 浸膏

浸膏（concrete）是一种含有精油及植物蜡等呈膏状浓缩的非水溶剂萃取物。用挥发性有机溶剂浸提香料植物原料，然后蒸馏回收有机溶剂，蒸馏残留物即为浸膏。在浸膏中除含有精油外，尚含有相当量的植物蜡、色素等杂质，所以在室温下多数浸膏呈深色膏状或蜡状。如香荚兰豆浸膏、桂花浸膏、大花茉莉浸膏等。

4. 油树脂

油树脂（oleoresin）一般是指用溶剂萃取天然香辛料，然后蒸除溶剂后而得到的具有特征香气或香味的浓缩萃取物，通常为黏稠液体，色泽较深，呈不均匀状态。如姜黄油树脂、胡椒油树脂、辣椒油树脂等。

5. 净油（absolute）

净油（absolute）是指用乙醇萃取浸膏、香脂或树脂所得到的萃取液，经过冷冻处理，滤去不溶的蜡质等杂质，再经减压蒸馏蒸去乙醇，从而得到的流动或半流动的液体，如小花茉莉净油、玫瑰净油、鸢尾净油等。

天然香料有近400种。下面介绍部分常见香料的性状、性能、制法及应用。

（一）精油类

1. 八角茴香油

（1）性状与性能　八角茴香油（anise star oil），又称大茴香油、茴油，主要成分为反式大茴香脑（80%~95%）、大茴香醛、大茴香酮、茴香酸、苧烯、松油醇和芳樟醇等。八角茴香油为无色透明或浅黄色液体，具有大茴香的特征香气、味甜，凝固点15℃，易溶于乙醇、乙醚和氯仿，微溶于水。

（2）毒性与安全性　八角茴香是人们数千年来使用的调味料，未发现因使用于食品而导致影响健康的事例。FEMA将其列入一般公认安全物质。

（3）使用建议　常用的烹调用辛香料，其油广泛用于食品、化妆品和医药等。用于食品，可使之具有八角茴香的香气；特别是用于酒、饮料中，效果尤佳。在我国，八角茴香油是允许使用的食用天然香料。主要用于酒类、碳酸饮料、糖果及焙烤食品等，用量按正常生产需要而定。还可用作提取食用茴香脑和大茴香酸的原料。八角茴香油是以八角茴香的新鲜枝叶或成熟的果实为原料，将其粉碎后采用水蒸气蒸馏法提油。新鲜八角茴香枝叶得油率0.3%~0.7%，新鲜八角茴香果实得油率1.78%~5%。

2. 柠檬油

（1）性状与性能　柠檬油（lemon oil）是食用香料中用量最大、用途很广的重要果香香料之一，主要成分为苧烯（占90%），另有柠檬醛（2%~5%）、辛醛、壬醛、癸醛、十二醛、蒎烯、苧烯、芳樟醇、乙酸芳樟酯和乙酸香叶酯等。柠檬油冷磨品为黄色至绿黄色或淡黄色易流动液体，具有浓郁的柠檬香气，能与无水乙醇、冰乙醇相混溶，几乎不溶于水，蒸馏品为无色至浅黄色液体，气味和滋味与冷榨品相同，可溶于大多数挥发性油、矿物油和乙醇，不溶于甘油和丙二醇，得油率0.60%（以果皮计）。

（2）毒性与安全性

①LD_{50}：2840mg/kg（bw）（大鼠，经口）；

②FDA将其列入一般公认安全物质。

(3) 使用建议　主要用于糖果、面包、软饮料等，它大量用于柠檬、可乐、柠檬复方等饮料用香精和糖果用香精中。常用作其他果香香精的修饰剂，以圆和合成香料的粗糙化学气息，还可以与其他果汁同用。

3. 姜油

(1) 性状与性能　姜油（ginger oil）主要成分有姜酮、姜醇、姜烯酚、芳姜黄烯、金合欢烯、苧烯、桉叶素、龙脑和有辣味的生姜素等。采取水蒸气蒸馏法提油。蒸馏品为淡黄色至黄色液体，有姜的辛辣气味，而口感辣味不大。颜色由黄逐渐变为黄棕，口感较辣。久贮变稠，而口感辣味不大。

(2) 制法　生姜油冷榨品是用冷榨法提油，将鲜姜洗净后进行冷榨，得冷榨生姜油，得油率0.27%~0.33%，残渣再采取水蒸气蒸馏法提油，得蒸馏品。也可用干姜为原料，经粉碎后，采取水蒸气蒸馏法提油，得油率1%~3%。

(3) 使用建议　姜油可以增加食物的辛辣气味，有一定的抗氧化能力，可以用于熟肉制品、方便食品、膨化食品、焙烤食品、食品调料等。可直接添加或使用乙醇、植物油稀释后使用。

4. 肉桂油

(1) 性状与性能　肉桂油（cassia oil），别名中国肉桂油，主要成分为肉桂醛（80%~95%）、乙酸肉桂酯、香豆素、水杨醛、丁香酚、香兰素、苯甲醛、肉桂酸、水杨酸、苯甲酸、苯甲醛和乙酸邻甲氧基肉桂酯等。为黄色至红褐色液体，具用特有的辛香味（先有甜味，然后有辛辣味）。放置日久或暴露于空气中会使油色变深、油体变稠，严重的会有肉桂酸析出。天然品闪点不高于100℃，兼有杀菌作用，溶于冰醋酸、丙二醇、非挥发性油和乙醇中，不溶于甘油和矿物油。

(2) 制法　肉桂油是由中国肉桂的枝、叶或树皮或籽用水蒸气蒸馏法提取。得油率：鲜枝、叶为0.3%~0.4%，树皮为1%~2%，籽为1.5%。

(3) 使用建议　中国肉桂常与其他辛香料组合成各种香味的调味料，主要用于肉类烹饪，亦用于腌渍、浸酒及面包、蛋糕、糕点等焙烤食品，也可用于水果保鲜。粗制品的香气较粗，精制品略甜，单向器持久性不如粗品，可调配食用香精，增强肉桂油特性和辛辣香味。

5. 甜橙油

(1) 性状与性能　甜橙油（orange oil）是多种食用香精的主要成分，主要成分为柠檬烯（90%以上）、癸醛、辛醛、己醛、柠檬醛、甜橙醛、十一醛、芳樟醇、萜品醇、邻氨基苯甲酸甲酯、月桂烯等多种成分。可直接用于食品，尤其是高档饮料中，赋予其天然橙香气味。有天然的橙子香气，味芳香。与无水乙醇、二硫化碳混溶，溶于冰乙酸。蒸馏品为无色至浅黄色液体，具有鲜橙皮香气。溶于大部分非挥发性油、矿物油和乙醇，不溶于甘油和丙二醇。

(2) 毒性与安全性

①LD_{50}：5000mg/kg（bw）（大鼠，经口）；

②FDA将其列入一般公认安全物质。

(3) 使用建议　主要用于调配橘子、甜橙等果型香精，也可直接用于食品，如清凉饮料、啤酒、冷冻果汁露、糖果、糕点、饼干和冷饮等。用量可按正常生产需要而定，如橘子汁中用量为0.05%。不得用于有松节油气味的食品。

6. 橘子油

(1) 性状与性能　橘子油（mandarin oil），又称橘皮油。主要成分是柠檬烯及邻 N-甲基-邻氨基苯甲酸甲酯，还有少量癸醛等。橘子油为黄色的油状液体，有清甜的橘子香气，能溶于 7~10 倍容积的 90% 乙醇中。由芳香科植物橘（*Citrus reticulate* Blanco. var. *mandarin*）的果皮经冷榨得到。

(2) 毒性与安全性　FDA 将其列入一般公认安全物质。

(3) 使用建议　本品是橘子香精的主要原料，亦可直接添加于食品中。常用于浓缩橘子汁、柑橘酱等柑橘类产品。柑橘酱中用量为 0.5~0.66g/kg。什锦罐头中用量为 0.02g/kg。

7. 留兰香油

(1) 性状与性能　留兰香油（spearmint oil），又称薄荷草油、矛形薄荷油或绿薄荷油，主要成分有左旋香芹酮、苧烯、1,8-桉叶素、L-薄荷酮、异薄荷酮、3-辛醇、蒎烯和松油醇等。是采用水蒸气蒸馏法从留兰香的茎、叶提油而得，得油率 0.3%~0.4%。为无色至黄色、绿黄色液体，具有甜清带凉的轻微药草香气，透发有力，与揉碎的新鲜留兰香叶片的香气一样。

(2) 毒性与安全性

①LD_{50}：5000mg/kg（大鼠，经口）；

②FDA 将其列入一般公认安全物质。

(3) 使用建议　使食品有留兰香的香气，产生特殊风味。可直接用于糖果、胶姆糖（如留兰香硬糖中），硬糖中也经常使用，常压熬制的留兰香硬糖中的使用量约为 0.8g/kg。

8. 亚洲薄荷油

(1) 性状与性能　亚洲薄荷油（menthe arvensis oil，cornmint oil），是以亚洲薄荷全草为原料，新鲜的或半干的全草用水蒸气蒸馏法提取而得，为淡黄色或淡草绿色液体，温度稍降低即会凝固，有强烈的薄荷香气和清凉的微苦味。主要成分为薄荷醇、薄荷酮、乙酸薄荷酯、丙酸乙酯、α-蒎烯、3-戊醇、蒎烯、苧烯、百里香酚等。亚洲薄荷油能赋予食品以薄荷香味，使口腔有清凉感。有清凉、驱风、消炎、镇痛和兴奋等作用，构成食品特殊风味。

(2) 毒性与安全性

①LD_{50}：2426mg/kg（bw）（大鼠，经口）；

②FDA 将其列入一般公认安全物质。

(3) 使用建议　薄荷素油①是配制薄荷型香精的主要原料之一，在油溶性薄荷香精中薄荷素油的用量为 38% 左右。亦可将本品直接添加到食品中。清凉型糖果、饮料等经常使用薄荷素油、薄荷脑或薄荷香精。胶基糖果和泡泡糖的赋香剂中，最常用的是留兰香、薄荷或两者的混合香料。在一些泡泡糖配方中，配合其他香料而使用的薄荷素油约为 0.6g/kg。

9. 玫瑰花油

(1) 性状与性能　玫瑰花油（rose oil）主要成分有香茅醇、香叶醇、橙花醇、芳樟醇、苯乙醇、己醇、金合花醇、肉桂醇、甲基于香酚、玫瑰醚、柠檬醛、香芹酮等。玫瑰花油为无色或浅黄色黏稠挥发性精油，具有玫瑰花香气和滋味。在 21℃ 时析出片状玫瑰蜡晶体，加热后仍可液化。溶于乙醇和大多数非挥发性油中，几乎不溶于水。

---

① 薄荷素油为脱脑薄荷油。

（2）毒性与安全性　长久食用，未发生对身体健康有碍的事例。

（3）使用建议　玫瑰花油为高档香精的配制料，由于价格昂贵，只有高档食品方用玫瑰花油增香。玫瑰花是人类应用较早的天然香料之一，可用于泡茶、浸酒及制成玫瑰酱供制作糕点用，为无毒性物。可用以配制杏、桑葚、桃、苹果、草莓和梅等型香精，主要用于甜酒、烟草、糖果等。

10. 丁香叶油

（1）性状与性能　丁香叶油（clove leaf oil）主要以丁香酚、乙酰基丁香酚（乙酸丁香酯）、乙位石竹烯为主。为黄色至浅棕色液体，具有辛香及丁香酚的特征香气。相对密度（20/20℃）1.039~1.049，折射率（20℃）1.5280~1.535，旋光度（20℃）$-2°~0°$，酚含量≥82%（印尼来源为≥78%）。溶解度：1mL精油溶于2mL 70%乙醇，澄清。溶于丙二醇及多数植物油，稍起乳光；难溶于矿物油与甘油。

（2）制法　丁香叶油是用水蒸气蒸馏法从桃金娘科（Myrtaceae）的丁香叶进行水蒸气蒸馏提取获得的精油，得油率0.3%~0.5%。

（3）使用建议　丁香叶油应用于食品应用香精的配料。GB 2760—2014规定，可按生产需要适量用于配制各种食用香精。

11. 月桂叶油

（1）性状与性能　月桂叶油 [laurel (leaves) oil]，又称月桂油，主要成分有桉叶素（约50%）、丁香酚、柠檬酸、蒎烯、乙酸基丁香酚、α-水芹烯、L-芳樟醇、香叶醇、萜烯和倍半萜等。月桂叶油由月桂树（*Laurus nobilis*）的叶经蒸汽蒸馏而得。月桂叶油为无色或浅黄色液体，具有芳香辛辣的气味，味甜（类似玉树油的甜味）。溶于乙醇、乙醚、氯仿和苯。以月桂树的鲜叶、茎和木质化的小枝为原料，用水蒸气蒸馏法制取，得油率1%~3%。

（2）毒性与安全性　FDA将其列入一般公认安全物质，无毒性。

（3）使用建议　月桂叶油为允许使用的食用天然香料。多用于香肠、罐头、泡菜、沙司、汤和调味料等，使用量按正常生产需要量为限。

12. 白兰花油

（1）性状与性能　白兰花油（michelia oil），又称玉兰花油，主要成分为乙酸甲酯、丙酸甲酯、丁酸甲酯、异丁酸甲酯、2-甲基丁酸甲酯、2-甲基丁酸乙酯、松油醇、氧化芳樟醇、丁香酚甲醚、异丁香酚甲醚、月桂烯、苧烯、石竹烯等。

（2）制法　用水蒸气蒸馏鲜花制取白兰花油，得油率0.2%~0.25%。白兰花油为橙黄色至浅棕色澄清液体，具有白兰鲜花香气。

（3）使用建议　GB 2760—2014批准其为允许使用的食用香料。在最终加香食品中建议用量为0.01~10mg/kg。

（二）浸膏类

1. 桂花浸膏

（1）性状与性能　桂花浸膏（flower concrete）由桂花（包括银桂和丹桂）的鲜花用石油醚作溶剂浸提，提取液经浓缩后制得。主要成分有α-紫罗兰酮、反式芳樟醇氧化物、顺式芳樟醇氧化物、芳樟醇、间乙基苯酚、橙花醇、壬醇和β-水芹烯等。为黄色或棕黄色膏状物，具有甜清花香，感甜微清，兼有蜡气和桃子样果香气息，香气浓郁而持久。

（2）毒性与安全性　FEMA将其列入一般公认安全物质（FEMA 3750）。

（3）使用建议　桂花香气芬芳浓郁，为我国人民所喜爱。桂花浸膏是我国特有的天然香料，广泛用于食品、化妆品和香精香料等。GB 2760—2014 批准其为允许使用的食用香料，最大使用量按正常生产需要而定。

2. 岩蔷薇浸膏

（1）性状与性能　岩蔷薇浸膏（labdanum extract），又称赖百当浸膏，主要香气成分为 α-蒎烯（45%左右）、莰烯、月桂烯、水芹烯、松油烯、芋烯、松油醇、叶醇、芳樟醇、橙花醇、香叶醇、岩蔷薇醇、苯乙酮、异薄荷酮、丁香酚和苯甲醛等。岩蔷薇浸膏为绿黄色至棕褐色膏状物，具有类似琥珀龙涎的香气，有些花香、药草香，柔甜，扩散力持久。

（2）毒性与安全性　FEMA 将其列入一般公认安全物质。

（3）使用建议　岩蔷薇浸膏具有良好的赋香性能，除用于食品外，还在香精配制中有其特殊用处，GB 2760—2014 批准其为允许使用的食用香料，最大使用量按正常生产需要而定。

3. 玫瑰浸膏

（1）性状与性能　玫瑰浸膏（rose extract，rose concrete）主成分有高分子烃类、醇类、脂肪酸、萜烯醇、脂肪酸酯、香茅醇、香叶醇、芳樟醇、苯乙醇、金合欢醇、丁香酚、丁香酚甲醚、玫瑰醚、橙花醚等。玫瑰浸膏为黄色、橙黄色或褐色膏状或蜡状物，溶于乙醇和大多数油脂，微溶于水，凝固点为 41~46℃。

（2）毒性与安全性　FEMA 将其列入一般公认安全物质。

（3）使用建议　GB 2760—2014 批准其为允许使用的食用香料，最大使用量按正常生产需要而定。参考用量：饮料，0.63mg/kg；冷饮，1.2mg/kg；焙烤食品，1.6mg/kg；糖果，2.0mg/kg。

4. 香荚兰豆浸膏

（1）性状与性能　香荚兰豆浸膏（vanilla bean concrete）主要香气成分为香兰素（1%~3%）、大茴香醇、大茴香醛、大茴香酸、洋茉莉醛等。香荚兰豆浸膏为棕褐色黏稠液体，具有清甜的辛香和木香，有轻度的兴奋作用，香荚兰豆浸膏与香荚兰豆酊成分基本相同，但香荚兰豆浸膏应用更广泛。

（2）毒性与安全性　FAO/WHO（1984）对 ADI 未作规定。FDA 将其列入一般公认安全物质。

（3）使用建议　GB 2760—2014 批准其为允许使用的食用香料，最大使用量按正常生产需要而定。广泛地用于冰淇淋、巧克力、饼干、糖果、糕点等。

5. 甘草流浸膏

（1）性状与性能　甘草流浸膏（licorice extract）为甘草浸膏经加工制成的流浸膏。主要性状为棕色或红褐色液体；味甜、略苦、涩。

（2）制法　取甘草浸膏 300~400g，加水适量，不断搅拌，并加热使溶化，过滤，在滤液中缓缓加入 85%乙醇，随加随搅拌，直至溶液中乙醇含量达 65%左右，静置过夜，仔细取出上清液，沉淀再加 65%的乙醇，充分搅拌，静置过夜，取出上清液，沉淀再用 65%乙醇提取一次，合并三次提取液，过滤，回收乙醇，测定甘草酸含量后，加水与乙醇适量，使甘草酸和乙醇量均符合规定，加浓氨试液适量调节 pH，静置，使澄清，取出上清液，过滤即得。

（3）使用建议　甘草流浸膏为缓和药，常与化痰止咳药配伍应用，能减轻对咽部黏膜的刺激，并有缓解胃肠平滑肌痉挛与去氧皮质酮样作用。用于支气管炎、咽喉炎、支气管哮喘、慢性肾上腺皮质功能减退症。

（三）酊剂类

1. 可可酊

（1）性状与性能　可可酊（cocoa tincture）的主要成分有醛、酮、酯、醇等30余种。

（2）毒性与安全性　目前无数据。

（3）使用建议　GB 2760—2014批准其为允许使用的食用香料。

2. 咖啡酊

（1）性状与性能　咖啡酊（coffee tincture）含有挥发性酯类、乙酸、醛等60余种芳香物质和咖啡因、单宁、焦糖等。具有咖啡的典型香味特征，香气透发，有焦香而清新芬芳，略带烟香气样的余韵，有爽口苦味，带些微酸的口感。

（2）毒性与安全性　FDA将其列入一般公认安全物质。

（3）使用建议　可用于酒类、软饮料和糕点等，用量按正常生产需要添加。

3. 香荚兰豆酊

（1）性状与性能　香荚兰豆酊（vanilla bean tincture）为香荚兰豆的乙醇提取液，主要成分包括香兰素、大茴香醇、大茴香醛、大茴香酸、对羟基苯甲醛和3,4-二羟基苯甲醛等。香荚兰豆酊为浅棕色液体，有清甜的豆香和膏香味，更有木香、烟草香和海狸香样香气，还有些花香似紫罗兰和金合欢。香气和善，浓郁多韵，相当持久，是最好的豆香。香荚兰豆酊能赋予食品豆香味。

（2）制法　香荚兰豆发酵后，用乙醇浸提制成10%~25%的酊剂，为浅棕色液体。

（3）使用建议　主要用于各种食品，如冷饮、冰淇淋、巧克力、糖果、糕饼等的加香，在烟、酒用香精和药用上也习惯使用。在日用高档香精尤其是香水香精中，也可广为使用，如东方型、百花型、重花香型香精等能赋予优美而浓郁之感。它可与檀香油、岩兰草油、辛香油等较好地协调和合。

4. 酒花酊

（1）性状与性能　酒花酊（hops tincture）主要成分蛇麻酮、二聚戊烯、十八碳酸、二十六酸、葎草酮、二十六烷醇、α,β-石竹烯、甲基壬基甲酮等。乙醇浸提经干燥的酒花雌性花序和含腺毛状物。理化性质有苦的清香、药草香气。

（2）使用建议　GB 2760—2014批准其为允许使用的食用香料。用于啤酒酿制中，可赋予啤酒独特的芳香和清爽的苦味，并能将酒液中多余的蛋白质凝固、分离出来，使酒液澄清，抑制杂菌的繁殖，使啤酒有丰富的泡沫。

5. 罗汉果酊

（1）性状与性能　罗汉果酊（louhanfruit tincture）用水或20%乙醇加热萃取罗汉果果实得罗汉果酊。质药草样甜香，味极甜。主要成分罗汉果甜，其强度比蔗糖高400倍。

（2）使用建议　GB 2760—2014批准其为允许使用的食用香料。应用于调配日化香精、食用香精和烟用香精。在烟气中可矫正吸味，抑制苦味，增强甜味。常用于烟草加料。过量使用易产生药香。

（四）树脂类

1. 姜油树脂

（1）性状与性能　姜油树脂（ginger oleoresin），又称生姜浸膏。含有精油30%~40%，含姜酚、姜脑、姜酮等辣味物质，还含有龙脑、柠檬醛、樟烯酚、桉叶醚等300多种成分。姜油树脂为黑褐色黏稠至非黏稠的半流态液体，呈姜的强烈辛辣味和香气。溶于乙醇（有沉淀）等有机溶剂。

（2）使用建议　姜油树脂可用于调味剂、增香剂等。参考用量：调味料，10~1000mg/kg；软饮料，79mg/kg；冷饮，36~65mg/kg；焙烤食品，52mg/kg；糖果，27mg/kg；肉类制品，30~250mg/kg。

2. 辣椒油树脂

（1）性状与性能　辣椒油树脂（capsicum oleoresin，paprika oleoresin）是将辣椒的果实粉碎后，用有机溶剂如乙醚、乙醇或丙酮浸提而得，为暗红色至橙红色澄清液体。用乙醇提取的较用乙醚提取的色泽更深，味略辛。有强烈辛辣味，对口腔乃至咽喉有炙热刺激性，溶于大多数非挥发油，部分溶于乙醇。主要成分为辣椒素、二氢辣椒素、正二氢辣椒素和高辣椒素，另含有色素和酒石酸、苹果酸、柠檬酸等。辣椒油树脂既能赋予食品独特的辣香味，又具有调味和着色的性能，为允许使用的食用天然香料，亦为广泛使用的食品增香剂。

（2）使用建议　辣椒油树脂可用作调味剂、着色剂、增香剂等。参考用量：饮料，14mg/kg；焙烤食品，14mg/kg；调味料，92mg/kg；肉类制品，50~100mg/kg；糖果，11mg/kg。

3. 黑胡椒树脂

（1）性状与性能　黑胡椒树脂（black pepper oleoresin）是由胡椒科植物胡椒的浆果经有机溶剂浸提所得。呈黑绿色、橄榄绿色或淡褐橄榄色，除去叶绿素后的脱色制品为淡黄色。具有明显的黑胡椒特征香气，风味醇香浑厚，自然清新，香气稳定，不易挥发。常温下呈半稠状黏稠液体，一般分为两层，上层为油状层，下层为结晶体。如经过均质，则可呈均一的乳化体，但静置后仍会分成两层。黑胡椒油树脂含5%~26%的挥发油（通常为20%~26%）和30%~55%的胡椒碱（通常为40%~42%）。

（2）使用建议　黑胡椒油树脂几乎含有黑胡椒全部辣味成分，如胡椒碱、胡椒脂碱和六氢吡啶，可直接代替胡椒用于食品，可用于焙烤食品、调味品、肉类制品等。参考用量：调味品，370mg/kg；肉类制品，230mg/kg；饮料，15mg/kg；冷饮，1.0~20mg/kg；焙烤食品，1600mg/kg。

4. 姜黄油树脂

（1）性状与性能　姜黄油树脂（turmeric oleoresin）的主要成分为姜黄酮、姜黄色素、α-水芹烯、姜酮、桉油酚和冰片等。本品主要性状为黄橙色至红棕色黏性液体，具有特殊香气。姜黄油树脂的用途：用作香料和色素。

（2）制法　姜黄油树脂制法：由姜黄属的郁金姜黄的干燥块根由溶剂萃取而得。溶剂限于用丙酮、二氯甲烷、1，2-二氯乙烷、甲醇、乙醇、异丙醇和轻汽油（己烷）。得率15%~20%。

（3）使用建议　姜黄油树脂用作香料和着色剂。

二、合成香料

合成香料的种类很多。其分类方法主要有两种：一种是按官能团分类，分为酮类香料，醇类香料，酯、内酯类香料，醛类香料、烃类香料、醚类香料、氰类香料以及其他香料；另一种是按碳原子骨架分类，分为萜烯类、芳香类、合成香料一般多不直接用于食品加香，多用以配制食用香精。食品中直接添加的合成香料只有香兰素、苯甲醛和薄荷脑等少数几种。现将食品加香常用的几种合成香料介绍如下。

1. 香兰素

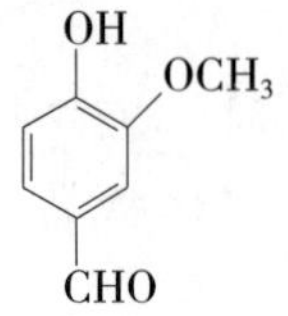

$$\text{香兰素结构式: 苯环，带 OH、OCH}_3\text{、CHO 取代基}$$

香兰素

（1）性状与性能　香兰素（vanillin），俗称香草粉，为白色至微黄色针状结晶，或结晶性粉末，有香荚兰豆特有的香气，微甜。易溶于乙醇、冰乙酸及挥发油。在冷植物油中溶解度不高，略溶于冷水，可溶于热水。

（2）毒性与安全性

① LD_{50}：1.58g/kg（bw）；

②ADI：0~10mg/kg（bw）；

③FDA 将其列入一般公认安全物质。

（3）使用建议　香兰素是使用最多的食品赋香剂之一。它可用于配制多种食用香精，是配制香草型香精的主要原料。在香草型香精中，香兰素的用量约 5%，也可以达 25%~30%。本品也可以单独使用，广泛用于饼干、糕点、饼干、糖果等食品的增香，尤其适用于以乳制品为主要原料的食品。使用量：糕点、饼干，0.1~0.4g/kg；糖果，0.2~0.8g/kg；冷饮食品，0.01~0.3g/kg。

使用注意事项：①在生产糕点、饼干的和面过程中加入，通常以温水溶解后添加，以防止赋香不均或结块而影响风味；②香兰素遇碱或碱性物质会发生变色现象，使用时应注意控制食品的 pH；③香兰素易受光的影响，在空气中逐渐氧化，贮存时应注意密封防潮。

2. 乙基香兰素

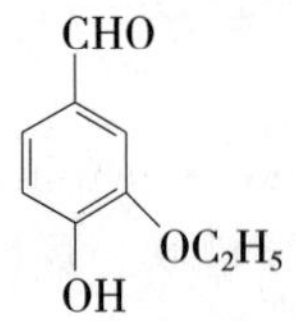

乙基香兰素（结构式：苯环，带 CHO、OC_2H_5、OH 取代基）

乙基香兰素

（1）性状与性能　乙基香兰素（ethyl vanillin）为白色至微黄色结晶或结晶性粉末，有类似香荚兰豆的香气，香气较香兰素浓郁。

（2）毒性与安全性

①FEMA 将其列入一般公认安全物质（FEMA 2464）；

②ADI：0~5mg/kg（bw）。

（3）使用建议　本品的香型与香兰素相同，纯品的香气较香兰素强 3~4 倍，特别适用于乳制品赋香，在各种食品中最大使用量为：饮料，0.02g/kg；冰淇淋，0.044g/kg；糖果，0.065g/kg；巧克力，0.25g/kg；胶基糖果 0.11g/kg。乙基香兰素既可以单独使用，也可以与香兰素、甘油等混合使用。使用注意事项同香兰素。

3. 苯甲醛

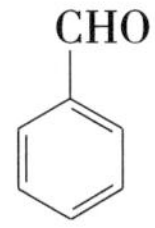

苯甲醛

(1) 性状与性能　苯甲醛（benzaldehyde），又称人造苦杏仁油，纯品为无色液体，普通品为无色至淡黄色液体，有苦杏仁的特殊芳香气味。遇空气逐渐氧化为苯甲酸，还原可变成苯甲醇。微溶于水，与乙醇混溶。苯甲醛一份（V/V）可溶于300份水或5份50%的乙醇中。

(2) 毒性与安全性　ADI：0~5mg/kg（bw）。

(3) 使用建议　苯甲醛广泛用于配制杏仁、樱桃等食用香精，油溶性杏仁香精的配方，一般用量为30%~40%。糖水樱桃罐头的赋香水中可酌加本品，每10kg糖水（浓度45%~50%）可加苯甲醛30mL及樱桃香精10mL。在罐头排气后加入赋香的糖水，添加时勤搅动。

4. 柠檬醛（citral）

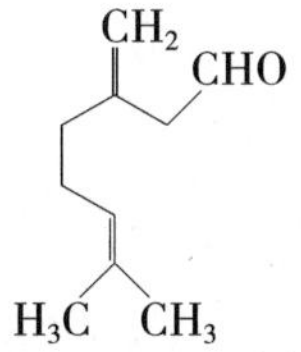

α-柠檬醛（香叶醛） 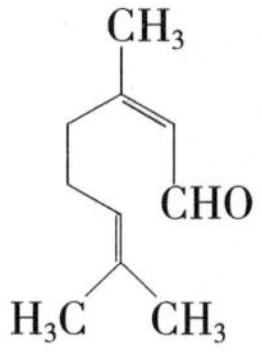　　　　β-柠檬醛（橙花醛）

(1) 性状与性能　柠檬醛由两种构型异构体（香叶醛和橙花醛）组成。纯品为无色或淡黄色液体，有强烈的柠檬样香气，不溶于水，溶于乙醇，与大多数天然和合成香料互溶。

(2) 毒性与安全性　ADI：0~0.5mg/kg（bw）。

(3) 使用建议　本品作为单离香料用于配制柠檬油、白柠檬油、橘子油等各种果香型香精，广泛用于清凉饮料、糖果、冰淇淋、焙烤食品的赋香，食品中最大用量为0.17g/kg。

5. 洋茉莉醛

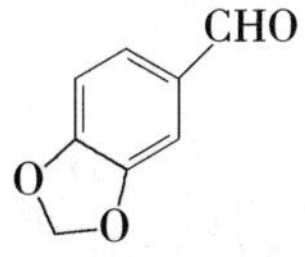

洋茉莉醛

(1) 性状与性能　洋茉莉醛（piperonal），又称胡椒醛，为白色片状有光泽的晶体，有甜而温和的类似香水草花的香气（俗称葵花的花香气）。洋茉莉醛可以与香兰素充分混合，有保持甜味的效果。

(2) 毒性与安全性　ADI：0~2.5mg/kg（bw）。

(3) 使用建议　洋茉莉醛用于配制香草、奶油、樱桃、草莓等类型香精，亦可直接用于冰淇淋、糖果、酒精饮料、焙烤制品，最大用量约为0.036g/kg。

6. 丁酸乙酯

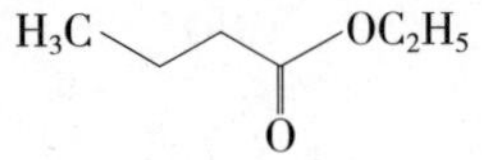

丁酸乙酯结构式

(1) 性状与性能　丁酸乙酯（ethyl butyrate），又称酪酸乙酯，为无色或微黄色透明液体，有类似菠萝的香气。易扩散，不持久。

(2) 毒性与安全性　ADI：0~15mg/kg（bw）。

(3) 使用建议　丁酸乙酯的乙醇溶液，称为菠萝油，很久以来就作为人造香料使用。丁酸乙酯适用于配制菠萝、草莓、香蕉、葡萄等果香型香精，亦可用于奶油香精的调香。食品中最大用量约为 0.14g/kg，一般用量为：饮料，0.005~0.01g/kg；糖果，0.01~0.15g/kg；冰淇淋，0.005~0.010g/kg。

7. 丁酸异戊酯

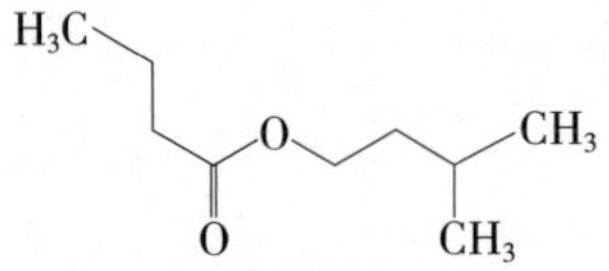

丁酸异戊酯结构式

(1) 性状与性能　丁酸异戊酯（Isoamyl butyrate）为无色透明液体，有类似生梨的香气，易溶于乙醇，几乎不溶于水。

(2) 毒性与安全性　ADI：0~15mg/kg（bw）。

(3) 使用建议　丁酸异戊酯广泛用于生梨、香蕉等果香型香精的调制及朗姆酒（rum）的调香。食品中最大用量为 0.6g/kg，一般用量为：冰淇淋，0.005~0.001g/kg；糖果，0.005~0.015g/kg。

8. dl-薄荷脑

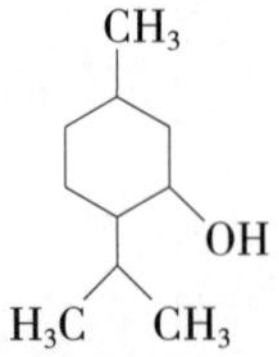

dl-薄荷脑结构式

(1) 性状与性能　dl-薄荷脑（dl-methol）为白色熔块或无色透明液体，有类似天然薄荷油的清凉气息。微溶于水，易溶于乙醇。

(2) 毒性与安全性　ADI：0~0.2mg/kg（bw）。

(3) 使用建议　dl-薄荷脑是配制薄荷型香精的主要原料，在有些薄荷型香精的配方中薄荷脑占 10%~18%。亦可与其他香料配合使用或单独用于糖果、胶基糖果、饮料、冰淇淋的赋香，食品中最大用量约为 1.1g/kg。

9. 麦芽酚

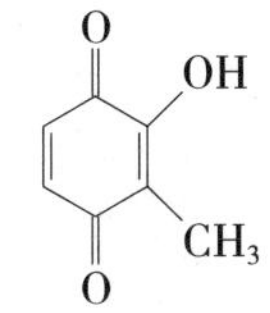

麦芽酚

（1）性状与性能　麦芽酚（maltol，3-Hydroxy-2-methyl-4-pyrone），又称2-甲基焦袂康酸，商品名为味酚，学名2-甲基-3-羟基-4-吡喃酮。麦芽酚为白色或微黄色件状结晶或结晶粉末，熔点160~163℃，有焦甜香甜味，易溶于热水，室温下冷水溶解度为1.5g/100mL。在90℃热油脂中溶解度为2g/100mL，有升华性。

（2）毒性与安全性　ADI：0~0.5mg/kg（bw）。

（3）使用建议　芽酚的风味特征适合于水果味、焦糖味为基础的食品的增香。麦芽酚对咸味无作用，对酸/甜味、香/甜味有增效作用，对苦味、涩味有消杀作用。麦芽酚可用于各种食品，如巧克力、糖果、果酒、果汁、冰淇淋、糕点、饼干、面包、罐头、咖啡、汽水和冰棍等，一般用量为0.05~0.3g/kg。对改善和增强食品的香味有明显效果，对甜食品还能起增甜作用，可相应减少食糖的用量。

10. 1，8-桉叶素

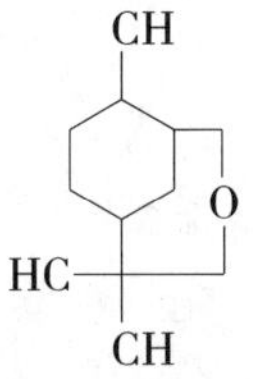

1，8-桉叶素

（1）性状与性能　1，8-桉叶素（eucalyptol），又称桉叶醇、桉叶（油）素。本品为无色油状透明液体。有樟脑气息和清凉的草药味道。沸点176~177℃，熔点1~1.5℃，凝固点1℃，闪点47~48℃。溶于乙醇（1mL溶于5mL 60%乙醇）、乙醚、氯仿、冰醋酸、丙二醇、甘油和大多数非挥发性油，微溶于水。香气检出阈值1~64μg/kg。天然品存在于桉叶油等270余种天然精油中。

（2）毒性与安全性　LD_{50}：2480mg/kg（bw）（大鼠，经口）。

（3）使用建议　1，8-桉叶素的参考用量：含醇饮料，0.9~5.9mg/kg；焙烤制品，5.6~9.7mg/kg；胶基糖果，118.3~465mg/kg；冷饮，3.8~7.1mg/kg；凝胶、布丁，4.6~6.6mg/kg；白葡萄酒，0.6~1.5mg/kg；硬糖，63.4~129.4mg/kg；肉制品，1.7~4mg/kg；无醇饮料，0.43~1.54mg/kg；软糖，14~19.5mg/kg。

11. α-松油醇

（1）性状与性能　α-松油醇（alpha-terpineol）为无色液体或低熔点透明结晶体，具有丁香味，可燃。一般工业上出售的是三种异构体的混合物。熔点12~14℃，沸点214~224℃，相

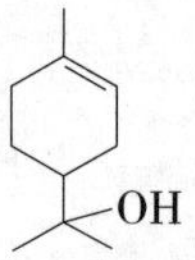

α-松油醇

对密度（20/20℃）0.9337，固化点 2℃，旋光度 [α] $-0°10' \sim +0°10'$，折射率（20/20℃）1.4825~1.4850。1 份松油醇能溶于 2 份（体积）70%的乙醇溶液中，微溶于水和甘油。有樟脑气味，辛辣味。

（2）毒性与安全性　FDA 将其列入一般公认安全物质。

（3）使用建议　调配紫丁香型香精的主剂，耐碱性强，适用于皂用香精，其乙酸酯具有香橼和薰衣草香气，用于香精的配制，亦用于医药、农药、塑料、肥皂、油墨、仪表和电信工业中，是玻璃器皿上色彩的优良溶剂。

12. 大茴香醛

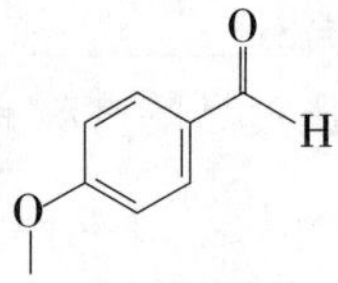

大茴香醛

（1）性状与性能　大茴香醛（isaldehyde），又称茴香醛或 4-甲氧基苯甲醛。本品为无色至淡黄色液体。带有干草样香气，似山楂香气；青香似茴青香气；花香似山楂花香；豆香似香荚兰豆；还有些药草的辛香甜韵。香气强烈，保留时间长。较大茴香醇清强而粗糙。易溶于乙醇、乙醚、丙酮、氯仿等，溶于苯，不溶于水。能随水蒸气挥发。

（2）毒性与安全性　LD_{50}：1510mg/kg（bw）（大鼠，经口）。

（3）使用建议　该品具有持久的山楂香气。在山楂花、葵花、紫丁香香精中作主体香料；在铃兰香精中作香剂；在桂花香精中作修饰剂，也可用于日用香精和食用香精。该品是 GB 2760—2014 规定为暂时允许使用的食用香料，主要用以配制香草、香辛料、杏、奶油、茴香、焦糖、樱桃、巧克力、胡桃、树莓、草莓、薄荷等型香精。与蜜橘等的精油配合，效果很好。

13. 苯甲醛

（1）性状与性能　苯甲醛（benzaldehyde），又称安息香醛，分子式 C_7H_6O，分子量 106.12。本品为无色液体，能与乙醇、乙醚、氯仿等混溶，微溶于水，能进行水蒸气蒸馏。苯甲醛是醛基直接与苯基相连接而生成的化合物，因为具有类似苦杏仁的香味，曾称苦杏仁油。

（2）毒性与安全性

①LD_{50}：1300mg/kg（bw）（大鼠，经口）；

②ADI：0~5mg/kg（bw）。

（3）使用建议　GB 2760—2014 批准其为允许使用的食用香料。

第三节 食用香精

食用香精是指由食用香料和（或）食用热加工香味料与食用香精辅料组成的用来起香味作用的浓缩调配混合物（只产生咸味、甜味或酸味的配制品除外），它含有或不含有食用香精辅料。食用香精与调味品不同，调味品是食品中的一类，一般可直接食用。食用香精通常不直接用于消费，而是用于食品加工，按生产需要适量使用。食用香精可以是调味品很小的组成部分。

食用香精由各种食用香料和许可使用的附加物调配与加工而成。附加物包括载体、溶剂、防腐剂等食品添加剂。载体有蔗糖、糊精、阿拉伯树胶等。食用香精的调配主要是模仿食品天然的香气和香味，注重香气和味觉的仿真性。

一、食用香精的分类

（一）按食用香精的状态分类

1. 水溶性香精

是将各种食用香料调配成的香基溶解在蒸馏水或40%~60%稀乙醇中，必要时再加入酊剂等香料萃取物制成的产品。该类香精适用于汽水、冰淇淋、冷饮、酒、酱菜和调味品等食品的赋香。汽水、冰棒中用量为0.02%~0.10%；酒中用量为0.10%~0.20%；用于软糖、糕饼夹馅、果子露等，用量为0.35%~0.75%。针对香味的挥发性，对工艺中需加热的食品应尽可能在加热冷却后或在加工后期加入。对要进行脱臭、脱水处理的食品，应在处理后加入。

2. 油溶性香精

为透明的油状液体，其色泽、香气、香味和澄清度符合各该型号的指标，不发生表面分层或混浊现象。以精炼植物油作稀释剂的食用油溶性香精，在低温时会发生冻凝现象。香味的浓度高，在水中难以分散，耐热性高，留香性能较好，适合于高温操作的食品和糖果及口香糖。油溶性香精在气候寒冷时，油脂受冻凝结使香精形成混浊或产生沉淀，严重的会全部凝固，温度升高后可恢复原状。贮藏温度过高或贮藏时间过长时，油质香精易发生氧化变质而产生不良的风味，影响香精和加香产品的香气和香味。

食用油溶性香精主要用于焙烤食品、糖果等赋香。用量：糕点、饼干中0.05%~15%，面包中0.04%~0.1%，糖果中0.05%~0.1%。在焙烤食品中，必须使用耐热的油溶性香精。

3. 乳化香精

是由食用香料、食用油、比重调节剂、抗氧化剂、脂溶性防腐剂等组成的油相（内相）和由乳化剂、着色剂、水溶性防腐剂、增调剂、酸度调节剂和蒸馏水等组成的水相（外相），经乳化、高压均质等工序制成稳定的乳浊液。该类香精主要用于软饮料和冷饮等产品的加香、增味、着色或使之混浊。乳化香精是一类由水、油两相体系组成的产品，不宜久藏，且受冻会导致破乳而产生两相分离。

乳化香精适用于汽水、冷饮的赋香。用量：雪糕、冰淇淋、汽水为0.1%；也可用于固体饮料，用量为0.2%~1.0%。

4. 水油两用型香精

一般是以丙二醇作溶剂。其特点是香气沉着持久、风味柔和自然。这类香精可溶于水或油中，且具有一定的耐热能力，因此其适用面较广，可用于碳酸饮料、果汁饮料、乳饮料、冰淇淋、软糖、果酱等产品。

5. 固体香精

固体香精又称粉末香精。这类香精适用于粉状食品加香，如固体饮料粉、果冻粉、方便汤料等，亦可用于饼干、糕点、膨化食品等产品。按制法不同又可分为：①吸附型香精：是将食用香料和乳糖等载体简单混合，使香料吸附在载体上制成；②微胶囊香精：是将食用香料预先与乳化剂、赋形剂（如食用胶、改性淀粉等）混合，分散在水溶液中，经喷雾干燥制成。该类香精稳定性好，分散性亦较好，适于各种饮料、粉末制品和速溶食品使用。

（二）按照食用香精的香型分类

（1）果香型香精　大多是模仿果实的香气调配而成，如橘子、柠檬、橙子、香蕉、苹果、葡萄、梨、草莓、菠萝、甜瓜等。

（2）坚果香型香精　如咖啡香精、杏仁香精、椰子香精、核桃香精、榛子香精、花生香精、可可香精等。

（3）薄荷型香精　如薄荷香精、留兰香香精、桉叶香精等。

（4）辛香型香精　如生姜香精、大蒜香精、芫荽香精、丁香香精、肉桂香精、八角茴香香精、辣椒香精、肉豆蔻香精等。

（5）蔬菜香型香精　如蘑菇香精、番茄香精、黄瓜香精、芹菜香精等。

（6）乳香型香精　如牛乳、奶油、干酪、酸干酪等。

（7）肉味型香精　如牛肉香精、鸡肉香精、海鲜香精、羊肉香精等。

（8）酒用香型香精　如清香型、浓香型、酱香型、米香型、朗姆酒香、杜松酒香、白兰地酒香、威士忌酒香等。

也有按照花香、果香、草香、木香等香型进行分类的。

（三）按照食用香精味道的分类

（1）甜味香精　指具有甜味的食用香精，按香型分为果香型香精、乳香型香精、坚果香型香精等。一般用于软饮料、冰制品、糖果、焙烤食品和乳制品等。

（2）咸味香精　指由热反应香料、食用香料化合物、香辛料（或其提取物）等香味成分中的一种或多种与食用载体和或其他食品添加剂构成的混合物，用于咸味食品的加香。从品种来看，咸味食用香精主要包括牛肉、猪肉、鸡肉等肉味香精，鱼、虾、蟹、贝类等海鲜香精，各种菜肴香精以及其他调味香精。从制备方法来看，咸味食用香精主要包括调和型咸味香精、反应型咸味香精、发酵型咸味香精、酶解型咸味香精、脂肪氧化型咸味香精。一般用于方便面和各种肉制品等食品。

（3）调和型咸味香精　指用各种食用香料、溶剂和载体等原料混合而成的咸味香精，此类香精常作为热反应咸味香精的头香使用，如牛肉调和香精通常添加到牛肉热反应香精中，然后应用于各种肉制品中。

二、食用香精的配制

食用香精是由数种甚至数十种食用香料调配与加工制成。配制香精前，应先评价各种香料的香气品质，进而确定其用量，再通过反复混合实验评定以确定最佳配方，这个过程称作调香。调香是一项专业性极强的工作，是把天然香料和单体香料作为原料，调配成预定的香型的创造活动，类似于画家把颜料混合，然后描绘成自然色彩一样的艺术创作。

所谓调香，就是将各种各样香的、臭的，或者难以描述为是香的还是臭的香料调配成令人闻之愉快的、大多数人喜欢的、可以在某种范围内使用的更有价值的混合物（即香精）。调香工作是一种增加（有时是极大地增加）物质价值的有意识的行为，是一种创造性、艺术性甚高的行为，但又不能把它同艺术家的工作画等号。合格的调香师需要辨香能力的严格训练。调香者个人素质和能力的培养，是调出诱人香气产品的关键所在。

（一）香料、香精的品质

香料的品质是调香的基础，是生产质优价廉香精的先决条件。可采用如下参数描写香料的品质。

1. 香比强值

将100%苯乙醇的香比强值定为10%，10%苯乙醇（以 D.E.P 为溶剂）的香比强值为1，其他常用香料在100%时的香比强值通过多人的感官检验确定。该值最为直观地反映一个香料的香气强度，能直接看出一个香料对加香产品的香气贡献，计算简便，已逐渐成为调香、香料和香精开发、贸易的重要数据。常见的香比强值见表5-2。香比强值和阈值一样，测定数据常常有较大的出入，但仍能反映香料、香精相对的香气强度，有较大的实际意义。

表 5-2　　　　　　　　　　　配方香料单体香比强值

香料	香比强值	香料	香比强值
乙酸苄酯	25	苯乙醇	100
甲位戊基桂醛	250	羟基香茅醛	160
芳樟醇	10	水杨酸苄酯	2
吲哚	1600	苄醇	2

香精的香比强值可以用组成该香精的各香料单体的香比强值及其比例计算出来。如某茉莉花香精配方如下：乙酸苄酯50%、甲位戊基桂醛10%、芳樟醇10%、苄醇10%、苯乙醇10%、羟基香茅醛5%、水杨酸苄酯4%、吲哚1%。此配方香料单体香比强值见表5-2。

该香精的香比强值 = (50×25+10×250+10×10+1×1600+10×100+10×2+4×2+5×160) ÷ 100 = 72.78。

假如某食品需用香比强值100的茉莉香精1%，采用上面这个茉莉香精配方生产香精时，则必须加入1.4%才够。当然，实际应用时还要考虑香气好不好，留香是否持久，能否掩盖基质的不良气味等。

2. 留香值

把香气在不到1d就嗅不到的香料的留香值定为1，超过100d还能嗅到香气的留香值定为100，其余的香料留香 N_d 其留香值就是 N。留香值可以定量描述香料的留香能力。如把这些数据应用于调配香精，使每一个调配好的香精也有个留香力数据，这对香精的"价值"评判、加香实验、贸易等方面都将带来极大的方便。一些香料的留香值见表5-3。

表 5-3　　　　　　　　　　香料的留香值与用量

香料	留香值	用量	香料	留香值	用量
乙酸苄酯	1	40	丁香油	22	1
芳樟醇	2	19	羟基香茅醛	80	5
水杨酸苄醇	8	10	甲位戊基桂醛	100	10
苄南加油	14	10	安息香膏	100	5

要计算一个香精的"留香值",也同"香比强值"的计算方法一样。

该香精的留香值=（1×40+2×19+8×10+14×10+22×1+80×5+100×10+100×5）÷100=22.2。

需要说明的是,这个"留香值"只是计算值,可用于不同香料、香精留香能力的比较,但并不表示这个香精的实际挥发时间（天数）。

3. 香品值

组织专门的评香小组,每个成员分别给予香料一个评价分——最低 0 分,最高 100 分,去掉一个最高分和一个最低值,然后取平均值,这个平均分就是该香料的香品值。香料本来是无所谓"品位"的,以吲哚为例,直接嗅闻就像鸡粪一样的恶臭,稀释到1%以下的浓度时却有茉莉一样的香气。其实大部分香料直接嗅闻时香气都不好,稀释以后也不一定都好。各种香料的香气是在调配成香精时发挥它的作用的,使用不当不但发挥不了作用,有时反而会破坏整体香气。因此,如果要给每一个香料一个"品位值"的话,只能放在一个香气范围内考察它的"表现"。例如,乙酸苄酯一般都用调配茉莉香精使用,我们就看它本身像不像茉莉花香,很像的话"分数"给高一些,不太像的话"分数"就给低一些。"香品值"就是按这个思路创出来的。常见香料的香品值见表 5-4。

表 5-4　　　　　　　　　　一些香精香料的质量参数

香料名称	香比强值	香品值	留香值	综合分
苯甲醛	1000	40	1	40
二氢茉莉酮酸甲酯	25	90	100	225
薄荷醇	1000	80	1	80
橙花醇	150	90	8	108
丁酸乙酯	100	80	1	8
丁酸异戊酯	75	50	11	41.25
丁香酚	400	15	16	96
二氢香豆素	200	10	100	200
芳樟醇	100	60	10	60
甲酸苄酯	60	80	2	9.6

续表

香料名称	香比强值	香品值	留香值	综合分
龙脑	400	80	1	32
麦芽酚	200	10	100	200
柠檬醛	400	10	60	240
十一醛	1000	2	100	200
桃醛	400	5	91	182
香豆素	400	5	100	200
香兰素	100	10	100	100
香茅醇	100	40	25	100
洋茉莉醛	100	80	15	120
乙基麦芽酚	400	10	100	400
乙基香兰素	400	10	100	400
乙酸薄荷酯	350	30	15	157.5
异丁香酚	160	10	100	160
肉豆蔻油	500	70	11	385
香柠檬油	150	90	6	81
大茴香油	300	40	7	84
柠檬油	300	100	8	240

香精的"香品值"可以按配方中各个香料的香品值、用量比例计算出来，计算方法同香比强值、留香值一样，计算出来的香品值称作"计算香品值"，它同"实际香品值"（香精让众人评价打分，取平均值）有差距。调配一个香精，如果它的实际香品值小于计算香品值的话，可以认为调香是失败的；实际香品值超过计算香品值越多，调香就越成功。

4. 综合评价分数

对每一个香料或香精来说，都给它的"香品值" P、"香比强值" B、"留香值" L 三个数据。把这三个数据相乘再除以 1000（$P \times B \times L / 1000$），就是这个香料或香精的"综合评价分数" Z。一般情况下，Z 越高，该香料或香精的实用价值也越高。例如，有一个茉莉香精（A），我们用该香精的配方算出它的香比强值为 124、留香值为 58，请了 30 个非专业人员给它打分然后算出其香品值为 63，这个香精的综合评价分数为：$124 \times 58 \times 63 / 1000 \approx 453$；另一个茉莉香精（B）的香比强值为 85，留香值为 66，香品值为 82，综合评价分数为：$85 \times 66 \times 82 / 1000 \approx 488$。显然，香精（B）比香精（A）的综合评价分数高，虽然香精（B）的香气强度低些，但它留香较久，大多数人更喜欢它的香气，所以综合评价分数较高。

在调香过程中，明确香料和香精的三值（香比强值、留香值、香品值）、综合评价分数等参数，对于确定香料、香精的用量、成本等是很有参考价值的。一般来说，香料的综合评价分数越高，市场价格越低，用之所调出香精价格则越低。下面所述的三种茉莉香料可以说明这个问题：二氢茉莉酮酸甲酯香气非常美好，但香比强值低，因而它的综合评价分数不高，目前价格也太高，故不宜采用；乙酸苄酯的香气也不错，但不留香，综合评价分数极低，但价格非常低廉，调香师还是乐于使用它，不过调香师通常是将它作为稀释剂（溶剂）以降低成本，毕竟它对香精的整体香气贡献不大；甲位戊基桂醛的香品值相当低（由于明显的"化学臭"），但留香好，香气强度大，综合评价分数接近二氢茉莉酮酸甲酯，而价格仅为后者的1/5左右，因而大受调香师的欢迎，调香师明知它的"化学臭"却还是希望多用它，然后再想办法使用各种"修饰剂"将香精气味调配圆和，从而达到降低香精价格的目的。

（二）香精的配制

香精的配料主要由五部分组成。

1. 主香剂

又称基香剂或香基，代表着香精的香型，即构成香精香气的基本原料。也是香精配方的主体成分，显示出香型特征的主体，其主要成分是香料物质。

2. 合香剂

又称头香剂或顶香剂，它是从香精中最先发挥出来的成分，它的挥发性比主香剂大，香气扩散力强，它的作用是使香精的香气更加明快、突出，增加人们的最初喜爱感。合香剂可弥补主香剂的不足，调和各种成分的香气，使香精的香气更加完美。

3. 矫香剂

是使香型变化格调的成分。复配香精单靠主香剂、合香剂香气往往单调、无味，配以矫香剂补足主香剂之不足，使其香气变得清新、幽雅，或使强烈的变为适中，主香剂更能发挥作用。若加入的矫香剂与主香剂为同一香型，称为协调剂，可使主香剂的香型更加明显突出；若加入的矫香剂与主香剂不属于同一香型，称为变调剂，使香气得到调整而别具风韵。特别是主香剂为天然香料，复配后伴有不愉快的气味时，加入变调剂更为必要。

4. 定香剂

又称保香剂或保留剂，本身是不易挥发，并能抑制呈香成分挥发的成分。

5. 其他成分

如稀释剂、脱苦剂、防腐剂等符合食品添加剂要求的物质成分，把这五类成分适当地组合使之成为香味非常协调的成品——食用香精。食用香精的典型调配过程如图5-1所示。

首先将各种主要香料按比例调配在一起，把它当作香精的主香剂，并加入相应的合香剂，使香味在幅度和深度上得到扩散，再加矫香剂、补助剂调制整理。为了得到一定的保留性和挥发性，再加上定香剂和乙醇等有机溶剂，并经过一定时间的圆熟（亦称陈化），就制成食用香精的基本类型，称为香基。然后再进一步将香基经过加工制成水溶性香精、油溶性香精、乳化香精以及固体香精等各种成品香精。现将几种常用的香基配方介绍如下。

1. 水溶性香精（essence）的配制

（1）柑橘型香精　取40%~60%乙醇100份和柑橘类植物精油10~20份，装入带有搅拌装置的浸提釜中，在60~80℃下搅拌2~3h温浸，亦可在常温下搅拌一段时间冷浸。浸提物密闭保存2~3d后进行分离，将乙醇溶液部分在-5℃左右冷却数日，加入适当的助滤剂，趁冷滤去

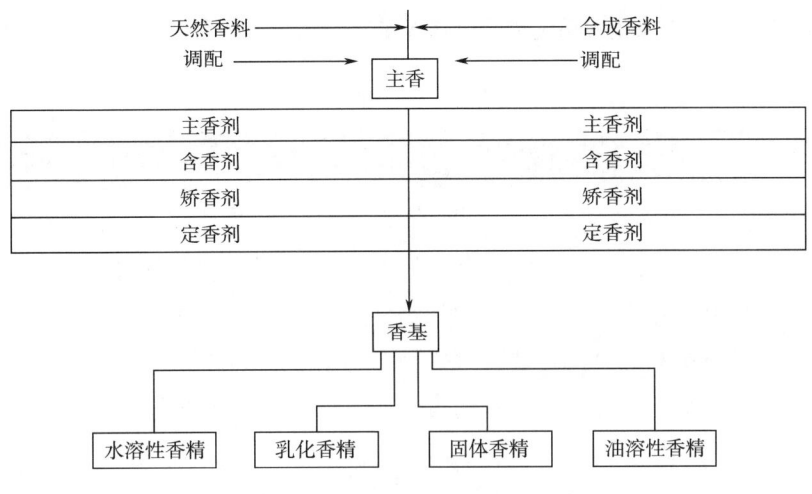

图 5-1　食用香精的典型调配过程

除析出的不溶物质，经圆熟后即为成品。

（2）酯型水溶性香精（水果香精）　以酯类为主构成的香基与柑橘型香精不同。将香基、醇和水一起混合溶解，然后冷却、过滤、着色即得成品，具体配方如下：

①苹果香精：苹果香基，10%；丙二醇，5%；苹果回收食用香味素，30%；乙醇，55%。

②香蕉香精：香蕉香基，20%；水，25%；乙醇，55%。

③葡萄香精：葡萄香基，5%；丙二醇，10%；葡萄回收食用香味料，30%；乙醇，55%。

④菠萝香精：菠萝香基，7%；乙醇，48%；柑橘香精，10%；柠檬香精，10%；水，25%。

⑤咖啡香精：咖啡酊，90%；呋喃硫醇，0.05%；甲酸乙酯，0.5%；丁二酮，0.02%；麦芽酚，0.5%；丙二醇，8.93%。

⑥香草香精：香荚兰豆酊剂，90%；麦芽酚，0.2%；乙基香兰素，3%；香兰素，0.5%；丙二醇，6.3%。

（3）白酒香精

①仿五粮液酒香精：乙酸乙酯，120mg/100mL；乙酸，52mg/100mL；己酸乙酯，290mg/100mL；己酸，42mg/100mL；乳酸乙酯，200mg/100mL；乳酸，35mg/100mL；丁酸乙酯，28mg/100mL；丁酸，13mg/100mL；戊酸乙酯，7mg/100mL；戊酸，3mg/100mL；庚酸乙酯，8mg/100mL；异戊酸，2mg/100mL；油酸乙酯，4mg/100mL；甲酸，4mg/100mL；辛酸乙酯，3mg/100mL；异戊醇，60mg/100mL；棕榈酸乙酯，5mg/100mL；异丁醇，12mg/100mL；壬酸乙酯，2mg/100mL；仲丁醇，12mg/100mL；2,3-丁二醇，20mg/100mL；正丁醇，8mg/100mL；丙三醇，120mg/100mL；正丙醇，40mg/100mL；双乙酰，65mg/100mL；乙醛，50mg/100mL；醋酸，55mg/100mL；乙缩醛，100mg/100mL；丙酸，2mg/100mL；正己醇，2mg/100mL。

②仿剑南春型酒香精：甲酸乙酯，10mg/100mL；乙酸，40mg/100mL；乙酸乙酯，120mg/100mL；丙酸，3mg/100mL；乙酸异戊酯，10mg/100mL；丁酸，16mg/100mL；丁酸乙酯，20mg/100mL；戊酸，4mg/100mL；戊酸乙酯，8mg/100mL；己酸，35mg/100mL；己酸乙酯，320mg/100mL；乳酸，45mg/100mL；乳酸乙酯，140mg/100mL；正丙醇，26mg/100mL；乙醛，50mg/100mL；异戊醇，42mg/100mL；乙缩醛，110mg/100mL；仲丁醇，10mg/100mL；正己烷，

2mg/100mL；异丁醇，12mg/100mL；丙三醇，150mg/100mL；正丁醇，18mg/100mL。

（4）玫瑰花香精　玫瑰花香精配方Ⅰ见表5-5。

表5-5　　　　　　　　　　　玫瑰花香精配方Ⅰ

	组分	用量/g	组分	用量/g
A	10%苯乙醛	10	赖百当香膏	10
	苯乙醇	125	10%灵猫酊剂	5
	香茅醇	250	广藿香油	10
	丁香酚	5	桂醇	15
	苯乙酸	10	苯乙醇	85
	10%十一醛	15	结晶玫瑰	50
	香叶醇	375	50%安息香香膏	25
	α-紫罗兰醇	70	10%鸢尾浸膏	10
	桂醇	125	甲基紫罗兰酮	40
B	香叶醇	200	檀香油	10
	玫瑰草油	30	羟基香茅醛	30
	香茅醇	200	二甲苯麝香	40
	丁香油	10		

制备时将A组分混合，搅拌均匀，取80g加入B组分中，搅拌均匀即可分装。

玫瑰花香精配方Ⅱ见表5-6。

表5-6　　　　　　　　　　　玫瑰花香精配方Ⅱ

组分	用量/g	组分	用量/g
10%苯乙醛	10	10%十一醛	15
苯乙醇	125	香叶醇	375
香茅醇	250	α-紫罗兰酮	70
丁香醇	5	桂醇	125
苯乙酸	10	结晶玫瑰	15

玫瑰花香精配方Ⅲ见表5-7。

表5-7　　　　　　　　　　　玫瑰花香精配方Ⅲ

组分	用量/g	组分	用量/g
香叶醇	200	苯乙醇	85

续表

组分	用量/g	组分	用量/g
玫瑰草油	30	香叶醇	50
香茅醇	200	丁香油	10
50%安息香香膏	25	赖百当香膏	10
10%鸢尾浸膏	10	10%灵猫酊剂	5
甲基紫罗兰酮	400	广藿香油	10
檀香油	10	桂醇	15
羟基香茅醛	30	结晶玫瑰	50
二甲苯麝香	40	玫瑰简方	80

由上述三个玫瑰花香精的配方可以看出：香型相同，但香料组分及其含量可能有很大差异。

2. 油溶性香精（oily flavor）的配制

油溶性香精通常为用 10%~20%香精，以 80%~90%植物油、丙二醇等作为溶剂调和得到的成品。如：

①苹果香精：苹果香基，15%；植物油，85%。

②香蕉香精：香蕉香基，30%；柠檬油，3%；植物油，67%。

③葡萄香精：葡萄香基，10%；麦芽酚，0.5%；乙酸乙酯，10%；植物油，79.5%。

④菠萝香精：菠萝香基，15%；植物油，83%；柠檬油，2%。

⑤咖啡香精：咖啡油树脂，50%；10%呋喃硫醇，0.2%；甲基环戊烯酮醇，2%；丁二酮，0.1%；麦芽酚，1%；丙二醇，46.7%。

⑥香荚兰豆香精：香荚兰豆油树脂，30%；麦芽酚，0.2%；香兰素，5%；丙二醇，42.8%；乙基香兰素，2%；甘油，20%。

3. 乳化香精（emulsion flavor）的配制

乳化香精一般是以油性香料为内相、水为外相的乳化液，加入适当的乳化剂、稳定剂和凝固剂、抗氧化剂和色素等制成。最简单的乳化香精配方有：

①菠萝乳化香精（%）：内相，菠萝香基 5.0、柠檬油 1.0；外相，20%阿拉伯树胶溶液 94.0%。

②橘子乳化香精（%）：内相，橘子油 10%；外相，20%阿拉伯树胶溶液 90%。

4. 粉末香精（powdered flavor）的配制

（1）固体香料粉碎制得 如粉末香荚兰豆香精：香兰素 10%、乳糖 80%、乙基香兰素 10%。

（2）喷雾干燥法制得 采用与乳化香精同样的方法制成乳化液，然后进行喷雾干燥，从而获得被食用胶等赋形剂所包裹的球状粉末香精，或称微胶囊香精。

（3）结型微胶囊固体香精 主要是以 β-环糊精等为包结材料，从分子水平上进行微胶囊化包埋。包结材料的包结能力因香料而异，一般地，β-环糊精对大蒜、生姜、柑橘等香精油的包结能力为 0.5%~10%。

第四节　香精、香料在食品工业中的应用及制取方法

一、香精、香料在食品工业中的应用

食用香精、香料已经广泛应用到食品生产的各个领域，它不仅改善了食品质量，弥补食品的风味缺陷，增加食品的色香味，提高了人们的生活质量和品位，同时也促进了食品工业的快速发展。目前，香精香料在食品工业中主要应用于以下几个领域：

（一）在糖果中的应用

糖果的生产需要经过热加工，热加工对香味的损失是很大的，所以需要添加香精来弥补香味的缺失。香精在糖果生产中应用很广，如硬糖、充气糖果、焦香糖果、果汁糖、凝胶糖果、口香糖、泡泡糖、粉糖等的生产中，食用香精都是其中不可缺少的添加剂。虽然香精在糖果中的使用量很少，但对产品的香气风味起着决定性的作用，它能使糖果香味可人，变化无穷，以此来满足人们对各种不同口味的要求。在糖果生产中一般采用热稳定性高的油溶性香精，在糖果中的添加量一般为 0.1%~0.3%，但在口香糖、泡泡糖等基糖中的添加量一般需要达到 0.5%~0.8%。目前已有微胶囊化香精用于糖果尤其是口香糖的生产，可以减少加工过程中香精的损失和破坏，而且在咀嚼过程中香味能够保持长久。

（二）在饮料、冷饮中的应用

香精在饮料、冷饮的生产中也有着非常广泛的应用。饮料中的香味成分在加工过程中很容易失去，而添香精、香料不仅可以补充由于加工而损失的香味，维持和稳定饮料产品的自然口味，还可以可覆盖产品中的不良风味，更重要的是还能够提升产品的档次，从而增加产品的价值。如一般的白酒有糙辣、苦涩等不良味感，为了掩盖这些异味，需要加入一定量的香料，同时突出白酒特有的香气。饮料和冷饮中香精或乳化香精的应用更加广泛，但添加量一般较小，为 0.03%~0.05%。

（三）在调味料中的应用

香精在调味料中的应用非常广泛，包括肉制品、膨化类调味料、饼干类调味料和方便面等方便食品调味包用调味料等。在调味料的生产中，由于受到各种不同原料或化学反应时不同温度和控制条件的影响，往往导致产品的特征性风味并不明显，即缺少头香，而适当添加食用香精可以弥补这个缺陷。调味料所用的香精一般为咸味香精，包括猪、牛、羊、鸡等畜禽类、海鲜类、蔬菜类和香辛料类等，且多为耐高温的油溶性香精。食用香精在调味料中的添加量需依不同的工艺、配方和客户的要求而定，一般为 0.3%~0.8%。目前，已有不少关于微胶囊化调味料研制和应用的报道，采用微胶囊化香料既可避免风味物质在贮藏过程中的损失，又可使香料在溶水时风味物质迅速释放出来。

（四）在乳制品中的应用

乳制品是人们获得优质蛋白的重要来源，但由于人们的爱好、口味不同，需要添加不同香型、不同风味精香料，从而使产品具有独特的风味。香精香料在乳制品中主要应用于酸干酪、

乳酸菌饮料和人造黄油。乳香、柑橘类和果味香精是食用香精中传统流行的主流口味，而杧果、芦荟、葡萄、西番莲、番石榴、番木瓜和葡萄柚等在酸乳中的应用日渐扩大。

（五）在焙烤食品中的应用

焙烤食品尤其是饼干使用香精最为广泛，它不仅可以掩盖某些原料带来的不良气味，还可烘托饼干的香味，增进人的食欲。由于饼干在焙烤过程中表面要经受180～200℃的高温，因此要求耐高温、油溶性的香精一般添加量为0.1%～0.3%。另外，焙烤食品在焙烤过程中，由于水分的蒸发会带走部分香料，同时香料高温下会过度逸散或发生变化，使焙烤食品在货架期内风味或口感不足，而在焙烤食品中添加微胶囊化的调味香料后，可以减少加工过程中的损失，使其在货架期内有浓郁的风味。目前在葱香饼干、茶风味饼干等不同风味的饼干以及面包、膨化食品的加工中，很多都已采用微胶囊化的调味香料。

焙烤食品中使用的主要是油溶性香精，常用的有奶油香精、杏仁香精、香草香精及香兰素，也有用牛肉、火腿等肉类香精。其添加方法：①将香料、香精添加在面团中；②将香料、香精喷洒在刚出炉的制品表面；③制品涂油后再喷洒香料、香精；④将香料、香精添加在夹心或包衣中。香精在面包中的用量为0.01%～0.1%，在饼干、糕点中为0.05%～0.15%。

（六）在肉制品中的应用

肉制品最常使用的是辛香味香料、肉味香料和其他香味料，它们具有去除、掩盖生肉腥膻味，赋予和增加肉制品风味的作用。如高温肉制品经高温杀菌后，口感比低温肉制品差，肉感不强，有蒸煮味，而添加香精能够改善高温肉制品的风味，高温肉制品应选用耐热性能好的油质香精或热反应型香精。在低温肉制品中，添加香精也能够改善产品的风味，起到诱人的作用；中低档低温肉制品由于大量使用淀粉大豆蛋白等填充料，因而需要增加香精使用量来改善风味、掩盖异味。由于低温肉制品采用冷藏方式，大多数在食用时不加热，因此宜选用香气浓郁、低温挥发性强、留香时间长的香精。目前，西式肉制品仍为香精应用的主要领域，中式肉制品逐渐在接受使用香精，而应用于速冻方便肉制品的食用香精将成为主流。

二、香精、香料制取方法

香精、香料是以天然植物、肉类、酶解蛋白、乳制品等通过物理方法、热加工法、生物技术法等得到的产品。

（一）物理方法

大自然的辛香料，芳香植物的花、叶、根、籽、皮，水果，蔬菜等，可通过压榨、蒸馏、萃取、浓缩、层析等物理方法得到精油、萃取物、油树脂、浸酊、浸膏、浓缩物、蒸出液、萜烯类、除萜精油、重组精油等一系列天然香原料。

（二）热加工法

一些食物在未热加工前没有香气或香气很淡，然而当它们在烘烤或煎炸时却产生了一定的香味。这是因为它们在热加工过程中发生了分解、氧化、重排等反应，生成具有食品特殊风味的香味物质，又称热加工食用香料。这些反应虽多种多样，但基本反应属于氨基酸与糖之间的美拉德反应。选用不同的氨基酸和糖以及在不同的反应条件，产生的香味也不同。例如脯氨酸、半胱氨酸与核糖加热反应可生成肉汤香味料；谷氨酸和葡萄糖加热反应可生成巧克力香味料；精氨酸、赖氨酸、天冬氨酸与葡萄糖加热反应可生成咖啡香味料等。脂肪加热降解产生挥发性物质及含有不饱和脂肪酸等香味物质,因此脂肪氧化也可以制备香精。在实践中,动物脂肪降解生产食用香精得到了广泛应用,如:利用鸡油制备鸡精,猪油、牛油、羊油分别生产猪肉、牛肉和羊肉香精。

(三)生物技术法

生物技术包括酶工程、微生物工程、细胞工程等。目前,在这些技术中最具有实际应用价值的是用酶法获得香味料,如用蛋白酶水解动物蛋白(HAP)或水解植物蛋白(HVP),作为肉味香料的前体物,再配合以氨基酸、酵母膏、还原糖和脂肪等物质,经美拉德反应制备肉类香味料;用脂肪酶催化酯化反应、酯基转化反应和内酯化反应等进行风味酯的合成;其次是微生物法制备单体香料,如微生物合成吡嗪类香料:四甲基吡嗪、2-甲氧基-3-仲丁基吡嗪、2-羟基-3,6-二异丁基吡嗪等。

而植物类香料加工技术的多样化芳香植物类香料加工主要技术有超临界 CO_2 萃取、降膜式高真空分馏、薄膜浓缩、多元溶媒转移萃取法、非热法香气物质捕集法、短程蒸馏技术和旋转锥体柱(SCC)技术。其中,多元溶媒转移萃取法和 SCC 技术应用优势突出。

具体介绍如下:将传统萃取技术加以巧妙的改进,利用不同的溶剂对天然植物中不同的成分有不同的溶解能力,将天然植物中的各种成分最大限度地萃取出来,转移到一个统一的溶剂中,形成一个稳定的产物,它具有天然植物的逼真香气和淳厚味感。SCC 技术是利用旋转锥型盘的离心力,把滴在盘面上的液体分散成极薄的液体面,在高速旋转锥型盘的作用与加热的情况下蒸发,使通入的气体能充分接触而完成气提的过程。

(四)应用产品的调配及生产

通过物理方法,如采用超临界萃取所得的精油树脂,因为其纯度高,在实际生产中的添加量太少而不方便使用,于是按比例添加乙醇、植物油等进行稀释,调配成一种新的适合应用的产品。将多种香料单体按照一定比例勾兑,形成各种不同风味的香精,如猪肉香精、鸡肉香精、甜玉米香精等,该产品头香明显,一般以液体的形式流通,若在其中添加填充物,如变性淀粉或者糊精等对其进行包埋,则形成了粉体香精以方便使用。热反应型香精一般以膏体的形式销售。在生产实际中,如膨化休闲食品、方便面等,如果需要粉体,那么膏体则需要通过喷雾、真空或者微波等干燥工艺。经微波干燥后的产品通常会增加新的风味。在膏体香精中添加液体香精,增加头香,使产品的头香留香效果更佳。

三、影响食用香精、香料安全性的因素及其控制

目前,由于我国食用香精、香料的应用范围日益扩大,越来越多的香精、香料应用于各种食品中。随着生活水平的提高,人们对香精、香料的安全问题也越来越关注,香精、香料的安全性,是调香工作中的一个非常重要的课题。

由于香精是一种混合物,应用场合不同、流行趋势不同,香精的配方千变万化。香精的安全性取决于所用原料的安全性。只要构成香精的各种原料符合法规要求,它的安全性就是有保证的。一般不要求也不可能对每种香精的安全性逐一进行评价。香精是科学与艺术相结合的产物,每种香精的创新要花费大量的人力物力,故香精配方属知识范畴,具有保密性。各国的法规都不要求在产品标签上标示香精的各种组分。因此香精和香料的安全性重点在于香料的安全性。

(一)原材料的安全性问题

食用香精、香料的原材料是影响其安全性的最主要因素之一。由于香料品种多,而经过安全性评价的香料数量比较少。很多香料有长期的使用史和少量的安全使用依据,但大部分没有经过细致和全面的毒性试验。例如,黄樟素是从樟木中提取的香料物质,在其证实具有肝毒性和致癌性之前一直被长期使用。同样,来源于天然的香料物质未必就无毒无害,例如,某些香料物质(辣椒素、姜黄、薄荷醇等)使用后可能会产生过敏或特异性的不耐受。因而,天然香料也不能排除进行适用于食用香料的毒理学评价。香料的生产绝不能使用未经许可的品种,更不能使用化工原料的香料单体来替代食品级香料,以降低成本或提高产品的留香效果。然而,一些不法生产者为了牟取暴利,采用伪劣原料或非食品级的原料进行生产致使食用香精香料的安全性问题日益凸显,成为制约食用香精香料发展和推广的首要问题。

(二)加工工艺的安全性问题

加工工艺是影响食用香精香料安全性的又一可能因素。自从2002年瑞典国家食物管理局(Swedish National Food Administration)和斯德哥尔摩大学(Stockholm University)的科学家报道油炸马铃薯和焙烤食品中含有丙烯酰胺以及丙烯酰胺的潜在危害以来,德国、比利时、中国、日本等国科学家相继发现热反应体系会产生丙烯酰胺这一安全性问题。丙烯酰胺对人体具有神经毒系、生殖毒性以及潜在的致癌性,会对大脑以及中枢神经造成损害,并被国际癌症研究机构(IARC)列为"可能对人致癌物质"。目前,对食品中丙烯酰胺形成机制的研究并没有确切结论,然而由氨基酸和还原糖在高温加热条件下通过美拉德反应生成丙烯酰胺这一反应机制已经得到了确认。对于肉味香精来说,热反应是制备香精的重要加工工艺,但是对于绝大部分热反应型香精的安全性评价以及各种成分的毒性分析数据却很少,因而热反应类香精在生产过程中是否有可能生成丙烯酰胺以及其中丙烯酰胺的含量等问题还需要学者进行进一步的研究。

对于一些以肉类为原料制备得到的热加工型肉类香精来说,其可能产生的毒害物质不仅包括丙烯酰胺,还有杂环胺类物质。如何通过改善加工工艺避免或者降低杂环胺类在热加工肉类香精中的含量也是香精香料生产面临的安全性问题之一。随着植物水解蛋白作为天然调味香料在食品中的大量使用,传统的水解植物蛋白的生产工艺,是将植物蛋白质用浓盐酸在109℃回流酸解,过程中需要加入过量的盐酸。如果原料中还含有脂肪和油脂,则其中的三酰甘油就同时水解成丙三醇,并进一步与盐酸反应生成氯丙醇。氯丙醇具有生殖毒性、致癌性和致突变性。如何优化工艺而降低植物水解蛋白中氯丙醇的生成也是食用香精香料安全领域亟须解决的问题。

(三)储藏过程中的安全性问题

食品在储藏过程中会遇到不同的安全性问题,如受微生物污染而引起的变质等,食用香精香料同样面临着相同的安全隐患。食用香精、香料储藏时受到的微生物污染主要受环境、包装以及形态等因素影响。食用香精、香料的形态主要包括精油、酊剂、浸膏、粉末等,不同的物质形态在储藏过程中受微生物污染程度的差别很大。有实验证明,在相同条件下粉末状香精的大肠菌群生成量要低于浸膏,因而粉末状香精香料的保质期应当更长,安全隐患也更小。这主要是因为液态及膏状香精的含水量大大高于粉末状香精,其中的水分活度更高,更适于微生物的生长。因此,在香精、香料的储藏过程中不可忽视微生物污染问题,应根据产品的种类采用适宜的储藏方式和储藏条件,以最大限度地减少微生物污染的影响,防止食品安全事故的发生。

(四)使用过程中的安全性问题

虽然食用香精、香料被认为是可"自我限量"的添加物质,但是随着食品工业的日益发展,香精、香料使用的逐渐普遍,消费者的味蕾对于香味的识别阈值也在逐年提高,从而可能造成食用香精、香料在使用过程中逐渐增量。

GB 2760—2014 公布了 27 种不得添加食用香料、香精的食品(具体情况见表 5-8)。

表 5-8　　　　　　　　　　不得添加食用香料、香精的食品名单

食品分类号	食品名称	食品分类号	食品名称
01.01.01	巴氏杀菌乳	06.03.01	小麦粉
01.01.02	灭菌乳	06.04.01	杂粮粉
01.02.01	发酵乳	06.05.01	食用淀粉
01.05.01	稀奶油	08.01	生、鲜肉
02.01.01	植物油脂	09.01	鲜水产
02.01.02	动物油脂(猪油、牛油、鱼油和其他动物脂肪等)	10.01	鲜蛋
02.01.03	无水黄油、无水乳脂	11.01	食糖
04.01.01	新鲜水果	11.03.01	蜂蜜
04.02.01	新鲜蔬菜	12.01	盐及代盐制品
04.02.02.01	冷冻蔬菜	13.01	婴幼儿配方食品[①]
04.03.01	新鲜食用菌和藻类	14.01.01	饮用天然矿泉水
04.03.02.01	冷冻食用菌和藻类	14.01.02	饮用纯净水
06.01	原粮	14.01.03	其他饮用水
06.02.01	大米	16.02.01	茶叶、咖啡

注:①较大婴儿和幼儿配方食品中可以使用香兰素、乙基香兰素和香荚兰豆浸膏(提取物),最大使用量分别为 5mg/100mL、5mg/100mL 和按照生产需要适量使用,其中 100mL 以即食食品计,生产企业应按照冲调比例折算成配方食品中的使用量;婴幼儿谷类辅助食品中可以使用香兰素,最大使用量为 7mg/100g,其中 100g 以即食食品计,生产企业应按照冲调比例折算成谷类食品中的使用量;凡使用范围涵盖 0~6 个月婴幼儿配方食品不得添加任何食用香料。

(五)食用香精、香料安全性的一般评价程序

由于安全性是食品的命脉,因而食用香精、香料的使用范围以及最大使用量,需要通过安全性评价来进行预测。根据我国《食品安全性毒理学评价程序》(GB 15193.1—2014)及欧盟香精香料专家委员会编写的《热反应香精安全评价系统指南》及相关文献的介绍,食用香精、香料的安全性评价可包括以下几个部分:

第一部分:化学结构与毒性关系的确定;

第二部分:特殊组分如砷、铅、镉等重金属元素和丙烯酰胺以及杂环胺类等有毒特殊成分的测定;

第三部分:进行必要的食品安全毒理学评价实验,包括急性经口毒性实验、遗传毒性实验(如细菌回复突变试验、哺乳动物红细胞微核试验、哺乳动物骨髓细胞染色体畸变试验等)、

28d 经口毒性试验、90d 经口毒性试验、致畸试验、生殖毒性试验和生殖发育毒性试验、毒物动力学试验、慢性毒性试验、致癌试验和慢性毒性和致癌合并试验。

第四部分：根据现有的测定数据和毒理学数据对该香精、香料进行评价。

GB 15193.1—2014 规定香料中属 WHO 已建议批准使用或已制定日容许摄入量者，以及 FEMA、欧洲理事会（COE）和国际香料工业组织（IOFI）四个国际组织中的两个或两个以上允许使用的，一般不需要进行试验。

资料不全或只有一个国际组织批准的先进行急性毒性试验和遗传毒性试验组合中的一项，经初步评价后，再决定是否需进行进一步试验。

尚无资料可查、国际组织未允许使用的，先进行急性毒性试验、遗传毒性试验和 28d 经口毒性试验，经初步评价后，决定是否需进行进一步试验。

用动、植物可食部分提取的单一高纯度天然香料，如其化学结构及有关资料并未提示具有不安全性的，一般不要求进行毒性试验。

通过以上程序，可以对某种香精香料的安全性进行有效评价，为产品的生产以及消费者的消费有良好的指导作用。

（六）国内外食用香精香料的安全性评价现状

1958 年，美国对其 1938 年制订的《食品、药品、化妆品法案》进行了修订，该修订法案建立了食品添加剂包括食用香精、香料在内的准许使用系统，并且明确了生产商对于食用香精、香料安全性的相关责任。1958 年的食品修订法案同样提出了"公认安全"（generally recognized as safe，GRAS）的概念来为食用香料的"肯定表"（positive list）进行评价。这一任务随后交给了 FEMA，该组织的专家组自 1960 年以来根据化学结构、结构毒性关系、人体暴露量（human exposure）、已知成分毒性等因素连续对食用香料的安全性进行评价，并于 1965 年公布第一批 FEMA GRAS 名单。多年以来，FEMA 专家组成员致力于食用香料的评估，将结果编录成文献供 FDA 使用。随后，专家组将所有公开文献作为继续进行 GRAS 安全评估的数据的一部分发表于《国家技术信息咨询杂志》（*NTIS*）。截至 2009 年，FEMA 的 GRAS 名单已经公布了近 2700 种，它对每个经专家组评价为安全的食用香料都给予一个 FEMA 编号，编号从 2001 号开始，目前已达 4666 号，即允许使用的食用香精、香料已达 2600 多种。FEMA 的 GRAS 得到了 FDA 的认可并作为国家标准执行，而已通过的 2600 多种食用香料也以"肯定表"的形式进行公布。

由于我国的食品工业起步较晚，因而关于食品特别是食用香料的安全性规范和立法就相应的滞后。1977 年，我国卫生部根据实际情况，参照国际上的规定，将我国使用的食用香精、香料进行分类管理，公布了第一批允许使用的名单共 149 种。GB 2760—2014 中列入的 2000 多种允许使用的食品添加剂中，有 1900 多种属于食用香精、香料，其中食用天然香料 393 种，合成香料 1477 种。2009 年 6 月 1 日起实行的《中华人民共和国食品安全法》对食品添加剂的生产、流通、使用、风险评估等方面有明确的条款，是行业在生产、加工和应用添加剂产品时必须遵守的法律，也为食品包括食用香精、香料在内的安全性提供了新的指导框架。

（七）目前安全性评价所面临的主要问题与未来发展趋势

尽管现在世界各国对于食用香精、香料的安全性日益重视，各国也相继推出新的法律法规来规范食用香精、香料的生产和使用，但是关于其安全性评价的研究资料和报道还是非常稀少的，大都停留在综述层面。我国的食用香精、香料业是新兴行业，因此该行业的法律法规还存在着漏洞和空白，尽管 GB 2760—2014 对于食品添加剂的使用进行了规定，允许使用的食用香料已达 1900 多种，但是具有国家或企业标准的香精、香料仅 62 种。食用香精、香料的标准及细则却迟迟没有出台，也没有规范的行业标准，绝大部分的食用香料仅停留在是否允许使用的层面上，对于其更深一步的毒理病理学研究以及最大暴露量的研究却不够完善和深入，也没有明确规范各种食用香料的适用范围和使用量。这就导致了相当一部分企业私自生产、经销、使用未经国家批准的食用香料，或者使用劣质香料，以牟取暴利。这些法律、标准以及研究的缺失大大制约了我国食用香精、香料工业的发展以及新产品的推广和使用，也为消费者的身体健康带来了潜在的风险。不仅如此，由于食用香精、香料的种类繁多，因而进行安全性评价的成本较高，耗时较长。据统计，如果对世界范围内所有的允许使用的香料进行常规安全性评价实验的话，将会花费至少 40 亿美元的资金。因而如何确立一种方便快捷的评估方法，也是食用香精、香料安全性评价面临的重大问题之一。安全评价是一个动态的过程，因此今后的研究要根据科学技术的发展和食用香料业的变化进行调整，采用更简便迅速的评估方法。今后的研究重点，应放在各种香料的暴露量和使用范围。在进行研究的同时，还应注意搜集国内外食用香精、香料安全信息，加快标准的制定和相关法律的推行。

四、香料和香精的作用

食品中香味成分的含量一般较低，但对食品质量影响很大。食用香料和香精可赋予食品令人愉悦的香气。

食用香料和香精可以给食品原料赋香，矫正食品中的不良气味，也可以补充食品中原有香气的不足。天然产品的香气往往由于地理、季节、气候、土壤、栽培、采收和加工工艺的不同而产生差别，从而引起产品质量不稳定，加入香料、香精可以使产品的香气质量稳定，稳定和辅助食品中的固有香气。由于加工原因，可能会导致天然产品中的某些香气成分部分发生损失，从而降低食品对消费者的吸引力。通过加入与原有食品相似的香料、香精，不但可以恢复食品固有的香味，而且可以使某种特征的香味更加突出。当直接应用天然产品有困难时，如原料供应不足、价格成本过高、加工工艺复杂等，可以通过添加相应的香精来代替或部分代替。

除以上作用以外，应用香料、香精还可以增加食品的花色品种。例如，同一种原料可以配以不同香型的香精或香料进行调节，可开发出具有不同的香型的花色品种。例如，冰淇淋可以通过添加香草、玫瑰、牛乳等不同香型的香料、香精达到增加花色的目的。某些香料本身存在较为明显的杀菌或防腐作用，加入食品中可以在一定程度上延缓食品的腐败变质。

第五节　香精、香料的选择原则和使用注意事项

一、香精、香料的选择原则

1. 根据消费趋势的变化，选择适宜或创造新型的香精和香料

随着食品工业的发展，除了原有的加香产品如饮料、冷饮、肉类、糖果、焙烤食品等食品外，近年来，各种人造肉、点心、快餐等西式食品的出现，扩大了食用香料和香精的应用范围；

同时，由于消费者口味是不断变化的，这要求香料、香精的品种不断更新或增加。因此，要根据消费变化趋势选择合适的香精和香料。

2. 明确需要加香与调香食品的香味成分

香料、香精在食品中的应用大体有三种情况：①产品本身没有香味，完全依靠添加香料、香精使食品产生香味。这种情况下可选择专业香精生产厂家的香精产品。②由于食品本身的香味部分丧失，或因某些特殊生产工艺（如新型白酒）而缺少特征性香味。为了增强或改善该类产品香型，使之具有特征性香味，需要添加某些单体香料或使用成品香精。③使用香料、香精来掩盖或修饰产品本身具有的不良风味（如辣味、苦味等）。

3. 避免食用香精、香料与食品成分之间的反应

食品中加入香料后，食品中的主要成分糖、脂、蛋白质等都可能与香料发生吸附、包结等作用，一些加工工序（如受热、压力变化等）有时加速这类反应，从而影响香料的表现，即加入香精、香料后，产品的香气不明显，有时甚至出现非香精、香料本身的香气。只有设法避免该类反应的发生，才能达到预期的赋香效果。

二、香料、香精的使用注意事项

使用香料、香精时，要注意使用的温度、时间和香料成分的化学稳定性，必须按符合工艺要求的方法使用，否则可能造成效果不佳或产生相反的效果。

1. 控制用量，称量要准确

由于香料、香精的配方及食品的制作条件的不稳定，在使用前需要做预备实验。不同批次的香料、香精可能会出现较小的质量差别。由于香精具有"量少高效"的特点，小的质量差别产生较大的产品质量差别。所以，需要在新的香料、香精产品使用之前对其用量进行核定。另外，使用香料、香精时要有准确的称量，太少，影响增香效果；太多，也会带来不良效果。

2. 添加顺序应正确

多种香味剂混用时，应先加香味较淡的，然后加香味较浓的。香料、香精在碱性环境中不稳定。使用膨松剂的焙烤食品，使用香料、香精时要注意分别添加，以防碱性物质与香味剂发生反应。否则，将影响食品的色、香、味，如香兰素与碳酸氢钠接触后失去香味，变成红棕色。

3. 在食品中应分布均匀

香料、香精在与其他原料混合时，一定要搅拌均匀，使香味能充分均匀地渗透到食品中去。在加入前就需要注意到这一点，因为一旦加入混合机械中处于混合性能较差的位置，即使增加搅拌速度或延长搅拌时间，都无法实现均匀的分散效果。

4. 注意掌握合适的添加时机

香料、香精多数易挥发，在加热等因素的作用下香味成分会过早溢出，从而使产品香气质量下降。所以，一般应尽量选择在工艺的末端加入，避免加热、抽真空等操作对香味成分的不良影响。如果不可避免地要经历这些操作工艺，则应提前做好应对措施。例如，在焙烤食品中，若将香精、香料直接加入面团中，需考虑损失，一般多加入20%或使用微胶囊香精；在碳酸饮料中，香精、香料可添加在加热过滤后的糖浆中，而且一般在添加防腐剂、酸度调节剂、色素、乳化剂、稳定剂等最后再添加。

5. 使用中注意香料、香精与食品环境的协调

在使用前必须做预备实验，因为香料、香精加入食品后，其效果是不同的，有时香味会改

变。原因是香味受其他原料、其他添加剂、人的感觉等影响。所以要在预备实验中找到最佳使用效果才在食品加工中应用。

含气的饮料、食品和真空包装的食品，体系内部的压力、包装过程，都会引起香味的改变。对这类食品适当调整其中香料、香精的某些成分的比例。要防止香味剂的氧化、聚合及水解作用。

思考题

1. 请说明食用香精和食用香料概念，并分析两者之间的区别和联系。
2. 请解释什么是食用香料和食用香精的"自我限量"（self-limiting）特性。
3. 请概述食用香料如何分类，什么是天然等同香料，什么是天然级香料。
4. 请回答天然食用香料有哪几种主要制品类型，分别是如何制得的。
5. 请分别列举几种代表性的天然食用香料和合成食用香料。
6. 简述香精、香料使用中应注意哪些事项。

第六章 食品增稠剂

[本章简介]

本章主要介绍了食品增稠剂的种类，简单介绍了食品增稠剂的流变性和几种常见的食品增稠剂，以及复合食品增稠剂在食品中的应用。

[学习重点]

1. 熟悉食品增稠剂的概念及影响其作用效果的因素；
2. 掌握食品增稠剂的分类特点；
3. 掌握不同种类的增稠剂的特性与应用。

第一节 食品增稠剂的概述

食品增稠剂是指在水中溶解或分散，能增加流体或半流体食品的黏度，并能保持所在体系相对稳定的亲水性食品添加剂。食品增稠剂可提高食品的黏稠度或形成凝胶，从而改变食品的物理形状，赋予食品黏润、适宜的口感，并兼有乳化、稳定或使食品颗粒呈悬浮状态的作用，所以在食品中往往可以做胶凝剂、增稠剂、乳化剂、成膜剂、持水剂、黏着剂、悬浮剂、晶体阻碍剂、泡沫稳定剂和凝固剂、润滑剂等。

在食品中需要添加的食品增稠剂其量甚微，通常为千分之几，但却能有效又经济地改善食品体系的稳定性。其原理是增稠剂分子结构中含有许多亲水基团，如羟基、羧基、氨基和羧酸根等，能与水分子发生水化作用（图6-1），其分子水化后以分子状态高度分散于水中，形成高黏度的单相均匀分散体系——大分子溶液。

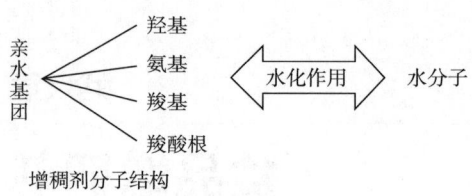

图 6-1　食品增稠剂作用原理

一、食品增稠剂的分类

迄今为止世界上用于食品工业的食品增稠剂已有 40 余种，典型的增稠剂有黄原胶、罗望子胶、明胶、琼脂、卡拉胶、魔芋胶等。但是由于食品胶的种类较多，组成、结构和物理化学特性各异，有的食品增稠剂往往同时具有多种物理化学性质，用途也多种多样，如有的食品增稠剂同时具有增稠、稳定、乳化、胶凝等作用。因此一般根据其来源大致可分为三类：

（一）由植物种子及植物渗出液制取的增稠剂

由不同植物表皮损伤的渗出液制得的增稠剂的功能是人工合成产品所达不到的。其成分是一种由葡萄糖和其他单糖缩合的多糖衍生物，在它们的多羟基的分子链中，穿插一定数量对其性质有一定影响的氧化基团，在大多情况下，羧基占很大比例。这些羧基常以钙、镁或钾盐的形式存在，而不以自由羧基的形式存在。目前有 3 种树渗出胶——阿拉伯胶、黄蓍胶和刺梧桐胶，均比其他亲水胶的功能要多，这 3 种胶不管是单独还是混合在一起，均可以作为黏合剂、稳定剂和凝固剂、增稠剂、乳化剂、包囊剂、悬浮剂、填充剂和胶凝剂。由于胶的结构非常复杂，其功能也是多种多样的。如阿拉伯胶的化学结构比较复杂，是一种含有钙、镁、钾等多种阳离子的弱酸性大分子多糖，相对分子质量为 50 万~100 万，具有以阿拉伯半乳聚糖为主的、多支链的复杂分子结构，其乳化性质来源于其结构上的鼠李糖和含量约 2% 的蛋白质。一般说来，阿拉伯胶含鼠李糖和含氮量越高，则其乳化稳定性越好。常用的种子胶有瓜尔豆胶和槐豆胶，以及水溶性多糖的亚麻籽胶（又名富兰克胶），其分子结构复杂。海藻胶是从海藻中提取的一类食品胶。重要的商品海藻胶主要来自褐藻和红藻。例如，卡拉胶分离自海洋红藻。

（二）由动物原料制取的增稠剂

这类由动物原料制取的增稠剂主要品种有明胶、蛋白胨、酪蛋白、甲壳素、壳聚糖等，其中明胶和甲壳素是在食品工业中应用相当广泛的两种增稠剂，尤其是明胶。明胶含有 18 种氨基酸和 90% 的胶原蛋白，具有优良的胶体保护性、表面活性、黏稠性、成膜性、悬乳性、缓冲性、浸润性、稳定性和水易溶性等和极佳的保健美容效果。

（三）以天然物质为基础的半合成增稠剂

以天然物质为基础经化学合成、加工修饰而成的食品增稠剂，一般是利用来源丰富的多糖等高分子物质为原料，通过化学反应而合成的，如天然淀粉，它们均普遍具有在冷水中不溶的特性。短梗霉多糖又称茁霉多糖（pullulan），音译为普鲁兰。它是一种以淀粉或糖类为原料，经微生物发酵产生的细胞外纯天然高分子多糖。食品增稠剂的化学成分大多是天然多糖及其衍生物（除明胶是由氨基酸构成外），有些食品增稠剂的化学组成中含有非糖部分，这些非糖部分赋予增稠剂特殊的功能性质。如卡拉胶的半乳糖单位上有硫酸酯基因，从而使其与酪蛋白有良好的亲和作用。因此，卡拉胶是一种良好的乳蛋白分子胶体保护剂。阿拉伯胶中含有2%的蛋白质组分，由于蛋白质的亲水及疏水性能，及其高浓度情况下黏度低的特性，使阿拉伯胶是唯一可以被用作乳化剂的增稠剂，是柑橘类乳化香精极好的乳化增稠剂。食品增稠剂中抗酸性首推海藻酸丙二醇酯；增稠性首选瓜尔豆胶；溶液假塑性、冷水中溶解度最强的为黄原胶；乳化托附性以阿拉伯胶为最佳；凝胶性琼脂强于其他胶，但凝胶透明度尤以卡拉胶为甚；卡拉胶在乳类稳定性方面也优于其他胶，是一种良好的乳蛋白分子胶体保护剂。将各类增稠剂的特性顺序作简要归类比较，以便能根据所需考虑因素，选择具有相应特性的增稠剂（由强到弱顺次排列）。

（1）抗酸性　海藻酸丙二醇酯、抗酸羧甲基纤维素（CMC）、果胶、黄原胶、海藻酸盐、卡拉胶、琼脂、淀粉；

（2）增稠性　瓜尔豆胶、黄原胶、槐豆胶、魔芋胶、果胶、海藻酸盐、卡拉胶、CMC、琼脂、阿拉伯胶；

（3）溶液假塑性　黄原胶、槐豆胶、卡拉胶、瓜尔豆胶、海藻酸盐、海藻酸丙二醇酯；

（4）吸水性　瓜尔豆胶、黄原胶；

（5）凝胶强度　琼脂、海藻酸盐、明胶、卡拉胶、果胶；

（6）凝胶透明度　卡拉胶、明胶、海藻酸盐；

（7）凝胶热可逆性　卡拉胶、琼脂、明胶、低酯果胶；

（8）冷水中溶解性　黄原胶、阿拉伯胶、瓜尔豆胶、海藻酸盐；

（9）快速凝胶性　琼脂、果胶；

（10）乳化托附性　阿拉伯胶、黄原胶；

（11）口味　果胶、明胶、卡拉胶；

（12）乳类稳定性　卡拉胶、黄原胶、槐豆胶、阿拉伯胶。

二、食品增稠剂在食品加工中的作用

食品增稠剂在食品加工中主要起稳定食品形态的作用，如悬浮稳定、乳化稳定等。此外，它在改善食品的触感及加工食品的色、香、味的稳定性方面起到相当重要的作用。一般认为增稠剂在食品加工中主要有以下几方面的作用：

1. 增稠、分散和稳定作用

食用增稠剂都是水溶性高分子，溶于水中有很大的黏度，使体系具有稠厚感。体系黏度增加后，体系中的分散相不易聚集和凝聚，因而可以使分散体系稳定。香肠中使用槐豆胶、鹿角菜胶的目的是使产品成为一个集聚体，均质后组织结构稳定、润滑，并利用食品增稠剂的强力保水性防止香肠在贮藏中失重。食品增稠剂大多具有表面活性，可以吸附于分散相的表面，使其具有一定的亲水性而易于在水体系中分散。食品增稠剂可以提高泡沫量及泡沫的稳定性，如蛋糕、啤酒、面包、冰淇淋等使用鹿角菜胶、槐豆胶、海藻酸钠、明胶等作发泡剂用。

2. 胶凝作用

很多食品的加工都利用了食品增稠剂的胶凝作用，如果冻、奶冻等。有些离子性的水溶性高分子，如海藻酸钠，在有高价离子的存在下可以形成凝胶，并不受温度影响，这对于加工很多特色食品都有益处。食品增稠剂的凝胶特性可使面制品黏弹性增强，不易老化变干。

3. 凝聚澄清作用

食品增稠剂是大分子物质，在一定条件下，可以同时吸附于多个分散介质体上使其凝聚而达到净化的目的。如在果汁中加入少量明胶，就可以得到澄清的果汁。

4. 保水作用

持水性食品增稠剂都是亲水性大分子，本身有较强的吸水性，将其施加于食品后，可以使食品保持一定的水分含量，从而使产品保持良好的口感。食品增稠剂能吸收几十倍乃至上百倍于自身质量的水分，并有持水性，这个特性可改善面团的吸水量，使产品的质量增大。

5. 控制结晶

食品增稠剂可以赋予食品以较高的黏度，从而使体系不易结晶或使结晶细小。冰淇淋的质量很大程度取决于冰晶的形成状态，加入食品增稠剂可以防止结成过大的冰晶，以免感到组织粗糙有渣。

6. 成膜、保鲜作用

食品增稠剂可以在食品表面形成一层保护性薄膜，保护食品不受氧气、微生物的作用。食品增稠剂与食品表面活性剂并用，可以用于水果、蔬菜的保鲜。可用作被膜的有醇溶性蛋白质、明胶、琼脂、海藻酸等。当前，可食用包装膜是食品增稠剂发展的方向之一。

7. 膳食纤维作用

可溶性膳食纤维的食品胶（食用胶/亲水胶体）主要有果胶、海藻胶、魔芋胶等胶体。而其中海藻胶主要包括琼脂、卡拉胶、海藻酸钠等。如琼脂可结合胆固醇，使其直接从粪便中排出，从而消耗体内的胆固醇来补充胆汁中被消耗的胆固醇，由此降低了胆固醇，从而达到预防冠心病的作用。魔芋胶主要成分是葡甘露聚糖，是一种低热能、低蛋白质、高膳食纤维的食品，并且富含人体所需的十几种氨基酸和微量元素，对高血压、肥胖症、糖尿病、便秘有一定辅助疗效，可以排出体内毒素和垃圾，预防结肠癌。

8. 微胶囊作用

微胶囊作用是指运用两种含有不同电荷的离子化食品胶，经物理或化学作用，形成一种复杂的化合物，此化合物构成微细胞膜包覆在芯材外表，被包覆固定的芯材物质在食物中可通过物理压力、pH或温度改变而释放出来。例如，香精固定化，是在油水乳化体系中，运用适宜的乳化剂包埋香精小液滴，经干燥后形成微胶囊，可有效防止香精的挥发、氧化和吸潮。而在使用时，被包埋的小液滴能溶解或有效分散到水媒介中。当香精从包埋膜内释放出来时可得到相同的香气。以明胶包埋香精，放入口香糖中，经咀嚼便可释放出香味。阿拉伯胶是目前最好的可作为微胶囊载体的天然食品胶。

9. 泡沫构成作用

食品胶可发泡，构成网络构造，其溶液在搅拌时可包含大量气体，并因液泡表面黏性增加使其稳定。利用蛋白质受热变性，把食品胶与热糖浆混合搅拌再冷却，可实现泡沫的稳定化；或利用卡拉胶、海藻酸钠或槐豆胶等的凝胶反应，也可形成稳定泡沫。

10. 其他作用

食品胶还具有一些别的功用特性，包括黏合、膨松膨化、脂肪替代物、矫味等，在很多食品的加工和改良方面有着重要作用。已有研究表明，食品胶在一定条件下，能同时吸附于多个分散介质体上使其凝聚，且能掩蔽一些不良气味。一些新型的食用胶还具有特定的生理功效，如葫芦巴胶，具有辅助抗糖尿病、温肾、散寒、止痛等效果。

第二节 植物来源的食品增稠剂

一、果胶

果胶（pectin）系指可溶性果胶，实质上是一种每个分子含有几百到成千个结构单元的线性多糖，其主要成分是多缩半乳糖醛酸甲酯，相对分子质量为23000~710000。酯化度（DE）是指酯化的半乳糖醛酸基与总的半乳糖醛酸基的百分比值，果胶的酯化度可因提取原料的种类、生长情况、采割期和加工方法不同而有差别。一般将 DE 为 50%~75% 的称为高酯果胶（HM），DE 为 20%~50% 的称为低酯果胶（LM）。天然存在的果胶都是高酯果胶，经酸或碱处理高酯果胶后可得到低酯果胶。

（一）性状与性能

果胶为淡黄褐色粉末，稍有特异臭，味微甜带酸，无固定熔点和溶解度，相对密度约为 0.7（20℃/20℃），溶于 20 倍的水中成黏稠状液体，对石蕊试纸呈酸性，不溶于乙醇及其他有机溶剂。能为乙醇、甘油和蔗糖浆润湿，与三倍或三倍以上的砂糖混合后，更易溶于水，对酸性溶液较对碱性溶液稳定。高甲氧基果胶在加糖、加酸后，可以凝冻，低甲氧基果胶在加糖、加酸后，还需添加多价金属离子如钙、镁、铝等方能凝冻。有时低甲氧基果胶用氨水解并（由氨）引入酰胺到果胶分子中，则产生酰胺化的低甲氧基果胶。普通低甲氧基果胶与酰胺化的低甲氧基果胶的性质相似。高甲氧基果胶必须在含糖量大于60%、pH 2.6~3.4 时具有凝胶能力。

（二）毒性与安全性

果胶是由植物中提取出的天然食用增稠剂，对人体无毒害，安全性很高。

ADI：0~250mg/kg（bw）。

（三）使用建议

GB 2760—2014 规定：果胶可用于各类食品，按生产需要适量使用。果蔬汁（浆）中的最大使用量为 3.0g/kg。果胶一般作为胶凝剂获得较多的应用，其次还可作为增稠剂、稳定剂和凝固剂添加在果汁和乳制品中。果胶作为凝胶剂所形成的凝胶在结构、外观、色、香、味等影响感官方面均优于其他食品增稠剂。在低 pH 下，多数食品增稠剂的凝胶性能较差，而果胶则具有最大的稳定性，例如在高酸度蜜饯中添加果胶的稳定性明显优于其他食用胶。低酯果胶是乳制品的理想胶凝剂，因为牛乳提供较高且稳定的钙。但是低酯果胶在价格上无法与卡拉胶和海藻胶竞争。

近年来，在低热量食品中果胶用作脂肪或糖的代用品，可用果胶 100% 代替脂肪，用于制作无脂冰淇淋。添加一定比例的高酯果胶可改善低糖软饮料的口感。在冷冻食品中，果胶能减缓冷冻过程中冰晶的长大，改善其质构。此外，由于果胶类多糖具有降血糖、预防糖尿病、降血脂、预防肠癌、增强抗癌力、防止肥胖以及抑制肠内致病菌繁殖等功效，因此可用于制作防治糖尿病、肥胖症、高血脂等症的保健食品。

二、卡拉胶

卡拉胶（carrageenan），又称鹿角藻胶、角叉胶，由某些红海藻提取制得。它是由半乳聚糖所组成的多糖类物质，相对分子质量150000~200000。

（一）性状与性能

卡拉胶为白色或淡黄色粉末，无臭，味淡，易溶于热水成半透明的胶体溶液，不溶于冷水，但可溶胀成胶块状，不溶于有机溶剂。其水溶液具有高度黏性和胶凝特点，其凝胶具有热可逆性，即加热时熔化，冷却时又形成凝胶。尤其是与蛋白质类物质作用，形成稳定胶体的性质，这是卡拉胶作为增稠剂最突出的特点。

卡拉胶是D-吡喃半乳糖以3,6-脱水半乳糖组成的高分子多糖类硫酸酯的钙、镁、钾、钠、铵盐根据分子中硫酸酯在吡喃糖（六环糖）环上的结合型态，产生了7种主要类型的卡拉胶：κ-型、ι-型、λ-型、μ-型、ν-型、ξ-型、θ-型。目前工业主要生产和使用的是前3种。

（二）毒性与安全性

① LD_{50}：5.1~6.2g/kg（bw）（大鼠，经口；其钙盐和钠盐混入25%的玉米油）；

② ADI：0~75mg/kg（bw）。

（三）使用建议

卡拉胶在食品生产中可作为增稠剂、胶凝剂、稳定剂和凝固剂、乳化剂、成膜剂使用，以改善食品的品质与外观。根据GB 2760—2014规定：稀奶油、黄油和浓缩黄油，生湿面制品（如面条、饺子皮、馄饨皮、烧卖皮），香辛料类和果蔬汁（浆）可按生产需要适量使用。婴幼儿配方食品中的最大使用量为0.3g/L。生干面制品中最大使用量为8.0g/kg。其他糖和糖浆[如红糖、赤砂糖、冰片糖、原糖、果糖（蔗糖来源）、糖蜜、部分转化糖、槭树糖浆等]中最大使用量为5.0g/kg。

κ-卡拉胶可加入到巧克力牛乳饮料、无菌牛乳、脱脂牛乳中，它有稳定和增稠作用，使用量为0.025%~0.35%。κ-卡拉胶也能用于高脂乳产品，如炼乳中加入浓度为0.005%的κ-卡拉胶，在生产和贮藏中防止脂肪分离。0.01%~0.05%的κ-卡拉胶加入到一些干酪中，可以起到防止脂肪分离、乳液分层、赋形、形成凝胶等作用。λ-卡拉胶加到速溶饮料、巧克力乳粉和营养饮料中，使有乳粉和（或）豆蛋白的混合物中的可可粉和蛋白质稳定，从而使产品有奶油口味，富有质感，卡拉胶的加入量为0.02%~0.03%。λ-卡拉胶也能用于牛乳（或鸡蛋等）和冰淇淋中，同羧甲基纤维素（CMC）和甲基纤维素（MC）结合，可改善饮料品质，使制成冷乳的泡沫稳定及有良好口感。

三、海藻酸钠

海藻酸钠（sodium alginate），又称藻酸钠、海藻胶或藻朊酸钠，由海藻提取。分子式为$(C_6H_7O_6Na)_n$，相对分子质量3200~25000。

（一）性状与性能

海藻酸钠为白色或淡黄色粉末，几乎无臭、无味，溶于水成黏稠状胶体溶液，具有吸湿性，不溶于乙醇、氯仿和乙醚，不溶于pH<3的稀酸。海藻酸易与金属离子结合，在海藻酸的

金属盐中，除了 Na、K、Mg、NH^{4+} 的盐类能溶于水外，其他金属盐均不溶于水。海藻酸钠在 pH 5~10 时黏度稳定；pH 降至 4.5 以下时黏度明显增加；当达到 3 时，产生不溶于水的海藻酸沉淀析出。海藻酸钠加热至 80℃ 以上黏度降低；水溶液久置，也缓慢分解，黏度降低。单价电解质能降低其黏度。

海藻酸钠易与蛋白质、淀粉、明胶、阿拉伯胶、CMC、甘油、山梨糖醇等共溶，所以可与多种食品原料配合使用。海藻酸钠可与两价离子在室温下形成凝胶，而且不像卡拉胶和琼脂那样因受热而解凝。这种凝胶的强度与两价阳离子的性质有关，其中具有实用价值的是 Ca^{2+}。

（二）毒性与安全性

① LD_{50}：5g/kg（bw）（大鼠，经口）；
② ADI：0~25mg/kg（以海藻酸计）；
③ FDA 于 1985 年将其列入一般公认安全物质。

（三）使用建议

GB 2760—2014 规定：海藻酸钠可用于各类食品，按生产需要适量使用。其他糖和糖浆[如红糖、赤砂糖、冰片糖、原糖、果糖（蔗糖来源）、糖蜜、部分转化糖、槭树糖浆等]最大使用量为 10.0g/kg。海藻酸钠在食品加工中最主要的作用为凝胶化，即形成食用凝胶。

四、阿拉伯胶

阿拉伯胶（arabic gum），又称阿拉伯树胶、金合欢胶，由豆科金合欢树属的树干渗出液制得，其主要成分为大分子多糖类及其钙、镁和钾盐，一般由 d-半乳糖（36.8%）、l-阿拉伯糖（30.3%）、l-鼠李糖（11.4%）、d-葡萄糖醛酸（13.8%）组成，相对分子质量 260000~1160000。

（一）性状与性能

阿拉伯胶为黄色至淡黄褐色半透明块状体，或者为白色至淡黄色颗粒状或粉末，无臭，无味，溶于水，不溶于油和多数有机溶剂。阿拉伯胶具有高度的水中溶解性，能很容易地溶于冷、热水中，形成清晰的黏稠液体，50% 浓度的水溶液仍具有流动性，这是阿拉伯胶独一无二的特点。阿拉伯胶是典型的"高浓低黏"型胶体。阿拉伯胶结构上带有酸性基团，溶液的 pH 呈弱酸性，一般在 pH 4~5 之间（25%）。溶液的最大黏度在 pH 5~5.5 附近；但 pH 在 4~8 范围内变化对其阿拉伯胶性状影响不大，具有酸性环境下稳定的特性；当 pH<3 时，结构上酸基的离子状态趋于减少，使得溶解度下降，而黏度也随之下降。由于阿拉伯胶结构上带有部分蛋白质物质及鼠李糖，使得阿拉伯胶有良好的亲水亲油性，是非常好的天然水包油型乳化稳定剂和凝固剂。但不同来源树种的阿拉伯胶其乳化稳定效果有差别。一般规律是：鼠李糖含量高，含氮量高的胶体，其乳化稳定性能更好。阿拉伯胶还具有降低溶液表面张力的功能，用于稳定啤酒泡沫等。一般性加热阿拉伯胶水溶液不会引起胶的性质改变，但长时间高温加热会使胶体分子降解，导致乳化性能下降。酒精与电解质存在，溶液的黏度降低；柠檬酸钠存在则其黏度可提高。另外随着时间的延长黏度也会下降。

（二）毒性与安全性

经大量毒物学和毒理学实验证实阿拉伯胶无毒。
ADI：无须作规定。

(三) 使用建议

GB 2760—2014 规定：阿拉伯胶用于各类食品，按生产需要适量使用。阿拉伯胶在食品上应用非常广泛，作为食品添加剂，它主要影响食品的黏度、形状和质构，使最终产品具有所希望的性质。

五、罗望子多糖胶

罗望子多糖胶（tamarind gum，tamarind polysaccharide）是从豆科植物罗望子树的荚果种子中提取的多糖胶。由半乳糖、木糖与葡萄糖组成。相对分子质量 250000~650000。

(一) 性状与性能

为黄褐色或灰色粉末，无臭，无味。可在冷水中分散并溶胀，加热则成黏稠溶液。不溶于一般有机溶剂，但能与甘油等亲水性胶互溶。本品有类似果胶的特性。形成凝胶后比果胶有更强的抗冲击性能。相同浓度的罗望子胶冻的强度是果胶的 2 倍。且在中性和酸性溶液中都能形成胶冻。耐酸、耐盐、耐热性能良好。

(二) 毒性与安全性

无毒。ADI：无须作规定。

(三) 使用建议

GB 2760—2014 规定：冷冻饮品、果冻、糖果的最大使用量为 2.0g/kg，通常用于冰淇淋、果冻和糖果等的生产，其用量为 0.2%~1.0%。半固体复合调味料，最大使用量 7.0g/kg；液体复合调味料（不包括醋和酱油），最大使用量 3.0g/kg。

六、田菁胶

田菁胶（sesbania gum）是从豆科植物田菁的种子中提取的多糖胶。它是以半乳糖为支链的甘露糖聚合物（半乳甘露聚糖）。

(一) 性状与性能

为奶油色松散粉末。常温下，它能分散于冷水中，形成黏度很高的水溶胶溶液，其黏度一般比天然植物胶、海藻酸钠、淀粉高 5~10 倍。pH 6~11 范围内是稳定的，pH 7.0 时黏度最高，pH 3.5 时黏度最低。

(二) 毒性与安全性

①LD_{50}：19.3g/kg（bw）（雌性大鼠，经口），LD_{50}：18.9g/kg（bw）（雄性大鼠，经口）；②无毒。ADI：无须作规定。

(三) 使用建议

田菁胶可以作为增稠剂、稳定剂和凝固剂、保鲜剂使用于多种食品。

GB 2760—2014 规定：田菁胶可用于冰淇淋、雪糕类的生产，最大使用量 5.0g/kg；生干面制品、方便米面制品、面包，最大使用量 2.0g/kg；植物蛋白饮料，最大使用量 1.0g/kg。

七、琼脂

琼脂（agar），又称琼胶、冻粉或洋菜，从红藻类植物——石花菜及其他数种红藻类植物中浸出，并经干燥得到的海藻提取物制得，为一种复杂的水溶性多糖类物质。琼脂主要由聚半乳糖苷组成，相对分子质量 100000~120000。

（一）性状与性能

琼脂依制法不同，有条状、片状、粒状和粉状等，为无色透明或类白色淡黄色半透明细长薄片，或为鳞片状无色或淡黄色粉末，无臭，味淡。口感黏滑，不溶于冷水，但可分散于沸水并可以吸收自身重量 20 倍的水而膨胀，在搅拌下加热至 100℃ 可配成 5% 浓度的溶液。琼脂凝胶温度为 32~39℃，熔化温度为 80~97℃，在凝胶状态下不降解、不水解，耐高温。

琼脂的凝胶强度在 pH 4~10 范围内变化不大，当 pH<4 或 pH>10 时其凝胶强度大大下降。琼脂形成的凝胶较硬，使制品具有明确的形状，但发脆，组织粗糙，表面易收缩起皱。当与卡拉胶复配使用时，可以得到柔软、有弹性的制品。与糊精、蔗糖复配使用，凝胶强度升高。而与海藻酸钠和淀粉并用，凝胶强度下降。琼脂耐热性较强，但若长时间，特别是酸性条件下加热亦可失去凝胶能力。琼脂的耐酸性高于明胶和淀粉，低于果胶和藻酸丙二醇酯。许多水溶性胶均可发生溶胶—凝胶的可逆转变，但是只有琼脂，其凝胶化温度远低于凝胶熔化温度。琼脂的许多用途就是利用了它的这种高滞后性。

（二）毒性与安全性

ADI：无须作规定。

（三）使用建议

GB 2760—2014 规定：琼脂可用于各类食品，按生产需要适量使用。在食品工业中主要应用琼脂的胶凝、乳化作用和稳定性质。

由于琼脂具有持水性、保鲜性和稳定性的性质，因而大量被用于焙烤食品的生产，食品顶上装饰品、挂糖衣时可阻止成品与透明包装纸的黏合。琼脂浓度为 0.2%~0.5% 时阻止并束缚游离水出现在糖衣和装饰品上。在蛋糕里，琼脂用量为 0.1%~1.0%，具有保鲜性质。在一些焙烤食品中它被用作抗黏剂。

在果汁饮料和冰中，琼脂与槐豆胶、明胶相配合，在冷饮食品的质地和香味稳定性方面起到极优异的作用，并能防止脱水收缩和表面结皮。琼脂被加入果酱和水果罐头中作胶凝剂代替商用的果胶。它与高甲氧基果胶相比其优点是：不需加入蔗糖就能形成凝胶，这有利于制备无糖和低热果酱和水果罐头。在制作冰淇淋、干酪（芝士）和发酵乳制品时，琼脂一般的使用水平在 0.05%~0.85% 范围内，它可以赋予这些制品以优良的质地和口感稳定性。在糖果生产中，琼脂凝胶软糖是大众产品，深受广大消费者的青睐，如无花果等水果琼脂软糖或果汁软糖，是价廉物美、销量很可观的商品。

琼脂在装罐的肉、家禽和鱼类产品中作为增稠和胶凝剂。其量为 0.5%~2.0% 时，它可在块料周围形成膜，阻止产品在加工、分割和贮藏时受到损伤。琼脂在这些产品里要比海藻胶和卡拉胶好，这是由于它凝胶强度大、熔点较高和耐热性强。琼脂也被用来抑制一些罐装鱼和特殊肉类产品（如鲱鱼、羊舌头）脱锡，也可防止腌制肉类产品退色。在畜禽产品中，琼脂既可用作保护涂层，也可用作水溶性抗生素制备的媒介物，延长它们的货架寿命。

第三节 动物来源的食品增稠剂

一、食用明胶

食用明胶（edible gelatin）是动物的皮、骨、韧带等含有的胶原蛋白，经部分水解后得到的大分子多肽的高聚物。明胶的化学组成中，蛋白质占82%以上，除缺乏色氨酸外，含有组成蛋白质的全部氨基酸。相对分子质量50000~60000。

（一）性状与性能

明胶为白色或淡黄色、半透明、微带光泽的薄片或细粒，有特殊的臭味。明胶不溶于冷水，但遇水后会缓缓地吸水膨胀、软化，可吸收本身质量5~10倍的水。溶解在热水中，溶液冷却后即凝结成胶状。不溶于乙醇、乙醚、氯仿等有机溶剂，但溶于醋酸、甘油。

明胶具有很强的保护胶体的作用，可用作疏水胶体的稳定剂和凝固剂及乳化剂。明胶是一种两性电解质，在水溶液中可将带电的微粒凝集成块，利用这种特性可作为酒类、果汁的澄清剂。明胶液有稳定泡沫的作用，本身也有起泡性，特别是在凝固温度附近的明胶其起泡性很强。

明胶的凝固力较弱，浓度在5%以下不能形成凝胶。为了形成较结实的凝胶，浓度一般掌握在15%左右，温度20~25℃。高于30℃，凝胶熔化。明胶溶液长时间煮沸，或在强酸、强碱条件下加热，水解速度加快、加深，导致胶凝强度下降，甚至不能形成凝胶。在明胶溶液中加入大量无机盐，可使明胶从溶液中析出。凝结后的凝胶不能恢复原来的性质，为不可逆凝胶。

明胶在食品工业中有着重要的作用。明胶除了具有增稠作用外，添加到食品中可提高食品的营养价值，它是一种蛋白质，除缺少色氨酸外，含有其他全部必需氨基酸，是生产特殊营养食品的重要原料。

（二）毒性与安全性

食用明胶主要为蛋白质，本身无毒。但需注意防止污染。

ADI：无须作规定。

（三）使用建议

GB 2760—2014规定：食用明胶可用于各类食品，按生产需要适量使用。在冷饮制品中利用明胶吸附水分的作用作为稳定剂和凝固剂使用。在冰淇淋的冻结过程中，明胶形成凝胶，可以阻止冰晶增大，能保持冰淇淋有柔软、疏松和细腻的质地。明胶在冰淇淋混合原料中的用量一般在0.5%左右，若用量过多将使冻结搅拌时间延长。

明胶用于生产奶糖、蛋白糖、棉花糖、果汁软糖、晶花软糖、橡皮糖等软糖，具有吸水和支撑骨架的作用，使柔软的糖果能保持稳定形态，即使承受较大的荷载也不变形，一般添加量为5%~10%。在糖果生产中，使用明胶较淀粉、琼脂更富有弹性、韧性和透明性。特别是生产弹性充足、形态饱满的软糖、奶糖时，需要凝胶强度大的优质明胶。

在某些罐头制品中也使用明胶作为增稠剂，如生产原汁猪肉罐头时使用猪皮胶，用量约为1.7%。火腿罐头使用明胶，是在火腿罐头装罐后向表面撒一层明胶粉，形成透明度良好的光滑表面，454g 罐添加明胶 8~10g/罐。

明胶用于肉冻、罐头火腿、口条、小牛肉、火腿馅饼、罐头肉类等肉制品的生产，可提高产品的产量和质量。此外，明胶还可对一些肉制品起乳化剂的作用，如乳化肉酱和奶油汤的脂肪，并保持产品原有特色。

明胶可作为澄清剂用于啤酒、果酒、露酒、果汁、黄酒、乳饮料等产品的生产，其作用机制是明胶能与单宁生成絮状沉淀，静置后呈絮状的胶体微粒可与混浊物吸附、凝聚、成块而共沉，再经过滤去除。

明胶广泛应用于各种乳制品如酸乳、酸性稀乳、软质干酪、增香乳、低脂奶油等，具有抗乳清析出、乳化稳定、乳泡沫稳定三大功能。

二、酪蛋白酸钠

酪蛋白酸钠（sodium caesinate），又称酪朊酸钠、干酪素钠，由牛乳分离制得，为干酪蛋白的钠盐。

（一）性状与性能

酪蛋白酸钠为白色至淡黄色的微粒或粉末，无臭，无味，可溶于水。酪蛋白酸钠分子中同时具有亲水基团和疏水基团，因而具有一定的乳化性，其稳定性要比乳清蛋白、大豆蛋白等更好，但易受 pH 的影响。酪蛋白酸钠具有很好的起泡性，可广泛应用于冰淇淋等冷食品中，用于改善质地和口感。但起泡性能不如蛋清粉好，钠、钙离子的存在可降低其起泡力，但可增加其泡沫稳定性。由于酪蛋白含有人体所需的全部必需氨基酸，营养价值高，人们除利用其增稠乳化作用外，还常将其用于蛋白质的补充。

（二）毒性与安全性

ADI：无须作规定。

（三）使用建议

GB 2760—2014 规定：酪蛋白酸钠可用于各类食品，按生产需要适量使用。在食品中的一般用量为：冰淇淋 0.3%~0.7%，饼干 5%，面包 2%~5%，咖啡、可可、果酱 5%~10%，肉制品 1.5%。

酪蛋白酸钠广泛应用于香肠、火腿、午餐肉等肉糜类制品中，可以增加肉的结着力和持水性，改进肉制品质量，提高肉的利用率，降低生产成本。用于焙烤食品，除利用其良好的乳化性能提高产品质量、延长货架期外，从营养角度考虑，酪蛋白酸钠具有强化蛋白质的功能，可以补充谷物蛋白质中赖氨酸的不足，从而提高焙烤食品的营养价值。用于蛋白质饮品，可增加其胶凝能力并提高其硬度，使之口感更好，从而提高产品质量。

第四节　半合成食品增稠剂

一、黄原胶

黄原胶（xanthan gum），又称汉生胶或黄杆菌胶，是由黄单胞杆菌（*Xanthomonas campes-*

tris)发酵产生的由 β-(1,4)-D-吡喃葡萄糖单体聚合体为骨架的细胞外酸性杂多糖（由葡萄糖、甘露糖与葡萄糖醛酸组成），相对分子质量在100万以上。

（一）性状与性能

黄原胶为白色或浅黄至棕色粉末，易溶于冷水和热水，黄原胶是具有多侧链线性结构的多羟基化合物，其羟基能与水分子结合，形成较稳定的网状结构，而且在很低的浓度下仍具有较高的黏度。如质量分数为1%时，流体黏度相当于明胶的10倍左右，增稠效果显著。黄原胶具有独特的剪切稀释性能，当施加一定的剪切力时，流体黏度迅速下降，而除去剪切力后，流体又恢复原有的黏度，且这种变化是可逆的。这种流变性能，使黄原胶具有独特的乳化稳定性能。大多数大分子化合物，如羟甲基纤维素、海藻胶、淀粉等一经加热，黏度即明显下降，而黄原胶在一个相当大的温度范围内（−18~80℃），基本保持原有的黏度及性能，具有稳定可靠的增稠效果和冻融稳定效果。黄原胶溶液的黏度基本不受酸、碱的影响，在pH 1~13范围内，能保持原有性能。黄原胶与各种盐类有着良好的兼容性，与高浓度的糖或盐类共存时，能形成稳定的增稠体系，并保持原有的流变性。与其他化学物质（如酸、碱、表面活性剂、防腐剂等）均有令人满意的兼容性。此外，黄原胶还有较强的抗酶解、良好的润滑性等特点，这些优良的性能大大扩展了黄原胶的应用范围。

（二）毒性与安全性

①LD_{50}：10g/kg（bw）（小鼠，经口）；

②ADI：无须作规定。

（三）使用建议

GB 2760—2014规定：黄原胶在稀奶油、香辛料类和果蔬汁（浆）中可以按生产需要适量使用；黄油、其他糖和糖浆，最大使用量5.0g/kg；生干面制品，最大使用量4.0g/kg；生湿面制品，最大使用量10.0g/kg；特殊医学用途婴儿配方食品，最大使用量9.0g/kg。

黄原胶可以给予橙味及果味饮料良好的风味和爽口的感觉，也可作为风味物质乳状液的稳定剂和凝固剂加到饮料中，并且能使不溶物质很好地悬浮。黄原胶的量为最终产品的0.001%~0.1%。

淀粉类产品在经1或2次冷冻、解冻循环后老化现象非常突出，添加0.05%~0.1%黄原胶能保持冷冻、解冻循环5次以上淀粉不老化。添加0.2%黄原胶可稳定冰淇淋和冰糕，并使得产品有良好的抗热收缩性和口感。在商业应用上，黄原胶与槐豆胶、瓜尔豆胶复配使用时，用量为0.08%~0.1%就有稳定作用。

面包、糕点中添加黄原胶可以使焙烤食品保持一定的湿度，从而改进其口感。它与淀粉结合可以防止淀粉的结构变形，推迟淀粉老化，延长焙烤食品的贮藏期和货架期。另外，黄原胶还可以与淀粉、果酱及色素、香精等混合制作焙烤食品的馅料，这种馅料不脱水收缩。

二、结冷胶

结冷胶，又称凯可胶、洁冷胶，是由伊乐藻假单孢杆菌（*Pseudomonas elodea*）所产生以葡萄糖、葡萄糖醛酸和鼠李糖为重复结构单元所组成的胞外线形多糖，其中葡萄糖醛酸可被钾、钙、钠、镁中和成混合盐。如果将天然结冷胶用碱处理（pH=10）并经加热处理，可除去分子上的乙酰基和甘油基团，就可以得到用途更广的脱乙酰基结冷胶。天然结冷胶（带有乙酰及甘油基团）可形成柔软的弹性胶，黏着力强，与黄原胶和槐豆胶的性能相似，而脱乙酰结冷胶则形成结实的脆性胶，类似于琼脂、卡拉胶的凝胶特性。

（一）性状和性能

结冷胶干粉呈米黄色，无特殊的滋味和气味，约于150℃不经熔化而分解。不溶于非极性有机溶剂，溶于热水，水溶液呈中性。结冷胶的水溶液具有高黏性和热稳定性，在低浓度（0.05%~0.25%）下可形成热可逆凝胶，其在水溶液中形成凝胶的强度、稳定性与其乙酰化程度及溶液中阳离子的类型和浓度有关。结冷胶对 Ca^{2+}、Mg^{2+} 特别敏感，且形成的凝胶要比 K^+、Na^+ 等一价离子有效。

结冷胶还具有显著的温度滞后性，一般胶凝温度在20~50℃，而胶熔温度介于65~120℃，具体温度取决于凝胶生成时的条件。酶对结冷胶溶液的黏度及凝胶强度无影响，而且结冷胶的胶体具有非常好的透明性及结实性，所以结冷胶可代替琼脂作为微生物培养基的胶凝剂。

结冷胶也适合与其他胶体一起使用，如明胶。明胶使用范围广，但其熔点很低，加入结冷胶提高了明胶的熔点，且产品有独特的口感和风味。又如与黄原胶-槐豆胶混合物、淀粉等复配使用可实现从弹性到脆性的自由转变。

（二）毒性与安全性

①LD_{50}：5000g/kg（bw）（大鼠，经口）；
②ADI：无须作规定。

（三）使用建议

GB 2760—2014 规定：结冷胶可用于各类食品，按生产需要适量使用。结冷胶的主要作用是作为凝胶剂、增稠剂、悬浮剂或在食品中形成薄膜。它可以与其他胶体联合使用，如黄原胶、明胶和槐豆胶，结冷胶可使食品稳定、增强食品结构和增加风味等。结冷胶与黄原胶的应用相似。但是，结冷胶最大的优点，是可以保证胶体非常澄清，因此在使用黄原胶不适合时便可以作为黄原胶的替代品。迄今为止，结冷胶已经应用于烘焙食品、乳制品、果汁、牛乳饮料、糖衣、糖霜、果酱、肉制品和各种甜点的加工中。

将结冷胶加热到75℃可直接水合于乳中，在酸性乳制品中（如酸乳、发酵酸性稀奶油或直接酸化的乳凝胶）加入此种水溶胶充当胶体保护剂，可以消除乳制品中的蛋白质絮凝及改进口感。

在淀粉软糖中添加0.075%的结冷胶，可使凝胶形成时间从24~80h缩短到12h左右。

一般用于饼干生产的油脂多为饱和脂肪酸，如氢化猪油、人造奶油、氢化棉籽油等。这种不饱和油脂摄入过多对人体不利，可以用结冷胶来减少饱和脂肪酸的用量。将加热到90℃的3%结冷胶与0.2%柠檬酸钠混合溶液加入制作饼干的面团中，也可以起到改良饼干的层次，使饼干具有良好的疏松度的作用。

小麦粉中添加0.1%~0.3%结冷胶，可以增强面制品如面条的硬度、弹性、黏度等，改善口感，抑制热水溶胀，减少断条，减轻汤汁混浊。

三、β-环状糊精

β-环状糊精（β-cyclodextrin，β-CD），又称麦芽七糖、环七糊精等，是由淀粉经微生物酶作用后提取制成的由7个葡萄糖残基以 α-1,4-糖苷键结合构成的环状结构的低聚糖。β-环状

糊精的分子式 $(C_6H_{10}O_5)_7$，相对分子质量1135。

（一）性状与性能

β-环状糊精为白色结晶性粉末，无臭，味甜。溶于水，溶解度为1.85g/100mL（20℃）；难溶于甲醇、乙醇和丙酮。与碘发生络合反应显黄色。

β-环状糊精溶解度较大，在水溶液中可以同时与亲水性物质和疏水性物质结合，持水性较高；同时，β-环状糊精不易吸潮，化学性质稳定，能改变物料的物理化学性质，掩盖物料中的苦涩味和异味，不易受酶、酸、碱及热等环境因素的作用而分解。β-环状糊精在环状结构的中心具有疏水性空穴，因此它能与很多种有机化合物形成包合物，使其对氧、光、热、酸、碱的抵抗能力大大增强。另外，由于β-环状糊精还具有缓释和增溶作用，因此在工业领域得到广泛应用。

（二）毒性与安全性

环糊精是由吡喃型葡萄糖环合成的，没有毒性。

LD_{50}：3~10g/kg（bw）（雌雄大、小鼠，经口），LD_{50}：5g/kg（bw）（犬，经口）。

（三）使用建议

GB 2760—2014规定：饮料类及膨化食品，最大使用量0.5g/kg；方便米面制品、预制肉制品和熟肉制品，最大使用量1.0g/kg；胶基糖果类，最大使用量20.0g/kg；除胶基糖果以外的其他糖果（仅限压片糖果），最大使用量15g/kg。β-环状糊精在食品中主要起增稠、稳定作用，提高和改善食品的组织结构，消除和掩盖食品的特异臭和苦味，提高食品的风味，并且具有一定的抗氧化作用。常用于包埋天然色素，提高色素的稳定性；包埋易挥发香料，使其不易挥发；掩蔽不良气味，如消除某些产品的异味异臭。还可以添加到速溶饮料、软饮料、罐头食品、调味品等中，改善和提高产品的品质。

四、羧甲基纤维素钠

羧甲基纤维素钠（sodium carboxymethyl cellulose，CMC-Na），是葡萄糖聚合度为100~2000的水溶性纤维素醚。

（一）性状与性能

羧甲基纤维素钠为白色纤维状或颗粒状粉末。无臭，无味，有吸湿性。易分散在水中形成透明的胶体溶液，不溶于乙醇、乙醚、丙酮、氯仿等有机溶剂。羧基的酯化度直接影响羧甲基纤维素钠的性质，当酯化度在0.3以上时，可溶于碱水溶液；当酯化度为0.5~0.8时，溶液呈酸性，不沉淀。羧甲基纤维素钠的水溶液的黏度随pH、聚合度而异。pH的影响因酸的种类和酯化度而不同，一般当pH为7时，黏度最大，通常pH为4~11较合适，而pH在3以下，则易生成游离酸沉淀。但本品可与某些蛋白质发生胶溶作用，生成稳定的复合体系，从而扩展pH范围。羧甲基纤维素钠的黏度随葡萄糖聚合度的增加而增大，其水溶液对热不稳定，黏度随温度的升高而降低。温度低于20℃，羧甲基纤维素钠水溶液的黏度随温度的下降而迅速降低；当温度在20~45℃时，黏度下降缓慢；温度高于45℃，黏度完全消失。

（二）毒性与安全性

①LD_{50}：27g/kg（bw）（小鼠，经口）；

②ADI：0~25mg/kg（bw）；

③FDA 将其列入一般公认安全物质。

（三）使用建议

GB 2760—2014 规定：CMC-Na 可用于各类食品，按生产需要适量使用。CMC-Na 在食品工业中应用广泛。

（1）人工甜味剂常与 CMC-Na 并用，使之具有糖水那样的黏稠性，添加于水果罐头的汁液中。

（2）果酱、番茄酱或干酪等食品中添加 CMC-Na，不仅增加黏度，而且可增加固形物的含量，还可使其组织柔软细腻。在生产果酱时，如果果胶不足，可用 CMC-Na 代替。

（3）CMC-Na 在冰淇淋中使用，可改善保水性和组织结构，防止析晶。在面包、蛋糕等的制作中，于小麦粉内加入 0.1% 的 CMC-Na，可防止水分蒸发。在速煮面中使用 CMC-Na，可使制品组织状态均匀，能改善结构，易控制水分，便于操作，添加量为 0.5%。

（4）在酱油中添加 CMC-Na，可调节酱油的黏度，使酱油具有滑润口感。

（5）CMC-Na 的价格低廉，溶解性好，保水作用也较强。所以，CMC-Na 常与其他乳化剂并用，以降低成本。而且 CMC-Na 与海藻酸钠并用有相乘作用。通常 CMC-Na 与海藻酸钠混用时的用量为 0.3%～0.5%；单独使用时，用量为 0.5%～1%。

五、淀粉磷酸酯钠

淀粉磷酸酯钠（sodium starch phosphate）是由正磷酸钠分散在乙醇溶液中加入淀粉，在 120～170℃下反应制得的淀粉衍生物。

（一）性状与性能

淀粉磷酸酯钠为白色粉末，无臭，可溶于水，并形成透明糊状物。1% 水溶液的 pH 为 6.5～7.5，不溶于乙醇。水溶液黏性很大，在低温时稳定，加温后黏度下降。通常在同一分子内 I 型与 II 型同时存在，糊化温度（约 60℃）比一般的淀粉（约 80℃）低，老化倾向减少。但通过酯化，其溶解度、膨润力及透明度显著高于原淀粉。I 型淀粉磷酸酯钠在常温下遇水糊化，糊化温度随磷酸结合量的增大而降低。低温状态下稳定性增大，但黏度降低。II 型淀粉磷酸酯钠与水一起加热则糊化。其含有磷酸酯，与金属有螯合作用，可防止食品褐变。

（二）毒性与安全性

本品安全性高。

ADI：无须作规定。

（三）使用建议

GB 2760—2014 规定：淀粉磷酸酯钠可用于脂肪含量 80% 以上的乳制品、冷冻饮品、果酱及粮食和粮食制品中，按生产需要适量使用。

六、羧甲基淀粉钠

羧甲基淀粉钠（sodium carboxymethyl starch，CMS-Na），又称羧甲基淀粉，由淀粉处理制成。

（一）性状与性能

羧甲基淀粉钠为白色或淡黄色粉末，在常温下溶于水，形成透明状液体，它吸水后体积可膨胀 200~300 倍，其 1% 水溶液的 pH 为 6.5~8.0，当溶液呈酸性时稳定性较差，呈碱性时较稳定。有增稠性，其黏度与产品的分子质量及淀粉分子中的羧甲基钠基团的数目有关，性质与羧甲基纤维素钠相近。

（二）毒性与安全性

①LD_{50}：15g/kg（bw）（小鼠，经口）；

②ADI：不作限制性规定。

（三）使用建议

GB 2760—2014 规定：羧甲基淀粉钠可用于果酱、酱及酱制品，最大使用量 0.1g/kg；面包，0.02g/kg；冰淇淋、雪糕，0.06g/kg；方便米面制品，15.0g/kg。

七、羟丙基淀粉

羟丙基淀粉（hydroxpropyl starch，HPS），为天然淀粉经氧化丙烯处理形成的淀粉衍生物。

（一）性状与性能

羟丙基淀粉为白色或近白色细微粉末，无臭，无味。几乎不溶于冷水，在水中加热泡涨后完全糊化，具有增稠、稳定的作用，并有糊化温度低、流动性好、黏度和透明度都较好的特性。羟丙基淀粉成膜性好，凝沉性弱，冻融稳定性好，对酸碱等亦较稳定。

（二）毒性与安全性

对人体无毒害。

ADI：无须作规定。

（三）使用建议

GB 2760—2014 规定：丙基淀粉可用于各类食品，按生产需要适量使用。

第五节　复合食品增稠剂在食品中的应用

复合食品增稠剂是根据各种食品添加剂及食品配料单体的性质和功能，将两种或两种以上功能互补或有协同作用的单体，按适当的比例复合在一起形成的复配物，它能在某种食品中独立地担当某一项功能。复合食品添加剂与单体相比具有十分显著的优点，复合食品胶也不例外。食品胶的协同效应，既有功能互补、协同增效的效应，也有功能相克、相互抑制的效应，但在食品工业中有应用价值的一般是协同增效效应。

利用各种食品胶之间的协同效应，采用复合配制的方法，可以产生无数种复合胶，以满足食品生产的不同需要，并有可能达到最低用量水平。例如，一定比例的黄原胶、魔芋胶复合使用，即使它们在水中的浓度低达 0.02%，仍可以形成凝胶。卡拉胶和槐豆胶，黄原胶和槐豆胶，黄蓍胶和海藻酸钠，黄蓍胶和黄原胶都有相互增效的协同效应，这种增效效应的共同特点是：混合溶液经过一定时间后，体系的黏度大于体系中各组分黏度的总和，或者在形成凝胶之后成为高强度的凝胶。

利用上述的亲水胶体的协同增稠、胶凝作用，在实际生产应用中，可以减少亲水胶体，特别是价格昂贵的胶体的用量,从而降低生产成本,并可提高产品的质量。以果冻常用的复合胶——卡拉胶和魔芋胶,混糖煮沸后冷却凝结,即得到市场上常见的果冻产品,这类复合胶在果冻中的总添加量为 0.8%~1%。而且使用复配了多种食品胶的果冻粉制作成的果冻可很好地解决果冻凝胶强而脆、弹性差、脱水收缩严重、色泽差、单独不能成胶及用料成本高等缺点,在凝胶强度、弹性和持水性等方面具有明显的优势。例如,单独用琼脂做成的果冻凝胶强而脆,弹性和色泽差,脱水收缩严重,其使用量大,成本高;使用明胶的缺点是凝固点和熔化点低,制作和贮藏需要冷藏;魔芋胶本身在果冻体系条件下就根本无法形成凝胶;槐豆胶和黄原胶也都不具有单独成胶的能力;高酯果胶的缺点是需要加高浓度的糖和较低的 pH 才能凝固,而低酯果胶使用不方便,且成本较高,都给生产带来了局限性;卡拉胶的缺点也比较明显,制成的果冻也易析水收缩,咀嚼性不强。

目前复合增稠剂在果冻、果酱、果汁、冰淇淋、软糖、肉制品、豆制品、酱油,以及汤圆等糯米食品的制作、改良方面均有不同程度的应用。

思考题

1. 什么是食品增稠剂?
2. 影响增稠剂作用效果的因素有哪些?
3. 食品增稠剂在食品中起什么作用?
4. 常用天然增稠剂有哪些种类?如何使用?
5. 人工合成增稠剂有哪些种类?如何使用?
6. 食品增稠剂复合使用时,有何影响?实际生产中应如何利用?

第七章 食品乳化剂

[本章简介]

本章介绍食品乳化剂的概念和分类,并简要介绍几种常用食品乳化剂的性状及性能、毒性,以及食品乳化剂在食品加工方面的应用。

[学习重点]

1. 掌握食品乳化剂的定义及亲水亲油平衡值(HLB)的概念和食品乳化剂的作用;
2. 明确食品乳化剂的作用机制及影响乳化效果的因素;
3. 熟悉常用食品乳化剂的基本特性、应用和使用时的注意事项。

第一节 食品乳化剂概述

一、食品乳化剂的概念

食品乳化剂是指能改善乳化体系中各种构成相之间的表面张力,形成均匀分散体或乳化体的物质,也称为表面活性剂。或者说可以使互不相溶的油(疏水性物质)和水(亲水性物质)形成稳定乳浊液的食品添加剂。食品乳化剂在食品生产和食品加工过程中占有重要地位,几乎所有食品的生产和加工均涉及乳化剂或乳化作用。其除了具有典型的表面活性之外,在食品中还具有消泡、增稠、稳定、润滑、保护等作用。

二、食品乳化剂的分类

（一）离子型乳化剂

当乳化剂溶于水时，凡是能电离成离子的，称为离子型乳化剂。如果乳化剂溶于水后起作用的是阴离子基团，称为阴离子型乳化剂；如果乳化剂溶于水后起作用的是阳离子基团，称为阳离子型乳化剂。两性乳化剂是指亲水的极性部分既包含阴离子，也包含阳离子。离子型乳化剂主要有硬脂酰乳酸钠、磷脂和改性磷脂以及一些离子型高分子，如黄原胶、CMC 等。

（二）非离子型乳化剂

非离子型乳化剂在水中不电离，溶于水时，疏水基和亲水基在同一分子上，分别起到亲油和亲水的作用。大多数食用乳化剂均属此类，如甘油酯类、山梨醇酯类、木糖醇酯类和丙二醇酯类等。

三、乳浊液及食品乳化剂的亲水亲油平衡值

乳状液中以液滴形式存在的那一相称为分散相（也称内相、不连续相）；另一相是连成一片的，称为分散介质（也称外相、连续相）。食品中常见的乳状液，一相是水或水溶液，统称为亲水相；另一相是与水不相混溶的有机相，如油脂或同亲油物质组成的溶液，统称为亲油相。两种不相混溶的流体，如水和油相混合时能形成两种类型的乳状液，即水包油型（O/W）和油包水型（W/O）乳状液。

（一）乳浊液的性质

1. 外观

乳浊液的外观随原料的颜色、折射率的不同及分散相颗粒的大小而变化，在不同的折射率时，颗粒大小在 $0.5 \sim 5 \mu m$ 时可制成不透明的乳状液。连续相颜色通常能控制产品颜色，将颗粒大小降到只有几纳米大小，小于可见光的波长或使两相的折射率相同时，可获得透明的乳浊液。

2. 分散性

乳浊液的分散作用与乳浊液类型有关，如果外相是水，乳浊液可分散到水或水溶性溶剂中，如果外相是油，它可以用油分散或稀释。用分散性来判断乳浊液的类型是很有效的。食品上的乳浊液大多是水包油型的。

3. 黏度

乳状液的黏度通常是随外相的黏度、外相对内相的比率，以及分散液珠、颗粒大小的变化而变化，所以乳浊液的黏度也取决于乳化剂的类型和浓度。当乳浊液为低内相比时，乳浊液黏度与外相相似；当内相浓度增大时，产品黏度也增大；当内相体积比外相体积大时，黏度明显增大，这种现象是由于存在于乳浊液中的颗粒密集引起的。由于乳浊液中颗粒表面总是存在着一定静电荷，其界面的移动伴有电阻，因此乳浊液的黏度实际上要复杂得多，影响乳浊液黏度的因素主要有：连续相和分散相黏度；分散相与连续相的容量比；乳化剂所引起的吸着膜性质；电气黏性；分散相液粒径分布。

4. 颗粒大小

颗粒大小通常用内相颗粒直径表示。如果大小相同，通常用乳浊液颗粒大小的范围表示，也就是说用颗粒最小值和最大值表示颗粒存在的范围，含有较小颗粒的乳浊液是均匀细腻的，

含有较大颗粒的乳浊液是粗糙的。颗粒大小与乳化剂的类型、质量、制备乳状液的技术和组分的加入顺序有关。大多商业上乳浊液的颗粒在 0.5~2.5μm，颗粒细小且相似的乳浊液，稳定性好。乳浊液颗粒大小差异大，稳定性差。

5. 导电性

乳浊液的导电性是由连续相的导电性决定的，O/W 型乳浊液的导电性好，而 W/O 型乳浊液的导电性差。因此，可用导电试验来判断乳浊液类型。

6. pH

根据乳化剂特性，非离子乳化产品适用的 pH 在 3~10 范围。

7. 稳定性

稳定性是乳浊液的重要性质，稳定性要通过贮藏的时间、黏度及贮藏环境等来考察。稳定性受分散微粒聚合的影响，聚合的比率又取决于乳化剂的类型和浓度、乳浊液的黏度、组成相、分散颗粒大小、微粒电荷及贮藏条件。

8. 防腐

乳浊液在制备和使用过程中会受到微生物的污染，商业出售的产品中因含有防腐剂而不会出现微生物过速增长，用防腐体系保护乳浊液是很有必要的。许多公司将所生产的产品进行破坏试验来判断防腐剂体系的防腐效果。

（二）乳浊液的分类

1. 油包水类乳化剂（water/oil，W/O）

一般指亲油性较强，亲水亲油平衡值（value of hydrophile lipophile balance，HLB）在 3~6 之间的乳化剂，如脂肪甘油酯类乳化剂、山梨醇酯类乳化剂。

2. 水包油类乳化剂（oil/water，O/W）

一般指亲水性较强，HLB 在 9 以上的乳化剂，如低酯化度的蔗糖酯、吐温系列乳化剂、聚甘油酯类乳化剂等。

（三）乳化剂的亲水亲油平衡值

1. HLB 的定义

乳化剂的 HLB，表示乳化剂对于油和水的相对亲和程度，在食品行业中 HLB 一般取 1~20。

2. HLB 与乳化剂应用的关系

乳化剂的应用与 HLB 关系很大，如表 7-1 所示。

表 7-1　　乳化剂的 HLB 与其用途的关系

HLB 范围	用途
1~3	消泡剂
4~6	用作 W/O 型乳化液的乳化剂
7~9	湿润剂
8~18	用作 O/W 型乳化液的乳化剂
13~15	洗涤剂

续表

HLB 范围	用途
15~18	增溶剂

3. HLB 的测定

目前 HLB 的计算公式主要是下列两种形式：

$$\text{差值式：乳化剂亲水性} = \text{亲水基的亲水性} - \text{亲油基的憎水性} \tag{7-1}$$

$$\text{比值式：乳化剂的亲水性} = \text{亲水基的亲水性} / \text{憎水基的亲水性} \tag{7-2}$$

对于不同类型的乳化剂，式（7-1）、式（7-2）可以变化成不同的具体形式。

大多数乳化剂是非离子型的，一般可根据式（7-3）求得：

$$\text{HLB} = 7 + 11.7 \text{g} \frac{\text{亲水基部分相对分子质量}}{\text{疏水基相对分子质量}} \tag{7-3}$$

此外，某些类型的乳化剂的 HLB 具有累加性：对于两种或两种以上的乳化剂并用时，复合乳化剂的 HLB 可根据式（7-4）计算：

$$\text{HLB} = \frac{\text{HLB}_A \times m_A + \text{HLB}_B + m_B}{m_A + m_B} \tag{7-4}$$

式中　m_A——A 种乳化剂质量；

　　　m_B——B 种乳化剂质量；

HLB_A——A 的 HLB；

HLB_B——B 的 HLB。

HLB 是关于乳化剂性能的一个指标，一般来说，HLB 越高表明乳化剂亲水性越强，反之亲油性越强。表 7-2 是常用食品乳化剂的类型和 HLB。

表 7-2　　　　　　　　　　常用食品乳化剂的类型和 HLB

乳化剂名称	类型	HLB	乳化剂名称	类型	HLB
卵磷脂（大豆磷脂）	两性	8.0	十二烷基硫酸钠	阴	40
氢化卵磷脂	非	7~10	单月桂酸山梨醇酐酯（司盘 20）	非	8~9
单双甘油酯	非	5~6	单棕榈酸山梨醇酐酯（司盘 40）	非	6~7
单硬脂酸甘油酯	非	3.8	单硬脂酸山梨醇酐酯（司盘 60）	非	4.7
乙酸脂肪酸甘油酯	非	2~3.5	三硬脂酸山梨醇酐酯（司盘 65）	非	2.1
乳酸脂肪酸甘酯	非	3~4	单油酸山梨醇酐酯（司盘 80）	非	4.3
柠檬酸脂肪酸甘油酯	阴	10~12	失水山梨醇脂肪酸酯（司盘 85）	非	1.8
琥珀酸脂肪酸甘油酯	阴	5~7	聚氧乙烯山梨醇酐单月桂酸酯（吐温 20）	非	13.3
酒石酸脂肪酸甘油酯	阴	8	聚氧乙烯山梨醇单棕榈酸酯（吐温 40）	非	15.6
双乙酰酒石酸脂肪酸甘油酯	阴	8.0	聚氧乙烯山梨醇酐单硬脂酸酯（吐温 60）	非	14.9

续表

乳化剂名称	类型	HLB	乳化剂名称	类型	HLB
聚甘油脂肪酸酯（类）	非	2~18	聚氧乙烯山梨醇酐三硬脂酸酯（吐温65）	非	10.5
聚甘油蓖麻醇酸酯	非		聚氧乙烯山梨醇酐单油酸酯（吐温80）	非	15.0
辛葵酸甘油酯	非	12.5	蔗糖脂肪酸酯	非	3~16
脂肪酸丙二醇酯	非	2~3	蔗糖甘油脂肪酸甘油酯	非	3~18
乳酸脂肪酸丙二醇甘油混合酯	非	3~5	乙酸异丁酸蔗糖酯	非	
琥珀酯脂肪酸丙二醇甘油混合酯	阴	4~6	聚氧乙烯（8）硬脂酸酯	非	10~15
硬脂酰乳酸酯	阴	5~7	聚氧乙烯（20）硬质酸甘油酯	非	12~13
硬脂酰乳酸钙	阴	5.1	聚氧乙烯（40）硬脂酸酯	非	15
硬脂酰乳酸钠	阴	8.3	聚氧乙烯木糖醇酐单硬脂酸酯	非	
柠檬酸硬脂酰酯	非		松香甘油酯（酯胶）	非	
酒石酸硬脂酰酯	非		氢化松香甘油酯	非	
脂肪酸（钾、钠、钙）盐	阴	16~18	木糖醇酐单硬脂酸酯	非	
磷脂酸铵	阴		热氧化大豆油与脂肪酸甘油酯	非	8.3
氧化硬脂精	非				

乳化剂的应用特性，取决于乳化剂的 HLB。不同的化学结构，由于可以有数量不等的亲水基和亲油基，因而就会有不同的 HLB。不同 HLB 的乳化剂还会有加和性，当两种或两种以上乳化剂进行适当配伍时，可使原 HLB 范围扩大，因而增加其适用范围。

第二节　食品乳化剂的作用机制

一、界面吸附

在乳状液中乳化剂分子定向排列于两相界面，使表面张力下降，如图 7-1 所示。被吸附的乳化剂分子可形成不同的界面层，这主要取决于乳化剂的亲水性与亲油性。在 O/W 型乳状液中，如果使用亲油性强的乳化剂，分子倾向于在界面和油相之间形成一种松弛的不连续的膜。如果使用的乳化剂亲水性太强，分子倾向于在水相中形成胶束，乳化剂浓度高有利于形成胶束或多层膜。

当乳化剂的 HLB 适当，分子在界面形成紧密堆积时，得到的乳状液稳定性最好。此时极性基团面向水相，烃链与油相相互作用。由乳化剂分子紧密堆积形成的界面膜可以减小表面张力，

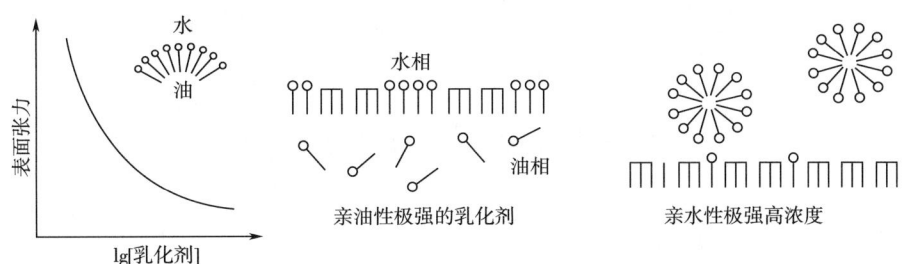

图 7-1 乳化剂降低表面张力乳化剂分子在界面定向

并防止液滴间聚结。有些乳化剂可用来破乳，这些乳化剂一般能很快地在两相界面铺展，但分子较小，不能形成较牢固的界面膜，它们将原来可在界面上形成牢固膜的乳化剂（如蛋白质类）从界面上顶替出来，结果使乳状液不稳定而破乳。类似的原理，在泡沫中这类乳化剂称作消泡剂。一般把具有增强水或水溶液取代固体表面空气能力的物质称为润湿剂。有些乳化剂具有很好的润湿作用，可应用于速溶粉末状冲调食品中。高 HLB 和低 HLB 的乳化剂混合使用，可以形成特别稳定的界面膜，从而很好地防止聚结，增加乳状液的稳定性，因此几种乳化剂混合起来使用在食品工业中非常普遍。

二、胶束形成和增溶

乳化剂在溶液中的浓度超过一定数值时，会发生可逆的聚集作用，从单体（单个分子）缔合成为胶态集体，即形成胶束，溶液的一些性质突然改变（如黏度），此时的乳化剂浓度称为临界胶束浓度（critical micelle concentration，CMC）。达到临界胶束浓度后乳化剂单体浓度不再增加，再加入的乳化剂只能形成胶束，而胶束可以看作一种新相的产生。一般亲油性大的乳化剂 CMC 较小。一般认为，在表面活性剂浓度不大且没有其他添加剂及加溶物的溶液中（超过 CMC 不多）胶团大多呈球状，而且胶团的缔合度不变（有固定形状和大小）。胶束的大小在 5~10nm，小于可见光的波长（400~800nm），因此胶束溶液是清澈透明的。在 10 倍于 CMC 或更大的浓溶液中，胶团一般是非球状的，随浓度不断增加棒状胶团聚集成束，当浓度更大时就形成巨大的层状胶团。若在溶液中加入极性或非极性的有机物质，这些有机物质就会溶于乳化剂分子形成的胶束或胶团中。一般会使胶团胀大，从而增加胶团聚集数，直到到达有机物的加溶极限为止，这就是乳化剂的增溶或加溶作用。如乙基苯，基本不溶于水，但在 100mL 0.3mol/L 十六酸钾水溶液中可溶解达 3g 之多。

临界胶束浓度是乳化剂性能的一个重要指标。一般 CMC 越小，即形成胶团所需浓度越低，达到表面（界面）饱和吸附的浓度就越低，因而改变表面（界面）性质，起到润湿、乳化、加溶（增溶）、起泡等作用所需的浓度也越低。

三、乳化剂与淀粉作用

面包的老化与直链淀粉的回生有关。乳化剂的功能之一就是保持面包的软度，减少面包中淀粉的老化，这是由于乳化剂与直链淀粉形成了复合物，如图 7-2 所示。分子蒸馏饱和单甘酯与淀粉形成的复合物不溶于水，因此加热时很少从淀粉颗粒中溶出，由于直链淀粉保留在淀粉颗粒内部,因而减少了直链淀粉老化的趋势。

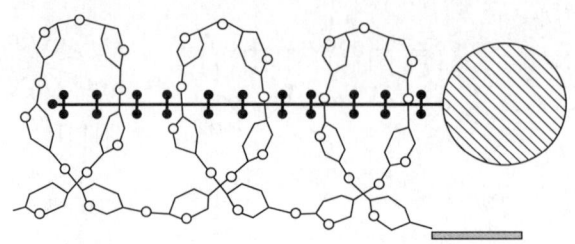

图 7-2 硬脂酸酯与直链淀粉形成复合物

四、乳化剂与蛋白质的相互作用

硬脂酰乳酸钠、单甘酯、聚氧乙烯山梨醇酐等乳化剂具有强化面团的功能,但是作用的确切机制尚不清楚。一般来说,非极性酐对面团常是不利的,而极性酐特别是糖苷能改善面团的性质。在面团混合过程中,乳化剂通过疏水与亲水相互作用同面筋结合。在焙烤过程中,随温度升高面筋蛋白质变性,因而与乳化剂的结合变弱,乳化剂分子改变为与糊化的淀粉分子结合,形成蛋白质–酯–淀粉的复合物。

五、脂肪晶型的控制

山梨醇酐具有稳定 β' 型脂肪的特殊功能,阻止 β' 型脂肪转变成 β 型。如在巧克力或巧克力涂层产品的贮藏期中,当 β' 型转变成较稳定的 β 型时,在巧克力表面会有"白霜"产生。人造奶油贮藏期间同样产生同质多晶型转变,引起"砂质"口感。山梨醇酐可以抑制晶型转变,但机制尚不清楚。

食用乳化剂在食品中具有多种用途和功能,可以将其大致归纳为如下 3 个方面。

(1) 乳化剂为双亲分子,具有表面活性作用,它们在两相界面上定向排列,形成表面(界面)膜,可以减小表面张力。乳化剂的乳化、破乳、消泡、润湿等作用均与此性质有关。

(2) 乳化剂分子在临界胶束浓度以上时缔合形成胶束,相当于增加了新的相。乳化剂形成的结晶相具有较高的黏度。乳化剂的增稠、增溶等作用与此性质有关。

(3) 乳化剂和食品中的蛋白质、直链淀粉等成分有特殊的相互作用,乳化剂使面包体积增大、控制脂肪结晶晶型、防止淀粉老化等作用均与此性质有关。

第三节 乳化剂的作用及其影响因素

一、乳化剂的作用

乳化剂是一类能够使多相体系中各组分相互融合,形成稳定乳液的添加剂,其可以改善产品结构,简化和控制食品加工过程,提高食品质量。在食品中的重要作用主要是以下几方面:

1. 乳化作用

乳化剂具有两亲作用，在油水界面定向吸附，使油相界面变得亲水，水相界面变得亲油，降低界面的表面张力，使原本不相溶的体系变得相溶，从而使体系稳定。实际上，任何界面两侧的两相都存在着极性差异，乳化剂分子将互不相溶的两种物质均匀、稳定地分散在一个体系中，从而改善和维持食品品质。

2. 发泡作用

乳化剂是表面活性剂，能在气液界面定向吸附，可以大大降低气液界面的表面张力，使气泡容易形成，同时由于乳化剂在气界面的定向吸附，使形成的气泡稳定。乳化剂的选择随产品的需要而变化，通常固化的亲油表面乳化剂，如甘油单酸酯、甘油二酸酯和山梨醇酐硬脂酸酯需要与吐温60混合使用，其添加量从0.1%~1.0%变化，会产生良好的泡沫结构，而好的泡沫结构可以作为蛋糕、冰淇淋等食品的饰品。

3. 破乳和消泡作用

乳化剂中HLB较小者在气液界面会优先吸附，但其吸附层不稳定，缺乏弹性，造成气泡破裂，因而起到消泡作用。这种作用在很多食品或食品添加剂加工中非常重要，如豆腐制作中的消泡，味精、蔗糖生产中的消泡等。

4. 对体系结晶的控制

乳化剂可以定向吸附于结晶体系的晶体表面，改变晶体表面张力，影响体系的结晶行为。一般情况下会干扰结晶，使晶粒变小。这对于晶体食品中晶粒的制备，糖果、雪糕、巧克力等糖品晶粒大小的控制很有效果。在有水存在时，乳化剂可使脂类化合物成为稳定的乳化液。当没有水存在时，可使油脂出现不同类型的结晶。在一般情况下，油脂的晶型是处在不稳定的α晶型或β初级晶型，这时的熔点较低，但可以缓慢地从低熔点的α晶型过渡到高熔点相对稳定的β晶型。油脂的不同晶型会赋予食品不同的感官性能和使用性能。因此，在食品加工中往往需要加入具有变晶型的物质，以延缓或阻滞晶型的变化。一些趋向于α晶型的亲油性乳化剂具有变晶型的性质，故常用来调节油脂晶型。

5. 对淀粉的抗老化作用

大多数乳化剂的分子中有线型的脂肪酸长链，可与直链淀粉连接而成为螺旋状复合物，可降低淀粉分子的结晶程度，并进入淀粉颗粒内部而阻止直链淀粉的结晶程度，从而防止淀粉制品的老化、回生、沉凝，使制成的面包、糕点等淀粉类制品具有柔软性和保鲜性。这种作用以高纯度的单硬脂酸甘油酯最为明显，可以有效延长淀粉类食品的保质期。

6. 络合作用

乳化剂的亲油亲水基团可以与蛋白质的特定结构部位发生亲水相互作用、疏水相互作用、氢键作用和静电作用等。在焙烤食品中，可以强化面筋网络结构，防止油水分离造成的硬化，增加韧性和抗拉力。蛋白质由20多种氨基酸组成，这些氨基酸可因其极性等的不同而表现出亲水性和疏水性，分别通过氢键与乳化剂的亲水基团结合，或与疏水基团结合。氨基酸的分类如下：

（1）非极性或疏水性氨基酸包括丙氨酸、缬氨酸、亮氨酸、异亮氨酸、甲硫氨酸、苯丙氨酸、色氨酸和脯氨酸，其特征是侧链呈疏水性。

（2）极性亲水性氨基酸包括含有羟基的苏氨酸、丝氨酸、酪氨酸，含有巯基的半胱氨酸，含有一定极性的甘氨酸，带正电荷的极性氨基酸——赖氨酸、精氨酸和组氨酸，以及带负电荷的极性氨基酸——天冬氨酸和谷氨酸，它们均可通过氢键而与乳化剂中的亲水基团相结合。

7. 助溶作用

当体系中小分子乳化剂的含量大于临界胶束浓度时，表面活性剂分子聚集，从而形成胶束，将溶剂体系划分为疏水区域和亲水区域。此时溶液的表面张力下降得最快，使溶解的物质逐渐吸附于胶束的亲水区，以达到助溶的目的。

二、乳化效果的影响因素

1. 乳化剂的用量

乳化剂的用量与分散相的量和乳滴大小有关。若用量太少，液滴界面不能达到饱和吸附，乳化膜密度过小或不足以包裹乳滴；用量过多，则乳化剂不能完全溶解，一般乳化剂在普通乳液中的用量为 5~100g/L。对于 W/O 型乳化剂，乳化剂的用量至少应高于其在油相的临界胶束浓度，才能包围水滴，并且随温度升高，乳化剂的用量应增加。

2. 相体积分数

一般乳化剂的相体积分数（Φ）为 20%~50%。通常 Φ 低于 20% 时，乳化剂不稳定，而达 50% 时则较稳定。

3. 黏度和温度

乳剂两相具有较高的黏度也是乳剂稳定的重要原因。乳滴黏度高，可减慢其聚集速度；连续相的黏度高时，可降低乳滴的沉降速率。但是，乳化过程中黏度越大，所需的乳化功就越大。升高温度可以降低表面张力和黏度，有利于剪切力的传递和乳剂的形成，但同时也加剧了乳滴的运动，促进其合并。对于一些聚氧乙烯类非离子表面活性剂，当温度升高到一定程度时，聚氧乙烯链与水之间的氢键断裂，致使其在水中的溶解度急剧下降并析出，溶液由清变浊或分层，这一现象称为起昙，此温度称为昙点（cloud point）。当温度降低到昙点以下时，有些溶液恢复澄明，有的则难以恢复。因此，需加热灭菌的这类制剂应格外注意。吐温类有起昙现象，所以乳化温度应控制在 70℃ 左右；用非离子乳化剂时，温度不宜超过其昙点。降低温度比升高温度的影响还大，往往使乳剂的稳定性降低，甚至使乳滴破裂。

4. 乳化搅拌时间

乳化开始时搅拌可促使乳滴形成，继续搅拌则可增加乳滴间碰撞的机会，促使乳滴合并，所以乳化搅拌的时间不能过长。

5. 乳化剂的复配

复合乳化稳定剂和凝固剂是指几种单一性稳定剂和凝固剂与乳化剂按一定比例混合后的混合物。用于冰淇淋的稳定剂和凝固剂有动物稳定剂和凝固剂、植物稳定剂和凝固剂。动物稳定剂和凝固剂目前主要指明胶，它来自小牛皮、猪皮或动物骨头。植物稳定剂和凝固剂包括海藻酸钠、CMC、瓜尔豆胶、黄原胶及魔芋胶等，其中，海藻酸钠水合力较强。在实际应用过程中，单一食品乳化剂对产品功能性质的改善存在一定局限性，因此经常对单一的食品乳化剂进行复配。两种或两种以上食品乳化剂复配使用，可以充分发挥乳化剂的作用，其协同增效效应可以赋予产品以更好的品质。

常见的食品乳化剂复配一般有三种：第 1 种类型是将不同性质的乳化剂品种复配，可产生协同增效作用；第 2 种类型是将食品乳化剂与抗氧化剂、甜味剂、食用色素、防腐剂等不同功能的食品添加剂复配，对食品起多种功能作用；第 3 种类型是根据食品加工工艺的特殊性和使用需求，以1种乳化剂为主，少量添加1~2种或多种辅助剂加以复配。目前广泛使用的多为食品乳化剂和其他食品添加剂的复配类型。然而，这却给生产程序带来一定的困难。首先是操作工序的增加，由于各种稳定剂和凝固剂使用方法不一，使操作的工作量增大；而且配料的功能发挥速度缓慢，不能配合现代化高效率的生产。其次，各种稳定剂和凝固剂来源不一，使质量无法得到统一保证。所以，国际上较为流行使用复合稳定剂和凝固剂，既能简化生产中的操作工艺，又能充分发挥各种乳化剂的最佳效果。

第四节　常用离子型食品乳化剂

一、乙酰化单甘油脂肪酸酯

乙酰化单甘油脂肪酸酯［acetylated monoglycerides；CNS：10.027；INS：472（a）］，又称乙酸化脂肪酸甘油酯，有三种存在形式（不包括异构体）：一乙酸一脂肪酸甘油酯（Ⅰ）、二乙酸一脂肪酸甘油酯（Ⅱ）和一乙酸二脂肪酸甘油酯（Ⅲ）。结构式：

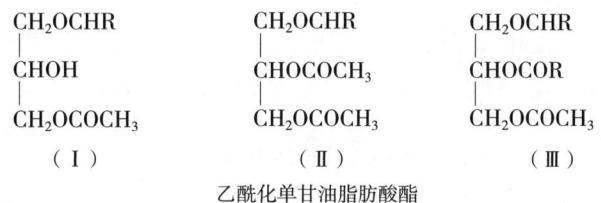

乙酰化单甘油脂肪酸酯

（一）性状与性能

为褐色、黄褐色至米黄色的不同黏稠度液体或蜡状固体，带有乙酸气味。不溶于水，不溶于冷的油脂，可溶于热的油脂，溶于乙醇、丙酮和其他有机溶剂，其溶解度取决于酯化程度和熔化温度。属于W/O型乳化剂，HLB 2~3.5。乙酰化度增加，熔点下降，对热的稳定性相应提高。

乙酰化单甘油脂肪酸酯除用作W/O型乳化剂外，能形成富有机械弹性的膜，用于食品的涂层保鲜，防止变干、受潮及污染。此外，因其可形成不同的α晶型，故具有优良的起泡性，可保证高脂食品（如冰淇淋）和控制起酥油的脂肪结晶。

（二）毒性与安全性

①LD_{50}：4g/kg（bw）（大鼠，经口）；

②ADI：不作限制性规定，以适度为限。

（三）使用建议

可用作乳化剂，稳定剂和凝固剂，涂膜剂，包覆剂，组织改良剂，溶剂，润滑剂。可用于焙烤食品、蛋糕起酥油、冷冻甜食、水果、冰淇淋、人造奶油、肉制品、果仁制品、花生、布丁、起酥油、顶端物料及其预混合粉等。

GB 2760—2014规定其最大使用量：乙酰化单甘油脂肪酸酯可在各类食品中按生产需要适量使用。

二、乳酸脂肪酸甘油酯

乳酸脂肪酸甘油酯[lactic acid and fatty acid ester of mono-and diglycerides；INS 472（b）]。与乙酰化脂肪酸甘油酯结构相似，乳酸脂肪酸甘油酯也有三种基本结构，即一乳酸一脂肪酸甘油酯、二乳酸二脂肪酸甘油酯和一乳酸二脂肪酸甘油酯。甘油被乳酸和脂肪酸部分酯化的混合物。除因原料不同而带来的脂肪酸基不同外，产品中还含有游离的甘油、乳酸、聚乳酸等。

（一）性状与性能

乳酸脂肪酸甘油酯与淀粉有很强的亲和力和优良的充气性，故广泛用于需要较高充气量和持气能力的食品，尤其是在蛋糕中应用时，可保证蛋糕有较高的容积和储气能力。

乳酸脂肪酸甘油酯对热的稳定性差，故应避免长时间受热。它也较易于受碱、酸和解脂酶的作用而水解成简单的化合物。因此当其在有水存在的条件下，较长的时间和较高温度都会导致水解而失去其乳化持气能力。

乳酸脂肪酸甘油酯外观呈稀液体至蜡状固体，取决于脂肪酸的饱和度和被酯化的乳酸量。不溶于水、甘油、丙二醇等极性物质，可溶于热己醇、热油脂中，属 W/O 型乳化剂，HLB 3~4。

（二）毒性与安全性

ADI：不作限制性规定，可安全用于食品。

（三）使用建议

可用作乳化剂，稳定剂和凝固剂。

GB 2760—2014 规定，乳酸脂肪酸甘油酯在允许使用品种稀奶油中的最大使用量为 5.0g/kg。

三、柠檬酸脂肪酸甘油酯

柠檬酸脂肪酸甘油酯[citric and fatty acidester of glycerol；INS：472（c）]，又称柠檬酸单甘酯。柠檬酸是一种具有一个羟基和三个羧基的多官能化合物，因而形成的柠檬酸单甘酯具有多样化的化学结构，其成品中在理论上至少有四种结构：一柠檬酸一脂肪酸甘油酯（Ⅰ）、一柠檬酸二脂肪酸甘油酯（Ⅱ）、柠檬酸二己酸化一脂肪酸甘油酯（Ⅲ）和单柠檬酸二乙酰化二脂肪酸二甘油酯（Ⅳ）。

柠檬酸脂肪酸甘油酯是柠檬酸和食用脂肪酸与甘油的混合酯。可含有少量的游离脂肪酸、游离甘油、游离柠檬酸和单双甘油酯。

（一）性状与性能

属阴离子型乳化剂，为白色至黄白色蜡状固体或至软半固体，香气和味道温和，不溶于冷水，能分散于热水，易溶于乙醇。

由于在成品的柠檬酸基团中存在有自由羟基，因此不单有分子重排，分子内和分子间酰基转移，还会有各种相应的反应产生的可能性，在作为人造奶油的防溅剂和高脂食品中的脂肪代用品等方面具有很好的使用价值。此外，它还能与微量重金属络合，因此与抗氧化剂混合使用时，可大大提高其抗氧化的能力。

（二）毒性与安全性

① LD_{50}：10g/kg（bw）（大鼠，经口）；

② ADI：不作限制性规定。

(三）使用建议

可用作乳化剂，螯合剂，稳定剂和凝固剂，面团调节剂，抗氧化增效剂。

GB 2760—2014 规定其最大使用量：乳化脂肪制品，10g/kg；婴幼儿乳粉配方，24g/kg。

四、琥珀酸脂肪酸甘油酯

琥珀酸脂肪酸甘油酯 [succinylated monoglycerides；INS：472（g）]，琥珀酸脂肪酸甘油酯是甘油、脂肪酸和琥珀酸相互酯化的产物。有三种基本结构：一琥珀酸一脂肪酸甘油酯（Ⅰ）、二琥珀酸一脂肪酸甘油酯（Ⅱ）和一琥珀酸二脂肪酸甘油酯（Ⅲ）。结构式：

琥珀酸脂肪酸甘油酯

（一）性状与性能

属阴离子型乳化剂，为蜡状固体，呈浅米黄色。不溶于水、甘油和丙二醇（可分散于热的水和丙二醇中），溶于热的油脂中，HLB 5~7，其乳化性能介于 O/W 型和 W/O 型乳化剂之间，在较高浓度时属 O/W 溶于油中，其界面张力随着浓度的增加而大幅度降低。

（二）毒性与安全性

ADI：不作特殊规定，可安全用于食品。

（三）使用建议

可用作乳化剂、面团改良剂。琥珀酸脂肪酸甘油酯能与面粉中的谷蛋白发生强烈作用，因此是一种优良的面团调节剂和面包芯软化剂，提高发酵面团的持气性，使面包的体积和弹性都大幅增大。

GB 2760—2014 规定其最大使用量：果蔬汁（肉）饮料（包括发酵型产品等）、蛋白饮料类、茶、咖啡、植物饮料类，2.0g/kg；调制乳、以乳为主要配料的即食风味甜点或其预制产品（不包括冰淇淋和调味酸乳）、焙烤食品、含乳饮料，5.0g/kg；干酪类似品、脂肪、油和乳化脂肪制品（02.01 基本不含水的脂肪和油除外），10.0g/kg；固体饮料类，20.0g/kg。

五、硬脂酰乳酸酯

硬脂酰乳酸酯包括硬脂酰乳酸钙、硬脂酰乳酸钠及硬脂酰乳酸钙-钠三种形式。

硬脂酰乳酸钙（calcium stearyl lactylate，CSL；CNS：10.009；INS：482），又称十八烷基乳酸钙。分子式 $C_{48}H_{86}CaO_{12}$，相对分子质量 895.30。其是在氢氧化钙或碳酸钙存在下，硬脂酸和乳酸酯化并中和而成。

硬脂酰乳酸钠（sodium stearyl lactylate，SSL；CNS：10.011；INS：481），分子式为 $C_{21}H_{39}NaO_4$，相对分子质量 378.52。其是在氢氧化钠或碳酸钠存在下，硬脂酸与乳酸酯化并中和而成。若在硬脂酸与乳酸进行酯化反应时，有氢氧化钠（或碳酸钠）和氢氧化钙（或碳酸钙）同时存在，则形成复合型的硬脂酰乳酸钙-钠（CSL-SSL）。

（一）性状与性能

属阴离子型乳化剂，为白色至浅黄色脆性固体或粉末，略有焦糖气味，稍具有吸湿性。难溶于冷水，稍溶于热水，加热强烈搅拌混合可完全溶解。易溶于热的油脂中，冷却则呈分散状态析出。熔点 44~51℃，HLB 5.1。

硬脂酰乳酸钠、硬脂酰乳酸钙、硬脂酰乳酸钙-钠盐都能与小麦中蛋白质发生强烈的相互作用，其中的亲水基团会与小麦面筋中的麦角蛋白结合，而疏水基团则与麦谷蛋白结合，形成面筋-蛋白质的复合物，使面筋网络更为细致而有弹性，从而提高发酵面团的持气性和焙烤成品的体积。

（二）毒性与安全性

①LD_{50}：27g/kg（bw）（大鼠，经口）；

②ADI：0~20mg/kg（bw）。

（三）使用建议

硬脂酰乳酸钙会与面团中的直链淀粉形成不溶于水的络合物，阻止直链淀粉溶出，抑制淀粉重新结晶和回生，起到防止面包老化和组织松化的作用，从而增加面包的柔软性，延长面包的货架期，其加入量为小麦粉的 0.3%~0.5%。作为液体蛋白质和冷冻蛋白质的起泡剂，用量为 0.05%以下；作为干蛋白的起泡剂，用量为 0.5%以下。

GB 2760—2014 规定其最大使用量：用于调制乳、风味发酵乳、果酱、顶饰（非水果材料）和甜汁、专用小麦粉（如自发粉、饺子粉）、生湿面制品、发酵面制品、面包、糕点、饼干、肉灌肠类、调味糖浆、蛋白饮料类、风味饮料、茶、咖啡、植物饮料类，2.0kg；稀奶油、调味稀奶油、水油状脂肪乳化制品，5.0g/kg；其他油脂或油脂制品（仅限植脂末），10.0g/kg。

六、硬脂酸钾

（一）性状与性能

属阴离子型乳化剂，为白色或黄白色蜡状固体，或白色粉末，略带有油脂气味，HLB 16~18。

（二）毒性与安全性

ADI：不作特殊规定。

（三）使用建议

可用作乳化剂、增稠剂、膨松剂。GB 2760—2014 规定其最大使用量：糕点，0.18g/kg；香辛料及粉，20g/kg。

七、双乙酰酒石酸单（双）甘油酯

双乙酰酒石酸单（双）甘油酯 [diacetyl tartaric acid esters of mono-（or Di-）glycerides；CNS：10.010；INS：472（e）] 是甘油、脂肪酸和乙酰化酒石酸的酯化产物，系甘油上一个或一个以上羟基与双乙酰酒石酸和脂肪酸的酯化产物，有许多种结构形式。

（一）性状与性能

属阴离子型乳化剂，从黏稠液体至蜡状固体，带有微酸臭味。能以任何比例溶于油脂，溶于大多数脂肪溶剂，溶于甲醇、丙酮、乙酸乙酯，但不溶于甘油、丙二醇、乙酸和冷水，可分散于热水中。在低温下稳定，高温（180℃）时易分解，属 O/W 型乳化剂，亲水能力相当强，故易用作蛋糕预混合粉的发泡剂,用于冰淇淋中可使脂肪球凝聚,以取得较好的干燥度和膨胀率。

(二)毒性与安全性

① LD_{50}:10g/kg(bw)(大鼠,经口);

② ADI:0~50mg/kg(bw)。

(三)使用建议

可用作乳化剂。EEC 规定可用于热巧克力混合料、棕色面包、冷冻比萨、肉汤粉。

GB 2760—2014 规定其最大使用量:调制乳、稀奶油类,5.0g/kg;风味发酵乳、乳粉,10.0g/kg;香辛料类,0.001g/kg;黄油和浓缩黄油、生湿面制品(如面条、饺子皮、馄饨皮、烧卖皮)、生干面制品,10.0g/kg;其他糖和糖浆(如红糖、赤砂糖、槭树糖浆),按生产需要适量使用。

第五节 常用非离子型食品乳化剂

一、单硬脂酸甘油酯

单硬脂酸甘油酯(glycerol monostearate;CNS:10.007;INS:471),又称单甘油酯(monostean),分子式 $C_{21}H_{42}O_4$,相对分子质量 358.57,结构式:

$$OHC-\overset{O}{\underset{\|}{C}}-CH_2(CH_2)_{15}CH_3$$
$$CHOH$$
$$CH_2OH$$

单硬脂酸甘油酯

(一)性状与性能

为白色蜡状薄片或珠粒固体,不溶于水,与热水经强烈振荡混合于水中,多为油包水型乳化剂。能溶于热的有机溶剂乙醇、苯、丙酮以及矿物油中。凝固点不低于54℃。

(二)毒性与安全性

ADI:不作特殊规定。

(三)使用建议

可用作乳化剂,稳定剂和凝固剂,消泡剂,涂层剂。

GB 2760—2014 规定其最大使用量:单硬脂酸甘油酯可在各类食品中按生产需要适量使用。使用时,先将单硬脂酸甘油酯用少量热水溶化均匀后再进行添加。

二、蔗糖脂肪酸酯

蔗糖脂肪酸酯(sucrase fatty acid ester;CNS:10.001;INS 473),又称脂肪酸蔗糖酯、蔗糖酯。蔗糖与脂肪酸酯化形成的化合物。由于蔗糖分子中有8个羟基,故可与1~8个脂肪酸形成相应的脂肪酸蔗糖酯。以蔗糖单硬脂酸酯为例,其中 $R = C_{15}H_{35}$。分子式 $C_{30}H_{56}O_{12}$,相对分子质量 608.76,结构式:

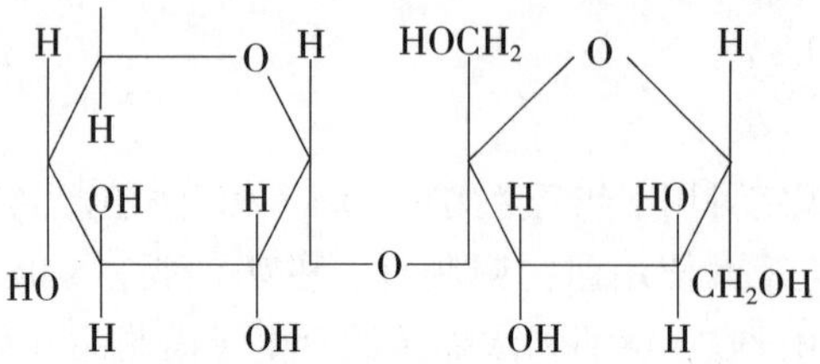

蔗糖脂肪酸酯

(一)性状与性能

为白色至黄色的粉末,或无色至微黄色的黏稠流体或软固体,无臭或稍有特殊的气味。易溶于乙醇、丙酮。单酯可溶于热水。单酯含量高,亲水性强;二酯和三酯含量越多,亲油性越强。由于蔗糖脂肪酸酯的酯化程度可影响其 HLB,因此在使用中可参考不同 HLB 对应的蔗糖酯选择使用。表 7-3 所示为不同酯化程度的蔗糖酯的 HLB。

表 7-3　　　　　　　　　不同酯化程度的蔗糖酯的 HLB

质量分数/%				HLB
单酯	二酯	三酯	四酯	
71	24	5	0	15
61	30	7	2	13
50	36	12	2	11
46	39	13	2	9.5
42	42	14	2	8
33	49	16	2	6

(二)毒性与安全性

① LD_{50}:39g/kg(bw)(大鼠,经口);

② ADI:0~20mg/kg(bw)。

(三)使用建议

可用作乳化剂。使用时,先将蔗糖酯用少量水混合、润湿,再加入所需要的水,适当加入可加速蔗糖酯的溶解。加入食品后宜进行搅拌或均质,使其充分分散、均匀。

GB 2760—2014 规定其最大使用量:冷冻饮品(食用冰除外)、经表面处理的鲜水果,1.5g/kg;调制乳,3.0g/kg;果酱、专用小麦粉(如自发粉、饺子粉),5.0g/kg;稀奶油(淡奶油)及其类似品,基本不含水的脂肪和油,可可制品、巧克力和巧克力制品(包括代可可脂巧克力及制品)以及糖果,脂肪乳化制品(包括混合的或调味的脂肪乳化制品),10.0g/kg。

三、大豆磷脂（部分氢化）

大豆磷脂（部分氢化）(lecithin, partially hydrogenated; INS：322)，又称卵磷脂、磷脂，其主要成分有磷酸胆碱、磷酸胆胺、磷脂酸和磷酸肌醇。大豆磷脂中约含24%磷酸胆碱、25%磷酸胆胺、33%磷酸肌醇。

（一）性状与性能

呈色从淡黄至棕色，取决于原料来源及品种，以及是否经过漂白。稠度可由塑性体至流体，取决于游离脂肪酸和油的含量，并与是否加有稀释剂而定。无臭或有特殊气味，有轻微似果仁气味和轻微刺激味。食用稀释剂，如可可脂和植物油常用以取代大豆油，以保证其功能和香气。

（二）毒性与安全性

ADI：未作规定。

（三）使用建议

可用作乳化剂，抗氧化剂，稳定剂和凝固剂，表面活性剂，巧克力黏度降低剂，脱膜剂，脂肪增稠剂等。

四、改性大豆磷脂

改性大豆磷脂（modified soybean phospholipids；CNS：10.019；INS：322），又称羟化卵磷脂（hydroxylated lecithin）。大豆磷脂包括磷脂酰胆碱（PC，卵磷脂）、磷脂酰乙醇胺（PE）、磷脂酰肌醇（PI）、磷脂酸（PA）及大豆油脂的混合物，经过改性处理后基本以磷脂酸为主体。结构式：

$$\begin{array}{c} RCOO-CH_2 \\ OOCH-H \\ H_2C-O-P(=O)(OH)_2 \end{array}$$

改性大豆磷脂

（一）性状与性能

为浅黄色至黄色透明黏稠液体，或浅黄色粉末和颗粒，有特殊的"漂白味"。部分溶于水，但在水中很容易形成乳液，比一般的磷脂更容易分散和水合。极易吸潮，易溶于动物油、植物油、乙醚、石油醚或氯仿中，部分溶于乙醇。

（二）毒性与安全性

ADI：不作特殊规定。

（三）使用建议

可用作乳化剂、脱膜剂、品质改良剂。

GB 2760—2014 规定改性大豆磷脂可按生产需要适量用于各类食品。实际使用参考：用于油脂、人造黄油（硬脂化油、氢化油），0.1%~0.35%；用于巧克力，0.2%~0.3%；糖果，最大使用量0.5%；焙烤食品，添加量为面粉质量的0.2%~0.3%。

五、木糖醇酐单硬脂酸酯

木糖醇酐单硬脂酸酯（xyliten monostearate；CNS：10.007），又称单硬脂酸木糖醇酐酯。分子式 $C_{23}H_{44}O_5$，相对分子质量 400，结构式：

$$\text{HOCH}_2\text{CH}_2\text{O}-\underset{|}{\overset{\text{CH}_2\text{OH}}{\text{CH}}}\text{CH}_2\text{O}-\overset{\text{O}}{\underset{\|}{\text{C}}}\text{C}_{17}\text{H}_{35}$$

木糖醇酐单硬脂酸酯

（一）性状与性能

为淡黄色蜡状固体，不溶于水，能分散于热水中，溶于热酒精、苯。凝固点 50~60℃。

（二）毒性与安全性

① LD_{50}：10g/kg（bw）（大鼠，经口）；
② ADI：25mg/kg（bw）。

（三）使用建议

可用作乳化剂、渗透剂、增稠剂。
GB 2760—2014 规定其最大使用量：氢化植物油、糖果，5.0g/kg；面包、糕点，3.0g/kg。

六、司盘类乳化剂

司盘类乳化剂（span，arlacel，sorbitan fatty acid ester）是山梨醇酐脂肪酸酯的商品名，也有译为"斯盘"的，结构式：

司盘类乳化剂

司盘类乳化剂是由脂肪酸（如月桂酸、油酸、棕榈酸和硬脂酸等）与山梨醇酐的多元醇衍生物所组成的各种酯，包括山梨醇酯、1，4-脂肪酸山梨醇酐酯和脂肪酸异山梨醇二酐酯，以及少量的二脂肪酸山梨醇酐酯和三脂肪酸山梨醇酐酯。

山梨醇酐脂肪酸酯类的各种理化性质，在很大程度上取决于所构成的脂肪酸种类、数量和加工条件。外观上可以是白色至黄棕色的液体至蜡状固体，与单脂肪酸甘油酯相似，所不同的是山梨醇酐月桂酸酯是黏稠液体，而月桂酸甘油酯为固体。其亲水基团山梨醇酐是一种与糖有亲缘性的醇，因此受热后也会产生焦糖化作用，从而使成品具有焦糖的苦味和微甜味，并使产品色泽增深。因此往往与其他乳化剂配合使用。由于山梨醇酐明显的亲水性，因此其酯对降低界面张力的能力比单甘酯强得多。而其耐热性和水解性则相对较为平稳。司盘系列中的不同乳化剂乳化力优于其他乳化剂，但风味差，故一般与其他乳化剂合并使用。由于其相连脂肪酸不同而表现出亲脂的能力与差异，HLB 为 1.8~8.6，见表 7-4。

表 7-4　　　　　　　　　　　　　　司盘系列乳化剂性质

品名	化学名称	外观	HLB
司盘 20	山梨醇酐单月桂酸酯	淡褐色油状	8.6
司盘 40	山梨醇酐单棕榈酸酯	乳白色或淡褐色蜡状	6.7
司盘 60	山梨醇酐单硬脂酸酯	白色或浅黄色蜡状	4.7
司盘 65	山梨醇酐三硬脂酸酯	淡黄色蜡状	2.1
司盘 80	山梨醇酐单油酸酯	淡褐色油状	4.3
司盘 85	山梨醇酐三油酸酯	淡褐色油状	1.8

现将几种司盘类乳化剂简单介绍如下。

（一）山梨醇酐单月桂酸酯（司盘 20）

山梨醇酐单月桂酸酯（sorbitan monolaurate，span 20；CNS：10.024；INS：493），又称单月桂酸山梨醇酐酯，商品名为司盘 20。

1. 性状与性能

为琥珀色黏稠液体，或浅黄色或棕黄色小珠状或片状蜡状固体，有特殊气味，味柔和。可溶于乙醇、甲醇、乙醚、乙酸乙酯、石油醚等有机溶剂，不溶于冷水，可分散于热水中。W/O 型乳化剂，HLB 8.6，相对密度 1.00~1.06（20℃/4℃），熔点 14~16℃。

2. 制法

由山梨糖醇及其多元醇的单双酐与食用级月桂酸进行部分酯化而得的一种混合物。

3. 毒性与安全性

①LD_{50}：10g/kg（bw）（大鼠，经口）；

②ADI：0~25mg/kg（bw）。

4. 使用建议

可用作乳化剂，稳定剂和凝固剂，消泡剂。主要用于糖汁。

（二）山梨醇酐单棕榈酸酯（司盘 40）

山梨醇酐单棕榈酸酯（sorbitan monopalmitate，span 40），商品名为司盘 40，分子式 $C_{22}H_{42}O_6$，相对分子质量 402.62。

1. 性状与性能

为浅乳白色至棕黄色珠状或片状或硬质蜡状颗粒。有异臭，味温和。冻凝点 45~47℃。高于熔点温度时溶于乙醇、甲醇、乙醚、醋酸乙酯、苯胺、甲苯、二比烷、石油醚及四氯化碳。不溶于冷水，但能分散于热水。皂化值 139~150。酸值不大于 7.5mg（KOH）/g。羟值 272~306mg/g。不溶于冷水，能分散于热水。HLB 6.7，为亲油型乳化剂，可用于制造 W/O 型乳状液食品。

2. 制法

由山梨醇酐与棕榈酸酯化而得。

3. 毒性与安全性

①ADI：0~25mg/kg（bw）；

②有提高人体吸收液体石蜡和脂溶性物质的能力。

4. 使用建议

可用作油溶性乳化剂，稳定剂和凝固剂。

（三）山梨醇酐单硬脂酸酯（司盘60）

山梨醇酐单硬脂酸酯（sorbitan monostearate，span 60），又称单硬脂酸山梨醇酐酯，商品名为司盘60，分子式 $C_{24}H_{46}O_6$，相对分子质量430.621。

1. 性状与性能

为浅乳白色至棕黄色蜡状固体，有臭气，味柔和。冻凝点50~52℃。不溶于水和矿物油精及丙酮，但可分散于温水。溶于熔点以上温度的甲苯、二氧杂环己烷、四氯化碳、乙醚、乙醇、甲醇和苯胺。溶于50℃以上的矿物油和乙酸乙酯。在常温下于不同的pH溶液中稳定。HLB 4.7~5.7，为亲油性乳化剂，可用于制备W/O型乳状液。其乳化力优于其他乳化剂，但风味差，故通常与其他乳化剂复配使用，可取得理想效果。

2. 制法

食用工业硬脂酸（通常含缔合脂肪酸，主要为棕榈酸）与山梨醇酐反应而得。

3. 毒性与安全性

①LD_{50}：31g/kg（bw）（大鼠，经口）；

②ADI：0~25mg/kg（bw）；

③可安全用于食品。

4. 使用建议

可用作乳化剂，稳定剂和凝固剂，消泡剂，涂釉剂。

（四）山梨醇酐三硬脂酸酯（司盘65）

山梨醇酐三硬脂酸酯（sorbitan tristearate，span 65），商品名为司盘65，分子式 $C_{60}H_{114}O_8$，相对分子质量963.552。

1. 性状与性能

为浅奶油色至浅褐色珠状、片状或硬质蜡状固体，微臭，味温和。微溶于乙酸乙酯、甲苯。可分散于丙酮、石油醚、矿物油、植物油，不溶于水、甲醇和乙醇，冻凝点47~50℃。HLB 2.1，可作亲水性乳化剂，其亲水性大于司盘60。可用于制备W/O型乳状液，通常与其他乳化剂（吐温）复配使用，可收到良好的乳化效果。

2. 制法

由山梨糖醇脱水成山梨醇酐后与过量硬脂酸酯化而成。

3. 毒性与安全性

①LD_{50}：10g/kg（bw）（大鼠，经口）；

②ADI：0~25mg/kg（bw）；

③有提高人体吸收液体石蜡和脂溶性物质的能力。

4. 使用建议

可用作为乳化剂，消泡剂，稳定剂和凝固剂。

（五）山梨醇酐单油酸酯（司盘 80）

山梨醇酐单油酸酯（sorbitan monooleate，span 80），商品名为司盘 80，分子式 $C_{24}H_{44}O_6$，相对分子质量 428.62。

司盘 80 是由油酸与山梨醇酐的多元醇衍生物所组成的酯，其中占主导地位的是 1,4-单油酸山梨醇酐酯，另有少量的单油酸异山梨醇二酐酯、二油酸山梨醇酐酯和三油酸山梨醇酐酯。

1. 性状与性能

为琥珀色黏性液体，或浅黄色至棕黄色粒状或片状硬质蜡状固体，有特殊气味，味柔和。温度高于熔点时，能溶于乙醇、乙醚、乙酸乙酯、苯胺、甲苯、二比烷、石油醚和四氯化碳。不溶于冷水，但能分散于热水。山梨醇酐单油酸酯为亲油性乳化剂，HLB 4.3。如与吐温 80 混合使用，乳化效果更佳。

2. 毒性与安全性

①LD_{50}：10g/kg（bw）（大鼠，经口）；
②ADI：0~25mg/kg（bw）；
③有提高人体吸收液体石蜡和脂溶性物质的能力。

3. 使用建议

可用作乳化剂，稳定剂和凝固剂，增稠剂，润滑剂。

GB 2760—2014 规定其最大使用量：用于风味饮料（包括果味、乳味、茶味、咖啡味），0.5g/kg；豆类制品，1.6g/kg；调制乳、冰淇淋、雪糕类、除胶基糖果以外的其他糖果、面包、糕点、饼干、果蔬汁（肉）饮料（包括发酵型产品等）、固体饮料类（速溶咖啡除外），3.0g/kg；植物蛋白饮料，6.0g/kg；稀奶油（淡奶油）及其类似品，氢化植物油，可可制品、巧克力和巧克力制品（包括代可可脂巧克力及制品）、速溶咖啡，干酵母，10.0g/kg；脂肪，油和乳化脂肪制品（煎炸用植物油除外），15.0g/kg。

七、酪蛋白酸钠

酪蛋白酸钠（sodium caseinate；CNS：10.002），又称酪蛋白酸盐、干酪素钠、酪朊酸钠，结构式：

$$R-\underset{\underset{NH_2}{|}}{\overset{\overset{H}{|}}{C}}-\overset{O}{\overset{\|}{C}}-ONa$$

酪蛋白酸钠

（一）性状与性能

为白色至浅黄色粉末，无臭或稍有特异性香味。可溶于热水和冷水中，不溶于乙醇。水溶液 pH 呈中性，加酸则产生酪蛋白沉淀。

（二）毒性与安全性

①LD_{50}：400~500g/kg（bw）（大鼠，经口）；
②ADI：无限制性规定；
③有提高人体吸收液体石蜡和脂溶性物质的能力。

(三)使用建议

GB 2760—2014 规定其最大使用量：可按生产需要适量用于各类食品中。实际使用参考：午餐肉，1.5%~2%；灌肠肉类，0.2%~0.5%；炸鱼用的面粉，0.2%~0.5%；冰淇淋，0.3%，改善产品质地；作为营养强化剂用于面包、饼干等谷物食品中，配成高蛋白质的谷物食品，0.2%~0.5%；西式点心、炸面包圈、巧克力等糕点，0.5%~5.0%；饮料，0.2%~0.3%，可以替代全脂乳、脱脂乳、蛋清等；婴幼儿乳粉配方，1.0g/kg，以即食食品计，作为花生四烯酸（ARA）和二十二碳六烯酸（DHA）载体。

八、吐温类乳化剂

吐温类乳化剂（polysorbate/tween）是由司盘在碱性催化剂存在下和环氧乙烷加成精制而成，也称为聚氧乙烯山梨醇酐脂肪酸酯。由于其脂肪酸种类的不同，可有一系列产品。目前许可使用的有聚氧乙烯山梨醇酐单月桂酸酯（吐温 20）、聚氧乙烯山梨醇酐单软脂酸酯（吐温 40）、聚氧乙烯山梨醇酐单硬脂酸酯（吐温 60）、聚氧乙烯山梨醇酐单油酸酯（吐温 80）。

吐温类乳化剂比司盘类乳化剂有更软的稠度和更低的熔点，即使是有三硬脂酸酯的吐温 65，在常温下也是膏状体，其余均为黏稠油状液体。一般为浅米色至浅黄色，呈油脂与环氧乙烷加成物的特有油脂气味和带有苦味的油脂滋味。吐温具有良好的热稳定性和在水中的被水解稳定性。尽管山梨醇酐上的亲水性羟基被环氧乙烷所取代，但聚氧乙烯基团却有着更高的亲水性，因此吐温的 HLB 远大于司盘，呈亲水性的 O/W 型乳化性。

此外，吐温类乳化剂的界面活性作用不受 pH 的影响。对难溶于水的亲油性物质（如精油）有良好的助溶作用，故可用以配制乳化香精。此外，在食品中也有良好的充气和搅拌气泡作用。对一定的油脂晶体结晶有良好的稳定作用。

正是由于上述各种特性，故吐温可作为乳化剂，稳定剂和凝固剂，分散剂等而用于面包、蛋糕、冰淇淋、起酥油等。

吐温系列乳化剂为亲水型的乳化剂，适宜在低脂食品或水相中使用。吐温系列中的不同乳化剂由于其相连脂肪酸不同而表现出不同的 HLB，见表 7-5。

表 7-5　　吐温系列乳化剂性质

品名	化学名称	外观	HLB
吐温 20	聚氧乙烯山梨醇酐单月桂酸酯	浅褐色油状	16.7
吐温 40	聚氧乙烯山梨醇酐单棕榈酸酯	浅褐色油状	15.6
吐温 60	聚氧乙烯山梨醇酐单硬脂酸酯	浅褐色油状	14.6
吐温 80	聚氧乙烯山梨醇酐单油酸酯	浅褐色油状	15.0
吐温 85	聚氧乙烯山梨醇酐三油酸酯	浅褐色油状	11.0

(一)聚氧乙烯山梨醇酐单月桂酸酯（吐温 20）

聚氧乙烯山梨醇酐单月桂酸酯 [polyoxyethylene sorbitan monolaurate；CNS：10.024；INS：432]，又称聚山梨酸酯 20（polysorbate 20）、吐温 20（tween 20）。聚氧乙烯山梨醇酐脂肪酸酯

系列乳化剂同为一类非离子型表面活性剂，由司盘型乳化剂分子中残余的羟基与氧化乙烯进行综合反应，以 1mol 山梨糖醇与 20mol 氧化乙烯缩合而成，结构式：

$$\text{C}_{11}\text{H}_{23}\text{C}-\text{O}(\text{C}_2\text{H}_4\text{O})_x\text{CH}_2$$

$$\text{OH}(\text{C}_2\text{H}_4\text{O})_y \quad (\text{OC}_2\text{H}_4)_w\text{OH}$$
$$(\text{OC}_2\text{H}_4)_z\text{OH}$$

$$x+y+z+w=20$$

吐温20

1. 性状与性能

为柠檬色至琥珀色液体，略有特异臭味及苦味。溶于水、乙醇、乙酸乙酯、甲醇、二噁烷中，不溶于矿物油及溶剂油，易形成 O/W 体系，HLB 16.9。相对密度 1.08~1.13（20℃/4℃），沸点 321℃。在水中易分散，但当与水杨酸、鞣酸、间苯二酚、百里酚等作用时会失去乳化性能。

2. 制法

由山梨糖醇及其单、双酐（酸值≤7，含水量≤0.2%）与月桂酸部分酯化而成的混合物。按每摩尔山梨糖醇及其酐类与约 20mol 氧化乙烯（C_2H_4O）进行缩合而成。

3. 毒性与安全性

①LD_{50}：37g/kg（bw）（大鼠，经口）；

②ADI：0~25mg/kg（bw）；

③适度为限，有提高人体对液体石蜡和其他脂溶性物质的吸收能力。

4. 使用建议

可用作乳化剂，稳定剂和凝固剂，分散剂。主要用于蛋糕、冰淇淋、起酥油等。

（二）聚氯乙烯山梨醇酐单棕榈酸酯（吐温40）

聚氯乙烯山梨醇酐单棕榈酸酯 [polyoxylhylene sorbitan monopalmitate；CNS：10.026；INS：434]，又称聚山梨酸酯40（polysorbate 40）、吐温40（tween 40），结构式：

$$\text{C}_{15}\text{H}_{31}\text{C}-\text{O}(\text{C}_2\text{H}_4\text{O})_x\text{CH}_2$$

$$\text{OH}(\text{C}_2\text{H}_4\text{O})_y \quad (\text{OC}_2\text{H}_4)_w\text{OH}$$
$$(\text{OC}_2\text{H}_4)_z\text{OH}$$

$$x+y+z+w=20$$

吐温40

1. 性状与性能

为柠檬至橘红色油状液体或半凝胶物质（25℃），略有异臭，微苦。溶于水、乙醇、甲醇、乙酸乙酯和丙酮，不溶于矿物油。相对密度 1.05~1.10（20℃/4℃），HLB 15.6。

2. 制法

由山梨糖醇及其单、双酐（酸值≤7.5；含水量≤0.2%）与食用棕榈酸部分酯化而成的混合物，并按每摩尔山梨糖醇及其酐类与 20mol 氧化乙烯（C_2H_4O）进行缩合而成。

3. 毒性与安全性

①LD_{50}：10g/kg（bw）（大鼠，经口）；

②ADI：0~25mg/kg（bw）；

③有提高人体对液体石蜡和其他脂溶性物质的吸收能力。

4. 使用建议

可用作乳化剂，分散剂（尤其是香料），稳定剂和凝固剂，消泡剂，粉状加工制品增湿剂。EEC 规定可用于蛋糕、蛋糕预混合粉、蛋糕涂层和馅料、植物油顶端发料、冷冻甜食、冰淇淋、非乳咖啡伴侣。

（三）聚氯乙烯山梨醇酐单硬脂酸酯（吐温 60）

聚氯乙烯山梨醇酐单硬脂酸酯 [polyoxyethylene sorbitan monostearate；CNS：10.015；INS：435]，又称聚山梨酸酯 60（polysorbate 60）、吐温 60（tween 60），结构式：

$$C_{17}H_{35}C-O(C_2H_4O)_xCH_2$$

$$OH(C_2H_4O)_y\quad(OC_2H_4)_wOH$$

$$(OC_2H_4)_zOH$$

$$x+y+z+w=20$$

吐温60

1. 性状与性能

为柠檬色至橙色液体或半凝胶体，轻微特殊臭味，略有苦味。溶于水、苯胺、乙酸乙酯和甲苯，不溶于矿物油和植物油。HLB 14.9。

2. 制法

由山梨糖醇和山梨糖醇酐于硬脂酸部分酯化而成的混合物，并按每摩尔山梨糖醇及其单、双酐与约 20mol 氧化乙烯（C_2H_{40}）进行缩合而成。

3. 毒性与安全性

①LD_{50}：10g/kg（bw）（大鼠，经口）；

②ADI：0~25mg/kg（bw）；

③可用于安全食品。有提高人体对液体石蜡和其他脂溶性物质吸收的能力。

4. 使用建议

可用作乳化剂，稳定剂和凝固剂（尤其是冷冻甜食，避免油水分离），分散剂（粉状加工制品如非乳制咖啡伴侣的分散），保持面包和甜甜圈水分，无醇饮料加入含醇饮料的发泡剂。EEC 规定可用于蛋糕等混合料、面包、甜甜圈、非乳制咖啡伴侣、巧克力涂层、无醇饮料混合料、植物油顶端发泡料、蛋糕涂层和馅料、糖果、明胶甜食等。

（四）聚氧乙烯山梨醇酐单油酸酯（吐温 80）

聚氧乙烯山梨醇酐单油酸酯 [polyxyethylene sorbitan monooleate；CNS：10.016；INS：433]，又称聚山梨酸酯 80（polysorbate 80）、吐温 80（tween 80），结构式：

$$C_{17}H_{33}C\overset{O}{\underset{\|}{-}}O(C_2H_4O)_xCH_2$$

OH(C_2H_4O)_y (OC_2H_4)_wOH
(OC_2H_4)_zOH

$x+y+z+w=20$

吐温80

1. 性状与性能

为黄色至橙色油状液体（于25℃），有轻微特异臭味，略带苦味。极易溶于水，形成无臭几乎无色的溶液；溶于乙醇、乙酸乙酯、甲醇、二噁烷，不溶于矿物油及溶剂油。易形成 O/W 体系，HLB 16.9。相对密度 1.08~1.13（20℃/4℃），沸点 321℃。在水中易分散。但当与水杨酸、鞣酸、间苯二酚、百里酚等作用时会失去乳化能力。

2. 制法

由山梨糖醇及其单、双酐（酸值≤7.5；含水量≤0.2%）与油酸部分酯化的混合物，按每摩尔山梨糖醇及其酐类与约 20mol 氧化乙烯（C_2H_4O）进行缩合而成。

3. 毒性与安全性

① LD_{50}：25g/kg（bw）（小鼠，经口）；
② ADI：0~25mg/kg（bw）；
③ 可安全用于食品。

4. 使用建议

可用作乳化剂，稳定剂和凝固剂，分散剂，消泡剂（甜菜糖生产中），保水剂（面包），提高非乳制品咖啡伴侣的溶解性。EEC 规定可用于巧克力浆料、人造稀奶油、焙烤食品、糖果、冰淇淋及饮料等。

吐温类乳化剂使用建议：GB 2760—2014 规定其最大使用量：饮料类，0.5g/kg；果蔬汁（肉）饮料（包括发酵型产品等），0.75g/kg；稀奶油、液体复合调味料，1.0g/kg；调制乳、冷冻饮品（食用冰除外），1.5g/kg；糕点、含乳饮料、植物蛋白饮料，2.0g/kg；水油状脂肪乳化制品，10.0g/kg；其他（乳化天然着色剂），10.0g/kg。

九、丙二醇脂肪酸酯

丙二醇脂肪酸酯（propylene glycol diesters of fatty acid；CNS：10.020；INS：477），又称脂肪酸丙二醇酯、丙二醇单双酯，结构式：

$$\begin{array}{c} CH_3 \\ | \\ HC-OR_2 \\ | \\ H_2C-OR_1 \end{array}$$

丙二醇脂肪酸酯

单酯时，R_1 和 R_2 代表一个脂肪酸基团和氢；双酯时，R_1 和 R_2 代表两个脂肪酸基团。食品中使用的丙二醇脂肪酸酯主要为单酯。

丙二醇脂肪酸酯简称为丙二醇酯,与脂肪酸甘油酯相似,也有单脂肪酸酯、双脂肪酸酯和分离蒸馏品,所不同的是由1,2-丙二醇代替了丙三酯,由于少了一个亲水的羟基,因此即使是分离蒸馏的单脂肪酸丙二醇酯,其乳化能力也比同样的单甘酯差,但对热稳定,不易水解。

(一)性状与性能

性质视酯化所用的脂肪酸种类和酯化度而异,其外观可由白色至黄色的液体或固体不等。由硬脂酸和棕榈酸构成者为白色固体,由油酸酯化者为黄色液体,由月桂酸酯化者为半流动体。有温和香气和味道。不溶于水,溶于乙醇、醋酸乙酯、氯仿和其他氯化烃类,与热水剧烈搅动形成乳浊液。本品属W/O型乳化剂,亲油性强,HLB在2~3。

(二)毒性与安全性

① LD_{50}:10g/kg(bw)(小鼠,经口);

② ADI:0~25mg/kg(bw);

③ 可安全用于食品。

(三)使用建议

可用作乳化剂,消泡剂,稳定剂和凝固剂。丙二醇脂肪酸酯乳化能力不太强,很少单用,常与单双甘油酯等其他乳化剂配合使用,起增效作用。可用于人造奶油防水滴分离及水分飞溅。用于起酥油能防止面包、西点等老化,改善制造过程。

GB 2760—2014规定其最大使用量:熟制坚果与籽类(仅限油炸坚果与籽类)、油炸面制品、膨化制品,2.0g/kg;糕点,3.0g/kg;乳及乳制品(巴氏杀菌乳、灭菌乳),5.0g/kg;脂肪、油和乳化脂肪制品,10.0g/kg;复合调味料,20g/kg。丙二醇脂肪酸酯一般与其他乳化剂合用,起协同效应。

十、三聚甘油单硬脂酸酯

三聚甘油单硬脂酸酯[tripolyglycerylmonosterates(polyglycerol esters of fatty acids);CNS:10.021,INS:475],一般商品为以三聚甘油酯为主体的混合物,其中含有一定的单酯、双酯、游离甘油和聚甘油、游离脂肪酸及其钠盐。结构式:

$$\left[H_2C\!-\!\left(CH\!-\!\underset{\underset{O}{\diagdown\diagup}}{C\!-\!C}\right)_{\!2}\!\!\underset{OH}{\overset{H}{C}}\!-\!CH_2\!-\!O\!-\!\overset{O}{\overset{\|}{C}}\!-\!(CH_2)_{16}CH_3 \right]_n$$
$\ \ \ \ \ OH\ \ \ \ OH$

三聚甘油单硬脂酸酯

(一)性状与性能

为淡黄色至琥珀色油状黏稠液体、浅黄色至棕色的塑性柔软固体,以及浅棕黄色至黄色的硬性蜡状固体。分子中含有甘油基和单双脂肪酸根,具有HLB范围宽(1~16)的特点。不溶于水,但易分散水中,溶于乙醇、有机溶剂和油类。单纯三聚甘油单硬脂酸酯为浅黄色蜡状固体,有轻微脂肪臭、蜡味,可溶于水和乙醇,产品HLB约为7。

(二)毒性与安全性

① LD_{50}:10g/kg(bw)(小鼠,经口);

②ADI：0~25g/kg（bw）。

（三）使用建议

可用作乳化剂、消泡剂。

GB 2760—2014 规定其最大使用量：面包、糕点，0.1g/kg；冰淇淋，3.0g/kg。

十一、聚甘油脂肪酸酯

聚甘油脂肪酸酯（polyglycerol esters of fatty acids；CNS：10.022；INS：475），也称聚甘油酯，结构式：

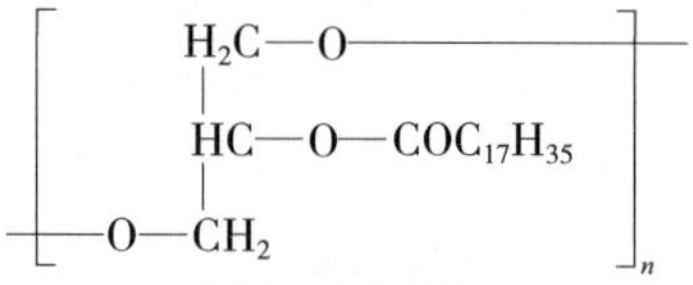

$$\left[\begin{array}{l} H_2C-O- \\ HC-O-COC_{17}H_{35} \\ -O-CH_2 \end{array}\right]_n$$

聚甘油脂肪酸酯

（一）性状与性能

因 n 和 R 的不同，外观呈多样性，有浅黄至琥珀色油状至极黏稠液体、浅棕黄色至棕色的塑性或柔软固体，以及浅棕黄色至棕色硬性蜡状固体。所含脂类从极端亲水性到极端亲油性。不溶于水，能分散于水中，溶于乙醇等有机溶剂和油类。部分聚甘油酯的品种如表 7-6 所示。

表7-6　　　　　　　　　聚甘油脂肪酸酯主要品种和 HLB

类别	名称	HLB	外观
硬脂酸酯	二聚甘油单硬脂酸酯	5.5	薄片
	四聚甘油单硬脂酸酯	8.4	薄片
	六聚甘油单硬脂酸酯	11	固体
	八聚甘油八硬脂酸酯	3	薄片
	十聚甘油单硬脂酸酯	12	固体
油酸酯	四聚甘油单油酸酯	8	液体
	六聚甘油单油酸酯	11	液体
	八聚甘油单油酸酯	13	液状
	十聚甘油单油酸酯	14.5	液体
月桂酸酯	四聚甘油单月桂酸酯	10	液体
	六聚甘油单月桂酸酯	13	液体
	八聚甘油单月桂酸酯	15	液体
	十聚甘油单月桂酸酯	15.5	液体
辛酸酯	十聚甘油单辛酸酯	16	液体

从表 7-6 可以看出，随着甘油聚合度、脂肪酸的种类及其酯化度的不同，可以得到 HLB 为 1~16 的各种适用性乳化剂。

（二）毒性与安全性

①ADI：0~25mg/kg（bw）（适用于平均键长不超过 3 个甘油单位；FAO/WHO，2001）。

②可安全用于食品。

（三）使用建议

GB 2760—2014 规定其最大使用量：糖果，5.0g/kg；调制乳，调制乳粉和调制奶油粉，稀奶油（淡奶油）及其类似品，植物油（仅限煎炸用），冷冻饮品（食用冰除外），可可制品、巧克力制品（包括代可可脂巧克力及制品），面糊（如用于鱼和禽肉的拖面糊），裹粉，煎炸粉，即食谷物，方便米面制品，焙烤食品，调味品（仅限用于膨化食品的调味料），固体复合调味料，半固体复合调味料，饮料类（包装饮用水类除外），果冻，膨化食品，10.0g/kg；脂肪、油和乳化脂肪制品（煎炸用植物油除外），20.0g/kg。

十二、聚甘油蓖麻醇酯

聚甘油蓖麻醇酯（polyglycerol polyricinoleate，PGPR；CNS：10.029；INS：476），也称交酯化蓖麻酸聚甘油酯、帕斯嘉。

（一）性状与性能

黄色高黏性流体，无臭或带有特殊气味，不溶于水和乙醚，可溶于乙醚、烃、卤代烃和油脂。

（二）毒性与安全性

ADI：0~7.5mg/kg（bw）。

（三）使用建议

可用作乳化剂，稳定剂和凝固剂。与卵磷脂合用以保证涂层巧克力的流动性，降低可可脂用量，减薄巧克力涂层厚度和提高易加工性。聚甘油蓖麻醇酸酯具有良好的热稳定性，在 90℃ 下保持 14d，其色泽变化极小。其亲油基团为缩聚蓖麻油酸，亲水基团为聚甘油基团，在油脂中的溶解性良好，属 W/O 型乳化剂，不溶于水和丙二醇，其最重要的特性，是能降低巧克力浆料的黏度从而提高其流动性，与卵磷脂混合使用使有良好的协同作用。

GB 2760—2014 规定其最大使用量：用于巧克力及其制品、冰淇淋外皮糖衣，5.0g/kg；水油状脂肪乳化制品，10.0g/kg。

十三、氢化松香甘油酯

氢化松香甘油酯 [glycerol ester of partially hydrogenated gum rosin；CNS：10 013]，主要成分为二氢松香酸二甘油酯。

（一）性状与性能

为淡黄色至琥珀色的玻璃状，溶于芳香族有机溶剂，不溶于水和乙醇。软化点为 80~90℃，具有一定的抗氧化性能。

（二）毒性与安全性

①LD_{50}：21.mg/kg（bw）（大鼠，经口）；

②FDA 将其列入一般公认安全物质（FDA-21VFR：127.615）。

（三）使用建议

可用作乳化剂。

GB 2760—2014 规定其最大使用量：果蔬汁（肉）饮料、风味饮料（仅限果味饮料），0.1g/kg；经表面处理的鲜水果，0 5g/kg。

十四、辛癸酸甘油酯

辛癸酸甘油酯（octyl and decyl glyceraie；CNS：10.018），主要成分为辛酸、癸酸与甘油的混合酯。

（一）性状与性能

无色透明油状液体，无味，气味清淡，口味醇和。黏度约为植物油的一半。不易氧化，活性氧法（AOM）测定其氧化速度，300h 无变化。耐高温，长时间炸煮后黏度几乎不变。属中碳链脂肪酸甘油酯，有良好的乳化性、溶解性、延展性和润滑性。HLB 12.5，溶于油脂、各种有机溶剂等。

（二）毒性与安全性

①LD_{50}：36mL/kg（bw）（大鼠，经口），LD_{50}：24mL/kg（bw）（大鼠，腹腔注射）；

②肌肉注射、皮肤及眼睛刺激试验、二代繁殖试验、致畸试验，均阴性。

（三）使用建议

用作乳化剂、乳化湿润剂。用于乳化香精的油基，以制备低黏度和稳定性高的乳类食用香精；可配制 W/O 或 O/W 型乳化剂而用于乳类制品。冷饮、豆乳、固体饮料和液体饮料；与大豆磷脂合用，可使乳粉在 6℃ 冷水中 10s 内迅速溶解。有治疗各种脂肪代谢紊乱症的疗效，如胰病、胆病、乳糜尿等肠淋巴管系统疾病，胃肠部分切除，小儿腹泻等症，无副作用。

GB 2760—2014 规定其最大使用量：可用于乳化香精、饮料、冰淇淋、乳粉、糖果、巧克力、胶基糖果、氧化植物中，根据生产需要适量使用。无具体限量要求。

十五、聚氧乙烯木糖醇酐单硬脂酸酯

（一）性状与性能

聚氧乙烯木糖醇酐单硬脂酸酯（polyoxyethylenexylitan monostearate；CNS：10.017）为琥珀色半胶状、油状黏稠液体。易溶于水、稀酸和稀碱，并且溶于大多数有机溶剂，不溶于油类及乙二醇。

（二）毒性与安全性

①LD_{50}：18g/kg（bw）（大鼠，经口）；

②ADI：0~15mg/kg（bw）。

（三）使用建议

可用作乳化剂、湿润剂、渗透剂、扩散剂。

GB 2760—2014 规定其最大使用量为 5.0g/kg。

思考题

1. 食品乳化剂的定义及乳化剂的作用机制是什么?
2. 常见的乳化剂应如何分类?
3. 食品乳化剂的作用有哪些?哪些因素能对其造成影响?
4. 常见的离子型乳化剂有哪几种?它们的应用范围和使用时的注意事项有哪些?
5. 常见的非离子型乳化剂有哪几种?它们的应用范围和使用时的注意事项有哪些?

第八章 食品护色剂和漂白剂

[本章简介]

本章介绍了食品护色剂的定义,具体阐述了肉制品护色剂的护色机制及护色助剂的助发色机制;常用的肉制品护色剂、果蔬护色剂的品种及其特性,以及一些新型护色剂的发展现状;最后介绍了常用的漂白剂作用机制及主要品种特性。

[学习重点]

1. 护色剂及护色助剂的作用机制;
2. 肉制品护色剂的种类和毒性;
3. 漂白剂的分类、作用机制及各种漂白剂的应用范围。

第一节 食品护色剂的机制与作用

护色剂也称发色剂,是指食品加工工艺中为了使果蔬制品和肉制品等呈现良好色泽所添加的物质。护色剂自身是无色的,它与食品中的色素发生反应形成一种新物质。这种新物质,可加强色素的稳定性,从而达到护色的目的。随着食品工业技术的不断进步和对食品添加剂研究的深入,科学合理地使用食品添加剂可以使产品的品种多样、生产合理、品质更加营养和安全,因此使用合适的发色剂及助色对于食品的色泽具有重要意义。

一、肉制品护色剂的机制及作用

(一)肉制品护色剂的护色机制

食品护色剂(colour fixative)是指能与肉及肉制品中呈色物质作用,使之在食品加工、保藏等过程中不致分解、破坏，呈现良好色泽的物质。食品护色剂主要用于肉制品，其主要是通过化学作用而使食品呈现良好而稳定的色泽，所以区别于一般的食用色素。肉制品中使用的护色剂一般泛指硝酸盐和亚硝酸盐类。这些护色剂一般可单独使用，但是多数情况下是与其他护色剂并用。人们在使用护色剂的同时，还常常加入一些能促进发色的还原性物质，这些物质称为发色助剂。常用的发色助剂有 L-抗坏血酸（维生素 C）及其钠盐、异抗坏血酸及其钠盐、烟酰胺等。

1. 原料肉的颜色和色变化学

肉类颜色主要取决于两种色素蛋白质，原料肉的红色，是由肌红蛋白（Mb）及血红蛋白（Hb）所呈现的一种感官性状。由于肉的部位不同及畜禽品种的差异，其含量比例也不一样。对一块放血完全的原料肉而言，肌红蛋白所含血色素占剩余血色素的 70%~90%，而血红蛋白只占 10%~30%，因此肌红蛋白是最主要的使肌肉着色的色素蛋白质。

肌红蛋白是由一条多肽链与一个血红素结合而成的色素蛋白质。血红蛋白是由 4 条多肽链与 4 个血红素结合而成的蛋白质。动物体组织中的血红蛋白和肌红蛋白都有类似的携氧功能，它们可与氧结合而达到传输氧气供机体代谢所需的作用。

新鲜肉，肌红蛋白（Mb）的血红素的铁为二价还原型，呈暗紫红色，还原型的肌红蛋白很不稳定，极易被氧化，在有氧气的条件下，还原型肌红蛋白分子中的 Fe^{2+} 上的结合水，被分子状态的氧置换形成氧合肌红蛋白（MbO_2），肉呈鲜红色，此时其中的铁仍为二价。若继续氧化，肌红蛋白中的铁离子由二价被氧化成了三价。当肌红蛋白中的铁被氧化成三价铁时，即形成高铁肌红蛋白（MMb^+），其中血红素的铁变成氧化态，则呈现褐（棕）色，若仍继续氧化，则变成氧化卟啉，呈现为绿色或黄色（图 8-1）。高铁肌红蛋白在还原剂存在的前提下，还可以被还原成还原型肌红蛋白。由于肌红蛋白、氧化肌红蛋白与高铁肌红蛋白连续的相互转换，新鲜肉类的色泽也是动态可逆的，所以在有氧环境中，紫色的肌红蛋白可以氧化成氧合肌红蛋白，并产生人们熟悉的新鲜肉类的"红润"，肌红蛋白也可氧化成高铁肌红蛋白而产生令人嫌弃的棕色。但是重点在于，棕色的高铁肌红蛋白呈现已氧化的 Fe^{3+} 所形成的色素。此外，在鲜肉中固有的还原物质也会把高铁肌红蛋白还原成肌红蛋白。

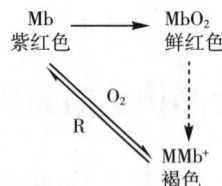

图 8-1 肉的血红色素反应示意图

注：R 为还原剂。

2. 护色剂的发色机制

由于新鲜肉色泽的不稳定性，同时新鲜肉在加工中颜色还会发生很大的变化，为了使肉制品呈现鲜艳的红色，在加工过程中多添加硝酸盐或亚硝酸盐。硝酸盐和亚硝酸盐是在肉类腌制过程中添加的，会发生一系列的化学变化。硝酸盐在细菌（亚硝酸菌）的作用下可以还原成亚硝酸盐，亚硝酸盐在一定的酸性条件下会生成亚硝酸。一般动物类宰杀直至成熟后的肉，因肌肉中的糖元会转化成乳酸，使肉的 pH 降为 5.6 左右，所以一般无须另外加酸即可最终生成亚硝酸，其化学反应变化可通过方程式总结如下：

$$NaNO_2 + CH_3CHOHCOOH \rightleftharpoons HNO_2 + CH_3CHOHCOONa$$

亚硝酸很不稳定，即使在常温下也可分解产生亚硝基（—NO）：

$$3HNO_2 \rightleftharpoons H^+ + NO_3^- + 2NO + H_2O$$

分解产生的亚硝基会很快地与肌红蛋白反应生成鲜艳的、亮红色的亚硝基肌红蛋白（Mb-NO）：

$$Mb + NO \rightleftharpoons MbNO$$

亚硝基肌红蛋白遇热后，释放出硫基（—SH）变成了具有鲜红色的亚硝基血色原。但亚硝基（—NO）很不稳定，遇到氧或氧化剂即被氧化，最终亚硝基氧化可生成少量的硝酸。

$$2NO + O_2 \rightleftharpoons 2NO_2 \qquad 2NO_2 + H_2O \longrightarrow HNO_3 + HNO_2$$

从方程式中可以看出，可使亚硝基氧化，抑制了亚硝基肌红蛋白的生成，因此在肉腌制过程中需添加还原性物质（护色助剂）防止这种氧化作用。肉组织中自身就有的还原物质，主要是由含烟酰胺的烟酰胺腺嘌呤二核苷酸（$NADH_2$）和烟酰胺腺嘌呤二核苷酸磷酸酯（$NADPH_2$）表现出来的。

上述这种熟肉色的发色过程进行得比较缓慢，而盐渍生肉经烟熏或水煮加热时，发色过程进行得很快。这是因为蛋白质在加热时发生热变性。具有还原能力的硫基处在蛋白质分子的外表上，由于它的还原作用而加速发色作用。

3. 食品护色剂的作用

食品护色剂除了可以使肉品的颜色美观外，还具有以下作用：

（1）抑菌作用　亚硝酸盐在肉制品中，对抑制微生物的增殖有一定作用，其效果研究表明：亚硝酸盐（150~200mg/kg）可以显著抑制灌装碎肉和腌肉中梭状芽孢杆菌（*Clostridium*）的生长，尤其是肉毒梭状芽孢杆菌。同时其效果受 pH 所影响，在添加 0.1~0.2g/kg 的实验中，当 pH=6 时，对细菌有显著的抑制作用，pH=6.5 时作用降低；当 pH=7 时，则完全不起作用。在水中含有 0.1%~1%可以看到其作用。亚硝酸盐与食盐并用，则抑菌作用会增强。亚硝酸盐对肉毒梭状芽孢杆菌有特殊的作用。国外曾发生过几起由于不使用亚硝酸盐而发生肉类食品中毒的事故，这也是在生产中使用亚硝酸盐的重要理由。

（2）增强风味作用　亚硝酸盐对提高腌肉的风味也有一定的作用。研究结果和感觉评定也表明亚硝酸盐主要通过抗氧化作用对腌肉风味产生影响。有人对某些香肠制品进行实验，结果表明使用亚硝酸盐的香肠比不使用亚硝酸盐的香肠风味有明显的增强。但是关于这方面的详细机制目前尚不明确，有待今后进一步研究。

（二）常用的食品护色剂

1. 亚硝酸钠

亚硝酸钠，分子式 $NaNO_2$，相对质量 69.00。

（1）性状与性能　为白色或浅黄色结晶，或白色至浅黄色晶体颗粒或粉末，微带咸味，外观和滋味颇似氯化钠，相对密度 2.168（20℃/4℃），熔点 276.9℃，沸点 320℃。在干燥条件下较稳定，但能缓慢吸收氧而氧化成硝酸钠。它易潮解，易溶于水，微溶于乙醇，水溶液的 pH 约为 9。

亚硝酸钠游离出的亚硝酸根，受热分解生成一氧化氮，与肉中的肌红蛋白和血红蛋白作用生成亚硝基肌红蛋白和亚硝基血红蛋白而起发色作用，呈鲜艳的亮红色，并产生特殊风味。研究表明，亚硝酸盐主要通过抗氧化作用对腌肉风味产生影响。

此外，亚硝酸钠还有良好的抑菌作用。亚硝酸钠与食盐作用抑菌作用增强，亚硝酸盐对肉毒梭状芽孢杆菌的特殊抑制作用，也是作用亚硝酸盐的重要理由。

(2) 毒性与安全性

①LD_{50}：220mg/kg（bw）（大鼠，经口）；

②ADI：暂定 0~0.2mg/kg（bw）（亚硝酸盐总量，以亚硝酸钠计）。

③人中毒量为 0.3~0.5g，致死量为 3g。属于食品添加剂中毒性最大的物质。

亚硝酸钠能使血红蛋白转变为高铁血红蛋白而失去输氧能力，使身体缺氧，导致高铁血红蛋白症。症状：最初，皮肤、黏膜出现青紫色；若 20%的血红蛋白转变为高铁血红蛋白，则造成身体各组织缺氧，引起呼吸困难，循环衰竭，中枢神经系统损害。此外，由于亚硝酸钠在人体内能与含蛋白质食物中的仲胺形成亚硝胺，它是致癌物质，因此亚硝酸钠的使用量应严格控制。

(3) 使用建议　可用作护色剂、防腐剂。GB 2760—2014 规定：用于腌腊肉制品类（如咸肉、腊肉、板鸭、中式火腿、腊肠），酱卤肉制品类，熏、烧、烤肉类，油炸肉类，西式火腿（熏烤、烟熏、蒸煮火腿）类，肉灌肠类，发酵肉制品，肉类罐头等食品，最大使用量 0.15g/kg，残留量均以亚硝酸钠计，西式火腿（熏烤、烟熏、蒸煮火腿）类制品要求残留量≤70mg/kg，肉罐头类制品要求残留量≤50mg/kg，其他制品要求残留量≤30mg/kg。

亚硝酸钠是食品添加剂中急性且毒性较强的一类物质，由于本品的外观和口感与食盐十分相似，因此，为防止出现误用亚硝酸钠引起的中毒情况，一般强调在食品生产企业中应对护色剂设专人保管，其使用应严格遵守生产工艺及国家标准的规定。

2. 亚硝酸钾

亚硝酸钾，分子式 KNO_2，相对分子质量 85.10。

(1) 性状与性能　为白色或微带黄色的细小颗粒或结晶，相对密度 1.915（20℃/4℃），熔点 441℃，350℃开始分解。在潮湿空气中易吸潮，缓慢转变为硝酸钾。它易溶于水，溶于热乙醇，难溶于冷乙醇。发色性能：与亚硝酸钠同。

(2) 毒性与安全性　毒性比亚硝酸钠大，但 ADI 暂定和亚硝酸钠一样。

(3) 使用建议　最大使用量和使用范围同亚硝酸钠。

3. 硝酸钠

硝酸钠，分子式 $NaNO_3$，相对分子质量 84.99。

(1) 性状与性能　为无色结晶，或白色晶体颗粒或粉末，味咸而略苦，相对密度 2.26（20℃/4℃），熔点 306.8℃，10%水溶液呈中性。遇高热分解为亚硝酸钠。硝酸钠易潮解，易溶于水，常温下溶解度可达 90g/100g，微溶于乙醇。硝酸钠在肉制品中受细菌作用，发生还原转变为亚硝酸钠，在酸性条件下与肉中的肌红蛋白作用，形成亚硝基肌红蛋白而呈现鲜艳的红色。

(2) 毒性与安全性

①LD_{50}：1100~2000mg/kg（bw）（大鼠，经口）；

②ADI：0~5mg/kg（bw）。

(3) 使用建议　GB 2760—2014 规定：硝酸钠可用于腌腊肉制品类（如咸肉、腊肉、板鸭、中式火腿、腊肠），酱卤肉制品，熏、烧、烤肉类，油炸肉类，西式火腿（熏烤、烟熏、蒸煮火腿)类,肉灌肠类,发酵肉制品类,最大使用量0.50g/kg,残留量(以亚硝酸钠计)不超过0.03mg/kg。

4. 硝酸钾

硝酸钾,分子式 KNO_3,相对分子质量101.11。

(1) 性状与性能　为无色透明结晶,或白色晶体颗粒或粉末,无臭,味咸,口感清凉,相对密度2.1062(20℃/4℃),熔点333℃,加热至400℃分解,放出氧,形成亚硝酸钾。它在空气中微吸潮,易溶于水,溶解度为31.2g/100g(20℃);易溶于甘油。难溶于乙醇,溶解度为0.16g/100g。溶于水时,温度显著下降,水溶液呈中性。硝酸钾的发色性能与硝酸钠相同。

(2) 毒性与安全性

①LD_{50}:3200mg/kg(bw)(大鼠,经口);

②ADI:0~5mg/kg。

③用作利尿药日服0.3~1.0g。大量(10~30g)内服,会出现胃炎、血性呕吐,引起痉挛,其浓溶液刺激作用较强;此外钾离子对心脏也有一定影响。

(3) 使用建议　虽然硝酸盐和亚硝酸盐属于食品护色剂,但由于人们对其添加限量的重视程度较差,因而易滥用此类护色剂。如在肉制品和卤制熟食、腌肉料和嫩肉粉类产品中滥用此类护色剂。对于此类护色剂可以参照《食品安全国家标准　食品中亚硝酸盐与硝酸盐的测定》(GB 5009.33—2016)进行分析。

(三)常用的食品护色助剂及使用

1. 护色助剂的助发色机制

在使用护色剂的同时,还常常加入一些能促进发色的物质,以获得更佳的发色效果。这些物质称为护色助剂,发色助剂本身无色,也不能与肌红蛋白结合而起到直接发色作用,但它们能加快发色剂的发色过程,并使产生的亚硝酸肌红蛋白保持稳定不被破坏。可用的护色助剂有酪蛋白酸钠、抗坏血酸、异抗坏血酸和烟酰胺等。从护色剂的发色机制可以看出,在单独使用亚硝酸盐时,它能自然分解生成NO,同时也产生少量的 NO_3^-,而NO在空气中也可被氧化亚硝酸,两者均可形成硝酸。硝酸的氧化作用很强,能将部分肌红蛋白(Mb)氧化成高铁肌红蛋白(MMb^+)。即使肉类中含有类似于巯基(—SH)的还原性物质,也无法阻止部分肌红蛋白被氧化成高铁肌红蛋白。因而在使用硝酸盐与亚硝酸盐类的同时常使用抗坏血酸、抗坏血酸钠、异抗坏血酸等还原性物质来防止肌红蛋白的氧化,并且它们还可以把氧化型的褐色高铁肌红蛋白还原为红色的还原型肌红蛋白,进而再与亚硝基结合以助发色。其反应路线可见图8-2。烟酰胺也能促进发色作用,是因为烟酰胺与Mb能结合成稳定的烟酰胺肌红蛋白,难于被氧化,可防止Mb在亚硝酸生成亚硝基期间被氧化变色。因此,复配使用抗坏血酸和烟酰胺,效果更好。

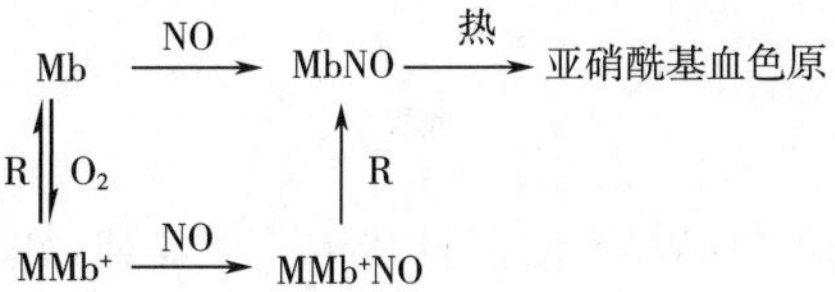

$$Mb \xrightarrow{NO} MbNO \xrightarrow{热} 亚硝酰基血色原$$
$$R \updownarrow O_2 \quad\quad \uparrow R$$
$$MMb^+ \xrightarrow{NO} MMb^+NO$$

图8-2　腌制肉的血红色素反应

注:R为还原剂。

2. 常用的护色助剂

(1) 抗坏血酸及其盐类　抗坏血酸 (L-ascorbic acid)，又称抗坏血酸、维生素 C，分子式 $C_6H_8O_5$，相对分子质量 176.13。

①性状与性能　为浅黄色晶体或结晶性粉末，无臭，有酸味。熔点约 190℃。1g 本品溶于约 5mL 水和 30mL 乙醇，不溶于氯仿、乙醚和苯。干燥状态下在空气中稳定，受光照则逐渐变褐，在空气存在下于溶液中迅速变质，pH 在 3.4~4.5 时较稳定。它是良好的护色助剂，可以促进腌制发色，抑制氧化酸败，又可以降低产品中亚硝基的残留，阻断亚硝胺的形成。

②毒性与安全性：

a. LD_{50}：11900mg/kg (bw) (大鼠，经口)；

b. ADI：一般被认定为安全物质。

③使用建议：GB 2760—2014 将其作为抗氧化剂和面粉处理剂，其广泛地用于火腿肠、肉制品罐头、香肠、酱肉等制品。可按照生产需求添加到果蔬汁中，在小麦粉中最大添加量为 0.2g/kg。其也常常与护色剂复配在肉制品中，使用量为 0.02%~0.05%；也可把原料肉浸在 0.02%~0.1% 的抗坏血酸水溶液中。

(2) 烟酰胺　别名尼克酰胺。化学式 $C_6H_6N_2O$，相对分子质量 122.13，结构式：

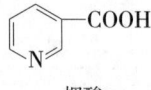

烟酰胺

①性状与性能：白色结晶性粉末，无臭或几乎无臭，味苦，相对密度 1.400 (25℃/4℃)，熔点 128~131℃。易溶于水、乙醇。对光、热及空气很稳定，在无机酸、碱溶液中强热，则水解为烟酸。对肉制品具有辅助发色的作用，安全性高于硝酸盐，且烟酰胺对 pH 不敏感，难于被氧化。可作为发色助剂与亚硝酸结合使用。有许多研究报道，烟酰胺在肉制品中能起到保护肉制品原色和辅助发色的作用。添加用量为 0.01~0.022g/kg，肉色良好。

②毒性与安全性：

a. LD_{50}：2500~3500mg/kg (bw) (大鼠，经口)；

b. ADI：一般被认定为安全物质。

③使用建议：烟酰胺对肉制品具有辅助护色作用，其添加量为 0.01%~0.02%，安全性高于硝酸盐，但单独使用时其护色效果较差，可与硝酸盐结合使用，以降低亚硝酸盐用量。在肉类腌制过程中同时使用 L-抗坏血酸与烟酰胺，护色效果更好。GB 2760—2014 未将其列入其中。

(3) 烟酸　别名尼克酸、维生素 PP。化学式 $C_6H_5NO_2$，相对分子质量 123.11，结构式：

烟酸

①性状与性能：白色或浅黄色结晶或结晶性粉末，无臭或微臭，味微酸。略溶于水。易溶于热水、热乙醇、苛性碱溶液和碳酸盐溶液中，几乎不溶于乙醚。熔点 234~238℃，有升华性，无吸湿性，对光、热、氧、酸、碱的稳定性均强。本品是机体组织中重要的递氢体，可参与体

内的氧化还原反应。

②毒性与安全性：

a. LD_{50}：7000mg/kg（bw）（大鼠，经口）；

b. ADI：一般被认定为安全物质。

③使用建议：烟酸属于人体必需维生素，有利于防止糙皮和皮炎症的发生，作为肉制品的辅助护色剂，其使用方法同烟酰胺。

二、果蔬护色剂

果蔬在采摘和加工过程中，常发生褪色、褐变的现象，严重影响了果蔬的外观。因此对果蔬进行护色可以改善果蔬的颜色，使其保持特有的鲜绿色或抑制褐变。常用的保绿护色剂多数为稀碱液、盐类，作用原理都是使化学特性不稳定的叶绿素通过水解或离子取代等方法使其变为稳定的化合物。常用的褐变抑制剂通常为还原剂，通过还原作用抑制氧化酶的活性从而达到护色的作用。本章中的亚硫酸盐类就是最为常用的褐变抑制剂之一，在本节不作介绍。

（一）硫酸亚铁

硫酸亚铁分为无水物与七水合物，化学式分别为 $FeSO_4 \cdot 7H_2O$ 和 $FeSO_4$。

（1）性状与性能　为蓝绿色单斜结晶或颗粒，无气味。在干燥空气中风化。相对密度1.897。有刺激性。无水硫酸亚铁是白色粉末，含结晶水的是浅绿色晶体，晶体俗称"绿矾"，其水溶液为浅绿色。溶于水、甘油，不溶于乙醇。

（2）毒性与安全性

①LD_{50}：1520mg/kg（bw）（小鼠，经口）；

②ADI：一般被认定为安全物质。

（3）使用建议　GB 2760—2014 规定硫酸亚铁使用在发酵豆制品（仅限臭豆腐）中，最大使用量为 0.15g/L（以 $FeSO_4$ 计），目的是给非发酵型臭豆腐着色。GB 14880—2012 将硫酸亚铁列为矿物质类食品营养强化剂。

（二）碳酸氢钠

碳酸氢钠，化学式 $NaHCO_3$，俗称小苏打。

（1）性状与性能　为白色细小晶体，在水中的溶解度小于碳酸钠。它也是一种工业用化学品，固体50℃以上开始逐渐分解，生成碳酸钠、二氧化碳和水，270℃时完全分解。碳酸氢钠为白色晶体，或不透明单斜晶系细微结晶，相对密度 2.15。无臭，无毒，味咸，可溶于水，微溶于乙醇。其水溶液因水解而呈微碱性，常温时性质稳定，受热易分解，在50℃以上逐渐分解，在270℃时完全失去二氧化碳，在干燥空气中无变化，在潮湿空气中缓慢潮解。

（2）毒性与安全性

①LD_{50}：4220mg/kg（bw）（大鼠，经口）；

②ADI：一般被认定为安全物质。

（3）使用建议　GB 2760—2014 规定该品可在多种食品中按生产需要适量使用，可作为膨松剂、酸度调节剂、稳定剂。加工速冻红薯茎尖时，先用0.01%碳酸氢钠溶液漂烫5~10s，可保持其颜色鲜绿。加工速冻橄榄时，冻前用0.2%碳酸氢钠溶液90℃热烫5s，亦可获得较好的护色效果。将碳酸氢钠应用于盐渍莴苣中，可使产品保持原有色泽。用碳酸氢钠微碱溶液漂烫护色,还可提高脱水蔬菜质量。

(三) 葡萄糖酸亚铁

葡萄糖酸亚铁,分子式 $C_{12}H_{22}O_{14}Fe \cdot 2H_2O$,相对分子质量 482.18。

(1) 性状与性能　为黄灰色或浅黄绿色晶体颗粒或粉末,稍有焦糖气味。溶于水,5%的水溶液呈酸性,几乎不溶于乙醇,理论含铁量12%。葡萄糖酸亚铁易吸收,对消化系统无刺激,无副作用。

(2) 毒性与安全性

①LD_{50}:2237mg/kg (bw)(大鼠,经口);

②ADI:一般被认定为安全物质。

(3) 使用建议　葡萄糖酸亚铁可作为橄榄等果实的护色剂。橄榄含有丰富的单宁物质,在糖、酸等作用下产生清凉感,形成清凉爽口的风味。在橄榄的加工过程中,加入一定量的铁盐,使之与橄榄中的单宁物质作用,产生特有的绿黑色,使橄榄拥有特殊的色、香、味。但过多服用会引起铁中毒,出现呕吐、腹泻、神志错乱、昏睡等症状。

(四) 柠檬酸

柠檬酸,又称枸橼酸,分子式 $C_6H_8O_7$,相对分子质量 192.13,无色晶体常含一分子结晶水。

(1) 性状与性能　为无色或白色结晶状颗粒或粉末,无臭,味极酸。易溶于水和乙醇,2%水溶液的 pH 为 2.1。

(2) 毒性与安全性

①LD_{50}:6730mg/kg (bw)(大鼠,经口);

②ADI:一般被认定为安全物质。

(3) 使用建议　柠檬酸多含于柠檬等酸性柑橘类食品。GB 2760—2014 规定其可作为酸度调节剂在各类食品中按生产需要适量使用。柠檬酸还具有较强的螯合作用,能与多种促氧化的金属发生螯合反应形成螯合物,产生抗氧化作用,从而达到护色目的。它通常与其他护色剂配合使用,如用于葡萄护色时,可用 1.0g 氯化钠、0.1g 柠檬酸复合护色液浸泡 4~5min;以 0.10%柠檬酸、0.10%氯化钙复合护色液对姜片进行护色处理,制得的无硫糖姜片基本保持原有生姜的亮黄色。

三、食品护色剂的安全性问题

在肉制品的生产过程中,硝酸盐及亚硝酸盐可作为食品护色剂加入。硝酸盐在一系列细菌的还原作用下,转变为亚硝酸盐,而亚硝酸盐在一定酸性条件下分解产生亚硝酸。由于亚硝酸盐在人和动物的胃中会与蛋白质代谢产物中的仲胺反应生产亚硝胺,亚硝胺的种类很多,至今已实验100多种亚硝胺类化合物,其中有 80 多种有致癌作用,几乎对所有的器官如肝、肺、肾、膀胱、食道和胃、脑及神经系统皆可引发癌症,有的甚至可以通过胎盘和乳汁影响胎儿和婴儿。

近年来,已经证明腌制过程中添加的亚硝酸盐参与生成的亚硝酸含量很低,但是依然可以达到有毒水平,因此使用硝酸盐和亚硝酸盐与否一直存在争议。一种观点认为,只要严格控制其使用量(ADI)就不会中毒,同时还具有抑制微生物(尤其是肉毒梭状芽孢杆菌生长)和产生特殊风味的作用，因此认为是无可替代也无须取代的添加剂，只要含量不足够高，对人体就应该是安全的。但亚硝胺终究是一种强的致癌物质，尤其是 6 个月内的婴儿对硝酸盐类特别敏感，因此欧洲经济共同体（EEC）和欧共体儿童保护集团（HACSG）建议亚硝酸盐不得用于儿童食品，对硝酸盐则限定使用。

影响亚硝胺生产反应的因素如下：

(1) 亚硝胺的生产速率与亚硝酸浓度二次方成正相关，因此其生成受亚硝酸浓度的影响很大。

(2) 生产反应的最佳 pH 为 1.0 和 3.4，偏酸性。

(3) 抗坏血酸等对亚硝化反应有阻碍的作用。

目前硝酸盐、亚硝酸盐的使用由于其安全原因受到了很大的限制，国际上各个方面都在要求把硝酸盐类在保质保色的条件下的使用量限制在最低的水平。有的国家已经全面禁止硝酸盐类的使用，但是有的国家仍在继续使用，原因在于硝酸盐类对于肉制品的色、香、味具有特殊的作用。

就以上特性而言，迄今还未发现亚硝酸盐的理想替代物，所以在修订其使用标准时，要在致癌、肉毒中毒和风味之间权衡，统筹兼顾。目前，在食品生产中正确适当地使用硝酸盐类产品，尚未发现任何损害健康的证据，因此对于硝酸盐类在食品中的研究还有很多问题有待深入研究。

四、食品护色剂的使用注意事项

从食品安全卫生角度出发，对食品护色剂的使用问题应予以高度重视，其在生产过程中应注意以下几个方面：

1. 限制食品护色剂的使用量

考虑到护色剂的安全性问题，应该严格限制食品护色剂的使用量，在肉制品加工中应严格控制亚硝酸盐及硝酸盐的使用量。GB 2760—2014 规定，我国午餐肉等肉制品的亚硝酸钠添加量为 0.15g/kg，成品中亚硝酸钠残留不超过 50mg/kg，并规定了肉罐头中不能使用硝酸钠。

2. 与护色助剂共同使用

加入护色助剂即可以提高护色效果，在改善产品色泽的同时，还能适当地减少硝酸盐或亚硝酸盐的添加量，减少最终有毒物质亚硝胺在人体内的累计。亚硝酸盐的理想护色 pH 为 5.5 左右，在偏离此 pH 条件下的护色效果将受到不同程度的影响，在使用持水剂磷酸盐类化合物时应尤为注意。

3. 混合均匀

在使用护色剂使，一定要将食品护色剂与食品原料均匀混合后再进行加工生产，如果采用腌制的方法，干腌时应与食盐混合均匀后进行腌制，湿腌时应先用少量水将其溶解后再添加到食品中。

4. 安全管理

由于硝酸盐、亚硝酸盐在外观和口感上均与食盐相似，因此必须对其使用程序进行严格管理，以防止误用而引起中毒。在食品生产加工过程中，必须由专门人员负责硝酸盐、亚硝酸盐的添加和管理。

5. 护色剂使用的法规及最新研究动态

GB 2760—2011 到 GB 2760—2014 标准的制定，对于护色剂的使用范围基本没有变化，只允许添加于肉制品；而对于添加量和产品残留量的控制则逐渐严格。作为食品行业的专业人员必须时刻掌握护色剂的使用和添加范围的最新要求。

五、食品护色剂的研究进展

硝酸盐和亚硝酸盐虽然存在着一些食用安全上的不足，但亚硝酸盐在加工中具有护色、防腐和增强风味的作用，使其具有不可替代性，因此，为降低其危害性，保证食品安全，一些新型的助色技术被陆续研发出来。

（一）新型食品助色技术的研究

1. 抗坏血酸与品质改良剂磷酸盐的使用

抗坏血酸可以促进亚硝酸盐还原为一氧化氮，并和肌红蛋白反应产生粉红色，缩短原料肉的腌制时间，使产品护色均匀。这种作用可以在加工和贮藏时发生。未反应的肌红蛋白和被氧化的肌红蛋白仍能借助抗坏血酸的还原性完成显色过程。同时，抗坏血酸对不饱和脂肪酸含量较高的食品有防止氧化褐变的作用，对食品起到护色作用。

磷酸盐类能螯合金属离子，以防止抗坏血酸被破坏，有抗氧化护色的能力，在使用得当时，既能提高产品质量，也能起到很好的护色效果。

2. 抗坏血酸与柠檬酸或其钠盐混合使用

由于柠檬酸是良好的金属离子螯合剂，可以使抗坏血酸作用增强，也有人认为柠檬酸自身具有保护作用。注：L-谷氨酸或山梨糖等也有抑制抗坏血酸氧化的作用。

3. 一氧化氮的使用

向腌肉中直接加入一氧化氮溶液，可以使产品色泽稳定，最新研究表明一氧化氮还具有抑菌能力。注：如在肉制品中再加入抗坏血酸，可以显著改变发色，并显著降低产品中亚硝酸盐的含量。

（二）常用的替代品护色技术

目前使用的亚硝酸盐替代品主要有两类：一类是由护色剂、抗氧化剂/多价螯合剂和抑菌剂组成。护色剂用的是赤藓红，抗氧化剂/多价螯合剂为磷酸盐、多聚磷酸盐，抑菌剂是对羟基苯甲酸和山梨酸及其盐类；另一类则是常规亚硝酸盐浓度下阻断亚硝胺形成的添加剂。抗坏血酸能与亚硝酸盐作用，以减少亚硝胺的形成。此外，山梨酸、单宁、没食子酸等也可以抑制亚硝胺的形成。

（三）亚硝基血红蛋白的使用量

亚硝基血红蛋白使用畜禽血中的血红蛋白和一氧化氮直接合成再添加到肉制品中，其护色效果良好，具有增强防腐性、延长保存期、赋予肉制品独特后熟风味的作用。亚硝基血红蛋白的添加可以有效地降低肉制品中亚硝酸盐的残留量，护色效果好，安全无毒，是降低肉制品中亚硝酸钠残留，实现低硝甚至无硝的有效途径。

第二节 常见的食品漂白剂

食品在加工过程中往往保留着原料中所含的色素物质，导致食品色泽不正，使人产生不洁或令人不快的感觉。为清除杂质，需要进行漂白。食品漂白剂（food bleaching agents）是指能够破坏、抑制食品发色因素，使其褪色或免于褐变的物质。从食品漂白剂的作用机制来看，漂白剂主要为还原性物质，多数属于亚硫酸类化合物，如亚硫酸氢钠、亚硫酸钠、低亚硫酸钠、焦亚硫酸钾等。漂白剂除改善食品色泽之外，还兼具防腐功能，在食品中被广泛应用。

一、食品漂白剂的作用机制

还原型食品漂白剂是利用色素受还原作用而褪色，以达到漂白的目的。有机物的颜色主要由其分子中所包含的发色基团产生。发色基团都含有不饱和键，还原性漂白剂释放氢原子也可使发色基团所含的不饱和键变为单键，使有机物失去颜色。加入还原性漂白剂也能防止食品由于三价铁离子存在引起的褐变反应。氧化性漂白剂是利用色素受氧化作用而分解褪色，进而达到漂白目的。

二、还原性食品漂白剂

（一）还原性食品漂白剂的作用

GB 2760—2014 中的食品漂白剂都是以亚硫酸制剂为主的还原性漂白剂，其作用缓和，同时也存在被再次氧化显色的可能，亚硫酸盐除了漂白作用，还具有以下作用：

（1）防褐变作用　酶促褐变常发生于水果、薯类食品中，亚硫酸是一种强还原剂，对多酚氧化的活性有很强的抑制作用。0.0001%的二氧化硫就能降低20%的酶活性，0.001%的二氧化硫就可以完全抑制酶的活性，可以防止酶促褐变。亚硫酸盐可以消耗食品组织中的氧，起到脱氧的作用，另外，亚硫酸能与葡萄糖进行加成反应，阻止食品中的葡萄糖与氨基酸进行糖氨反应，因此具有防褐变作用。

（2）防腐作用　亚硫酸可以起到酸性防腐剂的作用，未解离的亚硫酸被认为可抑制酵母菌、霉菌、细菌。与HSO_3^-相比，未解离的亚硫酸对大肠杆菌的抑制作用强1000倍，对啤酒酵母的抑制作用强100~500倍，对霉菌的抑制作用强100倍，SO_2在酸性时抗微生物的作用最强。

（3）是复合膨松剂的组成部分。

（二）常用的还原性食品漂白剂

1. 二氧化硫

二氧化硫，又称亚硫酸酐，分子式SO_2，相对分子质量64.07，它是由燃烧的硫黄或黄铁矿制得。

（1）性状与性能　在常温下为无色的气体，但有强烈的刺激臭，有窒息性，熔点-76.1℃，沸点-10℃时冷凝成无色的液体，液体的相对密度为1.46，气体的相对密度为空气的2.263倍。二氧化硫易溶于水或乙醇。溶于水后，一部分水化合成亚硫酸，亚硫酸不稳定（特别是暴露在空气中时），在常温下，很容易分解；加热时会更为迅速地分解，放出二氧化硫。

（2）毒性与安全性

①LD_{50}：600~700mL/kg（bw）（以二氧化硫计）（兔，经口）。

②ADI：0~0.7mg/kg（bw）。

③二氧化硫是一种有害气体，在空气中浓度较高时，对于眼和呼吸道黏膜有强刺激性。我国规定二氧化硫在车间空气中的最高允许浓度为20mg/m³。使用亚硫酸类漂白剂，特别是进行熏硫处理时必须注意，熏硫室要严密，车间通风要良好。

(3) 使用建议　GB 2760—2014 规定：我国传统的特产食品果干、果脯的加工中大多数采用熏硫法或应用亚硫酸盐溶液浸渍法进行漂白，以防止褐变。熏硫就是燃烧硫黄产生二氧化硫，以熏蒸果片。亦可用液态二氧化硫进行硫处理。二氧化硫只允许用于熏蒸，不允许直接加入食品。二氧化硫残留量与其他漂白剂相同，可参考亚硫酸钠。其使用量和残留量应符合 GB 2760—2014 规定（表 8-1）。

表 8-1　常用漂白剂的使用范围及最大使用量　　单位：g/kg

食品名称	最大使用量	备注
经表面处理的鲜水果，蔬菜罐头（仅限竹笋、酸菜），干制的食用菌和藻类，食用菌和藻类罐头（仅限蘑菇罐头），坚果与籽类罐头，米粉制品（仅限水磨年糕），冷冻米面制品（仅限风味派），调味糖浆，半固体复合调味料	0.05	最大使用量以二氧化硫残留量计
水果干类，腌渍的蔬菜，可可制品、巧克力和巧克力制品（包括代可可脂巧克力及制品）以及糖果、粉丝、粉条、饼干、食糖	0.1	最大使用量以二氧化硫残留量计
蜜饯凉果	0.35	最大使用量以二氧化硫残留量计
干制蔬菜，腐竹类（包括腐竹、油皮等）	0.2	最大使用量以二氧化硫残留量计
干制蔬菜（仅限脱水马铃薯）	0.4	最大使用量以二氧化硫残留量计
食用淀粉	0.03	最大使用量以二氧化硫残留量计
淀粉糖（果糖、葡萄糖、饴糖、部分转化糖等）	0.04	最大使用量以二氧化硫残留量计
果蔬汁（浆），果蔬汁（肉）饮料（包括发酵型产品等）	0.05	最大使用量以二氧化硫残留量计，浓缩果蔬汁（浆）按浓缩倍数折算
葡萄酒，果酒	0.25g/L	甜型葡萄酒及果酒系列产品最大使用量为 0.4g/L，最大使用量以二氧化硫残留量计
啤酒和麦芽饮料	0.01	最大使用量以二氧化硫残留量计

2. 亚硫酸钠

亚硫酸钠，分子式 Na_2SO_3，相对分子质量 129.06。分为无水品与七水合品两种。

(1) 性状与性能 本品易溶于水，微溶于乙醇，无水品为无色至白色六角形棱柱结晶或白色粉末，对水的溶解度分别为 13.9g/100g（0℃）和 28.3g/100g（80℃），相对密度 2.633（20℃/4℃）。含水品为无色单斜晶体，对水的溶解度分别为 32.8g/100g（0℃）和 169g/100g（40℃），相对密度 1.561（20℃/20℃）。在空气中缓慢氧化成为硫酸盐，无水品比含水品稳定，其与酸反应产生二氧化硫。具有强烈的还原性。水溶液呈碱性，1%水溶液的 pH 为 8.4～9.4。由于亚硫酸钠呈碱性，适用于漂白后水洗的食品，水果、蔬菜等是酸性，如不调节 pH 不能直接使用。

(2) 毒性与安全性

① LD_{50}：600～700mg/kg（bw）（以二氧化硫计）（小鼠，经口）；

② ADI：0～0.7mg/kg（bw）。

(3) 使用建议 使用亚硫酸钠的方法有浸渍法和添加法两种。亚硫酸钠呈碱性，与酸反应会生产二氧化硫，具有很强的还原性，因此在使用的过程中需要对浸渍的亚硫酸钠水溶液的 pH 进行调节，以防二氧化硫在产品中超标，且这类食品在经漂白后要经过水洗，以除去多余的二氧化硫。其使用量和残留量应符合 GB 2760—2014 规定（表 8-1）。

3. 焦亚硫酸钠

焦亚硫酸钠，又称偏重亚硫酸钠，分子式 $Na_2S_2O_5$，相对分子质量 191.11。

(1) 性状与性能 为白色结晶或白色至微黄色粉末，带有二氧化硫的臭气，在空气中可释放出二氧化硫而分解，最后变成硫酸盐。加热至 150℃ 即分解释放出二氧化硫。易溶于水与甘油，微溶于乙醇。溶于水后，生成稳定的亚硫酸氢钠。水溶液呈酸性，1%水溶液的 pH 为 4.0～5.5。与硫酸反应时放出二氧化硫，与烧碱或纯碱反应时生成亚硫酸钠。

(2) 毒性与安全性

① LD_{50}：600～700mg/kg（bw）（以二氧化硫计）（小鼠，经口）；

② ADI：0～0.7mg/kg（bw）。

(3) 使用建议 目前我国浅色蔬菜的加工和保鲜中主要使用焦亚硫酸钠溶液进行护色，其使用量和残留量应符合 GB 2760—2014 规定（表 8-1）。

4. 硫黄

硫黄，也称硫，元素符号 S，相对分子质量 32.06。

(1) 性状与性能 为黄色或浅黄色晶粒，片状或粉末，燃烧温度 248～261℃，熔点 115℃，沸点 44.6℃。有特异硫黄味，不溶于水，微溶于乙醇和乙醚，易溶于苯和四氯化碳。容易燃烧，燃烧时产生二氧化硫。

(2) 毒性与安全性

① LD_{50}：600～700mg/kg（bw）（以二氧化硫计）（小鼠，经口）；

② ADI：0～0.7mg/kg（bw）。

(3) 使用建议 不可直接加入食品中，只限于熏蒸蜜饯类、干果、干蒸粉丝、食糖，残留量同亚硫酸钠。

三、氧化性食品漂白剂

氧化性漂白剂主要是借助氧化作用显示其漂白功能，同时兼具较强的杀菌能力。氧化性漂白剂的性质普遍不稳定，易分解，能力不能持久，且有异味因此很少直接添加到食品中，即使添加到食品中，由于其自身的毒副作用较强，一般会在成品前将其除去，且严格控制残留。

（一）二氧化氯

二氧化氯，分子式 ClO_2，相对分子质量 67.45。

（1）性状与性能　为红黄绿色气体，有不愉快臭气，对光较不稳定，光照分解，微溶于水 [0.3g/100mL（25℃）]。冷却压缩后呈红色液体，沸点 11℃，熔点 -59℃，含游离氯 25% 以上；易溶于水而不与水反应，几乎不发生水解（水溶液中的亚氯酸和氯酸只占溶质的 2%），在水中的溶解度是氯的 5~8 倍。溶于碱溶液而生成亚氯酸盐和氯酸盐。

（2）毒性与安全性

① LD_{50}：166mg/kg（bw）（小鼠，经口）；

② ADI：0~30mg/kg。

（3）使用建议　二氧化氯通常用于油脂、小麦粉的漂白，还可以作为氧化剂、杀虫剂、杀菌剂、水质净化剂。在用于小麦粉漂白时，通过气体发生装置使产生的二氧化氯直接送入螺旋输送式搅拌机中，与小麦粉充分接触，达到漂白目的。一般用量为 10~20mg/kg。

GB 2760—2014 规定，稳定态二氧化氯也可以作为防腐剂用于新鲜果蔬的表面处理，经表面处理的新鲜蔬菜，最大使用量为 0.01g/kg；鱼类加工，0.05g/kg。

（二）偶氮甲酰胺

偶氮甲酰胺，分子式 $C_2H_4N_4O_2$，相对分子质量 116.08。

（1）性状与性能　纯品为白色至浅色结晶粉末，无毒，无臭，相对密度 1.65，分解温度 205℃，难溶于水，溶于碱溶液，不溶于醇、汽油等有机溶剂。具有漂白和氧化双重作用，是一种速效面粉增筋剂。当加入面粉中加水搅拌成面团时，很快放出活性氧，将小麦蛋白质内的巯基氧化成二硫键，使蛋白质相互连接形成网络结构，从而改善面团的物理操作性质及组织结构。

（2）毒性与安全性

① ADI：0~45mg/kg（bw）；

② 被认为是一种安全无害的食品添加剂。

（3）使用建议　GB 2760—2014 规定，偶氮甲酰胺作为面粉处理剂在小麦中的最大使用量为 0.045g/kg。

四、漂白剂在使用中注意事项

目前世界各国对漂白剂的使用范围、使用量及产品中的残留量都有严格的规定。我国的《食品添加剂使用标准》，自 GB 2760—86 到 GB 2760—2014 对漂白剂的使用范围进行了较大的调整和修订，对于其使用量和残留量也控制得越来越严格，目前 GB 2760—2014 已列出的漂白剂以亚硫酸及其盐类为主，此类还原性漂白剂在使用的同时还必须注意以下几点：

（1）食品中的金属离子　可以将残留的亚硫酸氧化，能使已还原的色素氧化变色而降低漂白剂的效力，故使用中不可混入铁、铜等重金属，亦可同时使用金属离子螯合剂，以保证漂白的效果。

（2）亚硫酸盐类溶液易分解而失去漂白作用，宜现用现配制。

（3）为防止漂白后的食品变色，通常食品中多残留一定量的二氧化硫，但残留量必须符合国家标准。另外，高残留量的食品具有二氧化硫的臭气，并且影响消化，影响产品性状，同时对后添加的香料、着色剂等亦有影响。

（4）在一些果蔬汁的加工中，由于果蔬原浆中二氧化硫的残留，会对产品复配过程中添加的香料、色素和其他添加剂也有影响，所以在使用时必须充分考虑这些因素。

（5）亚硫酸盐类使用时，由于其渗入果蔬组织，加工中若不把果蔬破碎，只用简单的加热方式难以除尽二氧化硫，所以用亚硫酸盐类漂白的水果只适于制作果酱、果干、果酒、果脯、蜜饯等一些块型较小的产品。

（6）亚硫酸盐能破坏硫胺素，故不宜用于肉类、乳制品及鱼类食品。

（7）亚硫酸盐易与醛、酮、蛋白质等反应。

（8）柠檬酸（0.0025%）等可作为复配薯类淀粉漂白剂的增效剂。

思考题

1. 简述肉在贮藏中的颜色变化过程、肉制品护色剂的作用机制。
2. 抗坏血酸类护色助剂的助发色机制是什么？除助发色以外还有哪些功能？
3. 果蔬加工贮藏过程中常发生褪色现象，可采用哪些方法进行保绿护色？
4. 食品护色剂的使用注意事项有哪些？
5. 简述漂白剂的作用机制，使用过程中应注意哪些问题？

第九章 食品调味剂

[本章简介]

本章主要介绍食品调味剂中的酸度调节剂、甜味剂和增味剂的分类、性质及其在食品中的应用及使用注意事项。简单介绍几种具有发展潜力的食品调味剂。

[学习重点]

1. 掌握常用酸度调节剂、甜味剂、增味剂的性质及使用方法，使用注意事项；
2. 了解物质的呈味原理，熟悉酸度调节剂、甜味剂、增味剂的种类；
3. 了解苦味物质，了解新开发的调味剂及调味剂的发展方向。

第一节 味觉及食品调味剂概述

一、味觉

味是指食物进入口腔咀嚼时或者饮用时给人的一种综合感觉。通常将味分为酸、甜、苦、辣、咸、鲜、涩，这7种味中，酸、甜、苦、咸、鲜是独立的味道，在舌头的味觉神经中有专门的传递路线，是主要的味。

（一）味觉的产生

味觉：通常指食物成分进入人体口腔内对舌头产生的各种化学感觉。

味觉产生过程：可溶性呈味物质进入口腔后，在舌头肌肉运动作用下将呈味物质与味蕾相接触，然后呈味物质刺激味蕾中的味细胞并与受体结合，结合物产生的信号以脉冲的形式通过神经系统传至大脑,经分析后产生味觉。不同的味觉产生有不同的味觉感受体,味觉感受体与呈味物质之间的作用力也不相同。

口腔内感受味觉的主要是味蕾,其次是自由神经末梢,婴儿有 10000 个味蕾,成人有几千个,味蕾数量随年龄的增大而减少,对呈味物质的敏感性也降低,所以婴幼儿对呈味物质较成人敏感。

一般人的舌尖和边缘部位对咸味比较敏感,舌的前部对甜味比较敏感,舌靠腮的两侧对酸味比较敏感,而舌根对苦、辣味比较敏感。人的味觉从呈味物质刺激到感受到滋味仅需 1.5~4.0s,比视觉(13~45s)、听觉(1.27~21.5s)、触觉(2.4~8.9s)都快。

(二)味觉的阈值

在四种基本味觉(酸、甜、苦、咸)中,人对咸味的感觉最快,对苦味的感觉最慢;但就人对味觉的敏感性来讲,苦味比其他味觉都敏感,更容易被觉察。

阈值:是指某一化合物能被人的感觉器官(味觉或嗅觉)所辨认时的最低浓度。感觉器官对味觉化合物感受敏感性及阈值各不相同。常温下蔗糖(甜)为 0.1%,氯化钠(咸)为 0.05%,柠檬酸(酸)为 0.0025%,硫酸奎宁(苦)为 0.0001%。

根据阈值的测定方法的不同,又可将阈值分为:

绝对阈值:指人感觉某种物质的味觉从无到有的刺激量。

差别阈值:指人感觉某种物质的味觉有显著差别的刺激量的差值。

最终阈值:指人感觉某种物质的味觉不随刺激量的增加而增加的刺激量。

(三)影响味觉的因素

1. 味觉与物质结构总的关系

糖类——甜味,酸类——酸味,盐类——咸味,生物碱——苦味。

2. 物质的水溶性

呈味物质必须有一定的水溶性才可能有一定的味觉,完全不溶于水的物质是无味的,溶解度小于阈值的物质也是无味的。水溶性越高,味觉产生得越快,消失得也越快,一般呈酸味、甜味、咸味的物质有较大的水溶性,而呈苦味的物质的水溶性一般。

3. 温度

一般随温度的升高,味觉会加强,最适宜味觉产生的温度是 10~40℃,尤其是 30℃最敏感,大于或小于此温度都将变得迟钝。温度对呈味物质的阈值也有明显的影响。

25℃:蔗糖 0.1%,食盐 0.05%,柠檬酸 0.0025%,硫酸奎宁 0.0001%。

0℃:蔗糖 0.4%,食盐 0.25%,柠檬酸 0.003%,硫酸奎宁 0.0003%。

4. 味觉的感受部位

四种基本味觉由四种不同的味细胞感受,它们在舌面上的分布是不均匀的。感受甜味的味细胞多集中在舌尖,所以舌尖对甜味最敏感。同样的道理,舌的两侧中部对酸味最敏感,舌的两侧前部对咸味最敏感,对苦味最敏感的是舌根。

5. 味觉的相互作用

两种相同或不同的呈味物质进入口腔时,会使二者呈味味觉都有所改变的现象,称为味觉的相互作用。

(1)味觉的对比现象 指两种或两种以上的呈味物质,适当调配,可使某种呈味物质的味觉更加突出的现象。如在 10%的蔗糖中添加 0.15%氯化钠,会使蔗糖的甜味更加突出,在醋酸锌中添加一定量的氯化钠可以使酸味更加突出,在味精中添加氯化钠会使鲜味更加突出。

(2) 味觉的相乘作用　指两种具有相同味觉的物质进入口腔时,其味觉强度超过两者单独使用的味觉强度之和,又称为味的协同效应。甘草酸胺本身的甜度是蔗糖的50倍,但与蔗糖共同使用时其甜度可达到蔗糖的100倍。

(3) 味觉的消杀作用　指一种呈味物质能够减弱另外一种呈味物质味觉强度的现象,又称为味的拮抗作用,如蔗糖与硫酸奎宁之间的相互作用。

(4) 味觉的变调作用　指两种呈味物质相互影响而导致其味觉发生改变的现象。刚吃过苦味的东西,喝一口水就觉得水是甜的。刷过牙后吃酸的东西就有苦味产生。

(5) 味觉的疲劳作用　当长期受到某种呈味物质的刺激后,就感觉刺激量或刺激强度减小的现象,如连续地吃糖,糖的甜味就会变淡。

二、食品调味剂概述

调味剂(flavor agent)是指改善食品的感官性质,使食品更加美味可口,并能促进消化液分泌和增进食欲的食品添加剂。调味剂的种类很多,主要包括甜味剂、酸度调节剂、增味剂等。

GB 2760—2014中列出的食品调味剂包括酸度调节剂、增味剂和甜味剂,分类号码分别为01、12和18。

(一) 酸度调节剂

酸度调节剂亦称pH调节剂,GB 2760—2014规定:酸度调节剂是用以维持或改变食品酸碱度的物质。目前我国允许使用的酸度调节剂有柠檬酸、乳酸、酒石酸、苹果酸、偏酒石酸、磷酸等几十种。

GB 2760—2014中列出的酸度调节剂共有24种,分为三类物质,即酸、碱和盐,CNS号分别为01.1**、01.2**和01.3**。

另外还有12种物质也具有酸度调节剂作用,但是属于其他类别的物质,如磷酸二氢钙(CNS 15.007,水分保持剂)等,酸度调节剂及其使用标准见表9-1。

表9-1　　　　　　　　　　　酸度调节剂及其使用标准

名称	CNS号	使用范围	最大使用量/(g/kg)	备注
乙酸钠(又名醋酸钠)	00.013	复合调味料	10.0	
柠檬酸及其钠盐、钾盐	01.101,01.303,01.304	膨化食品	1.0	
		婴幼儿配方食品	按生产需要适量使用	
		浓缩果蔬汁(浆)	按生产需要适量使用	固体饮料按稀释倍数增加使用量
乳酸	01.102	婴幼儿配方食品	按生产需要适量使用	
偏酒石酸	01.105	水果罐头	按生产需要适量使用	

续表

名称	CNS 号	使用范围	最大使用量/(g/kg)	备注
盐酸	01.108	蛋黄酱、沙拉酱	按生产需要适量使用	
己二酸	01.109	胶基糖果	4.0	
		固体饮料	0.01	
		果冻	0.1	如用于果冻粉,按冲调倍数增加使用量
富马酸	01.110	胶基糖果	8.0	
		生湿面制品(如面条、饺子皮、馄饨皮、烧卖皮)	0.6	
		面包	3.0	
		糕点	3.0	
		饼干	3.0	
		焙烤食品馅料及表面挂浆	2.0	
		其他焙烤食品	2.0	
		果蔬汁(浆)类饮料	0.6	固体饮料按稀释倍数增加使用量
		碳酸饮料	0.3	固体饮料按稀释倍数增加使用量
L(+)-酒石酸, d1-酒石酸	01.111, 01.313	面糊(如用于鱼和禽肉的拖面糊)、裹粉、煎炸粉	10.0	以酒石酸计
		油炸面制品	10.0	以酒石酸计
		固体复合调味料	10.0	以酒石酸计
		果蔬汁(浆)类饮料	5.0	以酒石酸计;固体饮料按稀释倍数增加使用量
		碳酸饮料	5.0	以酒石酸计;固体饮料按稀释倍数增加使用量

续表

名称	CNS 号	使用范围	最大使用量/(g/kg)	备注
		茶、咖啡、植物（类）饮料	5.0	以酒石酸计；固体饮料按稀释倍数增加使用量
		风味饮料	5.0	以酒石酸计；固体饮料按稀释倍数增加使用量
		葡萄酒	4.0g/L	以酒石酸计
氢氧化钙	01.202	调制乳	按生产需要适量使用	
		乳粉（包括加糖乳粉）和奶油粉及其调制品	按生产需要适量使用	
		婴幼儿配方	按生产需要适量使用	
氢氧化钾	01.203	调制乳粉和调制奶油粉	按生产需要适量使用	
		饼干	按生产需要适量使用	
		婴幼儿配方食品	按生产需要适量使用	
碳酸钾	01.301	小麦粉制品	按生产需要适量使用	
		生湿面制品（如面条、饺子皮、馄饨皮、烧卖皮）	60.0	
		婴幼儿配方食品	按生产需要适量使用	
碳酸钠	01.302	大米制品（仅限发酵大米制品）	按生产需要适量使用	
		生湿面制品（如面条、饺子皮、馄饨皮、烧卖皮）	按生产需要适量使用	
		生干面制品	按生产需要适量使用	
碳酸氢三钠（又名半倍碳酸钠）	01.305	乳及乳制品(01.01.01, 01.01.02, 13.0 涉及品种除外）	按生产需要适量使用	仅限羊乳
		糕点	按生产需要适量使用	
		饼干	按生产需要适量使用	

续表

名称	CNS 号	使用范围	最大使用量/（g/kg）	备注
碳酸氢钾	01.307	婴儿配方食品	按生产需要适量使用	
乳酸钙	01.310	糖果	按生产需要适量使用	
		加工水果	按生产需要适量使用	
		蔬菜罐头（仅限酸黄瓜产品）	1.5	
		复合调味料（仅限油炸薯片调味料）	10.0	
		固体饮料	21.6	
		果冻	6.0	如用于果冻粉，按冲调倍数增加使用量
		膨化食品	1.0	
富马酸一钠	01.311	胶基糖果	按生产需要适量使用	
		生湿面制品（如面条、饺子皮、馄饨皮、烧卖皮）	按生产需要适量使用	
		焙烤食品	按生产需要适量使用	
		肉及肉制品（08.01生、鲜肉类除外）	按生产需要适量使用	
		水产及其制品（包括鱼类、甲壳类、贝类、软体类、棘皮类等水产及其加工制品）（09.01鲜水产除外）	按生产需要适量使用	
		饮料类（14.0包装饮用水除外）	按生产需要适量使用	固体饮料按稀释倍数增加使用量

（二）甜味剂

GB 2760—2014 列出甜味剂有 21 种，部分适用范围及使用量见表 9-2。

表 9-2　　　　　　　　　　甜味剂及其使用标准

名称	CNS 号	使用范围	最大使用量/（g/kg）	备注
糖精钠	19.001	冷冻饮品（03.04食用冰除外）	0.15	以糖精计

续表

名称	CNS 号	使用范围	最大使用量/（g/kg）	备注
		水果干类（仅限杧果干、无花果干）	5.0	以糖精计
		果酱	0.2	以糖精计
		蜜饯凉果	1.0	以糖精计
		腌渍的蔬菜	0.15	以糖精计
		新型豆制品（大豆蛋白及其膨化食品、大豆素肉等）	1.0	以糖精计
		脱壳熟制坚果与籽类	1.0	以糖精计
		复合调味料	0.15	以糖精计
		配制酒	0.15	以糖精计
环己基氨基磺酸钠（又名甜蜜素），环己基氨基磺酸钙	19.002	冷冻饮品（03.04 食用冰除外）	0.65	以环己基氨基磺酸计
		水果罐头	0.65	以环己基氨基磺酸计
		果酱	1.0	以环己基氨基磺酸计
		蜜饯凉果	1.0	以环己基氨基磺酸计
		糕点	1.6	以环己基氨基磺酸计
		饼干	0.65	以环己基氨基磺酸计
		复合调味料	0.65	以环己基氨基磺酸计
		饮料类（14.01 包装饮用水除外）	0.65	以环己基氨基磺酸计；固体饮料按稀释倍数增加使用量
		配制酒	0.65	以环己基氨基磺酸计
		果冻	0.65	以环己基氨基磺酸计；如用于果冻粉，按冲调倍数增加使用量
异麦芽酮糖	19.003	调制乳	按生产需要适量使用	

续表

名称	CNS 号	使用范围	最大使用量/（g/kg）	备注
		饮料类（14.01 包装饮用水除外）	按生产需要适量使用	固体饮料按稀释倍数增加使用量
		配制酒	按生产需要适量使用	
		糖果和巧克力制品包衣	按生产需要适量使用	2016 年 8 月 3 日由关于抗坏血酸棕榈酸酯（酶法）等食品添加剂新品种的公告增补
		粮食制品馅料	按生产需要适量使用	2016 年 8 月 3 日由关于抗坏血酸棕榈酸酯（酶法）等食品添加剂新品种的公告增补
天门冬酰苯丙氨酸甲酯（又名阿斯巴甜）	19.004	调制乳	0.6	
		调制乳粉和调制奶油粉	2.0	
		稀奶油（淡奶油）及其类似品（01.05.01 稀奶油除外）	1.0	
		加工坚果与籽类	0.5	
		可可制品、巧克力和巧克力制品（包括代可可脂巧克力及制品）	3.0	
		胶基糖果	10.0	
		除胶基糖果以外的其他糖果	3.0	
		装饰糖果（如工艺造型，或用于蛋糕装饰）、顶饰（非水果材料）和甜汁	1.0	
		焙烤食品馅料及表面用挂浆	1.0	

续表

名称	CNS 号	使用范围	最大使用量/（g/kg）	备注
		冷冻挂浆制品	0.3	
		冷冻鱼糜制品（包括鱼丸等）	0.3	
		蛋白饮料	0.6	固体饮料按稀释倍数增加使用量
		碳酸饮料	0.6	固体饮料按稀释倍数增加使用量
		茶、咖啡、植物（类）饮料	0.6	固体饮料按稀释倍数增加使用量
		特殊用途饮料	0.6	固体饮料按稀释倍数增加使用量
麦芽糖醇和麦芽糖醇液	19.005,19.022	调制乳	按生产需要适量使用	
		糖果	按生产需要适量使用	
		面包	按生产需要适量使用	
		饼干	按生产需要适量使用	
		焙烤食品馅料及表面用挂浆	按生产需要适量使用	
		冷冻鱼糜制品（包括鱼丸等）	0.5	
		饮料类（14.01 包装饮用水除外）	按生产需要适量使用	固体饮料按稀释倍数增加使用量
		果冻	按生产需要适量使用	如用于果冻粉，按冲调倍数增加使用量
山梨糖醇和山梨糖醇液	19.006,19.023	炼乳及其调制产品	按生产需要适量使用	
		冷冻饮品（03.04 食用冰除外）	按生产需要适量使用	
		果酱	按生产需要适量使用	
		糖果	按生产需要适量使用	

续表

名称	CNS 号	使用范围	最大使用量/（g/kg）	备注
甜菊糖苷	19.008	调味品	按生产需要适量使用	
		饮料类（14.01 包装饮用水除外）	按生产需要适量使用	固体饮料按稀释倍数增加使用量
		风味发酵乳	0.2	以甜菊醇当量计
		冷冻饮品（03.04 食用冰除外）	0.5	以甜菊醇当量计
		糖果	3.5	以甜菊醇当量计
		糕点	0.33	以甜菊醇当量计
		调味品	0.35	以甜菊醇当量计
		饮料类（14.01 包装饮用水除外）	0.2	以甜菊醇当量计，固体饮料按稀释倍数增加使用量
		调味糖浆	0.91	以甜菊醇当量计；关于食品营养强化剂新品种 6S-5-甲基四氢叶酸钙以及氮气等 8 种扩大使用范围的食品添加剂的公告（2017 年 第 13 号）
		配制酒	0.21	以甜菊醇当量计；关于食品营养强化剂新品种 6S-5-甲基四氢叶酸钙以及氮气等 8 种扩大使用范围的食品添加剂的公告（2017 年 第 13 号）
甘草酸铵，甘草酸一钾及三钾	19.010,19.012	蜜饯凉果	按生产需要量使用	
		糖果	按生产需要适量使用	
		饼干	按生产需要适量使用	
		肉罐头类	按生产需要适量使用	
		调味品	按生产需要适量使用	

续表

名称	CNS 号	使用范围	最大使用量/(g/kg)	备注
乙酰磺胺酸钾（又名安赛蜜）	19.011	饮料类（14.01 包装饮用水除外）	按生产需要适量使用	固体饮料按稀释倍数增加使用量
		风味发酵乳	0.35	
		以乳为主要配料的即食风味食品或其预制产品（不包括冰淇淋和风味发酵乳）（仅限乳基甜品罐头）	0.3	
		冷冻饮品（03.04 食用冰除外）	0.3	
		果酱	0.3	
		蜜饯类	0.3	
		焙烤食品	0.3	
		餐桌甜味料	0.04g/份	
		调味品	0.5	
		饮料类（14.01 包装饮用水除外）	0.3	固体饮料按冲调倍数增加使用量
		果冻	0.3	如用于果冻粉，按冲调倍数增加使用量
L-α-天冬氨酰-N-(2,2,4,4-四甲基-3-硫化三亚甲基)-D-丙氨酰胺（又名阿力甜）	19.013	冷冻饮品（03.04 食用冰除外）	0.1	
		话化类	0.3	
		胶基糖果	0.3	
		餐桌甜味料	0.15g/份	
		饮料类（14.01 包装饮用水除外）	0.1	固体饮料按稀释倍数增加使用量

续表

名称	CNS 号	使用范围	最大使用量/(g/kg)	备注
		果冻	0.1	如用于果冻粉,按冲调倍数增加使用量
乳糖醇(又名4-β-D 吡喃半乳糖-D-山梨醇)	19.014	稀奶油	按生产需要适量使用	
		香辛料类	按生产需要适量使用	
三氯蔗糖(又名蔗糖素)	19.016	调制乳	0.3	
		冷冻饮品(03.04 食用冰除外)	0.25	
		水果干类	0.15	
		水果罐头	0.25	
		果酱	0.45	
		蜜饯凉果	1.5	
		煮熟的或油炸的水果	0.15	
		腌渍的蔬菜	0.25	
		加工食用菌和藻类	0.3	
		腐乳类	1.0	
		加工坚果与籽类	1.0	
		糖果	1.5	
		杂粮罐头	0.25	
		其他杂粮制品(仅限微波爆米花)	5.0	
		焙烤食品	0.25	
		饮料类(14.01 包装饮用水除外)	0.25	固体饮料按冲调倍数增加使用量
		配制酒	0.25	

续表

名称	CNS 号	使用范围	最大使用量/(g/kg)	备注
		发酵酒	0.65	
		果冻	0.45	如用于果冻粉，按冲调倍数增加使用量
D-甘露糖醇	19.017	糖果	按生产需要适量使用	
N-[N-(3,3-二甲基丁基)]-L-α-天门冬氨-L-苯丙氨酸1-甲酯（又名纽甜）	19.019	调制乳	0.02	
		风味发酵乳	0.1	
		调制乳粉和调制奶油粉	0.065	
		稀奶油（淡奶油）及其类似品（01.05.01 稀奶油除外）	0.033	
		02.02 类以外的脂肪乳化制品，包括混合的和（或）调味的脂肪乳化制品	0.01	
		脂肪类甜品	0.1	
		胶基糖果	1.0	
		即食谷物，包括碾轧燕麦（片）	0.16	
		焙烤食品	0.08	
		预制水产品（半成品）	0.01	
		其他蛋制品	0.1	
		冷冻饮品（03.04 食用冰除外）	0.1	
		水果干类	0.1	
		醋、油或盐渍水果	0.1	
索马甜	19.020	冷冻饮品（03.04 食用冰除外）	0.025	

续表

名称	CNS 号	使用范围	最大使用量/（g/kg）	备注
天门冬酰苯丙氨酸甲酯乙酰磺胺酸	19.021	加工坚果与籽类	0.025	
		焙烤食品	0.025	
		餐桌甜味料	0.025	
		风味发酵乳	0.79	
		冷冻饮品（03.04 食用冰除外）	0.68	
		糖果	4.5	
		调味品	1.13	
		饮料类（14.01 包装饮用水除外）	0.68	固体饮料按稀释倍数增加使用量

（三）增味剂

食品增味剂是补充或增强食品原有风味的物质，使用量最大的为谷氨酸钠，俗称味精，另外还有 5′-鸟苷酸二钠、5′-肌苷酸二钠、琥珀酸二钠等 9 种常用增味剂，见表 9-3。

表 9-3　　　　　　　　　　　　增味剂及其使用标准

名称	CNS 号	使用范围	最大使用量/（g/kg）	备注
辣椒油树脂	00.012	再制干酪	按生产需要适量使用	
		腌渍的蔬菜	按生产需要适量使用	
		腌渍的食用菌和藻类	按生产需要适量使用	
		复合调味料	10.0	
		膨化食品	1.0	
		豆干类	按生产需要适量使用	2016 年 8 月 3 日由关于抗坏血酸棕榈酸酯（酶法）等食品添加剂新品种的公告增补
		经烹调或油炸的水产品	按生产需要适量使用	2016 年 8 月 3 日由关于抗坏血酸棕榈酸酯（酶法）等食品添加剂新品种的公告增补

续表

名称	CNS 号	使用范围	最大使用量/(g/kg)	备注
		调理肉制品（生肉添加调理料）	按生产需要适量使用	国家卫生健康委员会关于可溶性大豆多糖等19种"三新食品"的公告（2019年第4号）增补
		香辛料油	10.0	国家卫生健康委员会关于可溶性大豆多糖等19种"三新食品"的公告（2019年第4号）增补
谷氨酸钠	12.001	食品添加剂使用标准中表A.2	按生产需要适量使用	
5′-鸟苷酸二钠	12.002	食品添加剂使用标准中表A.2	按生产需要适量使用	
5′-肌苷酸二钠	12.003	食品添加剂使用标准中表A.2	按生产需要适量使用	
5′-呈味核苷酸二钠（又名呈味核苷酸二钠）	12.004	食品添加剂使用标准中表A.3	按生产需要适量使用	
琥珀酸二钠	12.005	调味品	20.0	
L-丙氨酸	12.006	调味品	按生产需要适量使用	
氨基乙酸（又名甘氨酸）	12.007	预制肉制品	3.0	氨基乙酸（羟基乙腈法）2017年3月21日由关于食品添加剂新品种氨基乙酸（羟基乙腈法）等的2017年第3号公告增补
		熟肉制品	3.0	氨基乙酸（羟基乙腈法）2017年3月21日由关于食品添加剂新品种氨基乙酸（羟基乙腈法）等的2017年第3号公告增补
		调味品	1.0	氨基乙酸（羟基乙腈法）2017年3月21日由关于食品添加剂新品种氨基乙酸（羟基乙腈法）等的2017年第3号公告增补

续表

名称	CNS 号	使用范围	最大使用量/(g/kg)	备注
		果蔬汁（浆）类饮料	1.0	固体饮料按稀释倍数增加使用量；氨基乙酸（羟基乙腈法）2017 年 3 月 21 日由关于食品添加剂新品种氨基乙酸（羟基乙腈法）等的 2017 年第 3 号公告增补
		植物蛋白饮料	1.0	固体饮料按稀释倍数增加使用量；氨基乙酸（羟基乙腈法）2017 年 3 月 21 日由关于食品添加剂新品种氨基乙酸（羟基乙腈法）等的 2017 年第 3 号公告增补

第二节　酸度调节剂

一、酸度调节剂概述

（一）概念

酸度调节剂是用以维持或改变食品酸碱度的物质。在 GB 2760—2014 中分类号是 01；我国允许使用的食品酸度调节剂分为三类：酸、碱和盐；酸主要是调节或者降低食品的 pH，碱和盐类通过其电离出来的 OH^- 或者 H^+ 起到调节食品 pH 的作用。

（二）酸味阈值

一般来说，具有酸味的食品添加剂溶液中都能解离出 H^+（反之不一定）。酸味是由舌黏膜受到氢离子刺激而引起的感觉，所以在溶液中能电离出氢离子的物质都是酸味物质。

一般无机酸的酸味阈值在 pH 3.4~3.5，有机酸的酸味阈值在 pH 3.7~4.9。大多数食品的 pH 在 5~6.5，虽为酸性，但并无酸味感觉，若 pH 在 3.0 以下，则酸味感强，难以适口。

酸味以及在口腔中引起的酸度与酸根种类、pH、可滴定酸度、缓冲溶液，以及其他物质特别是糖类的存在有关。在同样的 pH 下，有机酸比无机酸酸感要强。另外，不同的有机酸阴离子在舌黏膜吸附能力不同，酸味强度也不相同，因此在相同 pH 下酸度由强到弱其顺序为：乙酸>甲酸>乳酸>草酸>盐酸。若以柠檬酸的酸味强度定为 100，则酒石酸的比较强度为 120~130、磷酸为 200~230、延胡索酸为 263、L-抗坏血酸为 50。另外，酸味感的时间长短不与 pH 成正比，解离速度慢的酸味维持时间长，解离快的酸味物质味觉很快消失。

（三）酸度调节剂的作用

（1）用于调节食品体系中的酸碱性，以保持食品的最佳形态和韧度，同时降低体系的 pH，达到抑菌目的。

（2）在凝胶、干酪、果冻、软糖、果酱等产品中，为了取得产品的最佳性状和韧度，必须正确调整 pH，果胶的凝胶、干酪的凝固尤其如此。酸度调节剂有助于酸性防腐剂的效果，减少高温灭菌时间，减少高温对食品结构与风味的不利影响。酸度调节剂在食品中可作香味辅助剂，广泛应用于调香。酸度调节剂还能平衡风味，修饰蔗糖或者甜味剂的甜味。

（3）酸度调节剂在食品加工中可作螯合剂　某些金属离子如铁、铬、铜、锡等能加速氧化作用，对食品产生不良的影响，如变色、腐败、营养素损失等。许多酸度调节剂具有螯合这些金属离子的能力，酸与抗氧化剂结合使用，能起到增效的作用。

（4）酸度调节剂具有缓冲作用　食品加工保存过程中都需稳定的 pH，要求 pH 变动范围很窄，单纯酸碱调整 pH 往往失去平衡，用有机酸及其盐类配成缓冲系统，起不致因原料调配及加工过程中酸碱含量变化而引起 pH 过分波动的作用。如在糖果生产中可用于蔗糖的转化、抑制褐变。

（5）酸度调节剂遇碳酸盐可以产生二氧化碳气体　这是化学膨松剂产气的基础，而且酸度调节剂的性质决定了膨松剂的反应速度。酸度调节剂有一定的泡沫稳定作用。

（6）酸度调节剂具有还原特性　在水果、蔬菜制品的加工中可以作护色剂，在肉类加工产品中可作为护色助剂。

（四）影响酸味的因素

1. 温度

一般温度对酸味影响较小，酸味与甜味、咸味及苦味相比受温度的影响最小，酸以外的各种味觉在常温与 0℃时的阈值相比，各种味觉变钝，如常温时的酸味阈值与 0℃的阈值相比，柠檬酸酸味减少 17%，而盐酸奎宁产生的苦味减少 97%，食盐的咸味减少 80%，糖的甜味减少 75%。

2. 酸度调节剂的阴离子

在相同浓度下，不同阴离子的各种酸的酸味强弱不同。原因是酸味剂解离的阴离子对味觉产生影响所致。因此，一种酸的酸味不能完全以相同重量或浓度代替另一种酸的酸味。同一浓度比较不同酸的酸味强度，顺序为：盐酸＞硝酸＞硫酸＞甲酸＞乙酸＞柠檬酸＞苹果酸＞乳酸＞丁酸。另外，阴离子上有无羟基、氨基、羧基，以及它们的数目、所处的位置对酸度调节剂的风味也有影响。

3. 其他味觉的影响

甜味与酸味易互相抵消，有消杀作用，因此一般在食品加工中要控制合适的糖酸比例。而酸味与苦味、咸味难于互相抵消，一般无消杀现象。酸度调节剂与涩味物质或收敛性物质（如单宁）混合，会使酸味增强。

（五）使用酸度调节剂的注意事项

（1）加入的顺序与时机　酸度调节剂大都电离出 H^+，它可以影响食品的加工条件，可与纤维素、淀粉等食品原料发生作用，和其他食品添加剂也互相影响。所以工艺中一定要有加入的程序和时间，否则会产生不良后果（见防腐剂、甜味剂相关内容）。

（2）固体酸度调节剂　当使用固体酸度调节剂时，要考虑它的吸湿性和溶解性，以便采用适当的包装和配方。

(3) 根据添加对象确定不同酸味特征的酸味调节剂　阴离子除影响酸味之外，还能影响食品风味，如盐酸、磷酸具有苦涩味，会使食品风味变劣。而且酸度调节剂的阴离子常常使食品产生另一种味，这种味称为副味，一般有机酸可具有爽快的酸味，而无机酸一般酸味不很适口。

(4) 与其他调味剂的相互作用　在使用中，酸度调节剂与甜味剂之间有消杀现象。二者易互相抵消，故食品加工中需要控制一定的糖酸比。酸味与苦味、咸味一般无消杀现象。酸度调节剂与涩味物质混合，会使酸味增强。

(5) 酸度调节剂有一定刺激性，可能引起消化功能疾病。

二、常用酸度调节剂

（一）柠檬酸

柠檬酸，又称枸橼酸，分子式 $C_6H_7O_8 \cdot H_2O$，相对分子质量 210.14。

1. 性状与性能

在室温下，为无色半透明晶体或白色颗粒或白色结晶性粉末，无臭，味极酸，在潮湿的空气中微有潮解性。它可以以无水合物或者一水合物的形式存在，柠檬酸从热水中结晶时，生成无水合物，在冷水中结晶则生成一水合物；加热到78℃时，一水合物会分解得到无水合物。在15℃时，柠檬酸也可在无水乙醇中溶解，175℃以上分解释放出水及二氧化碳。柠檬酸易溶于水和乙醇，20℃时溶解度为59%（质量分数），其2%水溶液的 pH 为2.1。具有吸湿性，加热可以分解成多种产物，可与酸、碱、甘油等发生反应。

柠檬酸是柠檬、柚子、柑橘等存在的天然酸味的主要成分，具有强酸味，酸味爽快，入口即达到最高酸感，后味延续时间较短。其具有良好的防腐性能，能抑制细菌增殖，还能增强抗氧化剂的抗氧化作用，延缓油脂酸败。柠檬酸含有3个羧基，具有很强的螯合金属离子的能力，可用作金属螯合剂，还可用作着色剂稳定剂和凝固剂，防止果蔬褐变。

2. 毒性与安全性

①LD_{50}：1170mg/kg（bw）（大鼠，经口），LD_{50}：5040~5790mg/kg（bw）（小鼠，经口）；
②ADI：不作特殊规定（FAO/WHO）。

3. 使用建议

GB 2760—2014 规定，可以用于各类食品，按生产需要适量使用。用作酸度调节剂时，在清凉饮料里添加 0.15%~0.3%（如柠檬碳酸水里加0.3%，汽水里加0.2%，乳酸菌饮料里加0.15%，果实饮料里加0.15%），在果汁、果冻、果酱、水果糖等食品里添加1%左右，在咸菜和调味料中也可以使用。用作抗氧化剂，在冷冻水果和水果加工品里添加约0.5%，在食用油里添加 0.001%~0.05%。在其他特殊用途中，柠檬酸还可用作乳制品品质改良剂，干酪、冰淇淋的稳定剂。柠檬酸与其盐复配可用作乳化剂。无水柠檬酸钠吸湿也不凝固，故可用于固体饮料、果冻粉和胶基糖果等兼吸湿吸水食品里。

在婴儿、儿童食品中，以谷物为基料的食品用量为25mg/kg（以干基计），婴儿食品罐头用量为 15mg/kg。在水产品中使用柠檬酸，如在贝、蟹、虾等罐装或急冻工艺中添加柠檬酸，可减少褐色、变味，并避免铜、铁等金属杂质将产品变为蓝色或黑色。在加工前，可将水产品浸入 0.25%~1% 的柠檬酸中，如添加 0.01%~0.03% 的异抗坏血酸或其钠盐，更可增强抗氧化作用并抑制酶的活力。

使用时注意本品不应与防腐剂山梨酸钾、苯甲酸钠等溶液同时添加。必要时可分别先后添加，以防止形成难溶于水的山梨酸及苯甲酸结晶，影响食品的防腐效果。

（二）苹果酸

苹果酸有 L-苹果酸、D-苹果酸和 DL-苹果酸 3 种异构体。天然存在的苹果酸都是 L 型的，几乎存在于一切果实中，以仁果类中最多。

1. 性状与性能

苹果酸为无色针状结晶，或白色晶体粉末，无臭，带有刺激性爽快酸味，在水和乙醇中易溶，在丙酮中微溶，不溶于乙醚。有吸湿性，1%（质量分数）水溶液的 pH 为 2.4。味觉阈值 0.003%，DL-苹果酸酸度是柠檬酸的 2.0~2.2 倍，略有特殊酸味，极易吸湿受潮，对油包水型乳化剂有稳定作用。

2. 毒性与安全性

①LD_{50}：1.6~3.2g/kg（bw）（大鼠，经口服 1%水溶液），LD_{50}：5.0g/kg（bw）（兔，经口）；

②ADI：无限制性规定（FAO/WHO）。

3. 应用建议

用作酸度调节剂、抗氧化增效剂。按 GB 2760—2014 规定，可以用于各类食品，按生产需要适量使用。

苹果酸用作酸度调节剂使用于清凉饮料、果冻、乳酸菌饮料等食品中，用量为：清凉饮料，0.25%~0.55%；果冻，0.1%~0.3%；果酱，0.2%~0.3%；果子露，0.05%~0.1%；水果糖，0.05%~0.1%。苹果酸比柠檬酸味强，刺激缓慢，柔和可口，持久性长，与柠檬酸呈味特性互补，因此多与柠檬酸复配使用，可减少柠檬酸用量，而且有天然果实味感，尤其对草莓风味的形成更显突出。苹果酸与抗氧化剂复配使用，使用于油脂中，用量为 0.01%。苹果酸在水果中使用有良好的抗褐变作用。

（三）磷酸

磷酸或正磷酸，化学式 H_3PO_4，相对分子质量 97.994，是一种常见的无机酸，属中强酸。由五氧化二磷溶于热水中即可得到。

1. 性状与性能

磷酸在空气中容易潮解，加热会失水得到焦磷酸，再进一步失水得到偏磷酸。磷酸主要用于制药、食品、肥料等工业。磷酸是三元中强酸，分三步电离，不易挥发，不易分解，有一定氧化性，具有酸的通性。

2. 毒性与安全性

①LD_{50}：1530mg/kg（bw）（大鼠，经口），LD_{50}：2740mg/kg（bw）（兔，经皮）。

②刺激性：595mg/24h（兔，经皮），严重刺激；119mg（兔，眼），严重刺激。

③ADI：0~70mg/kg（bw）（FAO/WHO）。

用含 0.4%、0.75%磷酸的饲料喂养大鼠，经 3 代共 90 周的试验，结果表明对生长和繁殖均未发现有不良影响，在血液和病理学上也无异常。

④FDA 将其列入一般公认安全物质。

3. 使用建议

磷酸用作可乐型饮料的酸度调节剂时用量为 0.02%~0.06%，用于甜味可乐饮料时用量为 0.05%~0.08%。还用作清凉饮料的酸度调节剂。磷酸还可用作螯合剂、抗氧化增效剂和 pH 调节剂及增香剂。用作酿造时的 pH 调节剂，其用量在 0.035% 以下。在果酱中使用少量磷酸，以控制果酱能形成最大胶凝体的 pH。在软饮料、冷饮、糖果和焙烤食品中用作增香剂。

（四）乳酸

乳酸，分子式 $C_3H_6O_3$，相对分子质量 90.08。

1. 性状与性能

为无色或微黄色的糖浆状液体，是乳酸和乳酸酐的混合物。一般乳酸的浓度为 85%~92%，几乎无臭，味微酸，有吸湿性，水溶液显酸性。可与水、乙醇、丙酮任意混合。不溶于氯仿。乳酸存在于发酵食品、腌渍物、果酒、清酒、酱油及乳制品中。乳酸具有较强的杀菌作用，可防止杂菌生长，抑制异常发酵。因具有特异收敛性酸味，故使用范围不如柠檬酸广泛。

2. 毒性与安全性

①LD_{50}：3730mg/kg（bw）（大鼠，经口）；急性口服 LD_{50}：4936mg/kg（bw）（雄性大鼠）和 3543mg/kg（bw）（雌性大鼠）；急性经皮 LD_{50}：2000mg/kg（bw）（兔）。

②ADI：无需作规定（D-乳酸，L-乳酸不应加入 3 个月以下的婴儿食品中）。

③乳酸异构体有以 L-型、D-型和 Z-型三种，Z-型为哺乳动物体内正常代谢产物，在体内分解为氨基酸及二羧酸物，在胃中即可大部分分解，几乎无毒。但 3 个月以下婴儿不宜用 L- 及 D-型乳酸，以用 Z-型乳酸为好。

3. 使用建议

我国规定乳酸可在各类食品中按"正常生产需要"添加。用于乳酸饮料和果味露时，一般添加量为 0.4~2.0g/kg，且多与柠檬酸并用。用于配制酒、果酒调酸时，配制酒添加 0.03%~0.04%；果酒如葡萄酒，一般使酒中总酸度达 5.5~6.5g/L（以酒石酸计）即可。作为酸度调节剂用于清凉饮料（用量为 0.05%~0.2%）、果汁、果子露、水果糖和糖浆等，还能有效地防止混浊和沉淀。在清酒酿造工业中，用作抑制杂菌，有利于酵母菌发育，每 18L 水添加 110~130mL 乳酸。甜食类调味用量为 2%。还可用作酱油的香味缓冲剂。

第三节　甜味剂

一、甜味剂概述

（一）定义与分类

1. 定义

甜味剂作为食品添加剂的一大门类，是指赋予食品甜味的添加剂。食品甜味的作用是满足人们的嗜好要求，改进食品的可口性以及其他食品的工艺性质。

2. 分类

（1）按来源　分为天然甜味剂和合成甜味剂。

(2) 按结构、性质　分为糖醇类甜味剂和非糖类甜味剂。

(3) 按营养价值分　分为营养型甜味剂和非营养型甜味剂，二者的主要区别在于能量含量不同。

①非营养型甜味剂的能量为相同甜度蔗糖的2%以下，因此一般为非碳水化合物类（即非糖类甜味剂）。

②营养型甜味剂：即糖醇类，包括山梨糖醇、异麦芽酮糖醇、乳糖醇、麦芽糖醇、木糖醇、甘露糖醇、赤藓糖醇，其中前五种为合成类，后两种为天然类。

③非营养型甜味剂：即非糖类甜味剂。其中，天然甜味剂包括甜菊糖苷、甘草、甘草酸一钾及三钾、甘草酸铵、罗汉果甜苷；人工合成甜味剂包括糖精钠、环己基氨基磺酸钠（钙）、天门冬酰苯丙氨酸甲酯（阿斯巴甜）、天冬氨酰丙氨酰胺（阿力甜）、乙酰磺胺酸钾（安赛蜜）、三氯蔗糖、纽甜。

（二）甜味剂的要求

1. 甜度

甜味的高低称为甜度，它是甜味剂重要质量指标。目前甜味剂的甜度，只能凭人们的味觉感官判断，还没有表示甜度绝对值的标准。为了比较甜味剂的甜度，选择一种甜味剂如蔗糖作为标准，其他甜味剂的甜度是与蔗糖比较而得出的相对甜度。

2. 影响甜度的因素

甜味剂的甜度受多种因素影响，主要有浓度、温度和介质。

一般来说，甜味剂的浓度越高，甜度越大。但多数甜味剂的甜度随浓度增大的程度并不相同。例如，葡萄糖溶液的甜度随浓度增高的程度大于蔗糖，在较低的浓度，葡萄糖溶液的甜度低于蔗糖，而随浓度增大甜度差别减小。当浓度达40%时，二者的甜度基本相同。

多数甜味剂的甜度受温度影响，通常甜度随温度升高而降低。例如，5%果糖溶液在5℃时甜度为147（相对5%蔗糖溶液的甜度100），18℃时为128.5，40℃时为100，60℃时为79.05。

介质对甜度也有影响，在水溶液中于40℃以下，果糖的甜度高于蔗糖，在柠檬汁中二者甜度大致相等。某些调味剂对甜味剂的甜度也有影响，但无一定规律。如食盐在不同浓度下可使蔗糖的甜度增高，又可使其甜度降低：3%~10%蔗糖溶液，在1%食盐溶液中，甜度降低；5%~7%蔗糖溶液，在0.5%食盐溶液中，甜度增高。

不同种类甜味剂有协同效应，即混合甜味剂有互相提高甜度的作用。例如，将蔗糖与葡萄糖加以混合，假设两糖的甜度互不影响，混合后的甜度应为两者甜度之和，若蔗糖溶液浓度为10%，其甜度为10，而葡萄糖溶液的浓度为5.3%，其甜度为3.5。计算所得甜度应为13.5，实际两者混合后的甜度为15.0。

二、天然甜味剂

（一）糖醇

糖醇的分子结构特点是多元醇类化合物。糖醇是世界上广泛采用的甜味剂之一，它可由相应的糖加氢还原制得。这类甜味剂口味好，化学性质稳定，对微生物稳定，不易引起龋齿，可调理肠胃。现在所有发达国家都使用它，往往是多种糖醇混用，代替部分或全部蔗糖。

1. 麦芽糖醇

麦芽糖醇，有 α-型和 β-型两种异构体，分子式 $C_{12}H_{24}O_{11}$，如果将结晶水除去，β-型麦芽糖醇将向 α-型麦芽糖醇转化，所以不容易获得无水 β-型麦芽糖醇。

（1）性状与性能　麦芽糖醇是无色晶体，通常含一分子结晶水，熔点 102℃，易溶于水，甜度为蔗糖的 40%。其水溶液为无色透明的中性黏稠液体，难发酵，为非结晶性，具有良好的保湿作用；pH 为 3~9 时加热也难以分解，与蛋白质、氨基酸基本上不发生美拉德反应。在体内不被消化吸收，不产生热量，不使血糖升高，不增加胆固醇，为保健食品的理想甜味剂。

（2）毒性与安全性　麦芽糖醇在人体内不被分解利用，无毒性。

（3）使用建议　由于麦芽糖醇具有难发酵性质，故作为甜味剂添加于乳酸饮料，可维持较长甜味。作为低热量的糖醇类甜味剂，可用于制造糖尿病、心血管疾病、动脉硬化和高血压以及肥胖症等患者的食品。

GB 2760—2014 规定，麦芽糖醇可作为甜味剂、稳定剂和凝固剂、水分保持剂、乳化剂、膨松剂、增稠剂，在调味乳、冷冻饮品、盐渍蔬菜、糖果、面包、饼干、饮料类、果冻、豆制品工艺、制糖工艺、酿造工艺中按照生产需要适量使用，在冷冻鱼糜制品（包括鱼丸）中最大使用量为 0.5g/kg。

2. 木糖醇

木糖醇，分子式 $C_5H_{10}O_5$，相对分子质量 150.13。

（1）性状与性能　木糖醇是一种白色粉状晶体，有甜味，和葡萄糖的热量相同。木糖醇在水中溶解度很大，为 1.6g/mL；易溶于乙醇和甲醇。木糖醇的热稳定性好，10%水溶液的 pH 为 5~7，不与可溶性氨基化合物发生美拉德反应。木糖醇溶于水中会吸收很多能量，是所有糖类甜味剂中吸热最大的一种，食用时会感到一种凉爽愉快的口感。

（2）毒性与安全性　ADI：不作规定（FAO/WHO）。

（3）使用建议

①由于木糖醇于体内代谢与胰岛素无关，故适用于糖尿病患者食品的生产。

②本品不受酵母菌和细菌作用，故也适用于防龋齿食品。

③本品在糕点、果酱生产中代替糖，可使产品持水性强，组织滋润，不易干皱。

④木糖醇可代替葡萄糖作浸渍溶液。从理论上说，木糖醇也可用于焙烤食品，但如果要求产品发生焦糖化非酶褐变而具有硬外壳时，则必须另加些果糖。

⑤此外，木糖醇会抑制酵母菌的生长及其发酵活性，因此不适合用于那些用酵母菌制作的食品。

（二）非糖天然甜味剂

1. 甜菊糖苷

甜菊糖苷，分子式 $C_{38}H_{60}O_{18}$，相对分子质量 804.88。

（1）性状与性能　为白色至浅黄色晶体粉末，味清凉甘甜。熔点 198~202℃，耐高温。在空气中极易吸湿，水中溶解度约为 0.12%，微溶于乙醇。性能甜度约为蔗糖的 300 倍，是天然甜味剂中最接近蔗糖的一种。其甜味纯正，残留时间长，后味可口，有轻快凉爽感，对其他甜味剂有改善和增强作用，在酸性和碱性条件下都较稳定。

（2）毒性与安全性

①LD_{50}：34.77g/kg（bw）（小鼠，经口服）；

②ADI：0~4mg/kg（bw）（以甜菊醇计）。

（3）使用建议　甜菊糖苷为不产生热量的食品甜味剂，有降低血压、促进代谢、降低胃酸等功能。主要用于苦味饮料、碳酸饮料和腌制品等。甜菊糖苷食用后不被人体吸收，不产生热量，是糖尿病、肥胖症患者良好的天然甜味剂，且其对某些细菌有抑制作用。

2. 罗汉果甜苷

罗汉果甜苷，又称罗汉果甜，萃取于罗汉果，分子式 $C_{66}H_{112}O_{34}$，相对分子质量 1449.58。

（1）性状与性能　为浅黄色粉末，有罗汉果香，味极甜，其甜度约为蔗糖的 300 倍，热量为 0。熔点 197~201℃（分解）。热稳定性强，易溶于水和稀乙醇。在 100℃ 中性水溶液中连续加热 25h，或在 120℃ 长时间加热，均不致破坏。在弱酸、弱碱中不变质。

（2）毒性与安全性　LD_{50}：10g/kg（bw）（雌、雄性小鼠，经口）。

（3）使用建议　GB 2760—2014 规定，罗汉果甜苷可在各类食品中按生产需要适量使用。罗汉果甜苷还具有清热润肺、镇咳、润肠通便功效，对肥胖、便秘、糖尿病等具有防治作用。

三、人工合成甜味剂

人工合成甜味剂，是人工合成的具有甜味的复杂有机化合物，其主要优点为：①化学性质稳定：耐热、耐酸和耐碱，不易出现分解失效现象，故使用范围比较广泛；②不参与机体代谢：大多数合成甜味剂经口摄入后全部排出体外，不提供能量，适合糖尿病患者、肥胖者和老年人等特殊营养消费人群使用；③甜度较高：一般是蔗糖甜度的 50 倍以上；④价格便宜：等甜度条件下的价格均低于蔗糖；⑤不是口腔微生物的合适作用底物，不会引起牙齿龋变。

人工合成甜味剂的主要缺点为：①甜味不够纯正，带有苦后味或金属异味，甜味特性与蔗糖有一定的差距；②不是食物的天然成分，有一种"不安全"的感觉。

1. 糖精钠

糖精钠，又称可溶性糖精或水溶性糖精，分子式 $C_7H_4NNaO_3S \cdot 2H_2O$，相对分子质量 241.21。

（1）性状与性能　为无色至白色结晶或晶体粉末，无臭或微有芳香气味，味极甜并微带苦，甜度为蔗糖的 200~700 倍。稀释 1000 倍的水溶液仍有甜味，阈值约为 0.00048%。易溶于水，溶解度随温度升高迅速增大，10% 的水溶液呈中性，微溶于乙醇。糖精钠在水中解离出的阴离子有极强的甜味，但分子状态却无甜味反而具有苦味，故高浓度的水溶液亦有苦味。因此，使用时浓度应低于 0.02%。在酸性介质中加热，甜味消失，并可形成邻氨基磺酰苯甲酸而呈苦味。

（2）毒性与安全性

①LD_{50}：17.5g/kg（bw）（小鼠，经口），MNL：0.5g/kg（bw）（大鼠，经口）；

②ADI：0~2.5mg/kg（bw）（FAO/WHO，1994）。

（3）使用建议　GB 2760—2014 规定，糖精钠用于冷冻饮品（03.04 食用冰除外）、腌渍的蔬菜、配制酒、复合调味料，最大使用量 0.15g/kg（以糖精计）；水果干类（仅限杨果干、无花果干）、凉果类、话化类、果糕类，最大使用量 5.0g/kg；果酱，最大使用量 0.2g/kg；蜜饯凉果、新型豆制品（大豆蛋白及其膨化食品、大豆素肉等）、熟制豆类、脱壳熟制坚果与籽类，最大使用量 1.0g/kg；带壳熟制坚果与籽类，最大使用量 1.2g/kg。

FEMA 规定，糖精钠的使用范围和限量如下：软饮料，0.0072%；冷饮，0.015%；糖果，

0.21%~0.26%；焙烤食品，0.0012%。不得用于婴幼儿食品。糖精钠可强化食品的甜味，且在食品加工中不会引起食品染色和发酵。糖精钠与酸复配使用有爽快的甜味，适合用作清凉饮料的甜味剂；与其他甜味剂以适当的比例复配，可调出接近蔗糖的甜味。糖精钠不产生热量，适合用作糖尿病、心脏病、肥胖症患者的甜味剂，及用于低热量食品生产。由于高温、强酸条件下糖精钠会分解而失去甜味，在焙烤、油炸或强酸食品中的应用受到限制。糖精钠易发生水解，故在酸性食品中应把握加入的时机。商品通用标签上应注明准确名称，以警示糖精钠不能为婴儿、肝肾功能较弱、老年人食用。

2. 天门冬酰苯丙氨酸甲酯

天门冬酰苯丙氨酸甲酯，又称阿斯巴甜、甜味素，分子式 $C_{14}H_{18}N_2O_5$，相对分子质量294.31。

(1) 性状与性能　为白色晶体粉末，无臭，有强甜味。25℃时等电点的pH为5.2。微溶于水，约1g/100g；乙醇，0.26mg/100g。0.8%水溶液的pH为4~6.5。在水溶液中不稳定，易分解而失去甜味。其稀溶液的甜度约为蔗糖的100~200倍。甜味与砂糖十分接近，有凉爽感，无苦味和金属味。其稳定性较差，受高温影响结构发生破坏而使甜味下降，甚至完全消失。天门冬酰苯丙氨酸甲酯不产生热量，适合作糖尿病、肥胖症患者的甜味剂。

(2) 毒性和安全性

①LD_{50}：10g/kg（bw）（小鼠，经口）。

②ADI：0~40mg/kg（bw）；天门冬酰苯丙氨酸甲酯进入人体后能迅速代谢成天冬氨酸和苯丙氨酸，而被吸收和利用，不会积蓄于组织中。FAO/WHO（1981）对天门冬酰苯丙氨酸甲酯的评价是"安全可靠"。

③FDA将其列入一般公认安全物质。

3. 乙酰磺胺酸钾

乙酰磺胺酸钾，又称安赛蜜，分子式 $C_4H_4KNO_4S$，相对分子质量201.24。

(1) 性状与性能　甜度为蔗糖的200~250倍。安赛蜜对光、热（能耐225℃高温）稳定，pH适用范围较广（pH=3~7），是当前世界上稳定性最好的甜味剂之一，在空气中不吸湿，使用时不与其他食品成分或添加剂发生反应。

(2) 毒性与安全性

①LD_{50}：22g/kg（bw）（小鼠，经口）；

②ADI：0~15mg/kg（bw）。

(3) 使用建议　GB 2760—2014规定，安赛蜜用作甜味剂，可用于以乳为主要配料的即食风味甜点或其预制产品（不包括冰淇淋和风味发酵乳）（仅限乳基甜品罐头）、谷类和淀粉类甜品（仅限谷类甜品罐头）、焙烤食品、果冻（如用于果冻粉，按冲调倍数增加使用量）、冰冻饮品（03.04食用冰除外）、水果罐头、果酱、蜜饯类、腌渍的蔬菜、加工食用菌和藻类、杂粮罐头、其他杂糖制品（仅限芝麻糊）、饮料类（14.01包装饮用水除外），最大使用量0.3g/kg；酱油，最大使用量1.0g/kg；糖果，最大使用量2.0g/kg；餐桌甜味料，最大使用量0.04g/份；胶基糖果，最大使用量4.0g/kg；风味发酵乳，最大使用量0.35g/kg；调味品，最大使用量0.5g/kg。

第四节　食品增味剂和苦味剂

一、食品增味剂概述

（一）定义

增味剂，又称鲜味剂，或风味增强剂，是补充或增强食品原有风味的物质。它能使食品呈现鲜味，增强食品的风味，而引起强烈食欲。食品中的肉类、鱼类、贝类、香菇、酱油等都具有独特的鲜美滋味，这些不同风味的鲜美滋味是由各类食品所含的不同鲜味物质呈现出来的。例如，味精含谷氨酸钠在80%以上，竹笋、酱油中含天冬酰胺，贝类中含琥珀酸，鸡、鱼、肉汁中含5′-肌苷酸，香菇中含5′-鸟苷酸等，由于它们含有不同的鲜味物质，而显现出的鲜味构成了各自不同的独特风味。

鲜味也是一种基本味，但不同于酸、甜、苦、咸。味觉也与以上四种基本味不同，鲜味不影响其他味觉刺激，并能增强其他味觉的风味特性，从而增进食品的可口性。它也不能由具有上述四种基本味的化学品混合所产生。

（二）分类

增味剂的种类很多，但对其分类还没有统一的规定。如可按来源分成动物性增味剂、植物性增味剂、微生物增味剂和化学合成增味剂等；也可按化学成分分成氨基酸类增味剂、核苷酸类增味剂、有机酸类增味剂、复合增味剂等。

作为食品增味剂要同时具有三种呈味特性：

①本身具有鲜味，而且呈味阈值较低，即使在较低浓度时也可以刺激感官而显示出鲜美的味道（表9-4）。

表9-4　　　　　　　　　　食品增味剂呈味阈值　　　　　　　　　　单位：g/100mL

增味剂	呈味阈值	增味剂	呈味阈值
谷氨酸钠	0.012	鸟苷酸二钠	0.012
天冬氨酸钠	0.01	琥珀酸二钠	0.02
肌苷酸二钠	0.025		

②对食品原有的味道没有影响，即食品增味剂的添加不会影响酸、甜、苦、咸等基本味道对感官的刺激。

③能够补充和增强食品原有的风味，能给予一种令人满意的鲜美味道，尤其是在有食盐存在的咸味食品中有更加显著的增味效果。鲜味不影响任何其他味觉刺激，而只增强其各自的风味特征，从而改进食品的可口性。有些增味剂与味精合用，有显著的协同作用，可大大提高味精的鲜味强度（一般增加10倍之多）。

二、常用食品增味剂

(一)谷氨酸钠

谷氨酸钠,简称 MSG,俗称味精,分子式 $C_5H_8O_4Na$,相对分子质量 169.11。

1. 性状与性能

无色至白色柱状结晶或结晶性粉末。无臭,微有甜味或咸味,有特有的鲜味。易溶于水,微溶于乙醇,不溶于乙醚和丙酮等有机溶剂。溶解性(水):10g/100g(冷水),71.7g/100g(热水)。熔点225℃,对光和热稳定,10%水溶液在 pH=6.9 时通气条件下100℃加热3h分解率约0.6%。加热至120℃脱水缩合。在酸性环境中,谷氨酸钠会生成谷氨酸或谷氨酸盐;在碱性环境中,谷氨酸钠会起化学反应产生谷氨酸二钠。在 pH<5 的酸性条件下加热发生吡咯烷酮化,形成焦谷氨酸,呈味能力也下降;在中性条件下加热则不易变化。5%水溶液 pH 为 6.7~7.2。

谷氨酸钠不仅具有鲜味,还有增香作用,在豆制品中加 1.5~4g/kg,在曲香酒中加 0.054g/kg,可使产品呈现较好的风味。谷氨酸钠的呈味作用在食盐的共存下可增加,通常用量为食盐的 10%~15%,即 1g 盐加入 0.1~0.15g 味精呈味最佳。本品与 5′-肌苷酸二钠或 5′-鸟苷酸二钠并用,可显著增加其呈味作用。

在一般食品的烹调加工条件下相当稳定,但长时间高温加热会变成没有鲜味的焦谷氨酸,所以最好在烹调后期加入。此外,pH 低的酸性食品对味精的鲜味有影响,使用时应比普通食品多加 20%,才能收到较好的效果。

2. 毒性与安全性

① LD_{50}:16200mg/kg(bw)(小鼠,经口),LD_{50}:19900mg/kg(bw)(大鼠,经口)。

②ADI:0~120mg/kg(bw)(以谷氨酸计,食品中原有者除外。本 ADI 不适用于 12 周以内的婴儿)。

③空腹大量食用后会有头晕现象发生,这是由于体内氨基酸暂时失去平衡,为暂时性现象,若与蛋白质或其他氨基酸一起食入则无此现象。

3. 使用建议

可在各类食品中按生产需要适量使用。实际使用中的用量见表9-5。

表9-5　　　　　　　　　谷氨酸钠的一般用量　　　　　　　　　单位:g/kg

使用范围	一般使用量
罐头汤	1.2~1.8
罐头芦笋	0.8~1.6
罐头蟹	0.7~1.0
罐头鱼	1.0~3.0
罐头家禽、香肠、火腿	1.0~2.0
调味汁	1.0~1.2

续表

使用范围	一般使用量
调味品	3.0~4.0
调味番茄酱	1.5~3.0
蛋黄酱	4.0~6.0
小吃食品	1.0~5.0
酱油	3.0~6.0
蔬菜汁	1.0~1.5
加工干酪	4.0~5.0
脱水汤粉	50~80
速煮面汤料	100~170
素什锦	1.5~4

使用时应注意本品在一般的烹调、加工条件下相当稳定，对 pH 低的食品可稍有变化，最好在食用前添加。对酸性强的食品比普通食品多加 20% 效果更好；本品加入食品中若超出最适浓度，则可口性下降，故有一定的自我限制性。

（二）5′-肌苷酸二钠

5′-肌苷酸二钠，简称 IMP，又称肌酸磷酸二钠，分子式 $C_{10}H_{11}N_4Na_2O_8P$，相对分子质量 392.17。

1. 性状与性能

为白色结晶或白色结晶性粉末，无臭，有木松油的鲜味，鲜味阈值为 0.025g/100mL，水溶液中含量只要达到 0.012%~0.025% 就有呈味作用。易溶于水，水溶液稳定，水溶液呈中性，微溶于乙醇，几乎不溶于乙醚，稍有吸湿性，但不潮解。在 pH 为 4~6 食品加工条件下非常稳定，100℃加热 1h 无分解现象，但在 pH=3 或以下条件长时间加热，会分解而失去鲜味。

2. 毒性与安全性

①LD_{50}：14.4g/kg（bw）（大鼠，经口），LD_{50}：12.0g/kg（bw）（小鼠，经口）；
②ADI：不作特殊规定（FAO/WHO）。可以在各类食品中按生产需要适量使用。

3. 使用建议

一般用于食用汤汁和烹调菜肴的调味用；单独使用较少，多与味精复配使用，其鲜味显著提高。添加 5′-鸟苷酸二钠（GMP）的食品有蔬菜香菇食物的鲜味，添加 5′-肌苷酸二钠的食品有肉质类的鲜味，而添加 5′-鸟苷酸二钠和 5′-肌苷酸二钠的食品则集荤素鲜味于一体；罐头类食品中添加 5′-肌苷酸二钠能抑制淀粉味和铁腥味；酱类中添加能改善酱味；风味小吃中添加如牛肉干、鱼片干等中应用能减少涩味。

三、苦味剂

苦味在调味上有着重要作用，不少天然食物就含有苦味物质，如咖啡、可可、茶叶、苦瓜、陈皮、啤酒花等。如果苦味调配适当，能起到丰富和改善食品风味的作用。

常用的苦味物质主要有 4 类：①生物碱类：如咖啡碱、可可碱、茶碱等，存在于巧克力、可可及茶叶制品中，也可加入某些饮料中；②苷类：如橙皮苷、柚皮苷等，存在于柑橘类制品及果汁、饮料中；③酮类：如绿草酮和蛇麻酮，存在于啤酒花、啤酒中，使啤酒有独特的风味；④肽类：如亮氨酸、苯丙氨酸和精氨酸等的肽都有苦味，所以一些有苦味的天然食物含有较多的氨基酸。

第五节　具有发展潜力的调味剂

随着食品添加剂行业的发展，以及消费者对饮食健康的重视，人们对食品调味剂的要求越来越高，安全型、功能型、高效型及复合型食品调味剂将成为未来食品调味剂发展的趋势。

（一）安全型

安全型调味剂多为从天然动植物产品中获得的调味剂，如酸度调节剂柠檬酸来自微生物发酵产品；或者动物蛋白质水解物、植物蛋白质水解物等增味剂。天然型的增味剂中以动、植物水解蛋白的产量最高，第二为酵母抽提物，其次为肉类提取物和水产品提取物，其中猪肉提取物的产量最高。

在所有天然增味剂中，以酵母抽提物的发展最快，主要是由于生产技术的不断完善以及酵母抽提物与其他产品不同，集营养性、功能性和协调性于一体。酵母抽提物一般以面包酵母或啤酒酵母为原料，经酶解产生氨基酸和核苷酸及肽类，具有营养丰富、味道特殊等特性。这是因为其中含有各种氨基酸、还原糖、维生素、矿物质元素以及呈味核苷酸，其肌苷酸和鸟苷酸含量可达 5%~20%，加之酵母菌细胞分解后具有特殊的香味，故酵母抽提物特别鲜美，能用于液体调料、特鲜酱油、粉末调料、肉类加工品、鱼类加工品、动物浸膏制品、罐头、蔬菜加工品，作为鲜味增强剂。我国于 20 世纪 90 年代才将其投放市场。

（二）功能型

功能型调味剂在注重发挥添加剂本身的调味作用外，强化了特殊的功能，适用于特殊人群如糖尿病、肥胖症患者等。这类调味剂如功能性低聚糖，主要包括水苏糖、棉子糖、低聚果糖、低聚木糖、低聚半乳糖、低聚异麦芽糖等。人体肠胃道内没有水解这些低聚糖（除帕拉金糖之外）的酶系统，因此它们不被消化吸收而直接进入大肠内优先为双歧杆菌所利用，是双歧杆菌的增殖因子。

已经确认功能性低聚糖的主要生理功能包括以下四个方面：①很难或不被人体消化吸收，所提供的能量值很低或根本没有；②活化肠道内双歧杆菌并促进其生长繁殖；③不会引起牙齿龋变，有利于保持口腔卫生；④由于功能性低聚糖不被人体消化吸收，属于水溶性膳食纤维，具有膳食纤维的部分生理功能。

（三）高效型

高效型调味剂在应用中低浓度使用就会起到很好的效果，也是未来添加剂发展的方向之一。调味剂的效能高，使用量必然减少，在降低生产成本的同时，增大了调味剂使用的安全性。

近年来,国外利用天冬氨酸、丙氨酸、苯丙氨酸等为原料,使用标准的肽化学合成和偶合等反应,开发出高效甜味剂如阿力甜、纽甜等。阿力甜是一种以天冬氨酸和丙氨酸为原料合成的二肽类甜味剂,其甜度为蔗糖的2000倍以上,比阿斯巴甜高10倍,具有口感好、甜度高和热量低的优点,是蔗糖的替代品之一。纽甜{N-[N-(3,3-二甲基丁基)-L-α-天冬氨酰]-L-苯丙氨酸-1-甲酯},是白色结晶粉末,含约4.5%的结晶水,是一种功能性甜味剂,具有纯正的甜味,甜味协调,十分接近阿斯巴甜,没有其他强力甜味剂常带的苦味和金属味,甜度比蔗糖甜7000~13000倍,比阿斯巴甜甜30~60倍。

开发与研究以植物为原料的新型高甜度甜味剂,一直备受研究者关注,并取得很大的进展。例如,从白紫苏中提取的萜类紫苏,从肉桂中提取的芳香醛类的肉桂醛等,这类物质都具有很高的甜味。

(四)复合型

复合型调味剂如复合增味剂,是由氨基酸、味精、核苷酸、天然的水解物或萃取物、有机酸、甜味剂、无机盐甚至香辛料、油脂等各种具有不同增味作用的原料,经科学方法组合、调配、制作而成的调味产品,也称为复合调味料。这些调料具有营养功能的同时,还具有特殊的风味。其基本原料是肉禽类的浸膏,动、植物水解蛋白,酵母提取物等,再加以味精、食盐、填充料等就可成为新型风味调料。特点是品种多,口感各异,丰富多彩。复合调味料的生产规模逐年扩大,品种也越来越多,如火锅料、方便面干料包、酱料包、调料酒、炸鸡粉等。

思考题

1. 什么是酸度调节剂、甜味剂、增味剂?
2. 常用酸度调节剂、甜味剂、增味剂有哪些?具有哪些性状?如何应用?
3. 甜味剂受哪些因素影响?
4. 增味剂分为哪几类?
5. 酸度调节剂在使用过程中应注意哪些问题?

第十章

食品膨松剂、稳定剂和凝固剂

[本章简介]

主要介绍了常见食品膨松剂及食品稳定剂和凝固剂的理化性质、生产方法及应用,并介绍了复合膨松剂的组成、分类、配制原则和应用,以及复合稳定剂和凝固剂的复配及应用。

[学习重点]

1. 熟悉常见食品膨松剂、稳定剂和凝固剂的基本性质及应用;
2. 了解其他食品膨松剂、稳定剂和凝固剂的性质及应用;
3. 了解复合膨松剂、复合稳定剂和凝固剂的组成、特性及应用。

第一节 常见的食品膨松剂

馒头、饼干和蛋糕等食品,具有口感柔软、酥脆等特点,而之所以具有这些特点,是因为制作过程中面团里含有足够气体,气体受热膨胀而使产品起发,产生海绵状多孔组织。而这些气体除了少量来自生产过程中混入的空气和原料所含水分受热时产生的水蒸气,大部分来自于膨松剂提供。

膨松剂(leavening agents)是指在食品加工过程中加入的,能使产品发起膨胀、体积增大,形成致密多孔组织,从而使得制品具有疏松、柔软或酥脆的食品添加剂,又称为膨胀剂、起发粉、面团调节剂。一般情况下,膨松剂在和面过程中加入,在蒸煮、油炸或者焙烤过程中因受热分解产生气体使面胚起发,体积膨胀,在内部形成均匀、致密的多孔性组织,从而使产品具有酥脆或松软的特征。膨松剂不仅可以使食品产生松软的海绵状多孔组织，使之口感松软可口、体积膨大，而且能使咀嚼时产生的唾液迅速渗入制品的组织中，以透出食品内可溶性物质，刺激味觉神经，使之迅速反映出该食品的风味；当食品进入胃之后，各种消化酶能快速进入食品组织中，有利于食品的水化吸收，避免营养损失。膨松剂的这一独特功能使其在焙烤食品、发酵食品、含气饮料、调味品中起到了十分重要的作用。

膨松剂一般可以分为碱性膨松剂、酸性膨松剂、生物膨松剂和复合膨松剂。碱性膨松剂、酸性膨松剂和复合膨松剂均属于化学膨松剂，主要是碳酸盐、磷酸盐、铵盐和矾类及其复合物。化学膨松剂的作用原理为当其与酸均匀溶于水中，会发生化学反应产生二氧化碳。碱性膨松剂亦称膨松盐，主要有碳酸盐和碳酸氢盐，常用的为碳酸氢钠和碳酸氢铵。它们受热后直接发生分解产生气体，不需要酸。酸性膨松剂亦称膨松酸，常用的有酒石酸氢钾、硫酸铝钾、葡萄糖酸-δ-内酯，以及各种酸性磷酸盐（如酸性磷酸钠、磷酸铝钠、磷酸一钙、无水磷酸一钙、磷酸二钙等）。膨松酸和碳酸氢钠反应，则产生二氧化碳，从而起到膨松作用。复合膨松剂一般由碳酸盐、酸性盐或有机酸及助剂3个部分按一定配比制成，依具体的食品生产而有所差异。其中碳酸盐的用量一般占20%~40%，用于产生气体；酸性盐或有机酸的用量一般占35%~50%，用于和碳酸盐反应，调整食品的酸碱度；助剂的用量一般占10%~40%，如淀粉、脂肪酸等，用于改善膨松剂的保存性。酵母因发酵时具有膨松剂的特点，因此也被称为生物膨松剂，主要是指以各种形态存在的优良的酵母，但在我国不作为食品添加剂管理。

一、碱性膨松剂

（一）碳酸氢钠（sodium bicarbonate）

碳酸氢钠，又称小苏打、重碳酸钠、酸式碳酸钠、重碱，化学式$NaHCO_3$，相对分子质量84.01，CNS号：06.001，INS号：500ii。

1. 性状与性能

为白色结晶性粉末，无臭，味咸。相对密度2.20（25℃/4℃），熔点270℃。易溶于水，水溶性呈碱性，pH 8.3，不溶于乙醇。在常温、干燥的空气中稳定，遇热可缓慢分解释放出二氧化碳，温度越高，分解越快，加热至50℃时开始分解为碳酸钠、二氧化碳和水，加热至270℃则失去全部二氧化碳。遇酸则强烈分解释放出二氧化碳。水溶液放置稍久，或振摇，或加热，均会使碱性增强。

2. 毒性与安全性

①LD_{50}：4.3g/kg（bw）（大鼠，经口）；

②ADI：不作特殊规定（FAO/WHO，2011）；

③FDA将其列入一般公认安全物质。

一般长期摄入碳酸氢钠对人体无害，此外碳酸氢钠与碳酸在人体内形成缓冲体系，可对过量酸性或碱性物质进入体内起到一定缓冲作用。但一次服用大量碳酸氢钠可引起胃膨胀，甚至胃破裂。此外，过量摄入，可能导致碱中毒，且有损害肝脏的危险。

3. 制法

（1）气液相碳化法　将二氧化碳气体通入碳酸钠溶液后结晶而得。

（2）废碱液吸收法 以纯碱生产过程中的废碱液吸收二氧化碳而得，过程与气液相碳化法相同。

$$Na_2CO_3 + CO_2 + H_2O \rightarrow 2NaHCO_3$$

碳酸氢钠质量标准见表10-1。

表10-1　　　　　　　　　　　　碳酸氢钠质量标准

项目	指标
总碱量（以 $NaHCO_3$ 计）/%	99.0~100.5
干燥减量/%	≤0.20
pH（10g/L 溶液）	≤8.5
砷（As）/（mg/kg）	≤1.0
重金属（以 Pb 计）/（mg/kg）	≤5.0
铵盐含量	通过试验
澄清度	通过试验
氯化物（以 Cl 计）/%	≤0.40
白度	≥85

4.使用建议

GB 2760—2014 规定，碳酸氢钠作为膨松剂可添加于大米制品（仅限发酵大米制品）和婴幼儿谷类辅助制品中，按照生产需要适量使用。此外，作为膨松剂、酸度调节剂和稳定剂，碳酸氢钠还可在各类食品中按生产需要适量使用（GB 2760—2014 表 A.3 所列食品除外）。同时，碳酸氢钠还可作为食品工业用加工助剂，在各类食品加工过程中使用，残留量无须限定。

FAO/WHO 规定，用于婴幼儿配方食品、特殊医疗用途的婴儿配方食品中，最大使用量为 2000mg/kg，用于其他食品中按照生产需要适量添加。碳酸氢钠单一使用时，因受热分解后呈强碱性，易使制品出现黄斑，破坏某些维生素并影响口味，分解后残留的碳酸钠使产品碱性增加，影响质量。因此，最好复配使用或是溶于水后再添加。

其他使用参考：淡炼乳、甜炼乳和稀奶油，2g/kg（单用）、3g/kg（与其他稳定剂和凝固剂合用，以无水物计）；可可粉及含糖可可粉、可可豆粉、可可块和可可油饼，50g/kg（单用或与氢氧化物、碳酸氢盐合用，以无脂可可为基础，以 K_2CO_3 计）；奶油和乳清奶油，2g/kg（单用或与其他中和剂合用，仅用于调节 pH，以无水物计）；在饼干、糕点生产中，本品多与碳酸氢铵合用，两者的总用量以面粉为基础为 0.5%~1.5%。

（二）碳酸氢铵（ammonium bicarbonate）

碳酸氢铵，又称重碳酸铵、酸式碳酸铵、食臭粉，化学式 NH_4HCO_3，相对分子质量 79.06，CNS 号：06.002，INS 号：503ii。

1.性状与性能

为无色至白色粉状结晶，略有氨臭，相对密度 1.586（20℃/4℃）。在室温下稳定，但在

36℃以上易分解为二氧化碳、氨气和水，60℃可以完全分解。水溶液在70℃分解。在空气中易风化，有吸湿性，潮解后分解加快。易溶于水（17.4g/100g，20℃），水溶液呈碱性，0.08%水溶液的pH为7.8。溶于甘油，不溶于乙醇。

碳酸氢铵分解后生成二氧化碳和氨，起发力大，使食品产生海绵状疏松结构，但使用不当易造成成品过松，使成品内部或表面出现大的空洞，影响感官品质。同时，氨气溶于食品中的水则会生成氢氧化铵，使产品碱性增加，往往带来不良风味。此外，碳酸氢铵还有皂化油脂的缺陷。

2. 毒性与安全性

①LD_{50}：245mg/kg（bw）（小鼠，皮下注射）；

②ADI：不作特殊规定（FAO/WHO，2001）；

③FDA将其列入一般公认安全物质。

碳酸氢铵在食品加工过程中产生的二氧化碳和氨气，都是易挥发气体，在产品中的残留较少，一般无毒性，适量摄入对人体健康无害。

3. 制法

将二氧化碳通入氨水饱和后结晶而得。

$$NH_3 + CO_2 + H_2O \rightarrow NH_4HCO_3$$

碳酸氢铵质量标准见表10-2。

表10-2　　　　　　　　　　　碳酸氢铵质量标准

项目	指标
总碱量（以NH_4HCO_3计）/%（质量分数）	99.0~100.5
氯化物（以Cl^-计）/%（质量分数）	≤0.003
硫的化合物（以SO_4^{2-}计）/%（质量分数）	≤0.007
不挥发物/%（质量分数）	≤0.05
无机砷（As）/（mg/kg）	≤2
铅（Pb）/（mg/kg）	≤2
磺酸盐（以十二烷基苯磺酸钠计）/（mg/kg）	≤10

4. 使用建议

GB 2760—2014规定，碳酸氢铵作为膨松剂可添加于婴幼儿谷类辅助食品，按照生产需要适量使用。此外，作为膨松剂，碳酸氢铵还可在各类食品中按生产需要适量使用（GB 2760—2014表A.3所列食品除外）。

FAO/WHO（1983）规定，可添加于可可粉及含糖可可粉、可可豆粉、可可块和可可油饼中，最大用量为50g/kg（单用或与氢氧化物、碳酸氢盐合用，以无脂可可为基础，以无水K_2CO_3计）。在实际生产中，由于碳酸氢钠和碳酸氢铵都是碱性化合物，碳酸氢钠分解后残留在食品中的碳酸钠和碳酸氢铵分解后产生的氨气都会影响产品的品质，故碳酸氢铵通常与碳酸氢钠协同使用，弥补各自缺陷，一般情况下二者的使用总量以面粉计为0.5%~1.5%。

(三)轻质碳酸钙(calcium carbonate, light)

轻质碳酸钙,又称沉淀碳酸钙,化学式 $CaCO_3$,相对分子质量 100.09,CNS 号:13.006,INS 号:170i。

1. 性状与性能

为白色微细轻质粉末,无臭,无味,无刺激性,相对密度 2.5~2.7(20℃/4℃),熔点 1339℃。在空气中稳定,遇稀硫酸、稀盐酸则迅速发生反应,易吸收氨气,有轻微吸湿性。在 825~896.6℃时发生分解,释放出二氧化碳,变为氧化钙(CaO)。几乎不溶于水和乙醇,若有铵盐或二氧化碳存在可提高溶解度,溶于稀酸,产生二氧化碳。

2. 毒性与安全性

①LD_{50}:6450mg/kg(bw)(大鼠,经口);

②ADI:不作特殊规定(FAO/WHO,2001)。

钙为人体的所需成分,需要从食物中补充其每日所需量。

3. 制法

化学沉淀法:将二氧化碳通入石灰乳中,在 40~45℃下碳化析出碳酸钙沉淀,经过滤、干燥、粉碎即得。

$$CaCO_3 \rightarrow CaO + CO_2$$

$$CaO + H_2O \rightarrow Ca(OH)_2 \xrightarrow{CO_2} CaCO_3 + H_2O$$

轻质碳酸钙质量标准见表 10-3。

表 10-3   轻质碳酸钙质量标准

项目	指标
碳酸钙($CaCO_3$)含量(以干基计)/%(质量分数)	98.0~100.5
盐酸不溶物/%(质量分数)	≤0.20
游离碱	通过试验
镁和碱金属/%(质量分数)	≤1.0
钡(Ba)/(mg/kg)	≤300
砷(As)/(mg/kg)	≤3.0
干燥减量/%(质量分数)	≤2.0
氟(F)/(mg/kg)	≤50
铅(Pb)/(mg/kg)	≤3.0
汞(Hg)/(mg/kg)	≤1.0
镉(Cd)/(mg/kg)	≤2.0

4. 使用建议

GB 2760—2014 规定,轻质碳酸钙可添加于小麦粉中,最大使用量 0.03g/kg。此外,作为膨松剂和面粉处理剂,轻质碳酸钙还可在各类食品中按生产需要适量使用(GB 2760—2014

表 A.3 所列食品除外)。同时,轻质碳酸钙还可作为食品工业用加工助剂,在各类食品加工过程中使用,残留量不需限定。

FAO/WHO (1983) 规定,可可粉及含糖可可粉、可可豆粉、可可块和可可油饼,50g/kg(单用或与氢氧化物、碳酸氢盐合用,以无脂可可为基础,以 K_2CO_3 计);加工干酪,40g/kg(单用或与其他酸化剂、乳化剂合用,以无水物计);淡炼乳、甜炼乳和稀奶油,2g/kg(单用或与其他稳定剂和凝固剂合用,以无水物计);果酱和果冻,200mg/kg(单用或与其他稳定剂和凝固剂合用,以 Ca 计)。可与其他成分组成复合膨松剂使用,用于面包、面条和婴幼儿食品中,3g/kg(以 Ca 计);强化固体饮料,20g/kg(以 Ca 计)。

二、酸性膨松剂

(一) 硫酸铝钾 (aluminium potassium sulphate)

硫酸铝钾,又称钾明矾、烧明矾、明矾、钾矾,化学式 $AlK(SO_4)_2 \cdot 12H_2O$,相对分子质量 474.39(十二水合物),CNS 号:06.004,INS 号:522。

1. 性状与性能

硫酸铝钾是含有结晶水的硫酸钾和硫酸铝的复盐,八面晶体,为无色透明的坚硬结晶或白色结晶性粉末、碎块,无臭,略有甜味和酸涩味。相对密度为 1.757(20℃/4℃),熔点为 92.5℃。在空气中可风化成不透明状,加热至 200℃ 以上因失去结晶水而成为白色粉状的烧明矾。可溶于水,在水中水解成氢氧化铝胶状沉淀,溶解度随水温的升高而显著增大。可缓慢溶于甘油,几乎不溶于乙醇。

2. 毒性与安全性

①LD_{50}:5~10g/kg (bw)(猫,经口);

②ADI:不作特殊规定(FAO/WHO,1994);

③FDA 将其列入一般公认安全物质。

稀溶液有收敛作用,浓溶液有腐蚀性,2g 硫酸铝钾可引起胃痛、恶心和呕吐,多量服用可因局部腐蚀而发生炎症,大量服用时甚至引起致死性腐蚀现象。虽其在正常用量范围内,未具明显毒性,但应对其腐蚀作用加以注意。

3. 制法

由明矾石煅烧后,经萃取、蒸发、结晶制成。由铝土矿加硫酸成硫酸铝后,再加适量硫酸钾化合而成。

硫酸铝钾的质量标准见表 10-4。

表 10-4 硫酸铝钾质量标准

项目	指标
硫酸铝钾(以干基计)/%(质量分数)	≥99.5
铅(Pb)/(mg/kg)	≤5.0
砷(As)/(mg/kg)	≤2.0
氟(F)/(mg/kg)	≤30.0
硒(Se)/(mg/kg)	≤30.0

4. 使用建议

GB 2760—2014 规定，硫酸铝钾作为膨松剂和稳定剂可用于豆类制品、面糊、裹粉、煎炸粉、油炸面制品、虾味片、焙烤食品、腌制水产品（仅限海蜇），最大添加量按生产需要适量使用，但铝的残留量应≤100mg/kg（干样品，以 Al 计），腌制水产品中铝的残留量应≤500mg/kg（以即食海蜇中 Al 计）。其他使用参考：油炸食品，10~30g/kg；虾片，6g/kg；果蔬加工，约 0.1%；腌渍品，0.2%~2.0%。

（二）硫酸铝铵（ammonium alum）

硫酸铝铵，又称铵明矾、铝铵矾，化学式 $AlNH_4(SO_4)_2 \cdot 12H_2O$，相对分子质量 453.33，CNS 号：06.005，INS 号：523。

1. 性状与性能

为无色至白色透明状结晶或结晶性粉末，无臭，味微甜带收敛涩味，相对密度 1.645（25℃/4℃），熔点 94.5℃，加热至 120℃时失去 10 个结晶水，至 250℃时变为无水物，280℃以上则分解并释放氨气。溶于水和甘油，不溶于乙醇，在水中溶解度为 13g/100g（25℃），水溶液呈酸性。

2. 毒性与安全性

①LD_{50}：8~10g/kg（bw）（猫，经口）；

②ADI：0~0.6mg/kg（bw）（对铝盐类，以铝计）（FAO/WHO，1994）；

③FDA 将其列入一般公认安全物质。

3. 制法

（1）直接合成法 将工业硫酸铵与硫酸铝溶解于 100℃水中结晶而得。

（2）合成法 铝矾土与硫酸反应，用骨胶作为沉降剂得到澄清的硫酸铝溶液，再按比例加入硫酸铵经结晶而得。

$$Al_2O_3 + 3H_2SO_4 \rightarrow Al_2(SO_4)_3 \xrightarrow{(NH_4)_2SO_4 \cdot H_2O} AlNH_4(SO_4)_2 \cdot 12H_2O$$

（3）氢氧化铝法 氢氧化铝与硫酸反应后，再加入硫酸铵经浓缩、冷却后结晶析出而得。

$$2Al(OH)_3 + 3H_2SO_4 \rightarrow Al_2(SO_4)_3 \xrightarrow{(NH_4)_2SO_4 \cdot H_2O} AlNH_4(SO_4)_2 \cdot 12H_2O$$

硫酸铝铵的质量标准见表 10-5。

表 10-5　　　　　　　　　　　　硫酸铝铵质量标准

项　目	指　标
硫酸铝铵（以干基计）/%（质量分数）	99.5~100.5
水分/%（质量分数）	≤4.0
水不溶物/%（质量分数）	≤0.20
砷（As）/（mg/kg）	≤2
重金属（以 Pb 计）/（mg/kg）	≤20
铅（Pb）/（mg/kg）	≤10

续表

项　目	指　标
氟化物（以 F 计）/（mg/kg）	≤30
硒（Se）/（mg/kg）	≤30

4. 使用建议

GB 2760—2014 规定，硫酸铝铵可以代替钾明矾使用，用量和使用范围与钾明矾相同。铝的残留量，对于干样品以铝计应≤100mg/kg。

FAO/WHO 规定，其在生面制品、面条及类似产品中，最大添加量为 300mg/kg；用于馒头和包子、面包和普通焙烤制品预拌粉中，最大添加量为 40mg/kg。在某些食品中利用铵明矾的收敛作用，可改善食品的咀嚼感。由于本品是硫酸铝和硫酸铵的复盐，故不能用于忌铵离子的食品中。

（三）磷酸氢钙（calcium hydrogen phosphate）

磷酸氢钙，又称磷酸一氢钙，化学式 $CaHPO_4 \cdot 2H_2O$，相对分子质量 172.09（二水合物），CNS 号：06.006，INS 号：341ii。

1. 性状与性能

为白色结晶或结晶性粉末，无臭，无味，相对密度 2.32（25℃/4℃），在空气中稳定。几乎不溶于水（0.02g/100g，25℃），不溶于乙醇，易溶于稀盐酸、稀硝酸和柠檬酸铵溶液，微溶于稀乙酸。加热至 75℃以上失去结晶水，成为无水磷酸盐，强热则变为焦磷酸盐。

2. 毒性与安全性

①ADI：0~70mg/kg（bw）（以各种来源的总磷计）（FAO/WHO，2001）；

②FDA 将其列入一般公认安全物质。

3. 制法

（1）复分解法　磷酸和碳酸钠进行中和反应，生产磷酸二氢钠，然后再与氯化钙进行复分解反应，即生成磷酸氢钙，再经洗涤、分离、干燥、粉碎而得。

$$4H_3PO_4 + 3Na_2CO_3 \rightarrow 2Na_2HPO_4 + 2NaH_2PO_4 \xrightarrow{CaCl_2} CaHPO_4 \cdot 2H_2O$$

（2）直接中和法　将磷酸与石灰乳进行反应，再经洗涤、分离、干燥、粉碎而得。

$$H_3PO_4 + Ca(OH)_2 \rightarrow CaHPO_4 \cdot 2H_2O$$

磷酸氢钙的质量标准见表 10-6。

表 10-6　磷酸氢钙质量标准

项　目	指　标
磷酸氢钙（以干基计）/%（质量分数）	98.0~103.0
灼烧失量/%（质量分数）	24.5~26.5
重金属（以 Pb 计）/（mg/kg）	≤10

续表

项 目	指 标
铅（Pb）/（mg/kg）	≤5.0
砷（As）/（mg/kg）	≤2.0
氟化物（以F计）/%（质量分数）	≤0.005
盐酸不溶物/%（质量分数）	≤0.05

4. 使用建议

GB 2760—2014规定，磷酸氢钙可添加于乳及乳制品（巴氏杀菌乳、灭菌乳、特殊膳食用食品除外），稀奶油，水油状脂肪乳化制品及其以外的脂肪乳化制品（包括混合的和/或调味的脂肪乳化制品），冷冻饮品（食用冰除外），蔬菜罐头，可可制品、巧克力和巧克力制品（包括代可可脂巧克力及制品）以及糖果，小麦粉及其制品，生湿面制品（如面条、饺子皮、馄饨皮、烧卖皮），面糊（如用于鱼和禽肉的拖面糊），裹粉，煎炸粉，杂粮粉，食用淀粉，即食谷物［包括碾轧燕麦（片）］，方便米面制品，冷冻米面制品，预制肉制品，熟肉制品，冷冻水产品，冷冻鱼糜制品（包括鱼丸等），热凝固蛋制品（如蛋黄酪、松花蛋肠），饮料类（包装饮用水除外）和果冻，最大使用量5.0g/kg［以磷酸根（PO_4^{3-}）计，可单独或与其他磷酸盐混合使用，固体饮料和果冻粉按稀释或冲调倍数增加使用量］；可添加于乳粉和奶油粉及调味糖浆，最大使用量10.0g/kg（以PO_4^{3-}计，可单独或与其他磷酸盐混合使用）；用于其他油脂或油脂制品（仅限植脂末）及复合调味料，最大使用量20.0g/kg（以PO_4^{3-}计，可单独或与其他磷酸盐混合使用）；可添加于熟制坚果与籽类（仅限油炸坚果与籽类）和膨化食品，最大使用量2.0g/kg（以PO_4^{3-}计，可单独或与其他磷酸盐混合使用）；可添加于米粉（包括汤圆粉）、谷类和淀粉类甜品（如米布丁、木薯布丁，仅限谷类甜品罐头）、预制水产品（半成品）、水产品罐头、婴幼儿配方食品和婴幼儿辅助食品，最大使用量1.0g/kg（以PO_4^{3-}计，在婴幼儿配方食品和婴幼儿辅助食品中，可单独或和磷酸二氢钠混合使用，在其他食品中可单独或与其他磷酸盐混合使用）；可添加于杂粮罐头、其他杂粮制品（仅限冷冻薯条、冷冻薯饼、冷冻土豆泥、冷冻红薯泥），最大使用量1.5g/kg（以PO_4^{3-}计，可单独或与其他磷酸盐混合使用）；可添加于焙烤食品，最大使用量15g/kg（以PO_4^{3-}计，可单独或与其他磷酸盐混合使用）；可添加于其他固体复合调味料（仅限方便湿面调味料包），最大使用量80g/kg（以PO_4^{3-}计，可单独或与其他磷酸盐混合使用）；可添加于再制干酪，最大使用量14g/kg（以PO_4^{3-}计，可单独或与其他磷酸盐混合使用）。

磷酸氢钙可作为膨松剂、面团调理剂、钙强化剂。使用注意事项：①本品作为膨松剂时，作为复合膨松剂中的酸剂配合使用，酸性磷酸盐的加入可以满足焙烤食品的需要，具有产气均匀、膨松度好、产品中气孔大小均一等优点；②本品作为钙强化剂时，按元素钙控制其强化量。磷酸氢钙的含钙量为15.9%。

（四）酒石酸氢钾（potassium bitartarate）

酒石酸氢钾，又称酸式酒石酸钾、酒石，化学式$C_4H_5KO_6$，相对分子质量188.18，CNS号：06.007，INS号：336。

1. 性状与性能

为无色结晶或白色结晶性粉末,无臭,有愉快的清凉酸味。相对密度 1.956 (25℃/4℃)。微溶于冷水 (0.84g/100g, 25℃) 和乙醇 (0.001g/100g, 常温),溶于热水 (0.9g/100g, 100℃),水溶液呈酸性,饱和水溶液 pH 为 3.66。在 $Ca(OH)_2$ 或 K_2CO_3 溶液中呈中性可溶性复盐,加酸后重新析出。产气较缓慢。

2. 毒性与安全性

① LD_{50}:6.81g/kg (bw) (小鼠,经口);

② FDA 将其列入一般公认安全物质。

3. 制法

由 D-酒石酸与碳酸钾中和后,再加 D-酒石酸溶液使酒石酸氢钾结晶析出而得,也可由葡萄酒酿造的副产物获得。

酒石酸氢钾的质量标准如表 10-7 所示。

表 10-7　　酒石酸氢钾质量标准

项目	指标
酒石酸氢钾（以干基计）含量/%（质量分数）	99.0~101.0
比旋光度 $[\alpha]_D^{20}$	+32.5°~+35.5°
澄清度试验	通过试验
干燥减量/%（质量分数）	≤0.5
砷（As）/（mg/kg）	≤3
铅（Pb）/（mg/kg）	≤2
硫酸盐（以 SO_4 计）/%（质量分数）	≤0.019
铵盐试验	通过试验

4. 使用建议

GB 2760—2014 规定,酒石酸氢钾作为膨松剂用于小麦粉及其制品和焙烤食品中,最大添加量按生产需要适量使用。此外,酒石酸氢钾可作为食品工业用加工助剂中的结晶剂,用于葡萄酒加工工艺中。酒石酸氢钾用于焙烤食品的复合膨松剂,10%~25%;在果酱中作为酸度调节剂使用时,多与其他酸配合使用,使其 pH 保持在 2.8~3.5。

三、生物膨松剂

随着食品工业和食品添加剂的发展,生物膨松剂也逐渐应用到食品工业中。生物膨松剂中最重要的是酵母,主要应用于面制品生产中。酵母类膨松剂的主要功效是使制品体积膨松,组织呈海绵状,而且能提高面制品的营养价值和风味,促进消化。酵母在发酵过程中由于酶的作用,使糖类发酵生成酒精和二氧化碳,并释放出大量的能量,从而使得面团体积增大,经焙烤后使食品形成膨松体，并富有一定的弹性。同时在食品中还产生醛类、酮类、酸类等特殊风味物质，此外酵母也含有蛋白质、糖、脂肪和维生素，使食品的营养价值大大提高。

目前市场上出售的酵母大体可以分为以下五种：

(1) 液体酵母　未经浓缩的酵母液，是酵母菌经过扩大培养和繁殖而得到的产品。

(2) 鲜酵母（浓缩酵母、压榨酵母）　是将酵母菌种进行发酵、洗涤、过滤，除去部分水分后，再加入原料压榨而成的水分含量在75%以下的块状产品，呈淡黄色，结构紧密且易粉碎。此类酵母具有使用方便，发酵性好等优点，其弱点是贮存条件严格，只适宜在0~4℃下保存，且用前需活化。温度过高易分解腐败，如果温度高于50℃，数分钟内将失去活力。

(3) 干酵母（活性酵母）　由鲜酵母制成小颗粒，经过脱水干燥再真空包装后的酵母产品，含水量低，便于保存和运输，但使用前需要活化。干酵母是高新技术的生物制品，它最大的特点是常温下（<20℃）可贮藏2年而不失去活性，品质稳定，使用方便。但是在使用前必须要经过一定条件下的复水活化过程，即先用30℃的温水将活性干酵母溶解，半小时后，再同面粉调制成面团进行发酵，活性处理一般还需要加少许糖及酵母营养物以增加其活力，提高发酵力。

(4) 速干酵母（即发酵母）　20世纪80年代的新产品，是在干酵母基础上添加一种活性催化剂，是一种新型的、具有快速高效发酵力的细小颗粒状产品。主要特点是易溶于水、发酵速度较快，使用方便，一般不需要活化，可直接加入原料中，是目前最为普遍采用的一种用于制作馒头面包等的酵母。

(5) 半干酵母　发酵能力强，同时具有鲜酵母发酵的良好风味和干酵母的良好流动性，适合长期保存。相比干酵母，更好地实现远距离运输，同时避免了干燥过程中会出现死酵母的问题。使用酵母作为膨松剂，应注意的问题是控制面团的发酵温度，当发酵温度过高（>35℃），乳酸菌会大量繁殖，导致面团酸度增加，而面团pH与其制品的容积紧密相关，pH为5.5时，效果较为理想。

第二节　常见的食品稳定剂和凝固剂

稳定剂和凝固剂（stabilizers and coagulators）是指能使食品结构稳定或使食品组织结构不变，增强黏性固形物的一类食品添加剂；也可定义为使食品结构稳定或使食品组织结构不变，使蛋白质凝固或防止新鲜果蔬软化的一类添加剂。稳定剂和凝固剂能够使果胶、蛋白质等凝固为不溶性凝胶状物。最早使用的豆腐凝固剂，主要包括石膏（主要成分硫酸钙）和盐卤（主要成分氯化镁）。如今为了便于豆腐的机械化和连续化生产，同时使其风味鲜美，常用葡萄糖酸-δ-内酯作为豆腐的凝固剂。在果蔬生产中，人们利用氯化钙等钙盐使可溶性果胶酸成为凝胶状不溶性果胶酸钙，以保持果蔬加工制品的脆度和硬度。在泡菜制作中，加入酸性铝盐（如硫酸铝钠、硫酸铝钾），可使酸黄瓜更脆，更坚硬。

稳定剂和凝固剂主要用于豆制品生产和果蔬加工，以及凝胶食品的制造等。在低甲基果胶中，甲氧基的含量低（当低于7%时），甲酯化程度不足以使果胶形成凝胶，此种果胶中含有大量的果胶酸，若加入钙盐稳定剂和凝固剂，由于钙离子是多价螯合剂，便与果胶酸的羧基生成果胶酸盐,加强果胶分子的交联作用,形成具有弹性的凝胶固体,从而使果蔬加工制品具有一定脆度和硬度。

盐卤、硫酸钙、葡萄糖酸-δ-内酯等均为蛋白质凝固剂。蛋白质加热后,其立体结构发生变化,从而引起蛋白质的物理、化学、生物化学的性质发生变化,这种性质称为蛋白质热变性。豆浆加热后,随着蛋白质分子运动加快,在相互撞击下,构成蛋白质多肽链的侧链断裂,变为开链状态,大豆蛋白质分子原来有序的紧密结构变为疏松的无规则状态。这时加入凝固剂,变性的蛋白质相互凝聚、相互穿插缠结成网状的凝聚体。水被包围在网状结构的网眼后,转变为蛋白质凝胶。在生产豆腐的过程,此工艺过程称为点脑、点卤或点浆。

稳定剂和凝固剂主要分为盐类稳定剂和凝固剂及酸类稳定剂和凝固剂。盐类稳定剂和凝固剂主要有硫酸钙、氯化钙、氯化镁;酸类稳定剂和凝固剂主要有葡萄糖酸-δ-内酯。此外,稳定剂和凝固剂还包括乙二胺四乙酸二钠、柠檬酸亚锡二钠(8301护色剂)、丙二醇、刺梧桐胶、α-环状糊精、γ-环状糊精、谷氨酰胺转氨酶等。

一、盐类稳定剂和凝固剂

(一)硫酸钙(calcium sulphate)

硫酸钙化,又称石膏或生石膏,学式为 $CaSO_4$、$CaSO_4 \cdot 2H_2O$,相对分子质量 136.14、172.17(二水物),CNS:18.001,INS 号:516。

1. 性状与性能

为白色晶体粉末,无臭,有涩味,相对密度 2.32(18℃/4℃)。加热至 100℃以上时,失去部分结晶水,成为含半水的煅石膏($CaSO_4 \cdot 0.5H_2O$),加热至 194℃以上时,失去全部的结晶水变成无水硫酸钙。难溶于水(0.26g/100g,18℃),不溶于乙醇,微溶于甘油,溶于强酸;水溶液呈碱性。石膏加水后形成可塑性浆状物,很快固化。

2. 毒性与安全性

①ADI:无须作规定(FAO/WHO,2001);

②FDA 将其列入一般公认安全物质。

钙和硫酸根是人体内正常的成分,而且硫酸钙的溶解度很小,在消化道内难以吸收,因此,硫酸钙对人体无害。

3. 制法

硫酸钙有天然产品。也可由可溶性钙盐的水溶液加稀硫酸或是碱金属硫酸盐制成,还可由氧化钙加三氧化硫制得。

硫酸钙的质量标准见表 10-8。

表 10-8　　　　　　　　　　硫酸钙质量标准

项目	指标	
	无水硫酸钙($CaSO_4$)	二水合硫酸钙($CaSO_4 \cdot 2H_2O$)
硫酸钙($CaSO_4$)(以干基计)/%(质量分数)	≥98.0	98.0

续表

项目	指标	
	无水硫酸钙（$CaSO_4$）	二水合硫酸钙（$CaSO_4 \cdot 2H_2O$）
铅（Pb）/（mg/kg）	≤2.0	2.0
砷（As）/（mg/kg）	≤2.0	2.0
氟化物（F）/%（质量分数）	≤0.005	0.003
硒（Se）/%（质量分数）	≤0.003	0.003
干燥减量/%（质量分数）	≤1.5	19.0~23.0

4. 使用建议

GB 2760—2014 规定，硫酸钙可用作稳定剂和凝固剂、增稠剂及酸度调节剂，用于豆类制品，最大使用量按生产需要适量使用；面包、糕点和饼干，最大使用量10.0g/kg；小麦粉制品，最大使用量1.5g/kg；腌腊肉制品（如咸肉、腊肉、板鸭、中式火腿和腊肠），最大使用量5.0g/kg；肉灌肠类，最大使用量3.0g/kg。此外，硫酸钙作为食品工业用加工助剂，可在各类食品加工过程中使用，残留量不需限定。

FAO/WHO 规定，番茄罐头，片装添加量为800mg/kg，整装添加量为450mg/kg；用于冷藏蔬菜（包括蘑菇和食用真菌、块根类、豆类、芦荟）、海藻、坚果和籽类、干面制品、面条和类似产品，最大使用量均按照生产需要适量添加。FDA 规定在焙烤食品中的添加量为1.3%，蔬菜加工中添加量为0.35%等。

（二）氯化钙（calcium chloride）

氯化钙，化学式 $CaCl_2$、$CaCl_2 \cdot 2H_2O$，相对分子质量 110.99、147.02，CNS：18.002，INS 号：509。

1. 性状与性能

为白色坚硬的碎块或颗粒，无臭，微苦，易吸水潮解，相对密度 2.152（无水物）（25℃/4℃）、1.835（二水物），熔点782℃。其存在形式有无水物、一水物、二水物、四水物等，一般商品以二水物为主。易溶于水，潮解性强，溶于醇，水溶液呈微酸性，5%水溶液的 pH 为 4.5~9.5。

2. 毒性与安全性

①LD_{50}：1g/kg（bw）（大鼠，经口）；

②ADI：不作特殊规定（FAO/WHO，1994）。

3. 制法

由碳酸钙与盐酸反应而得，也可由氨碱法制纯碱时的母液，加石灰乳，反应后经蒸发、浓缩、冷却、固化而得。还可由次氯酸钠的副产品精制而得。

$$CaCO_3 + 2HCl \rightarrow CaCl_2 + H_2O + CO_2 \uparrow$$

氯化钙质量标准见表10-9。

表 10-9　氯化钙质量标准

项目	指标		
	无水氯化钙	二水氯化钙	氯化钙溶液
氯化钙（以 $CaCl_2$ 计）/%（质量分数）	≥93.0	—	38.0~45.0
（以 $CaCl_2 \cdot 2H_2O$ 计）/%（质量分数）	—	99.0~107.0	—
游离碱 [$Ca(OH)_2$]/%（质量分数）	≤0.25	0.15	0.15
镁及碱金属盐/%（质量分数）		≤5.0	
重金属（以 Pb 计）/（mg/kg）		≤20	
铅（Pb）/（mg/kg）		≤2.0	
砷（As）/（mg/kg）		≤3.0	
氟（F）/%（质量分数）		≤0.04	

4. 使用建议

GB-2760—2014 规定，氯化钙可作稳定剂和凝固剂及增稠剂，用于稀奶油、调制稀奶油和豆类制品，最大使用量均按生产需要适量使用；在水果罐头、果酱和蔬菜罐头中，最大使用量 1.0g/kg；在调味糖浆和装饰糖果（如工艺造型或用于蛋糕装饰）、顶饰（非水果材料）和甜汁中，最大使用量 0.4g/kg；在其他类饮用水（自然来源饮用水除外）中，最大使用量 0.1g/L（以 Ca 计 36mg/L）；在畜禽血制品中，最大使用量 0.5g/kg。此外，氯化钙还可作为食品工业用加工助剂，在各类食品加工过程中使用，残留量不需限定。氯化钙用作豆腐稳定剂和凝固剂时，在豆乳中的添加量一般为 20~25g/L（氯化钙溶液浓度为 4%~6%）。在果蔬罐头加工生产中，氯化钙用作组织稳定剂和凝固剂，可以较好地保持果蔬的脆性，并有护色效果。

FAO/WHO（2001）规定其最大使用量：番茄罐头，片装为 800mg/kg，整装为 450mg/kg（单用或与其他固化剂合用，以 Ca 计）；豌豆、草莓、水果色拉等罐头，350mg/kg（单用或与其他固化剂合用，以 Ca 计）；果酱和果冻，200mg/kg（单用或与其他固化剂合用，以 Ca 计）；低倍浓缩乳、甜炼乳和稀奶油使用量，2g/kg（单用）、3g/kg（与其他稳定剂和凝固剂合用，以无水物计）；乳粉、奶油粉，5g/kg（单用或与其他稳定剂和凝固剂合用，以 Ca 计）；干酪，200mg/kg（牛乳）。

（三）氯化镁（magnesium chloride）

氯化镁，化学式 $MgCl_2$、$MgCl_2 \cdot 6H_2O$，相对分子质量 95.21、203.30，CNS 号：18.003，INS 号：511。

1. 性状与性能

为无色、无臭的小片、颗粒或块状式单斜晶系晶体，味苦，极易吸潮，极易溶于水，溶于乙醇，极易吸湿，水溶液呈中性。常温下存在的一般是 $MgCl_2 \cdot 6H_2O$，相对密度 1.569（20℃/4℃），熔点 116~118℃，在 115℃时失去结晶水，部分分解而释放出氯化氢。无水氯化镁为无色六方结晶，相对密度 2.177，熔点 708℃。氯化镁是盐卤的主要成分，它对豆腐的凝固速度低于氯化钙，但快于硫酸钙。

2. 毒性与安全性

①LD_{50}：2.8g/kg（bw）（大鼠，经口）；人经口服用 4~15g 能引起腹泻，属低毒物质。

②ADI：不作特殊规定（FAO/WHO，1994）。

3. 制法

海水浓缩析出氯化钠结晶后的苦卤，经提取氯化钾和溴后浓缩可制成卤片，再经真空除溴，常压蒸发、除杂、分离后重结晶而制得成品。或将氧化镁或碳酸镁溶解于盐酸中也可制得氯化镁。

$$MgCO_3 + 2HCl \rightarrow MgCl_2 + CO_2 \uparrow + H_2O$$

氯化镁的质量标准见表 10-10。

表 10-10　　　　　　　　　　　氯化镁质量标准

项目	指标
氯化镁　以 $MgCl_2 \cdot 6H_2O$ 计/%（质量分数）	≥99.0
以 $MgCl_2$ 计/%	≥46.4
钙（Ca）/%（质量分数）	≤0.10
硫酸盐（以 SO_4 计）/%（质量分数）	≤0.40
水不溶物/%（质量分数）	≤0.10
色度/黑曾	≤30
铅（Pb）/（mg/kg）	≤1
砷（As）/（mg/kg）	≤0.5

4. 使用建议

GB-2760—2014 规定，氯化镁作为稳定剂和凝固剂在豆类制品生产中可按生产需要适量添加。此外，氯化镁还可作为食品工业用加工助剂，如作为发酵用营养物质，在发酵工艺中使用。在豆类制品生产中，使用时将氯化镁溶解于水中，一般 500g 水加 40.8g 氯化镁，使用量为豆乳原料的 2%~3%。氯化镁用于乳制品中用量为 3~7g/kg；在制酒中，可用氯化镁调节水的硬度，用量依需要而定。

二、酸类稳定剂和凝固剂

葡萄糖酸-δ-内酯（glucono delta-lactone），简称内酯或 GDL，化学式 $C_6H_{10}O_6$，相对分子质量 178.14，CNS 号：18.007，INS 号：575，结构式：

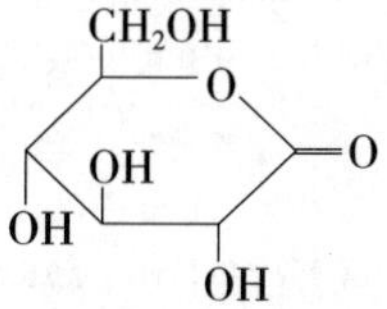

葡萄糖酸-δ-内酯

1. 性状与性能

为白色结晶性粉末，无臭，口感先甜后酸。约153℃分解。易溶于水（60g/100g，室温），微溶于乙醇（1g/100g，室温），几乎不溶于乙醚。在水中溶解为葡萄糖酸及其 δ-内酯和 γ-内酯的平衡混合物，其水解速度受温度或溶液的 pH 影响，温度越高或 pH 越高，水解速度越快，刚配制的1%溶液 pH 为3.5，2h 以内变为2.5。葡萄糖酸-δ-内酯在水中发生解离生成葡萄糖酸，能使蛋白质溶胶形成凝胶，并且具有一定的防腐性。

2. 毒性与安全性

①ADI：不作特殊规定（FAO/WHO，2001）；
②FDA 将其列入一般公认安全物质。

3. 制法

可由葡萄糖通过微生物发酵法、葡萄糖氧化法或是催化氧化法制备而得；或是以葡萄糖酸钙为原料，采用非溶剂结晶法、分步结晶法或共沸脱水结晶法制备而成。

葡萄糖酸-δ-内酯的质量标准见表10-11。

表10-11　　葡萄糖酸-δ-内酯质量标准

项目	指标		
	GB 7657—2020[1]	FCC（Ⅳ）	日本食品添加物公定书（第六版）
含量/%	99.0~100.5	99.0~100.5	99.0
砷（以 As 计）/%	≤0.0003	—	0.0004 （以 As_2O_3 计）
重金属（以 Pb 计）/%	≤0.002	0.002	0.002
铅（Pb）/%	≤0.001	0.001	—
还原性物质（以 D-葡萄糖计）/%	≤0.5	0.5	合格
硫酸盐（以 SO_4 计）/%	≤0.03	—	0.024
氯化物（以 Cl 计）/%	≤0.02	—	0.035
干燥失重/%	—	—	1（105℃，2h）
灼烧残渣/%	—	—	0.1
溶液澄清度	—	—	合格

注：《食品安全国家标准　食品添加剂　葡萄糖酸-δ-内酯》（GB 7657—2020）。

4. 使用建议

GB 2760—2014 规定，葡萄糖酸-δ-内酯属于可以在各类食品中按生产需要适量添加使用的添加剂。它可用作稳定剂和凝固剂、酸度调节剂、螯合剂。在豆腐生产中，葡萄糖酸-δ-内酯作为凝固剂使用,一般用量为 3g/kg,所制得的豆腐保水性好,质地细腻,滑嫩可口,没有传统用卤水或石膏制作的豆腐的苦涩味。用作鱼、肉、虾等保鲜时,一般使用量为 0.1g/kg,控制残留量为 0.01mg/kg,不仅可以使制品外观光泽、不会发生褐变,同时也可保持肉质的弹性。作为膨松剂,可与碳酸氢钠复配,混合制成发酵粉使用。

FAO/WHO(1984)规定,葡萄糖酸-δ-内酯可用于午餐肉和肉糜,最大使用量为 3.0g/kg。在午餐肉、香肠等肉制品中加入 0.3% 的葡萄糖酸-δ-内酯,可使制品色泽鲜艳,持水性好,富有弹性,且有防腐作用,还能降低产品中亚硝胺的形成。葡萄糖酸-δ-内酯还可用于糕点防腐,一般用量为 0.5%~2%。此外,作为糕点等复合膨松剂中的酸度调节剂,与碳酸氢钠复配使用,可缩短时间,增大起发体积,使结构细密,不产生异味。

三、其他稳定剂和凝固剂

(一)乙二胺四乙酸二钠(disodium ethylene-diamine-tetra-acetate)

乙二胺四乙酸二钠,又称 EDTA 二钠(disodium EDTA),化学式 $C_{10}H_{14}N_2Na_2O_8 \cdot 2H_2O$,相对分子质量 372.24,CNS 号:18.005,INS 号:586,结构式:

$$\left[\begin{array}{c} NaOOCH_2C \\ NOOCH_2C \end{array} NCH_2CH_2N \begin{array}{c} CH_2COONa \\ CH_2COOH \end{array} \right] \cdot 2H_2O$$

乙二胺四乙酸二钠

1. 性状与性能

为白色结晶性粉末或颗粒,无臭,无味。易溶于水,微溶于乙醇,不溶于乙醚。2% 水溶液 pH 为 4.7,5% 的水溶液 pH 为 5.3。常温下稳定,100℃ 时结晶水开始挥发,120℃ 时失去结晶水而成为无水物,有吸湿性。熔点 240℃。可与铁、铜、钙等多价离子螯合成稳定的水溶性络合物,并可与钇、锆、镭等放射性物质发生螯合。

2. 毒性与安全性

① LD_{50}:2g/kg(bw)(大鼠,经口);

② ADI:0~2.5mg/kg(bw)(FAO/WHO,2001);

③ FDA 将其列入一般公认安全物质。

3. 制法

由乙二胺与一氯乙酸反应,再与甲醛、氰化钠反应,然后由碳酸钠中和而制成。还可由 EDTA 与氢氧化钠反应,经脱水、过滤、中和而制成。

乙二胺四乙酸二钠的质量标准见表 10-12。

表 10-12　　　　　　　　　　乙二胺四乙酸二钠质量标准

项目	指标
乙二胺四乙酸二钠含量(以 $C_{10}H_{14}N_2Na_2O_8 \cdot 2H_2O$)/%(质量分数)	99.0~101.0

续表

项　　目	指　　标
pH	4.3~4.7
氨基三乙酸/%（质量分数）	≤0.1
钙（Ca）	通过试验
铅（Pb）/（mg/kg）	≤10.0

4. 使用建议

GB 2760—2014 规定，乙二胺四乙酸二钠可以作为稳定剂和凝固剂、抗氧化剂、防腐剂使用。果酱、蔬菜泥（酱）（番茄沙司除外），最大使用量 0.07g/kg；果脯类（仅限地瓜果脯）、腌渍的蔬菜、蔬菜罐头、坚果与籽类罐头、杂粮罐头，最大使用量 0.25g/kg；复合调味料，最大使用量 0.075g/kg；饮料类（包装饮用水除外），最大使用量 0.03g/kg，其中固体饮料按稀释倍数增加使用量。此外，乙二胺四乙酸二钠还可作为食品工业用加工助剂，作为吸附剂和螯合剂，用于熟制坚果与籽类、啤酒和配制酒的加工工艺、发酵工艺和饮料的加工工艺。

（二）柠檬酸亚锡二钠（disodium starrnous citrate）

柠檬酸亚锡二钠，又称 8301 护色剂，化学式为 $C_6H_6O_8SnNa_2$，相对分子质量 370.79，CNS 号：18.006，结构式：

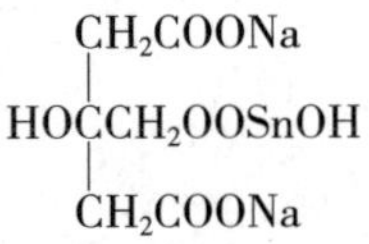

$$\begin{matrix} CH_2COONa \\ HOCCH_2OOSnOH \\ CH_2COONa \end{matrix}$$

柠檬酸亚锡二钠

1. 性状与性能

为白色结晶，易吸湿潮解，极易氧化。加热至 250℃ 开始分解，260℃ 开始变黄，283℃ 变成棕色。极易溶于水。

2. 毒性与安全性

①LD_{50}：27g/kg（bw）（小鼠，经口）；

②致突变试验：Ames 试验，骨髓微核试验及小鼠精子染色体畸变试验，均未见致突变性。

3. 制法

由氯化亚锡、柠檬酸和氢氧化钠反应而得。也可由氯化亚锡、柠檬酸三钠和氢氧化钠制得。柠檬酸亚锡二钠的质量标准见表 10-13。

表 10-13　　　　　　　　柠檬酸亚锡二钠质量标准

项　　目	指　　标
亚锡（Sn^{2+}）含量/%（质量分数）	≥29.0
pH（10g/L 溶液）	5.0~7.0

续表

项　目	指　标
水不溶物/%（质量分数）	≤0.05
总砷（以 As 计）/（mg/kg）	≤2
铅（Pb）/（mg/kg）	≤3

4. 使用建议

GB 2760—2014 规定，柠檬酸亚锡二钠作为稳定剂和凝固剂，在水果罐头、蔬菜罐头、食用菌及藻类罐头食品中的最大使用量为 0.3g/kg。柠檬酸亚锡二钠在罐头食品中能逐渐消耗残余氧，具有抗氧化、防腐蚀和护色的作用。

其他使用参考：柠檬酸亚锡二钠对橄榄果汁具有较好的防褐变作用，可应用于实际生产；其复合护色剂可有效抑制双孢菇罐头褐变，效果可与焦亚硫酸钠媲美，可作为蘑菇罐头中替代焦亚硫酸钠的新型安全高效护色剂。

（三）谷氨酰胺转氨酶（glutamine transaminase）

谷氨酰胺转氨酶，又称转谷氨酰胺酶（transglutaminase，EC 2.3.2.13，简称 TGase 或 TG），CNS：18.013，是一种催化蛋白质中赖氨酸残基上的 ε-氨基和谷氨酰胺残基上的 γ-羧酰氨基之间结合反应的聚合性酶，由 331 个氨基酸组成。

1. 性状与性能

为白色至淡黄色至深褐色粉末或颗粒，或为澄明的淡黄至深褐色液体。溶于水，不溶于乙醇，有吸湿性。pH 稳定性好，最适作用 pH 为 6.0，但在 pH 5.0~8.0 的范围内都具有较高的活性。热稳定性强，最适温度在 50℃左右，在 45~55℃范围内也有较高的活性。

2. 制法

可从动物组织如豚鼠肝脏中提取，但工业上常将微生物如放线菌（*Actinomycetes strain*）或细菌如大肠杆菌（*Escherichia coli*）培养后，将其培养液在室温下用水提取、除菌后用冷乙醇处理而得。江南大学已测得 5L 发酵罐的酶活力为 1.5U/mL。

3. 使用建议

GB 2760—2014 规定，谷氨酰胺转氨酶可以作为稳定剂和凝固剂使用，在豆类制品中的最大使用量为 0.25g/kg。

其他使用参考：李先保等研究表明，添加 0.25% 的谷氨酰胺转氨酶至鸡肉肉糜中，添加后 45℃保温 2h 鸡肉肉糜的凝胶性最好。王银等研究发现，以羊乳为原料制备乳酸羊乳，TG（100U/g）添加量在 2~3U/g 蛋白质时，酸乳中的蛋白质形成的网络结构更加致密，有利于酸凝胶的形成。Kato 等利用 TG 研制了一种耐保存的麻婆豆腐，这种豆腐可以在室温下存放 6 个月后仍保持良好的口感、质构和风味。目前，谷氨酰胺转氨酶广泛应用于肉制品、乳制品和植物蛋白制品中来提高产品的品质。在面条加工中，加入谷氨酰胺转氨酶能够促进其他蛋白质与面筋蛋白之间的交联作用，改善面筋网络组织结构，从而提高成品面条的品质。

除上述几种稳定剂和凝固剂之外，根据 GB 2760—2014 的规定，稳定剂和凝固剂品种还有丙二醇（propylene glycol）、刺梧桐胶（karaya gum）、α-环状糊精（alpha-cyclodextrin）、γ-环状糊精（gamma-cyclodextrin）、可得然胶（curdlan）等。根据 GB 2760—2014 规定：丙

二醇可作稳定剂和凝固剂、抗结剂、消泡剂、乳化剂、水分保持剂、增稠剂。生湿面制品（如面条、饺子皮、馄饨皮、烧卖皮），最大使用量1.5g/kg；糕点，最大使用量3.0g/kg。此外，丙二醇还可作为食品工业用加工助剂，如用作冷却剂和提取溶剂，用于啤酒加工工艺和提取工艺。刺梧桐胶作为稳定剂，用于水油状脂肪乳化制品中，最大使用量按生产需要适量使用。α-环状糊精和γ-环状糊精作为稳定剂和增稠剂，可在各类食品中按生产需要适量使用（GB 2760—2014 表 A.3 所列食品除外）。此外，可得然胶在食品中除了作为增稠剂，也可用作稳定剂和凝固剂，用于豆腐类、生湿面制品（如面条、饺子皮、馄饨皮、烧卖皮）、生干面制品、方便米面制品、熟肉制品、冷冻鱼糜制品（包括鱼丸等）、果冻和其他食品（仅限人造海鲜产品，如人造鲍鱼、人造海参、人造海鲜贝类等）中，最大使用量均可按生产需要适量添加。

第三节　食品膨松剂的复配、食品稳定剂和凝固剂的复配

一、食品膨松剂的复配

将一种或是几种膨松剂同其他成分混合就可制得复合膨松剂，常称之为发酵粉或焙粉。发酵粉一般为白色粉末，遇水混合加热即产生二氧化碳。

（一）复合膨松剂的成分组成

传统的复合膨松剂一般由碳酸盐类、酸性物质和助剂等三部分物质组成：

（1）碳酸盐　也称膨松盐，主要是碳酸盐和碳酸氢盐，常用的是碳酸氢钠，用量占20%~40%，其作用是产生二氧化碳气体。

（2）酸性盐或有机酸　也称膨松酸，主要的酸性物质有明矾类（包括钾明矾和铵明矾）、柠檬酸、酒石酸、富马酸、乳酸和酸性磷酸盐等。常用的是明矾类物质，用量占35%~50%，其作用是与碳酸盐发生反应产生二氧化碳气体，降低制品的碱性，调整食品酸碱度，清除异味，并控制反应速度，充分提高膨松剂的效率。

（3）助剂　主要有淀粉、脂肪酸、食盐等，用量占10%~40%，其作用是：控制和调节二氧化碳气体产生的速度，使气泡产生均匀，延长膨松剂的保存性，防止吸潮、失效，还能改善面团的性能，增强面筋的强韧性和延伸性，也能防止面团因失水而干燥。

目前，我国生产并用于面粉加工的主要是由食用碱（碳酸盐）、明矾（硫酸铝钾）、淀粉和食盐等配制而成的复合膨松剂，也是目前实际应用最多的膨松剂。然而，明矾中含有铝，在生产中若控制不严格可导致铝超标，可致阿尔茨海默病，造成脑、心、肝、肾和免疫功能的损害。GB 2760—2014 规定，以面粉为原料，经蒸、炸、烘烤加工制成的面制食品中，铝的残留量应≤100mg/kg。为利于食品生产企业在生产中的有效控制，充分提高产品的膨松效果，迎合消费者的需求，目前已研究开发并推广出能替代明矾的安全、高效、方便的无铝复合膨松剂。新型无铝复合膨松剂主要是由食用碱、柠檬酸、δ-葡萄糖酸内酯、酒石酸氢钾、磷酸二氢钙、蔗糖脂肪酸酯和食盐等混合制成。无铝复合膨松剂的配方很多，依具体食品生产的需要而有所不同。

（二）复合膨松剂的分类

复合膨松剂的分类可以根据碱式盐的组成和反应速度分类。根据碱式盐的组成分为三类：

（1）单一剂式复合膨松剂　以碳酸氢钠与其他可产生二氧化碳的酸性盐作用而产生二氧化碳，膨松剂中只有一种可以产生二氧化碳；

（2）二剂式复合膨松剂　以两种能产生二氧化碳气体的膨松剂原料和酸性盐一起作用而产生二氧化碳；

（3）氨系复合膨松剂　除能产生二氧化碳外，还能产生氨气。

根据反应速度，复合膨松剂可分为三类：

（1）快性发粉　通常在食品焙烤前，而产生膨松气体；

（2）慢性发粉　在食品未焙烤前，产生的气体较少，大部分均在加热后才放出；

（3）双重反应发粉　含有快性发粉和慢性发粉，二者混合而成。

（三）复合膨松剂的配制原则

1. 根据产品要求选择产气速度恰当的酸性盐

二氧化碳气体发生量是复配膨松剂的特征性指标，按照要求标准状态下必须大于 35.0mL/g，未设上限。不同类别、不同工艺的食品在生产时对膨松的需求度不同。因此选择合适的复配膨松剂对生产来说意义重大，如蛋糕类食品中应使用双重反应发粉，因为在烘烤初期产气太多，体积迅速膨大，此时蛋糕组织尚未凝结，成品易塌陷且组织状态粗糙，而后期则无法继续膨大；若慢性发粉太多，初期膨胀慢，制品凝结后，部分发粉尚未发生反应，产生的气体较少，致使蛋糕体积小，失去膨松意义。馒头、包子所用的发粉由于面团相对较硬，需要产气稍快，若凝结后产气过多，成品将出现"开花"现象。而油炸食品需要常温下尽可能少产气，遇热产气快的发粉。

2. 根据酸性盐的中和值确定碳酸氢钠与酸性盐的比例

"中和值"是指每 100 份某种酸性盐所需多少份碳酸氢钠去中和，此碳酸氢钠的份数即为该酸性盐的中和值。在复合膨松剂配制比例中，应尽可能使碳酸氢钠与酸性盐反应彻底，一方面可使两者充分反应从而产气量大，另外也可使发粉的残留物为中性盐，达到酸碱中和的目的，从而保持成品的色泽和风味。因此，酸性盐和碳酸氢钠的比例在复合膨松剂配制中应特别注意。

（四）复合膨松剂在食品中的应用

随着食品工业的发展和人们生活节奏的加快，食品工业越来越依赖新型食品添加剂的开发研究。开发高效、方便、安全的复配型食品添加剂将成为一个发展新方向。

复合膨松剂的配方很多，根据所生产的食品不同而配方有所差异，具体如表 10-14 所示。

表 10-14　　　　　　　　　几种复配型膨松剂的配方　　　　　　　　　　单位:%

序号	复合膨松剂配方
1	碳酸氢钠 25，酒石酸氢钾 10，磷酸氢钙 7.5，磷酸二氢钙 12，烧明矾 10，酒石酸 10，磷酸钙 0.5，玉米淀粉 25
2	碳酸氢钠 48，酒石酸氢钾 5，氯化铵 46，碳酸镁 1
3	烧明矾 15，铵明矾 15，酒石酸氢钾 10，酒石酸 8，碳酸氢钠 30，玉米淀粉 22

续表

序号	复合膨松剂配方
4	碳酸氢钠 25，酒石酸氢钾 10，磷酸氢钙 7.5，烧明矾 10，磷酸二氢钙 12，酒石酸 10，碳酸钙 0.5，淀粉 25
5	碳酸氢钠 30，酒石酸氢钾 10，磷酸氢钙 29，烧明矾 15，玉米淀粉 16

复合膨松剂在市场上主要用于方便食品和焙烤类食品。由于目前方便食品种类繁多，风味各异，深受儿童和青少年的喜爱。其中油炸方便食品因其膨松效果好，口感酥脆，具有良好的咀嚼性，外形新奇美观，立体感强等特点，有逐步取代膨化食品的趋势。复合膨松剂是生产油炸类方便食品必不可少的原料之一，由于可持续性释放气体，具有良好膨松效果，能使食品具有酥、脆的口感。

焙烤食品的形式多样，但其膨松原理基本一致，即一个能保住气体不泄漏的组织结构和足够的气体来源，使气体能够均匀地分布在面团或面浆中，使面团膨胀，增加制品的体积，改善制品风味和质地结构。水汽化、拌入空气及膨松剂生产的二氧化碳是疏松气体的主要来源，也是焙烤食品疏松的原动力。目前焙烤食品中最常用的膨松剂是由碳酸氢钠、各种酸式磷酸盐及淀粉混合而成的复合膨松剂。复合膨松剂因含有不同的几种成分，在使用过程中，会发生中和或复分解反应，具有二次膨发的特性。同时，还可通过利用不同酸式盐的分解特性来控制膨松剂的产气速度，以满足不同生产工艺的要求。

目前，发酵粉是焙烤食品中最常用的复合膨松剂。一般糕点以面粉计使用 1%~3%，馒头、包子等面食品以面粉计使用 0.7%~2%。典型发酵粉的成分见表 10-15。

表 10-15　　　　　　　　　　典型发酵粉成分　　　　　　　　单位:%（质量分数）

成分	简化型	家用型			工业型		
		1	2	3	1	2	3
碳酸氢钠粉末	28.0	30.0	30.0	30.0	30.0	30.0	30.0
一水磷酸一钙	—	8.7	12.0	5.0	5.0	—	5.0
无水磷酸一钙	34.0	—					
玉米淀粉	38.0	26.6	37.0	19.0	24.5	26.0	27.0
硫酸铝钠	—	21.0	21.0				
磷酸二氢钠				26.0	38.0	44.0	38.0
硫酸钙	—	13.7					
碳酸钙							
乳酸钙				20.0	2.5		—

配制复合膨松剂的原料应该符合国家食品添加剂的相关规定。复合膨松剂的毒性取决于原

料成分，在正常使用量的情况下，应该对健康无有害影响。发酵粉的质量标准见表10-16。

表10-16　　　　　　　　　　　　发酵粉质量标准

指标名称	指标
硝酸不溶物/%	≤2.0
pH（10g/L 溶液）	5.0~9.0
砷（As）/（mg/kg）	≤2.0
重金属（以 Pb 计）/（mg/kg）	≤20
二氧化碳气体发生量（标准状态下）/（mL/g）	≥35.0
加热减量/%（质量分数）	≤3.0
状态	粉末

二、食品稳定剂和凝固剂的复配

复合稳定剂和凝固剂是指人为地将两种或两种以上的稳定剂和凝固剂复配而成的食品添加剂。复合稳定剂和凝固剂的应用是随着豆制品生产的工业化、机械化、自动化的进程而产生的，它们与传统的稳定剂和凝固剂相比都有其独特之处。

我国豆腐生产的历史悠久，传统的豆腐生产中，主要采用的是石膏和盐卤作单一稳定剂和凝固剂，用石膏所做出来的豆腐因制品有一定的残渣而带有苦涩味，缺乏大豆香味；用盐卤做成的豆腐持水性差，而且产品放置时间不宜过长。并且我国豆腐生产技术发展缓慢，大都是小型手工作坊生产，生产设备简陋，劳动强度大，劳动环境恶劣，尤为突出的问题是在生产制作豆腐的过程中产生大量的废渣、废水，不经任何处理就排放，造成环境污染，然而豆渣和废水中还含有很多对人体有益的物质，将其排弃是一种资源浪费。所以研发新型豆腐复合稳定剂和凝固剂势在必行。在复合稳定剂和凝固剂中，选择合适的稳定剂和凝固剂种类及配比是使用复合稳定剂和凝固剂的关键，可以为低成本、高品质豆腐的工业化生产提供理论依据和技术指导。

葡萄糖酸-δ-内酯作为一种新型豆腐稳定剂和凝固剂风靡国内外，由内酯制作的豆腐质地滑润爽口，口味鲜美，营养价值高，但是内酯豆腐偏软，不适合煎炒。因此，研究以内酯为主的复合稳定剂和凝固剂配方，不仅可以保持内酯豆腐的细腻爽口性，又可增加豆腐的硬度，使豆腐弹性更佳，提高了豆腐的质量和产量。例如，郑立红等研究了以内酯为主的豆腐复合稳定剂和凝固剂，并重点探讨了复合稳定剂和凝固剂中石膏、磷酸氢二钠（改良剂）与单甘脂（乳化剂）添加量对豆腐凝胶强度及品质的影响，从而确定了以内酯为主的豆腐复合稳定剂和凝固剂最佳配方为：内酯0.3%、石膏0.069%、磷酸氢二钠0.047%、单甘脂0.019%（以豆浆计）。豆浆里添加复合稳定剂和凝固剂使豆腐产量高、硬度高、煎炒均可，豆腐色白味香，质地细腻，弹性好，豆腐干净无杂质，质量、口感都优于用单一稳定剂和凝固剂所制的豆腐。王红燕将内酯、氯化镁和硫酸钙进行复配研究，并筛选出三者的最佳配比为：内酯0.3%，氯化镁0.15%，硫酸钙0.15%。采用该复合稳定剂和凝固剂生产豆腐的最佳工艺条件为：复合稳定剂和凝固剂添加量 0.6%，凝固温度 85℃，凝固时间 30min。在该条件下生产出来的豆腐在产品得率、品质、口感和风味等方面均优于单一凝固剂。沈建华等将内酯、石膏和盐卤进行复配，研制出了一种环保豆腐的制作方法。采用该方法生产的豆腐其纤维素、低聚糖和异黄酮等功能成分的含量明显增加，且生产的豆腐无废渣、废水产生，不会对环境造成污染。

随着人们对蛋白质凝胶认识的不断深入，采用一些酶处理也可诱导蛋白质形成凝胶，包括转谷氨酰胺酶、菠萝蛋白酶、木瓜蛋白酶、碱性蛋白酶等。因此许多国内学者开展了关于采用酶凝固剂对豆腐质量影响的研究，主要目的是研发出以葡萄糖酸-δ-内酯为主，添加酶助凝剂的复合型稳定剂和凝固剂。例如，陈杰等探讨了葡萄糖酸-δ-内酯（GDL）、氯化镁（$MgCl_2$）和谷氨酰胺转氨酶（TG 酶）添加量对全豆豆腐凝胶强度的影响，从而确定了全豆豆腐最佳稳定剂和凝固剂配方为：GDL 添加量 0.5%，$MgCl_2$ 添加量 0.07%，TG 酶添加量 0.02%（酶活力≥90U/g）。使用该复合型稳定剂和凝固剂所制得的全豆豆腐的硬度、胶着性、咀嚼度、凝胶强度和感官评分均高于传统豆腐和单一凝固剂生产的全豆豆腐，而且前者的微观结构更加紧密均匀。

国外还成功研制了片状调和稳定剂和凝固剂，即将氯化钙和氯化镁加热除去结晶水后，按适当比例与硫酸钙混合，粉碎成粒度 10μm 以下。将这些粉末与一定比例的无水乳酸钙混合，再与丙二醇和无水酒精混合一起调制，用制片机压制成片状调和稳定剂和凝固剂。乳酸钙的加入，起到加强钙离子效果的作用，并能缓和硫酸钙、氯化钙和氯化镁对豆腐过于灵敏的稳定和凝固作用。此外，日本还成功研制出由硫酸钙与氯化钙、氯化镁与氯化钙、硫酸钙与葡萄糖酸-δ-内酯等按比例混合的复合稳定剂和凝固剂。所制得豆腐的外形、风味、质量和保存时间都优于由单一稳定剂和凝固剂所制得的豆腐。

一些常用的复合凝固剂的配方如表 10-17 所示。

表 10-17　　　　　几种常用复合稳定剂和凝固剂的配方　　　　　单位：%

序号	形状	复合稳定剂和凝固剂配方
1	粉末	硫酸钙 99，乳酸钙 0.96，二苯基硫胺素 0.04
2	粉末	硫酸钙 50，葡萄糖酸-δ-内酯 50
3	粉末	硫酸钙 70，葡萄糖酸-δ-内酯 30
4	白色粉末	硫酸钙 63，葡萄糖酸-δ-内酯 36，氯化钠 1

思考题

1. 凝固剂的定义是什么？我国批准使用的常用稳定剂和凝固剂有哪些？其特性如何？
2. 我国批准使用的膨松剂的种类有哪些？常用膨松剂的特性如何？
3. 符合膨松剂的组分有哪些？各个组分的作用分别是什么？如何分类？

第十一章 食品营养强化剂

[本章简介]

了解和掌握营养素、营养强化、食品营养强化剂、营养强化食品的基本概念，了解食品营养强化剂的应用意义与作用，熟悉营养强化剂的种类和安全使用原则。

[学习重点]

1. 掌握常用的几种维生素类营养强化剂、氨基酸类营养强化剂、无机盐类营养强化剂、脂肪酸类营养强化剂的性状与性能、安全与使用；
2. 了解复合营养强化剂在食品中的应用。

第一节 食品营养强化剂概述

一、食品营养强化剂的相关概念

食物与营养是人类生存的基本条件，人类的营养需要是多方面的，没有一种天然食品或传统食品含有维持人体健康所必需的全部营养素，在不同的食品中，营养素分布和含量也不同；同时，食物在烹调、加工、贮藏、运输等过程中，不可避免会造成某些营养素的损失。因此，为了平衡天然食品中某些营养的不足，以强化天然营养素的含量，或补偿因食品加工、贮藏过程损失，提高食品的营养价值，补充人体对营养素的需要和防止由于缺乏某种天然营养素所导致的各种特定疾病，在食品中添加营养强化剂进行营养强化是非常有必要的。

营养素是指食品中可给人体提供能量、机体构成成分和组织修复，以及生理调节功能的化学成分,为人体的生长、发育和维持健康提供所需要的各种基本物质。人体所必需的六大类营养素为蛋白质、脂肪、碳水化合物、维生素、矿物质和水。近年来,有学者主张将膳食纤维列为第七类营养素。食品中需要强化的营养素包括人群中普遍供给不足的,或由于地理环境因素造成地区性缺乏的,或由于生活环境、生理状况变化造成的对某些营养素供给量有特殊需要的营养成分。

营养强化是指在现代营养科学的指导下,根据居民营养健康状况,针对不同地域、不同人群的营养素摄入不足和营养需要,在广泛消费的食品(载体)中添加原来不存在或含量极低的特定营养强化剂以补充人群所缺乏的营养素,且在不改变人群饮食习惯的前提下实现营养强化的目的。营养强化的另一个目的在于期望某种食品发挥一种特殊功能。一般在特定营养素缺乏症高发地区实施,如在碘缺乏地区的食盐中强化碘,以解决公众因碘缺乏引发的健康问题。

《中华人民共和国食品安全法》和《食品安全国家标准 食品营养强化剂使用标准》(GB 14880—2012)规定,食品营养强化剂是指"为增强营养成分而加入食品中的天然的或人工合成的属于天然营养素范围的食品添加剂"。食品营养强化剂属于食品添加剂的一种,也被称为食品强化剂、营养强化剂、营养增补剂、营养供给剂。

为了使食品保持原有的营养成分,或者为了补充食品中所缺乏的营养素,按照 GB 14880—2012 的规定,而向食品中添加一定量的食品营养强化剂,以提高其营养价值,这样的食品称为营养强化食品。

近些年来,随着营养学理论和应用实践的不断发展,GB 14880—2012 的内容会不断补充、修订和完善,食品营养强化剂品种、使用范围及使用量也会有所增加、扩大或更新。目前,我国规定允许使用的食品营养强化剂通常分为维生素类、氨基酸类、无机盐类及脂肪酸类等几大类。

二、食品营养强化剂的应用与作用

人类为了维持正常的生命活动和新陈代谢,必须从外界摄取食物作为营养来源,由于食物的种类不同,其营养物质的构成和含量也不相同。例如,谷类食物中虽然含有人体所需的多种营养成分,但这些营养成分并不完全符合人体营养的需要,特别是蛋白质含量不足,缺少赖氨酸、苏氨酸及色氨酸等人体所必需的氨基酸;含有优质蛋白质的鸡蛋,碳水化合物含量极少;含有丰富维生素、矿物质的水果、蔬菜,则蛋白质和能源物质欠缺。许多食品经过加工、烹调、贮藏、运输、销售等操作都会不同程度地造成一些营养成分损失,而且不同的加工方法和居民饮食烹饪方式也会影响食品中营养素的保存,加工精度过高、烹饪过度都会损失可观的营养素。例如,精制的大米和小麦粉损失了大部分的维生素 B_1、维生素 B_2;水果、蔬菜经过切分、漂洗,水溶性维生素损失较多,蔬菜经烹饪后造成大部分维生素 C 损失。因此,为了保证食品的营养供给,往往需要在食品中添加营养强化剂以提高营养价值。通过添加营养强化剂来补充和平衡膳食营养是我国解决营养不良与失衡的重要手段,而采用食物营养强化的方式提高人民群众的营养健康水平也是国家的既定政策,具有较好的经济效益和深远的社会意义。

在食品中添加营养强化剂,不仅可以弥补天然食品的营养缺陷,而且可以改善食品中的营养成分及其比例,以满足人们对营养的需要。另外,利用食品营养强化剂可以特别补充某些营养物质,达到特殊饮食和健康的目的。利用食品营养强化剂可以生产出符合特殊人群(如婴幼儿、运动员、海员、宇航员等)需要的食品和各种营养成分均衡的健康食品。食品经强化处理后，食用较少种类和单一食品即可获得全面营养，从而简化膳食处理，这对某些特殊职业的人群具有重要意义。如军队和地质工作者所食用的压缩干燥的强化食品，既营养全面，又体积小，还食用方便。此外，从经济角度考虑，用强化剂来增加食品的营养价值比使用天然食物达到同样目的所需的费用要少得多。

食品营养强化剂不仅可以提高食品的营养质量，还可以减少和预防很多营养缺乏症及因营养缺乏引起的其他并发症，有些营养强化剂还兼有提高食品的感官质量和改善其贮藏性能的作用。如维生素 C、维生素 E、卵磷脂是良好的抗氧化剂；维生素 C、维生素 PP 是肉制品的良好护色剂；一些氨基酸类营养强化剂可以提高加工制品的风味；磷酸氢钙还可以作为发酵助剂和膨松剂等。

三、食品营养强化剂的使用

营养强化的理论基础是营养素平衡，滥加强化剂不但不能达到增加营养的目的，反而会造成营养失调而有害健康。为保证强化食品的营养水平，避免强化不当而引起的不良影响，使用营养强化剂时首先要合理确定出各种营养素的使用量。有些强化剂不稳定，如维生素 C、氨基酸等遇光和热易被氧化，造成营养的损失；而有些强化剂会与食品中的其他成分结合，导致强化剂的损失。因此应选择合适的添加方法和强化载体，采取合理的强化措施以保证强化的有效性和稳定性。

在食品加工过程中，并非每种产品都需要强化，营养强化剂的使用要有明确的针对性和严格的科学性。使用营养强化剂通常应遵循以下基本原则：

①有明确的针对性，添加的营养素应是人们膳食中或大众消费的食品中含量低于需要量的营养素。

②易被机体吸收利用。

③食品强化要符合营养学原理，强化剂量要适当，应不破坏机体营养平衡，更不会因摄食过量而引起中毒，一般强化量以人体每日推荐膳食供给量的 1/3~1/2 为宜。

④尽量减少营养强化剂的损失，营养强化剂在食品加工、保存等过程中，应不易分解、破坏或转变成其他物质，有较好的稳定性。

⑤不影响该食品中其他营养成分的含量及食品原有的色、香、味等感官性状。

⑥营养强化剂应符合国家制定的使用卫生标准，质量合格。

⑦经济合理，有利推广。

食品的营养强化，除应根据不同的食品选取适当的营养强化剂之外，还应根据食品种类的不同，采取不同的强化方法。通常有以下几种方法：

①在食品原料或主要食物中添加：如谷类及其制品、食盐、饮用水等。

②在食品加工过程中添加：如焙烤食品、饮料、罐头、婴幼儿食品等的配料加工过程中进行强化。

③在成品中添加：如乳粉、急救食品等，在最后工序成品中混入，可减少营养强化剂在加工过程中的破坏损失。

④采用生物学方法提高食品中营养素的含量：以生物为载体，先使强化剂被生物吸收利用，使其成为生物有机体，然后将这类含有强化剂的有机体加工成产品或直接食用，如富含亚麻酸的营养保健蛋、锌乳、硒茶等。

⑤采用物理方法添加：把富含无机盐、微量元素的材料制成饮食器具，如餐具、饮具、茶杯等，缓慢向食物中释放。

⑥采用生物技术提高供食用的动、植物中营养素的含量：如通过遗传育种和基因修饰，改良一些植物性食品原料的特性，提高其特定营养素含量和生物利用率，或通过降低其中营养素吸收干扰因子的含量，间接提高原料中特定营养素的生物利用率。

第二节 维生素类营养强化剂

维生素是促进生长发育，调节生理功能，维持机体生命和健康所必需的一类低分子化合物。大多数不能在人体内自行合成，必须从外界食物中摄取。维生素通常存在于各种食物中，人们通过摄取各种食物获得一定的维生素，健康人只要膳食科学合理，一般不会缺乏维生素。当膳食中长期缺乏某种维生素时，就会引起代谢失调、生长停滞，并发生特异性病变（维生素缺乏症）。许多维生素可以从天然原料中提取或人工合成，维生素类强化剂在食品强化中占有重要地位。

维生素的种类多，化学结构差异大，通常按其溶解性可分为脂溶性和水溶性两大类。脂溶性维生素只能溶于脂性有机溶剂而不溶于水，通常存在于动、植物的脂质中，包括维生素 A、维生素 D、维生素 E 和维生素 K。水溶性维生素只能溶于水而不溶于脂性有机溶剂，包括 B 族维生素和维生素 C。

维生素在食品中应用最早，也是应用最广、最多的一类营养强化剂。维生素类营养强化剂包括维生素 A、维生素 D、维生素 E、维生素 K、维生素 B_1、维生素 B_2、维生素 PP、维生素 B_6、烟酸、烟酰胺、维生素 B_{12}、维生素 C、生物素、叶酸、泛酸、胆碱、肌醇等。

一、维生素 A

维生素 A（vitamin A），又称视黄醇（retinol）。维生素 A 包括维生素 A_1 和维生素 A_2，维生素 A_1 是指游离态的不饱和一元多烯醇（视黄醇），维生素 A_2 为 3-脱氢视黄醇。维生素 A_1 主要存在于哺乳类动物的肝脏及海水鱼的肝脏中，维生素 A_2 则多存在于淡水鱼肝脏中。通常使用的是维生素 A_1 制剂，维生素 A_1（视黄醇）分子式 $C_{20}H_{30}O$，相对分子质量 286.46，结构式：

视黄醇

（一）性状与性能

为淡黄色平行四边形片状晶体或结晶性粉末。不溶于水，易溶于油脂和有机溶剂。熔点 62~64℃，沸点 120~125℃。在 325~328nm 处有一特殊吸收光带。它对热、碱较稳定，对酸不稳定。维生素 A 在空气中易受氧化而失去生物活性,受紫外线照射易失去活性,用铁器加热易遭破坏。维生素 A 与磷脂、维生素 E 和维生素 C 等抗氧化剂同时存在时,其稳定性提高。

维生素 A 具有促进生长发育与繁殖,延长寿命,维持视力正常,维护上皮组织结构的完整和健全等生理功能。缺乏维生素 A 可导致生长发育迟缓、夜盲症和干眼病。

(二)毒性与安全性

属于"一般认为是安全的物质",毒性甚低,但是一次大量或长期大量摄取也会导致中毒,中毒症状为眩晕、头痛、呕吐等,大量服用还有致畸作用,影响胎儿骨骼发育。目前普遍使用的是维生素 A 乙酸酯和维生素 A 棕榈酸酯。维生素 A 脂肪酸酯使用时常用干酪素等乳化后制成维生素 A 粉,表面用明胶等作为被膜剂,使之避免与氧气接触而提高其稳定性。一般 1g 维生素 A 粉含纯维生素 A 60~150mg。GB 14880—2012 规定,维生素 A 的使用范围与使用标准如表 11-1 所示。

表 11-1　　　　　维生素 A 的使用范围与使用标准　　　　　单位:μg/kg

食品名称/分类	最大使用量
调制乳	600~1000
调制乳粉(儿童用乳粉和孕产妇用乳粉除外)	3000~9000
调制乳粉(仅限儿童用乳粉)	1200~7000
调制乳粉(仅限孕产妇用乳粉)	2000~10000
植物油	4000~8000
人造黄油及其类似制品	4000~8000
冰淇淋类、雪糕类	600~1200
豆粉、豆浆粉	3000~7000
豆浆	600~1400
大米	600~1200
小麦粉	600~1200
即食谷物,包括碾轧燕麦(片)	2000~6000
西式糕点	2330~4000
饼干	2330~4000
含乳饮料	300~1000
固体饮料类	4000~17000

续表

食品名称/分类	最大使用量
果冻	600~1000
膨化食品	600~1500

二、维生素 D

维生素 D（vitamin D）是类固醇的衍生物，具有维生素 D 活性的物质有十余种，在功能上可以防治佝偻病。以维生素 D_2 和维生素 D_3 最为常见，用于强化的也是这两种。

维生素 D_2，又称麦角钙化醇（ergocalciferol），分子式 $C_{28}H_{44}O$，相对分子质量 396.66；维生素 D_3，又称胆钙化醇（cholecalciferol），分子式 $C_{27}H_{44}O$，相对分子质量 384.65。结构式：

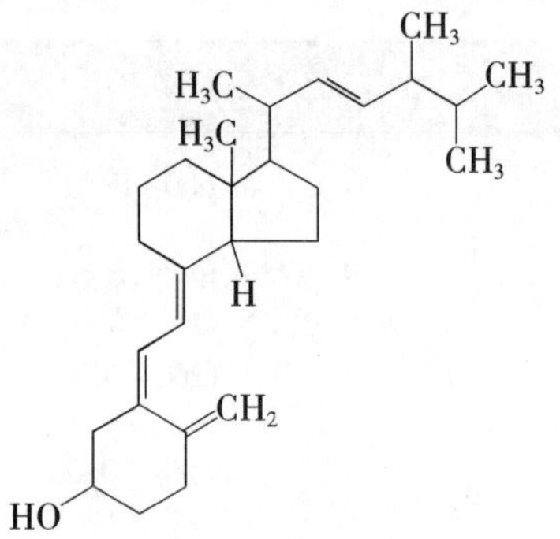

维生素D_2 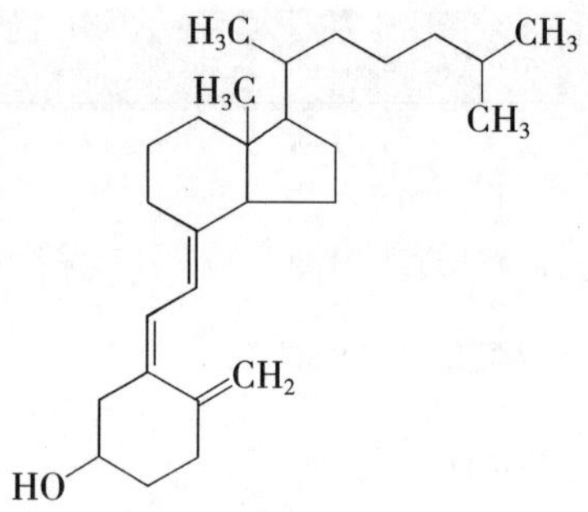   维生素D_3

（一）性状与性能

维生素 D_2 为无色针状晶体或白色结晶性粉末，无臭、无味，熔点 115~118℃。能溶于乙醇、丙酮、氯仿和油脂，不溶于水。对热相当稳定，溶于油脂中亦相当稳定，但有无机盐存在时则迅速分解。在空气中易氧化，对光不稳定。维生素 D_3 为无色针状晶体或白色结晶性粉末，无臭，无味，熔点 84~85℃。极易溶于乙醇、丙酮、氯仿，略溶于植物油，不溶于水。耐氧性、耐光性较维生素 D_2 好，亦耐热。

维生素 D 与体内钙和磷代谢有关，它能促进肠道中钙、磷的吸收，保持血液中有足够的钙、磷，以保证骨质正常钙化作用。缺乏维生素 D，则易引发儿童佝偻病和成人软骨病，是幼儿发育不良或畸形的主要原因之一。维生素 D 中毒表现为食欲不振、呕吐、腹泻、皮肤瘙痒、甚至肾衰竭，继而造成心血管异常，严重会导致肾钙化、心脏及大动脉钙化。

（二）毒性与安全性

①LD_{50}：1mg/kg（bw）（小鼠，经口），LD_{50}：5mg/kg（bw）（大鼠，经口）；

②成人经口，急性中毒剂量为 100mg/d。

（三）使用建议

GB 14880—2012 规定，维生素 D 的使用范围与使用标准如表 11-2 所示。

表 11-2　　维生素 D 的使用范围与使用标准

食品名称/分类	最大使用量/（μg/kg）	备注
调制乳	10~40	
调制乳粉（儿童用乳粉和孕产妇用乳粉除外）	63~125	
调制乳粉（仅限儿童用乳粉）	20~112	
调制乳粉（仅限孕产妇用乳粉）	23~112	
人造黄油及其类似制品	125~156	
冰淇淋类、雪糕类	10~20	
豆粉、豆浆粉	15~60	
豆浆	3~15	
藕粉	50~100	
即食谷物，包括碾轧燕麦（片）	12.5~37.5	1μg 维生素 D＝40IU 维生素 D
饼干	16.7~33.3	
其他焙烤食品	10~70	
果蔬汁（肉）饮料（包括发酵型产品等）	2~10	
含乳饮料	10~40	
风味饮料	2~10	
固体饮料类	10~20	
果冻	10~40	
膨化食品	10~60	

三、维生素 E

维生素 E（vitamin E），又称生育酚，是由生育酚类（tocopherols）和生育三烯酚类（tocotrienols）所构成的一组化合物的总称。根据其化学结构苯环上的甲基数目和位置的不同而分为 α-、β-、γ-、δ-生育酚和生育三烯酚，共 8 种化合物，其中以 α-生育酚的生物活性最高，dl-α-维生素 E 分子式 $C_{29}H_{50}O_2$，相对分子质量 430.71，结构式：

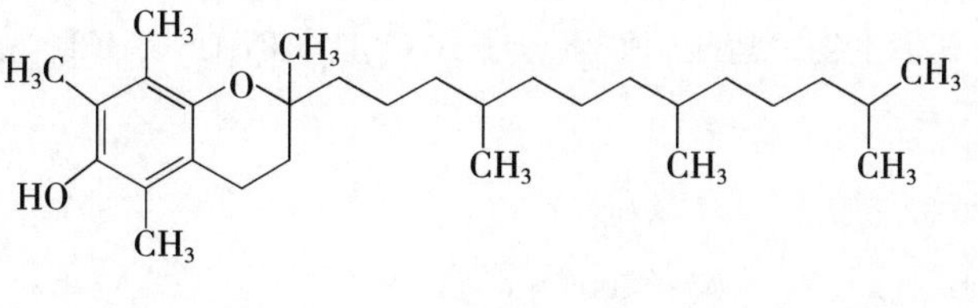

维生素E

（一）性状与性能

为浅黄色黏性油状液体，溶于乙醇、脂肪与脂性有机溶剂，不溶于水。它们对酸、热稳定，而暴露于氧、紫外线、碱、铵盐和铅盐条件下即遭破坏。各种形式的生育酚均具有吸收氧的能力，因而具有营养和抗氧化双重功能。

（二）毒性与安全性

LD_{50}：5000mg/kg（bw）（大鼠，经口）。

（三）使用建议

GB 14880—2012 规定，维生素 E 的使用范围与使用标准如表 11-3 所示。维生素 E 还作为抗氧化剂被广泛应用于油脂类食品、油炸食品、儿童食品、休闲食品中。

表 11-3　　维生素 E 的使用范围与使用标准　　单位：mg/kg

食品名称/分类	最大使用量
调制乳	12~50
调制乳粉（儿童用乳粉和孕产妇用乳粉除外）	100~310
调制乳粉（仅限儿童用乳粉）	10~60
调制乳粉（仅限孕产妇用乳粉）	32~156
植物油	100~180
人造黄油及其类似制品	100~180
豆粉、豆浆粉	30~70
豆浆	5~15
胶基糖果	1050~1450
即食谷物，包括碾轧燕麦（片）	50~125
饮料类（包装饮用水类，固体饮料涉及品种除外）	10~40
固体饮料	76~180
果冻	10~70

四、维生素 B_1

维生素 B_1（vitamin B_1），又称硫胺素，常用的有盐酸硫胺素（thiamine hydrochloride）、硝酸硫胺素（thiamine mnonitrate）、丙硫硫胺素（thiamine propyldisulfidum）。用于食品营养强化的主要是盐酸硫胺素及其衍生物，盐酸硫胺素分子式 $C_{12}H_{17}ClN_4OS \cdot HCl$，相对分子质量 337.27，结构式：

维生素B_1

（一）性状与性能

为无色至黄白色针状晶体或结晶性粉末，纯品无臭，一般商品有微弱的米糠样臭味和苦味，248~250℃熔化分解。维生素 B_1 极易溶于水，略溶于乙醇，不溶于苯和乙醚。对热（170℃）稳定。干燥状态在空气中稳定，但如吸湿会缓慢分解着色。酸性条件下对热稳定，中性、碱性条件不稳定，如在 pH>7 的条件下煮沸可使其大部分或全部破坏，氧化还原作用均可以使其失活。需要贮存于遮光密闭的容器内。

维生素 B_1 在机体内参与糖代谢，它对维持正常的神经传导，以及心脏、消化系统的正常活动具有重要作用。缺乏维生素 B_1 易患脚气病或多发性神经炎，产生肌肉无力、感觉障碍、神经痛、影响心肌和脑组织的结构和功能，并且还会引起消化不良、食欲不振、便秘等症状。

（二）毒性与安全性

① LD_{50}：7700~15000mg/kg（bw）（小鼠，经口）；

②维生素 B_1 属于一般公认安全物质，正常摄取量无毒性，但多量静脉注射会引起神经冲动。

（三）使用建议

维生素 B_1 多用于强化面食制品。GB 14880—2012 规定，维生素 B_1 的使用范围与使用标准如表 11-4 所示。在使用时，如用硝酸硫胺素强化，须经折算。

表 11-4　　　　　　维生素 B_1 的使用范围与使用标准　　　　　　单位：mg/kg

食品名称/分类	最大使用量	备注
调制乳粉（仅限儿童用乳粉）	1.5~14	
调制乳粉（仅限孕产妇用乳粉）	3~17	
豆粉、豆浆粉	6~15	
豆浆	1~3	
胶基糖果	16~33	
大米及其制品	3~5	
小麦粉及其制品	3~5	
杂粮粉及其制品	3~5	
即食谷物，包括碾轧燕麦（片）	7.5~17.5	相应营养型乳饮料按稀释倍数降低使用量
面包	3~5	
西式糕点	3~6	
饼干	3~6	
含乳饮料	1~2	
风味饮料	2~3	
固体饮料	9~22	
果冻	1~7	

五、维生素 B_2

维生素 B_2（vitamin B_2），又称核黄素（riboflavine），分子式 $C_{17}H_{20}N_4O_6$，相对分子质量 376.37，结构式：

维生素B_2

（一）性状与性能

为黄色至橙黄色结晶性粉末，稍有臭味，味苦。熔点 275~282℃，在 240℃时颜色变暗，并且发生分解。它易溶于稀碱溶液，微溶于水和乙醇，不溶于乙醚和氯仿，饱和水溶液呈中性。对酸、热稳定，对氧化剂较稳定。在 pH 为 3.5~7.5 时发出强荧光，遇还原剂失去荧光和黄色；在碱性溶液中不稳定，在光照和紫外线照射下发生不可逆分解。

维生素 B_2 是参与肌体组织代谢和修复的必需营养素，在人体代谢过程中起着重要作用。严重缺乏维生素 B_2 易引发口角炎、舌炎、鼻和脸部的脂溢性皮炎、结膜炎、角膜炎等症状。

（二）毒性与安全性

LD_{50}：560mg/kg（bw）（大鼠，腹腔注射）。一般不会引起过量中毒，小鼠给予需要量的 1000 倍（0.34g/kg），未发现异常。

（三）使用建议

维生素 B_2 多用于强化面食制品。GB 14880—2012 规定，维生素 B_2 的使用范围与使用标准如表 11-5 所示。在使用时，如用核黄素衍生物强化，须经折算。

表 11-5　　维生素 B_2 的使用范围与使用标准　　单位：mg/kg

食品名称/分类	最大使用量	备注
调制乳粉（仅限儿童用乳粉）	8~14	
调制乳粉（仅限孕产妇用乳粉）	4~22	
豆粉、豆浆粉	6~15	
豆浆	1~3	
胶基糖果	16~33	
大米及其制品	3~5	
小麦粉及其制品	3~5	营养强化盐仅限于核黄素严重缺乏地区；
杂粮粉及其制品	3~5	相应营养型乳饮料按稀释倍数降低使用量
即食谷物，包括碾轧燕麦（片）	7.5~17.5	
面包	3~5	
西式糕点	3.3~7.0	
饼干	3.3~7.0	
含乳饮料	1~2	
固体饮料	9~22	
果冻	1~7	

六、维生素 PP

维生素 PP（vitamin PP），俗称抗癞皮病因子，包括烟酸和烟酰胺两种物质。烟酸又称尼克酸（niacin，nicotinic acid）或维生素 B_5，分子式 $C_6H_5NO_2$，相对分子质量 123.11；烟酰胺又称尼克酰胺（nicotinamide），分子式 $C_6H_6N_2O$，相对分子质量 122.13。结构式：

烟酸　　　烟酰胺

（一）性状与性能

烟酸为白色针状晶体或结晶性粉末，无臭、味微酸，熔点 234～237℃。易溶于水和乙醇，几乎不溶于乙醚，1g 烟酸能溶于 60mL 水和 80mL 乙醇（25℃），1% 的水溶液 pH 为 3.0～4.0。烟酸无吸湿性，在干燥状态下对光、空气和热相当稳定，在稀酸、碱溶液中几乎不分解。

烟酰胺为白色结晶粉末，无臭、味微苦，熔点 128～131℃。易溶于水、乙醇和甘油，不溶于苯和乙醚，10% 的水溶液 pH 为 6.5～7.5。烟酰胺在干燥状态下对光、空气和热极稳定，在无机酸和碱性溶液中加热转变为烟酸。

烟酸和烟酰胺具有维持皮肤和神经健康、促进消化道功能等作用，缺乏时会引发口炎、舌炎、皮炎、癞皮病，以及记忆力衰退、精神抑郁、肠炎、腹泻等症状。

（二）毒性与安全性

①LD_{50}：烟酸，5000～7000mg/kg（bw）（小鼠、大鼠，经口）；烟酰胺，2500～3500mg/kg（bw）（大鼠，经口），1700mg/kg（bw）（大鼠，皮下注射）。

②属于一般公认安全物质。

（三）使用建议

GB 14880—2012 规定，烟酸和烟酰胺的使用范围与使用标准如表 11-6 所示。

此外，还可作为肉制品的发色助剂使用，代替部分亚硝酸盐，与维生素 C 合用，添加剂量为 0.1%～0.2%，可以保持和改善火腿、香肠等制品的色、香、味。

表 11-6　烟酸和烟酰胺的使用范围与使用标准　　单位：mg/kg

食品名称/分类	最大使用量	备注
调制乳粉（仅限儿童用乳粉）	23～47	
调制乳粉（仅限孕产妇用乳粉）	42～100	
豆粉、豆浆粉	60～120	相应营养型乳饮料按稀释倍数降低使用量
豆浆	10～30	
大米及其制品	40～50	

续表

食品名称/分类	最大使用量	备注
小麦粉及其制品	40~50	
杂粮粉及其制品	40~50	
即食谷物，包括碾轧燕麦（片）	75~218	
面包	40~50	
饼干	30~60	
饮料类（包装饮用水类、固体饮料涉及品种除外）	3~18	
固体饮料	110~330	

七、维生素 B_6

维生素 B_6（vitamin B_6），别名盐酸吡哆醇（pyridoxine hydrochloride），又称氯化吡哆醇、5′-磷酸吡哆醇，分子式 $C_8H_{11}NO_3 \cdot HCl$，相对分子质量 205.64。

（一）性状与性能

为白色至淡黄色的晶体或结晶性粉末，无臭，在空气中稳定，耐热性较好，但在光照下缓慢分解；熔点约 206℃。溶于水、乙醇，不溶于乙醚和氯仿。它在碱性溶液中对光敏感，易被破坏。天然维生素 B_6 主要存在于鱼、肉、蛋、禽、坚果和谷物中。维生素 B_6 包括三种类似的化合物，分别是吡哆醇、吡哆醛和吡哆胺，前者在机体内可以转变成后两种衍生物，三者均具有生物活性。在人体内，维生素 B_6 经磷酸化成为磷酸吡哆醛，是很多重要酶的辅酶，以各种方式参与氨基酸代谢。维生素 B_6 的分布很广，人体肠道内的微生物也能合成一部分维生素 B_6，成年人一般不会缺乏，但在儿童时期、妊娠期和受电离辐射及在高温的特殊环境下，可能会出现维生素 B_6 不足的情况。缺乏维生素 B_6 时会出现多发性神经病症。

（二）毒性与安全性

LD_{50}：4000mg/kg（bw）（大鼠，经口）。

（三）使用建议

食品中大多用吡哆醇作为强化剂。现在主要用于大米、面粉、糖果和粉状食品强化。GB 14880—2012 规定，维生素 B_6 的使用范围与使用标准如表 11-7 所示。

表 11-7　维生素 B_6 的使用范围与使用标准　　　　　　　　　单位：mg/kg

食品名称/分类	最大使用量	备注
调制乳粉（儿童用乳粉和孕产妇用乳粉除外）	8~16	
调制乳粉（仅限儿童用乳粉）	1~7	相应营养型乳饮料按稀释倍数降低使用量
调制乳粉（仅限孕产妇用乳粉）	4~22	
即食谷物，包括碾轧燕麦（片）	10~25	

续表

食品名称/分类	最大使用量	备注
饼干	2~5	
饮料类（包装饮用水类，固体饮料涉及品种除外）	0.4~1.6	
固体饮料	7~22	
果冻	1~7	

八、叶酸

叶酸（folic acid；vitamin M；vitamin B_9），其化学名称是蝶酰谷氨酸（pteroylglutamic acid），分子式 $C_{19}H_{19}N_7O_6$，相对分子质量 441.40。天然存在的量很少，从人体对叶酸的需要量看，叶酸是维生素中需求量最大的。结构式：

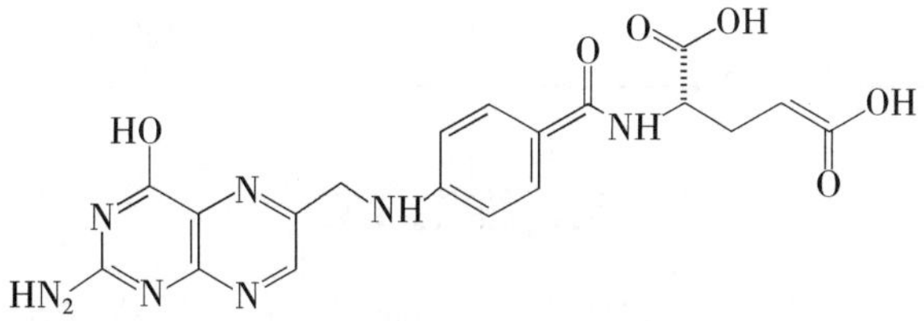

叶酸

（一）性状与性能

为淡黄色至橘黄色结晶性粉末，无臭无味，不溶于冷水，微溶于热水，其钠盐易溶于水，不溶于乙醇、乙醚及其他有机溶剂。在中性和碱性溶液中对热稳定，但在酸性溶液中不稳定。叶酸在厌氧条件下对碱稳定，但在有氧条件下，遇碱会发生水解，对热、光、氧化剂和还原剂都不稳定。

叶酸在核苷酸的合成和甲基化的过程中起重要作用，它和维生素 B_{12} 一起参与蛋白质的合成和甲基化过程。叶酸有促进骨髓中幼细胞成熟的作用，人类如缺乏叶酸将导致巨幼红细胞性贫血以及白细胞减少症，对孕妇尤其重要。叶酸摄入量不足，可能导致神经管缺陷以及其他先天性疾病的发生率增加。摄入过多精制谷物的人群容易缺乏叶酸，吸收不良、长期饮酒也可引起叶酸缺乏。膳食中叶酸的主要来源是绿叶蔬菜、水果、酵母，以及动物肝脏、肾脏。

（二）毒性与安全性

LD_{50}：10mg/kg（bw）（小鼠，经口）。

（三）使用建议

主要用于婴儿食品、保健食品、谷类和饮料的强化，在正常情况下使用未发现毒性反应。GB 14880—2012 规定，叶酸的使用范围与使用标准如表 11-8 所示。

表 11-8　叶酸的使用范围与使用标准　　　　　　　　　　　　单位：μg/kg

食品名称/分类	最大使用量	备注
调制乳粉（仅限孕产妇用调制乳）	400~1200	
调制乳粉（仅限儿童用乳粉和孕产妇用乳粉）	2000~5000	
调制乳粉（仅限儿童用乳粉）	420~3000	标签应标注使用量为 54g/d；相应营养型乳饮料按稀释倍数降低使用量（以稀释后的液体饮料计），固体饮料按稀释倍数增加使用量
调制乳粉（仅限孕产妇用乳粉）	2000~8200	
大米（仅限免淘洗大米）	1000~3000	
小麦粉	1000~3000	
即食谷物，包括碾轧燕麦（片）	1000~2500	
饼干	390~780	
其他焙烤食品	2000~7000	
果蔬汁（肉）饮料（包括发酵型产品等）	600~6000	
固体饮料	50~100	

九、维生素 C

维生素 C（vitamin C），别名抗坏血酸（ascorbic acid）、L-抗坏血酸，分子式 $C_6H_8O_6$，相对分子质量 176.13。自然界存在 L 型、D 型两种类型，D 型无生物活性。结构式：

维生素C

（一）性状与性能

为白色至浅黄色晶体或结晶性粉末，无臭，可赋予食品强烈酸味。易溶于水，微溶于丙酮与低醇类，不溶于氯仿、乙醚和苯。熔点 190℃，0.5%的水溶液呈强酸性（pH<3）。干燥空气中或 pH 在 3.4~4.5 时稳定，受光照可变褐，遇铜、铁等重金属离子，可促进其氧化进程；还原性强，亦可作抗氧化剂。

维生素 C 参与机体内复杂的氧化还原过程和胆固醇代谢，具有防治坏血病的生理功能，对防治缺铁性贫血有一定意义。缺乏维生素 C 时，会造成毛细血管脆性增加、渗透性变大，易出血，伤口不愈合，骨质疏松等症状，长期缺乏会导致坏血病。

（二）毒性与安全性

LD_{50}：耐受量相当大，毒性很小，5000mg/kg（bw）（大鼠，经口）。

（三）使用建议

作为营养强化剂使用，维生素 C 的应用范围较广，按照 GB 14880—2012 规定，维生素 C 的使用范围与使用标准如表 11-9 所示。用于食品强化的还有稳定型维生素 C、抗坏血酸钠盐、抗坏血酸钾盐、抗坏血酸-6-棕榈酸盐、维生素 C 磷酸酯镁等，使用时须经折算。

表 11-9　　　　　　　　维生素 C 的使用范围与使用标准　　　　　　　单位：mg/kg

食品名称/分类	最大使用量	备注
风味发酵乳	120~240	
调制乳粉（儿童用乳粉和孕产妇用乳粉除外）	300~1000	
调制乳粉（仅限儿童用乳粉）	140~800	
调制乳粉（仅限孕产妇用乳粉）	1000~1600	
水果罐头	200~400	
果泥	50~100	每日限食这类食品 50g；相应营养型乳饮料按稀释倍数降低使用量
豆粉、豆浆粉	400~700	
胶基糖果	630~13000	
除胶基糖果以外其他糖果	1000~6000	
即食谷物，包括碾轧燕麦（片）	300~750	
含乳饮料	120~240	
水基调味饮料类	250~500	
固体饮料类	1000~2250	
果冻	120~240	

第三节　氨基酸类营养强化剂

氨基酸是蛋白质合成的基本结构单位，也是代谢所需其他胺类物质的前身。组成蛋白质的氨基酸有 20 多种，其中大部分在体内可由其他物质合成，称为非必需氨基酸。而另一部分氨基酸机体不能合成或合成速度慢，不能满足机体的需要，必须由食物供给，这些氨基酸称为必需氨基酸，它们是异亮氨酸、亮氨酸、赖氨酸、甲硫氨酸、苯丙氨酸、苏氨酸、色氨酸、缬氨酸和组氨酸。当人体中某种氨基酸不足时，会影响蛋白质的有效合成，因此，为了满足蛋白质合成的需要，就应该提供一定比例的必需氨基酸。

食物蛋白质中按照人体的需要及比例关系相对不足的氨基酸被称为限制氨基酸，它们限制着机体对蛋白质的利用，并且决定着蛋白质的质量。这是因为无论其他氨基酸如何丰富，只要有任何一种必需氨基酸不足，蛋白质都无法合成。食物中最主要的限制氨基酸是赖氨酸和甲硫氨酸。赖氨酸在谷类蛋白质和其他植物蛋白质中缺乏，甲硫氨酸在大豆、花生、牛乳、肉类蛋白质中相对偏低。所以，赖氨酸是谷类蛋白质的第一限制氨基酸，另外小麦、大米中还缺乏苏氨酸，玉米还缺乏色氨酸，这两种氨基酸分别是它们的第二限制氨基酸。因此，在食品中强化某些必需氨基酸，对于充分利用其蛋白质，提高食品的营养价值起着重要作用。

作为食品强化用的氨基酸主要是必需氨基酸或它们的盐类。人类膳食中比较缺乏的限制氨基酸，主要是赖氨酸、甲硫氨酸、苏氨酸和色氨酸等4种，其中尤以赖氨酸为最重要。此外，对于婴幼儿尚有必要适当强化牛磺酸。

一、赖氨酸

赖氨酸（lysine）为人体9种必需氨基酸之一，是植物蛋白质中含量最低的第一限制氨基酸。在一般情况下，特别是在酸性时加热，赖氨酸较稳定，但在还原糖存在时加热，其可被破坏。如小麦粉中的赖氨酸在制作面包时损失9%~24%，若再次进行焙烤，还可损失5%~10%。赖氨酸一般在植物蛋白质中缺乏，所以多数被作为谷类及其制品的强化剂使用，来提高谷类蛋白质效价。如小麦粉用0.2%的赖氨酸强化后，其蛋白质生物学价值从原来的47.0%提高到71.1%。

赖氨酸

游离的L-赖氨酸很容易潮解，易发黄变质，并且具有刺激性腥臭味，难以长期保存。而L-盐酸赖氨酸则比较稳定，不易潮解，便于保存，所以一般商品以盐酸赖氨酸的形式销售。

（一）L-盐酸赖氨酸

L-盐酸赖氨酸（L-lysine monohydrochloride），别名L-赖氨酸-盐酸盐、L-2,6-二氨基己酸盐酸盐，分子式$C_6H_{14}N_2O_2 \cdot HCl$，相对分子质量182.65。

1. 性状与性能

为白色或无色结晶性粉末，无臭或稍有特异臭，无异味，熔点约263℃。易溶于水，0.4g/mL（25℃）；溶于甘油，0.1g/mL；微溶于丙二醇，0.001g/mL；几乎不溶于乙醇和乙醚。L-盐酸赖氨酸比较稳定，但温度高时易结块，与维生素C或维生素K共存时易着色。在碱性条件下及在还原糖存在时，加热易分解。

2. 毒性与安全性

①LD_{50}：10750mg/kg（bw）（大鼠，经口）；

②属于一般公认安全的物质。

3. 使用建议

GB 14880—2012规定，L-盐酸赖氨酸用于加工面包、饼干、面条的面粉，使用量1~2g/kg；

饮液、配制酒，0.3~0.8g/kg；谷类及其制品也可按量添加。

（二）L-赖氨酸-L-天冬氨酸盐

作为赖氨酸强化剂的还有 L-赖氨酸-L-天冬氨酸盐（L-lysine L-aspartate），分子式为 $C_{10}H_{21}N_3O_6$，相对分子质量 279.30，结构式：

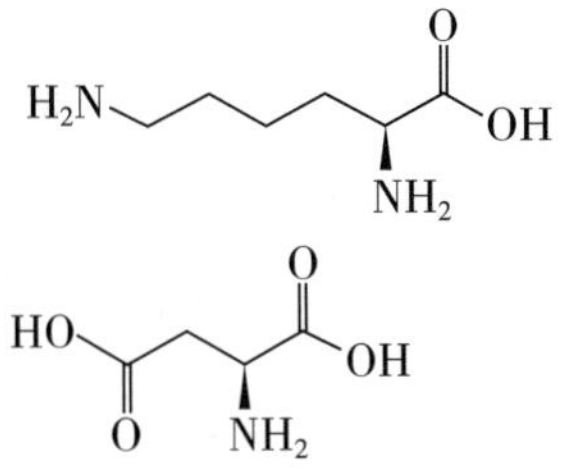

L-赖氨酸-L-天冬氨酸盐

1. 性状与性能

白色粉末，无臭或微臭，有异味；易溶于水，不溶于乙醇和乙醚。它可以克服 L-赖氨酸易潮解、易吸收空气中的二氧化碳变为碳酸盐的缺点，当与作为呈味剂的天冬氨酸结合成盐时，则使用方便。

2. 毒性与安全性

同 L-盐酸赖氨酸。

3. 使用建议

可参照 L-盐酸赖氨酸。L-赖氨酸-L-天冬氨酸盐既可作为营养强化剂，又可作为调味剂使用，可用于酒、清凉饮料、面包、饼干及淀粉制品等。1.910g 的 L-赖氨酸-L-天冬氨酸盐相当于 1g 的 L-赖氨酸，1.529g 的 L-赖氨酸-L-天冬氨酸盐相当于 1g 的 L-盐酸赖氨酸。L-赖氨酸-L-天冬氨酸盐的臭味比 L-赖氨酸小，故对产品风味影响小。

二、牛磺酸

牛磺酸（taurine），又称牛胆酸、牛胆碱、牛胆素，化学名为 2-氨基乙磺酸，分子式为 $C_2H_7NO_3S$，相对分子质量 125.15，结构式：

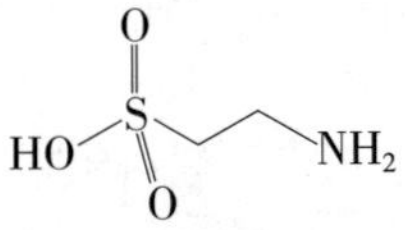

牛磺酸

1. 性状与性能

为白色晶体或结晶性粉末，无臭，味微酸。可溶于水，易溶于乙酸，微溶于乙醇、乙醚和丙酮等，在水溶液中呈中性。对热稳定，约 300℃ 分解。牛磺酸是以 α-氨基乙醇与硫酸酯化，经亚硫酸钠还原生成粗品牛磺酸，然后精制而成。

牛磺酸是一种分布广泛但不是蛋白质组成成分的特殊氨基酸，也是人体生长发育必需的一种氨基酸，在人体内以游离状态存在。它对促进儿童，尤其是婴幼儿大脑、身高、视力等的生长发育起着重要作用,应给予补充。特别是牛乳喂养的婴幼儿,因为牛乳中几乎不含牛磺酸,故必须进行适当营养强化与补充。

2. 毒性与安全性

LD_{50}:10000mg/kg(bw)(小鼠,经口),无毒。

3. 使用建议

GB 14880—2012 规定,可以用于调制乳粉、豆粉、豆浆粉,使用量 0.3~0.5g/kg;豆浆,使用量 0.06~0.1g/kg;含乳饮料、特殊用途饮料,使用量 0.06~0.1g/kg;风味饮料,使用量 0.4~0.6g/kg;固体饮料类,使用量 1.1~1.4g/kg;果冻,使用量 0.3~0.5g/kg。

第四节 无机盐类营养强化剂

无机盐常被称作矿物质或灰分,是构成机体组织和维持机体正常生理活动及体液平衡所不可缺少的物质。无机盐既不能在机体内合成,除了排出体外,也不会在新陈代谢过程中消失。人体每天都有一定量排出,所以需要从膳食中摄取足够量的各种无机盐来补充。构成人体的无机元素,按其含量多少,一般可分为常量元素和微量元素两类。前者含量较大,通常以百分比计,有钙、磷、硫、钾、钠、氯、镁等 7 种。后者含量甚微,食品中含量通常以 mg/kg 计。目前所知的必需微量元素有 10 种,即铁、锌、硒、铜、碘、钼、钴、铬、锰及氟,人体可能必需微量元素有硅、硼、矾及镍。无机盐和微量元素的总量虽然为体重的 4%~5%,但在机体内却起到非常重要的作用。

无机盐在食物中分布很广,一般均能满足机体需要,只有某些种类比较易于缺乏,如钙、铁和碘等。特别是对正在生长发育的婴幼儿、青少年、孕妇和乳母,钙和铁的缺乏较为常见;而碘和硒的缺乏,则依环境条件而异,对不能经常吃到海产食物的山区居民,则易缺碘,某些贫硒地区易缺硒。此外,近年来还认为像锌、钾、镁、铜、锰等,它们在人体内含量甚微,但对维持机体的正常生长发育非常重要,缺乏时亦可引起各种不同程度的病症,也有强化的必要。

人体不能合成无机盐,必须全部从膳食中摄取,因此,长期食用单一食物容易出现无机盐缺乏症状。此外,人体对不同形式存在的无机盐的吸收、利用率有很大区别,不同生长时期对各种无机盐的营养需求差异也较大,因此,完全有必要通过对食品强化无机盐以维持人体的正常生理功能。

无机盐类营养强化剂主要有钙、铁、锌、硒、碘营养强化剂,以及钾营养强化剂(葡萄糖酸钾、氯化钾、柠檬酸钾、磷酸二氢钾、磷酸氢二钾)、镁营养强化剂(硫酸镁、葡萄糖酸镁、碳酸镁、氧化镁、磷酸氢镁、氯化镁)、锰营养强化剂(氯化锰、葡萄糖酸锰、硫酸锰)、铜营养强化剂(葡萄糖酸铜、硫酸铜)等。

一、钙

钙(calcium)是人体含量最丰富的矿物质,其含量占体重的 1.5%~2%。人体中 99% 的钙都集中在骨骼和牙齿中,并是其重要的组成成分。钙对神经的感应性、肌肉的收缩和血液的凝固等都起着重要作用,而且它还是机体许多酶系统的激活剂。缺乏时可引起骨骼和牙齿疏松,儿童长期缺乏可导致生长发育迟缓、骨软化、骨骼畸形、机体抵抗力降低，严重缺乏可导致佝偻病。

用于食品强化的钙盐品种较多，它们不一定是要可溶性的（尽管易溶于水有利吸收），但应是较细的颗粒，摄取时应注意维持适当的钙、磷比例。食品中植酸含量高，会影响钙的吸收，维生素 D 可促进钙的吸收。

（一）活性钙

活性钙（active calcium），又称活性离子钙，主要成分为氢氧化钙（约 98%），另含有微量的氧化镁、氧化钾、氧化钠、三氧化二铁、五氧化二磷及锰离子等。

1. 性状与性能

活性钙为白色粉末，无臭，有咸涩味。溶于酸性溶液，几乎不溶于水。在空气中可以缓慢吸收二氧化碳而生成碳酸钙。呈强碱性，对皮肤、织物等有腐蚀作用。

2. 毒性与安全性

LD_{50}：10.25g/kg（bw）（小鼠，经口），无毒。

3. 使用建议

活性钙由于溶于酸性溶液中，所以在体内吸收利用率高，是一种良好的钙营养强化剂。用于谷类粉制品中，既可以中和其酸性，又可以增钙降钠。GB 14880—2012 规定，活性钙用于食盐、肉松，使用量为 5~10g/kg。

（二）碳酸钙

碳酸钙（calcium carbonate），价格便宜，含钙比例较大，是补充人体钙的主要来源。分子式 $CaCO_3$，相对分子质量 100.09。

1. 性状与性能

为白色晶体性粉末，无臭、无味。几乎不溶于水和乙醇，可溶于稀乙酸、稀盐酸、稀硝酸产生二氧化碳，难溶于稀硫酸。在空气中稳定，但易吸收臭味。

碳酸钙为无机钙，强化食品应用最多的碳酸钙有重质碳酸钙、轻质碳酸钙和胶体碳酸钙，在电子显微镜下观察，重质碳酸钙和轻质碳酸钙呈粗块或粗粒状，胶体碳酸钙呈均匀细粒状。前二者加水调匀后很快会沉降下来，而后者则变成均匀的乳浊液。此外，还有生物碳酸钙，我国目前常用的是轻质碳酸钙。

2. 毒性与安全性

ADI：不作限制性规定。

3. 使用建议

GB 14880—2012 规定，碳酸钙的使用范围与使用标准如表 11-10 所示。

表 11-10　　　　　碳酸钙的使用范围与使用标准　　　　　单位：mg/kg

食品名称/分类	最大使用量	备注
调制乳	250~1000	
调制乳粉（儿童用乳粉除外）	3000~7200	以钙计
调制乳粉（仅限儿童用乳粉）	3000~6000	

续表

食品名称/分类	最大使用量	备注
干酪和再制干酪	2500~10000	
冰淇淋类、雪糕类	2400~3000	
豆粉、豆浆粉	1600~8000	
大米及其制品	1600~3200	
小麦粉及其制品	1600~3200	
杂粮粉及其制品	1600~3200	
藕粉	2400~3200	
即食谷物,包括碾轧燕麦（片）	2000~7000	
面包	1600~3200	
西式糕点	2670~5330	
饼干	2670~5330	以钙计
其他焙烤食品	3000~15000	
肉灌肠类	850~1700	
肉松类	2500~5000	
肉干类	2550~2700	
脱水蛋制品	190~650	
醋	6000~8000	
饮料类（包装饮用水类、果蔬汁类、固体饮料涉及品种除外）	160~1350	
果蔬汁（肉）饮料（包括发酵型产品等）	1000~1800	
固体饮料类	2500~10000	
果冻	390~800	

（三）乳酸钙

乳酸钙（calcium lactate），分子式 $C_6H_{10}CaO_6 \cdot 5H_2O$，相对分子质量 308.30，结构式：

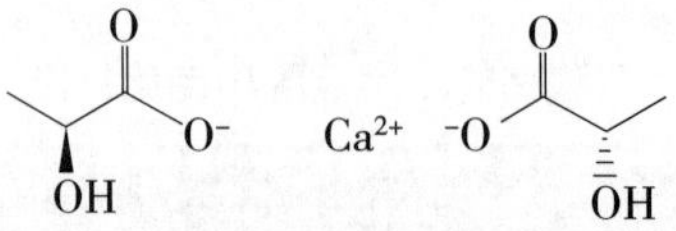

乳酸钙

1. 性状与性能

为白色至乳白色晶体颗粒或粉末，几乎无臭、无味。在空气中略有风化性。加热到120℃失去结晶水，可变为无水物。溶于水，缓慢溶于冷水成为澄清或微浊溶液，易溶于热水，水溶液的 pH 为 6.0~7.0。几乎不溶于乙醇、乙醚、氯仿。乳酸钙由于水溶性好，人体吸收率高，适宜作为幼儿及学龄儿童的钙营养强化剂。可以防治佝偻病、手足搐搦症，并且是妊娠、哺乳期妇女的良好钙补充剂。

2. 毒性与安全性

ADI：不作限制性规定。

3. 使用建议

GB 14880—2012 规定，乳酸钙可用于即食谷物 [包括碾轧燕麦（片）]，使用量 2000~7000mg/kg；饮料类（包装饮用水类、果蔬汁类、固体饮料涉及品种除外），使用量 160~1350mg/kg；调制乳粉（仅限儿童用乳粉），使用量 3000~6000mg/kg；面包，使用量 1600~3200mg/kg；均以钙计。还可作为面包发酵粉的膨松剂和缓冲剂。

（四）葡萄糖酸钙

葡萄糖酸钙（calcium gluconate），分子式 $C_{12}H_{22}CaO_{14}$，相对分子质量 430.38，结构式：

葡萄糖酸钙

1. 性状与性能

为白色晶体颗粒或粉末，无臭，无味，在空气中稳定，熔点 201℃（分解）。溶于水，3g/100g（20℃）；不溶于乙醇及其他有机溶剂。水溶液 pH 为 6.0~7.0。在空气中稳定，理论含钙量 9.31%。

2. 毒性与安全性

LD_{50}：950mg/kg（bw）（大鼠，静脉注射）；LD_{50}：220mg/kg（bw）（小鼠，腹腔注射）。

3. 使用建议

GB 14880—2012 规定，用于谷类及其制品，使用量 2000~7000mg/kg；饮料类（包装饮用水类、果蔬汁类、固体饮料涉及品种除外），使用量 160~1350mg/kg；均以钙计。此外，用于油炸食品、糕点等谷类粉中，可螯合金属离子，延缓油脂氧化及防止制品变色。

作为钙营养强化剂的还有 L-苏糖酸钙、甘氨酸钙、L-乳酸钙、柠檬酸-苹果酸钙、醋酸钙、氯化钙、柠檬酸钙、磷酸氢钙、磷酸钙、磷酸三钙等。

二、铁

铁（iron）是人体重要的必需微量元素之一。体内铁含量随年龄、性别、营养状况和健康状况等不同而异，一般含铁总量为 3~5g，其中 60%~75% 以血红蛋白存在，3% 以肌红蛋白存在，1% 在含铁酶类、辅助因子及运铁载体中，称之为功能性铁；其余 25%~30% 的铁作为体内贮存铁，主要以铁蛋白和含铁血黄素形式存在于肝、脾和骨髓中。

铁在机体内参与氧的运转、交换和组织呼吸过程，维持正常的造血功能。如果铁的数量不足或铁的携氧能力受阻，则产生缺铁性或营养性贫血，需要予以补充。用于强化的铁盐，种类也较多，一般来说，凡是容易在胃肠道中转变为离子状态的铁，易于吸收，二价铁比三价铁易于吸收。抗坏血酸和肉类可增加铁的吸收，而植酸盐和磷酸盐等可降低铁的吸收。铁化合物一般对光不稳定，抗氧化剂可与铁离子反应而着色，因此，凡使用抗氧化剂的食品最好不使用铁营养强化剂。

（一）硫酸亚铁

硫酸亚铁（ferrous sulfate），又称铁矾、绿矾，分子式 $FeSO_4 \cdot 7H_2O$，相对分子质量 278.03。

1. 性状与性能

为暗淡蓝绿色单斜晶系晶体颗粒或粉末，无臭，味咸涩。易溶于水，不溶于乙醇。在干燥空气中易风化，在潮湿空气中逐渐氧化，形成黄褐色碱式硫酸铁。10%水溶液对石蕊呈酸性（pH 约为 3.7）；加热至 70~73℃失去 3 分子水，至 80~123℃失去 6 分子水，至 156℃以上可变成碱式硫酸铁。无水物为白色粉末，遇水则变成蓝绿色。

2. 毒性与安全性

LD_{50}：279~558mg/kg（bw）（以铁计）（大鼠，经口）。

3. 使用建议

GB 14880—2012 规定，硫酸亚铁的使用范围与使用标准如表 11-11 所示。

表 11-11　　　　　　　　硫酸亚铁的使用范围与使用标准　　　　　　　　单位：mg/kg

食品名称/分类	最大使用量	备注
调制乳	10~20	
调制乳粉（儿童用乳粉和孕产妇用乳粉除外）	60~200	
调制乳粉（仅限儿童用乳粉）	25~135	
调制乳粉（仅限孕产妇用乳粉）	50~280	
豆粉、豆浆粉	46~80	
除胶基糖果以外的其他糖果	600~1200	
大米及其制品	14~26	
小麦粉及其制品	14~26	
杂粮粉及其制品	14~26	以铁计
即食谷物，包括碾轧燕麦（片）	35~80	
面包	14~26	
西式糕点	40~60	
饼干	40~80	
其他焙烤食品	50~200	
酱油	180~260	
饮料类（包装饮用水类、固体饮料涉及品种除外）	10~20	
固体饮料类	95~220	
果冻	10~20	

(二)柠檬酸铁

柠檬酸铁(ferric citrate),分子式 $FeC_6H_5O_7 \cdot nH_2O$,无水物相对分子质量 244.95,结构式:

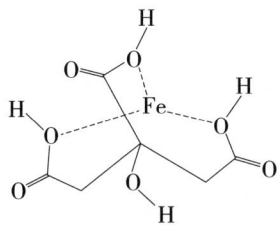

柠檬酸铁

1. 性状与性能

根据其组成成分的不同为红褐色粉末或透明薄片,含铁量 16.5%~18.5%。在冷水中溶解缓慢,极易溶于热水,不溶于乙醇。水溶液呈酸性,可被光或热还原,逐渐变成柠檬酸亚铁。因为柠檬酸铁呈褐色,故在不宜着色的食品中不适合使用。

2. 毒性与安全性

LD_{50}:2.2g/kg(bw)(小鼠,经口)。

3. 使用建议

GB 14880—2012 规定,柠檬酸铁可用于即食谷物[包括碾轧燕麦(片)],35~80mg/kg;饮料类(包装饮用水类、固体饮料涉及品种除外),10~20mg/kg;调制乳粉(仅限儿童用乳粉),25~135mg/kg;除胶基糖果以外的其他糖果,600~1200mg/kg;均以铁计。

(三)柠檬酸铁铵

柠檬酸铁铵(ferric ammonium citrate),分子式 $Fe(NH_4)_2H(C_6H_5O_7)_2$,相对分子质量 488.16。

1. 性状与性能

为棕红色透明状鳞片或褐色颗粒或棕黄色粉末,无臭,味咸。极易溶于水,不溶于乙醇,水溶液呈中性。在空气中易吸潮,对光不稳定,遇碱性溶液有沉淀析出。

2. 毒性与安全性

LD_{50}:1000mg/kg(bw)(小鼠,经口)。

3. 使用建议

GB 14880—2012 规定,柠檬酸铁铵可用于即食谷物[包括碾轧燕麦(片)],35~80mg/kg;饮料类(包装饮用水类、固体饮料涉及品种除外),10~20mg/kg;调制乳粉(仅限儿童用乳粉),25~135mg/kg;除胶基糖果以外的其他糖果,600~1200mg/kg;均以铁计。

(四)葡萄糖酸亚铁

葡萄糖酸亚铁(ferrous gluconate),分子式 $C_{12}H_{22}FeO_{14} \cdot 2H_2O$,相对分子质量 482.17,结构式:

葡萄糖酸亚铁

1. 性状与性能

为浅黄灰色或浅黄绿色晶体颗粒或粉末,稍有类似焦糖的气味。易溶于水,100g 温水中可溶 10g,几乎不溶于乙醇;水溶液呈酸性,加葡萄糖可使其溶液稳定。理论含铁量 12%。

2. 毒性与安全性

① LD_{50}:3700mg/kg(bw)(大鼠,经口);

② 属于一般公认安全物质。

3. 使用建议

GB 14880—2012 规定,即食谷物[包括碾轧燕麦(片)],使用量 35~80mg/kg;饮料类(包装饮用水类、固体饮料涉及品种除外),10~20mg/kg;调制乳粉(仅限儿童用乳粉),25~135mg/kg;除胶基糖果以外的其他糖果,600~1200mg/kg;均以铁计。葡萄酸亚铁易吸收,对消化系统无刺激、无副作用,并且对食品的感官性能和风味无影响,可作为药物具有治疗贫血的功能。

(五)乳酸亚铁

乳酸亚铁(ferrous lactate),化学名称 α-羟基丙酸亚铁,分子式 $C_6H_{10}FeO_6 \cdot 3H_2O$,相对分子质量 288.04,结构式:

乳酸亚铁

1. 性状与性能

为浅绿色或微黄色晶体或结晶性粉末,稍有特异臭,有稍带甜味的铁味。溶于水,冷水中的溶解度为 2.5g/100g(20℃),沸水中的溶解度为 8.3g/100g,水溶液为绿色透明溶液,呈弱酸性。易溶于柠檬酸溶液呈绿色溶液,几乎不溶于乙醇。在空气中易吸潮,在空气中被氧化后颜色变深,光照会促进其氧化。

2. 毒性与安全性

① LD_{50}:4875mg/kg(bw)(小鼠,经口),LD_{50}:3730mg/kg(bw)(大鼠,经口);

② 属于一般公认安全物质。

3. 使用建议

GB 14880—2012 规定,可用于豆乳粉、豆粉,使用量 46~80mg/kg;饼干,40~80mg/kg;以铁计。乳酸亚铁易吸收,对消化系统无刺激、无副作用,一般对食品的感官性能和风味无影响,对防治缺铁性贫血效果显著。

作为铁营养强化剂的还有氯化高铁血红素、焦磷酸铁、铁卟啉、甘氨酸亚铁、富马酸亚铁、还原铁、乙二胺四乙酸铁钠等。

三、锌

锌(zinc)是人体内必需的微量元素之一,成人体内含锌 2~3g,锌分布于人体所有的组织器官,肝、肾、肌肉、视网膜、前列腺内的含量较高,锌对生长发育、智力发育、免疫功能、物质代谢和生殖功能等均具有重要的作用。缺乏锌的主要症状是生长迟缓或停滞，形成侏儒。此外，缺锌还表现为伤口愈合慢、味觉异常等症状；锌严重缺乏时会导致缺铁性贫血、肝脾肿大、骨骼长期不能接合、皮肤粗糙及色素增多等症状。

（一）葡萄糖酸锌

葡萄糖酸锌（zinc gluconate），分子式 $C_{12}H_{22}O_{14}Zn$，相对分子质量 455.68，结构式：

葡萄糖酸锌

1. 性状与性能

为无水物或含有 3 分子水的化合物，白色或几乎白色的颗粒或结晶性粉末，无臭，无味。易溶于水，极微溶于乙醇。体内吸收率高，对胃肠无刺激，吸收效果比无机锌好，是一种很好的锌营养强化剂。对缺锌疾患有明显的疗效，缺锌症患者食用以葡萄糖酸锌强化的食品（每日 120mg 锌计）6 个月后可以恢复。

2. 毒性与安全性

LD_{50}：（1.93±0.09）g/kg（bw）（雌性小鼠，经口），LD_{50}：（2.99±0.1）g/kg（bw）（雄性小鼠，经口）。

3. 使用建议

GB 14880—2012 规定，葡萄糖酸锌可用于调制乳，使用量 5~10mg/kg；调制乳粉（仅限儿童用乳粉），50~175mg/kg；饮料类（14.01 及 14.06 涉及品种除外），3~20mg/kg；固体饮料类，60~180mg/kg；即食谷物[包括碾轧燕麦（片）]，37.5~112.5mg/kg；均以锌计。

（二）硫酸锌

硫酸锌（zinc sulfate），分子式为 $ZnSO_4 \cdot nH_2O$，无水物相对分子质量 161.44，含 1 或 7 分子水。

1. 性状与性能

无色透明的棱柱状或细针状晶体或结晶性粉末，无臭。1 分子水合物加热至 238℃ 时失水；7 分子水合物在室温、干燥空气中易失水逐渐风化。易溶于水，微溶于乙醇和甘油，水溶液呈酸性。硫酸锌对皮肤、黏膜有刺激作用，大量内服可引起呕吐、恶心、腹痛和消化障碍。

2. 毒性与安全性

LD_{50}：2949mg/kg（bw）（大鼠，经口），LD_{50}：2200mg/kg（bw）（小鼠，经口）。

3. 使用建议

GB 14880—2012 规定，硫酸锌可用于调制乳粉（儿童用乳粉和孕产妇用乳粉除外），使用量为 30~60mg/kg；调制乳粉（仅限儿童用乳粉），50~175mg/kg；调制乳粉（仅限孕产妇用乳粉），30~140mg/kg；饮料类（14.01 及 14.06 涉及品种除外），3~20mg/kg；即食谷物[包括碾轧燕麦（片）]，37.5~112.5mg/kg（均以锌计）。

（三）乳酸锌

乳酸锌（zinc lactate），分子式 $C_6H_{10}ZnO_6 \cdot 3H_2O$，相对分子质量 297.97，结构式：

乳酸锌

1. 性状与性能

乳酸锌为白色结晶性粉末，无臭。溶于水，可溶于60倍冷水或6倍热水中。含锌量22.2%，是一种易吸收的锌营养强化剂。

2. 毒性与安全性

LD_{50}：977~1778mg/kg（bw）（小鼠，经口）。

3. 使用建议

GB 14880—2012规定，作为锌营养强化剂用于儿童口服液，使用量为600~1000mg/kg；固体饮料类，60~180mg/kg（以锌计）；豆乳粉、豆粉，29~55.5mg/kg（以锌计）；果冻，10~20mg/kg；均以锌计。

作为锌营养强化剂的还有甘氨酸锌、柠檬酸锌、氧化锌等。

四、硒

硒（selenium）是人体所必需的微量元素，是人体内一种重要的含硒酶——谷胱甘肽过氧化物酶的重要成分，具有重要的生理功能。它能够预防和抑制肿瘤、抗衰老、维持心血管系统正常的结构与功能、预防动脉硬化和冠心病的出现。在食品加工时，硒会因精制和烧煮过程而有所损失，所以越是精制的和长时间烧煮加工的食品，其含硒量越少。补硒的简单方法是每周1次口服亚硒酸盐（亚硒酸钠、亚硒酸钾），1~5岁儿童口服亚硒酸钠0.5mg，6~9岁儿童1.0mg，10岁以上2.0mg，亚硒酸盐可用于强化食品。

（一）亚硒酸钠

亚硒酸钠（sodium selenite），又称亚硒酸二钠，分子式Na_2SeO_3，无水物相对分子质量172.94。

1. 性状与性能

为白色晶体，在空气中稳定，易溶于水，不溶于乙醇。5分子水合物易在空气中风化失去水分，加热会分解，形成二氧化硒。在酸性溶液中可被氧化成硒酸或被还原成硒。

2. 毒性与安全性

LD_{50}：7mg/kg（bw）（大鼠，经口）。

3. 使用建议

GB 14880—2012规定，亚硒酸钠用于食盐，使用量7~11mg/kg；乳饮料，50~200μg/kg；面包、调制乳粉（儿童用乳粉除外），140~280μg/kg；调制乳粉（仅限儿童用乳粉），60~130μg/kg；饼干，60~130μg/kg；均以硒计。

（二）硒化卡拉胶

硒化卡拉胶（kappa-selenocarrageenan），又称kappa-硒化卡拉胶，是硒粉用浓硝酸溶解后与卡拉胶溶液反应、精制而成。是一种高含硒多糖类化合物，作为有机硒化物，具有比无机硒化物更好的生物可利用性和生理增益作用。

1. 性状与性能

为灰白色、淡黄色至土黄色粉末，微有海藻腥味。溶于水形成黄色澄清溶液，水溶液呈酸性；几乎不溶于甲醇、乙醇等有机溶剂。

2. 毒性与安全性

LD_{50}：雌性大、小鼠经口分别为 575mg/kg（bw）、818mg/kg（bw）；雄性大、小鼠经口，分别为 703mg/kg（bw）、934mg/kg（bw）。

3. 使用建议

GB 14880—2012 规定，硒化卡拉胶仅限用于 14.03.01 含乳饮料，使用量 50~200μg/kg。

（三）富硒酵母

富硒酵母（selenium-enriched yeast）是在酵母培养基中添加硒化物后培养而成。通过酵母在生长过程中对硒的自主吸收和转化，使硒与酵母体内的蛋白质和多糖有机结合，使硒能够更高效、更安全地被人体吸收利用。富硒酵母是一种高效、安全、营养均衡的补硒制剂。

1. 性状与性能

为浅黄色至浅黄棕色颗粒或粉末，具有酵母的特殊气味，无异臭。

2. 毒性与安全性

LD_{50}：10000mg/kg（bw）（小鼠，经口）。

3. 使用建议

富硒酵母是一种理想的功能性食品基料，使用方法同硒化卡拉胶。我国每日膳食中硒供给量为：儿童 1~3 岁 20μg，4~6 岁 40μg，7 岁以上 50μg。过量摄取易中毒，一般有机硒的毒性比无机硒毒性低，并且有利于人体吸收。

作为硒营养强化剂的还有硒酸钠、硒蛋白和富硒食用菌粉等。用硒源作为营养强化剂必须在省级卫生部门指导下使用，使用时可以元素硒计强化量。亚硒酸钠中含硒量为 45.7%，硒酸钠含硒量为 41.8%。

五、碘

碘（iodine）是人体内必需的微量元素之一，其生理功能主要是参与甲状腺素的合成，调节机体的代谢，能够促进生长发育，特别是参与能量代谢，影响体力和智力的发展以及神经、肌肉组织的活动。一般成人体内含碘 20~50mg，其中 70%~80% 存在于甲状腺组织内。

机体缺碘会产生地方性甲状腺肿，婴幼儿缺碘会引起生长发育迟缓、智力低下，严重会导致呆小症。常用的碘营养强化剂有碘化钾、碘酸钾、海藻碘和碘化钠等。

（一）碘化钾

碘化钾（potassium iodide），分子式 KI，相对分子质量 166.00。

1. 性状与性能

为无色透明晶体或不透明的白色结晶性粉末，味苦咸。熔点 681℃，干燥空气中稳定，在潮湿的空气中微有吸湿性。易溶于水、甘油，5% 水溶液 pH 为 6~10，溶于乙醇。遇光及空气时，能析出游离碘而呈黄色，在酸性水溶液中更易变黄。

2. 毒性与安全性

属于一般公认安全物质。

3. 使用建议

GB 14880—2012 规定，碘化钾用于食盐，使用量 30~70mg/kg；婴幼儿食品，0.3~0.6mg/kg；婴儿配方食品，0.25~0.9mg/kg。

（二）碘酸钾

碘酸钾（potassium iodate），分子式 KIO_3，相对分子质量 214.00。

1. 性状与性能

碘酸钾为白色结晶性粉末，无臭，熔点 560℃（部分分解）。溶于水，1g 溶于 15mL 水，不溶于乙醇。

2. 毒性与安全性

LD_{50}：531mg/kg（bw）（小鼠，经口）；136mg/kg（bw）（小鼠，腹腔注射）。

3. 制法

碘酸钾是在酸性溶液中加入氯酸钾，再缓慢加入碘，生成酸式碘酸钾，再加入氢氧化钾中和制得。

4. 使用建议

GB 14880—2012 规定，碘酸钾用于食盐，使用量 34~100mg/kg；婴幼儿食品，0.4~0.7mg/kg；固体饮料，0.26~0.40mg/kg。除作为碘营养强化剂外，还可作为水果催熟剂及面团品质改良剂。

作为碘营养强化剂使用时也可以元素碘计，碘化钾中含碘量为 76.4%，碘酸钾含碘量为 59.63%，食盐强化量 20~60mg/kg，婴幼儿食品强化量 0.25~0.48mg/kg。

第五节　脂肪酸类营养强化剂

不饱和脂肪酸是构成体内脂肪的一种脂肪酸，为人体必需的脂肪酸。不饱和脂肪酸可分为 4 种类型：ω-7、ω-9、ω-3 和 ω-6 型。根据双键个数的不同进行区分，通常将含有一个双键的称为单不饱和脂肪酸（mono-unsaturated fatty acid，MUFA），含有两个或两个以上双键的称为高度不饱和脂肪酸或多不饱和脂肪酸（poly-unsaturated fatty acid，PUFA）。ω-7 和 ω-9 属于单不饱和脂肪酸，可由人体从食物中摄取的饱和脂肪酸（saturated fatty acid，SFA）中合成，而 ω-3 和 ω-6 型的多不饱和脂肪酸是人体无法自行合成的，必须从食物中摄取，因此，常被称为必需脂肪酸。人体常见的必需脂肪酸有：亚油酸、亚麻油酸、花生四烯酸（AA）、二十碳五烯酸（EPA）和二十二碳六烯酸（DHA）。

一、γ-亚麻油酸

γ-亚麻油酸（γ-linolenic acid，GLA），化学名为顺式-6,9,12-十八碳三烯酸，分子式 $C_{18}H_{30}O_2$，相对分子质量 278.44，结构式：

γ-亚麻油酸

1. 性状与性能

为黄色油状液体。亚麻油酸是以水解糖为原料，接种黄色被孢霉经液体发酵后得干燥菌丝体，通过二氧化碳超临界萃取制得。亚麻油酸的质量标准为：含量（γ-亚麻酸）≥6.5%，酸值4.5mg/g，过氧化值≤0.35%。

γ-亚麻油酸是食物中亚油酸转化为前列腺素的中间产物，为人体一种必需脂肪酸，存在于母乳中，一旦缺少将导致体内组织机能的严重紊乱，引起如高血脂、糖尿病、病毒感染、皮肤老化等病症。

2. 毒性与安全性

LD_{50}：12000mg/kg（bw）（大鼠、小鼠，经口）。

3. 使用建议

GB 14880—2012 规定，γ-亚麻油酸用于调和油、乳及乳制品、强化γ-亚麻油酸饮料，使用量20~50g/kg。

二、α-亚麻酸

α-亚麻酸（α-linolenic acid，ALA），分子式 $C_{18}H_{30}O_2$，相对分子质量278.438。结构式：

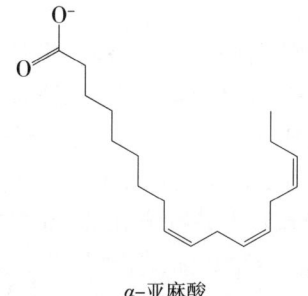

α-亚麻酸

1. 性状与性能

α-亚麻酸属 ω-3（或 n-3）型脂肪酸，为无色或淡黄色油液。沸点 230~232℃（133.3Pa），折射率1.480，相对密度0.914，熔点-11℃。不溶于水，溶于乙醇、乙醚等有机溶剂。置空气中易氧化聚合而成坚硬膜层。α-亚麻酸是人体必需的脂肪酸之一。ω-3 型脂肪酸的进食量与ω-6 型脂肪酸的进食量就应减少ω-6 型脂肪酸的进食量。α-亚麻酸可由亚麻油（含量50%）经水解、分馏制得。

2. 毒性与安全性

LD_{50}：12.0g/kg（bw）（大鼠、小鼠，经口）。

三、二十二碳六烯酸

二十二碳六烯酸（docosahexaenoic acid，DHA），是属于ω-3系列多不饱和脂肪酸的一种，分子式 $C_{22}H_{32}O_2$，相对分子质量328.50，结构式：

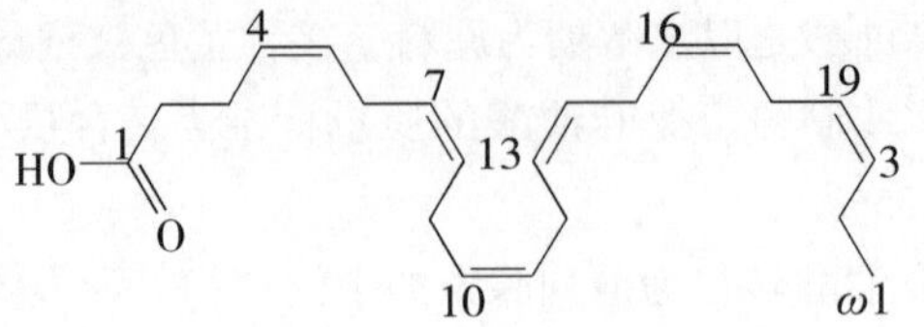

二十二碳六烯酸

1. 性状与性能

为无色透明液体，熔点-44℃，沸点447℃。二十二碳六烯酸是一种有着广泛生理活性的长链多不饱和脂肪酸。20世纪80年代以来，美国、日本、英国、澳大利亚等国开始生产和使用DHA。早期这类产品以富含DHA和EPA的深海鱼油（通常为金枪鱼油）为原料通过分子蒸馏工艺制得，以二十碳五烯酸（EPA）和二十二碳六烯酸（DHA）混合形式存在。DHA是大脑细胞膜的重要构成成分，参与脑细胞的形成和发育，对神经细胞轴突的延伸和新突起的形成有重要作用，尤其是对促进出生后婴儿大脑发育十分重要。DHA具有促进生长发育、改善血液循环、抗衰老、降血脂等功能。

2. 毒性与安全性

LD_{50}：10000mg/kg（bw）（大鼠，经口）。

3. 使用建议

GB 14880—2012规定，二十二碳六烯酸用于学龄前儿童谷类食品，使用量0.1~1.26g/kg。二十二碳六烯酸（DHA，双鞭甲藻）用于婴幼儿配方乳粉，0.4~1.8g/kg；孕妇及乳母乳粉，0.3~1.0g/kg。二十二碳六烯酸（DHA23，金枪鱼油）用于婴儿配方乳粉，0.4~1.8g/kg；孕产妇乳粉，0.3~0.5g/kg；幼儿及儿童配方乳粉，0.06~0.10g/kg。二十二碳六烯酸单细胞油（DHASCO）用于幼儿配方乳粉、学龄前儿童配方乳粉，0.09%~0.15%（占总脂肪的百分数）。二十二碳六烯酸（来源：双鞭甲藻、金枪鱼油，以纯二十二碳六烯酸计）用于婴儿配方食品、较大婴儿及幼儿配方食品、儿童配方乳粉、学龄前儿童谷类食品，≤0.5%（占总脂肪的百分数）。二十二碳六烯酸（以纯二十二碳六烯酸计）用于婴幼儿配方谷粉、学龄前儿童谷类食品，0.66g/kg。

四、二十碳五烯酸

二十碳五烯酸（eicosapentaenoic acid，EPA），分子式$C_{20}H_{30}O_2$，相对分子质量302.45，结构式：

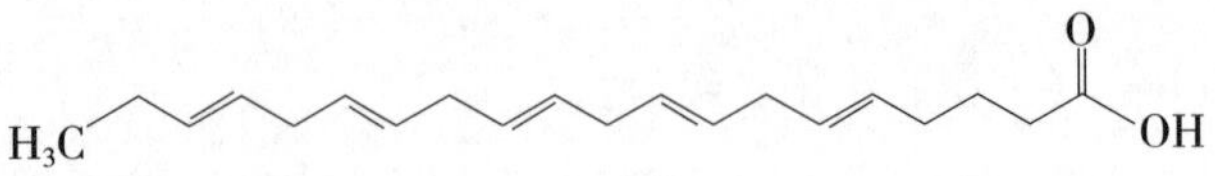

二十碳五烯酸

1. 性状与性能

属于ω-3系列的多不饱和脂肪酸（PUFA），即从末端甲基数起第3个碳原子是双键的长链

PUFA。EPA 有 5 个双键，是高度不饱和脂肪酸。在自然界中主要存在于深海冷水鱼体内，鱼油中 EPA、DHA 含量为 4%~40%。在人体内可由亚麻酸经去饱和酶作用转化而成。EPA 能在体中转化成 DHA。无色至淡黄色透明液体，纯品无臭无味。熔点 44℃。

2. 营养与安全性

EPA 具有降血脂、降血压、降血糖作用，可预防和改善动脉硬化，防止高血压。但是在防治心血管病的应用中，可能会出现胃肠道不适、肺栓塞、皮肤反应和粒细胞缺乏症等副作用。

3. 使用建议

鉴于直接补充鱼油，而且达到效果往往需要达到很大剂量（4g/d），因含有多不饱和脂肪酸易引起过脂质过氧化反应，常伴有胃肠道不适等，故 WHO 建议日常应以鱼类作为 EPA 和 DHA 的主要来源。GB 2760—2014 规定用量：婴幼儿配方乳粉，0.4~1.8g/kg。

五、花生四烯酸

花生四烯酸（arachidonic acid，AA），化学名为顺式-5，8，11，14-二十碳四烯酸，分子式 $C_{20}H_{32}O_2$，相对分子质量 304.46，结构式：

花生四烯酸

1. 性状与性能

室温下为淡黄色液体，熔点-49.5℃，沸点 245℃，溶于乙醇、丙酮、苯等有机溶剂。是一种有着广泛生理活性的长链多不饱和脂肪酸。作为食品添加剂的花生四烯酸是由蛋黄、鱼油中提取出来或利用生物技术从微藻和真菌中发酵生产而来。广泛分布于动物的中性脂肪中，在大脑和神经组织中含量丰富。花生四烯酸有利于婴儿的生长，对大脑功能、中枢神经系统和视网膜的发育起着重要作用。

2. 毒性与安全性

LD_{50}：39.2mg/kg（bw）（大鼠，经口）。

3. 使用建议

GB 14880—2012 规定，AA 可以广泛应用于婴幼儿配方乳粉、米粉、液态乳、方便食品、保健品及化妆品中。也可用于婴儿配方食品，早产儿使用量为 1.0~1.3g/kg，足月儿为 0.6~0.9g/kg；婴儿配方乳粉，1.6~2.6g/kg。花生四烯酸单细胞油（ARASCO）用于幼儿配方乳粉、学龄前儿童配方乳粉，使用量 0.15%~0.25%（占总脂肪的百分数）。花生四烯酸 [来源：高山被孢霉（Mortierllaalpina），以纯花生四烯酸计]，用于婴儿配方食品、较大婴儿及幼儿配方食品、学龄前儿童配方乳粉，使用量≤1.0%（占总脂肪的百分数）。

六、1，3-二油酸-2-棕榈酸甘油三酯

1，3-二油酸-2-棕榈酸甘油三酯（1，3-dioleoyl-2-palmioyl-triglyceride），分子式 $C_{55}H_{102}O_6$，相对分子质量 859.39，结构式：

$$\begin{array}{l} H_2C-O-C(CH_2)_7CH=CH(CH_2)_7CH_3 \\ \quad\quad\quad \| \\ \quad\quad\quad O \\ CH_3(CH_2)_{14}-C-O-CH \\ \quad\quad\quad\quad \| \\ \quad\quad\quad\quad O \\ H_2C-O-C(CH_2)_7CH=CH(CH_2)_7CH_3 \\ \quad\quad\quad \| \\ \quad\quad\quad O \end{array}$$

1,3-二油酸-2-棕榈酸甘油三酯

1. 性状与性能

1,3-二油酸-2-棕榈酸甘油三酯是由脂肪酶催化酯交换,使脂肪酸在丙三醇分子上的位置重新排列而得。在25℃条件下为白色固体。

2. 使用建议

GB 14880—2012 规定,1,3-二油酸-2-棕榈酸甘油三酯的允许使用品种使用范围为调制乳粉(仅限儿童用乳粉,液体按稀释倍数折算),使用量 24~96g/kg。

七、亚油酸

亚油酸(linoleic acid,LA),化学名为顺式-9,12-十八碳二烯酸(6,9-octadecadienoic acid),18:2n-6,结构式:

亚油酸

1. 性状与性能

亚油酸是含有两个双键,18 个碳原子的多不饱和脂肪酸,为 ω-6。是合成花生四烯酸的前体,花生四烯酸又是合成前列腺素的前体之一。

2. 营养与安全性

亚油酸普遍存在于植物油中,一般植物油中含量为 40%左右,也有的高达 70%~85%,如红花子油、葵花子油、棉籽油、大豆油、玉米油、芝麻油中含量为 40%~50%。动物脂以及含油酸较多的植物油(如橄榄油、茶油、棕榈油等)中亚油酸的含量仅为 10%左右。

3. 使用建议

婴儿、小孩,100mg/[kg(bw)·d];成人,36mg/[kg(bw)·d]。在两种必需脂肪酸亚麻酸和亚油酸的基础上通过增加链的长度和形成双键,可以分别合成 ω-3 族和 ω-6 族脂肪酸。催化这两族脂肪酸延长碳链的延伸酶(elongase)和形成双键的去饱和酶(desaturase)是相同的,因此这两族脂肪酸在转化时会发生竞争作用。为了达到最好的健康促进效果,ω-3 和 ω-6 脂肪酸的摄入或添加的最佳比例为 1:1 到 1:4。如果膳食中 ω-6 脂肪酸摄入过多,ω-3 脂肪酸摄入较少,就会导致这两种必需脂肪酸摄入不平衡,可以引起癌症、心脏病、过敏症、糖尿病等疾病的增加。

第六节 复合营养强化剂在食品中的使用

人类通过外界食物摄取营养素，由于单一的食物不能提供人体所需的全部营养素，而且食物在烹调、贮藏、加工等过程中往往有部分营养素损失与破坏，加之经济条件、文化水平、饮食习惯等诸多因素的影响，人们不易获得全面的营养，常导致缺乏维生素、矿物质等营养素而影响身体健康。因此，许多国家的政府和营养学家都提倡在国民膳食的食物种类必须多样化的基础上，采取在某些食物中强化其缺乏的营养素措施，开发和生产各类人群需要的营养强化食品，以改善和提高各类人群的营养状况和健康水平。

我国营养不良问题较为严重，从总量上看，我国属于世界上营养不良人数最多的国家；从结构上看，我们正承受着营养摄入不足和营养结构失衡两类营养不良带来的双重负担。我们既有发达国家所需要解决的失衡型营养不良问题，又有在发展中国家存在的营养摄入不足问题。因此，通过添加营养强化剂来补充和平衡膳食营养是我国解决营养不良与失衡的重要手段，采用食物营养强化的方式提高人民群众的营养健康水平也是国家的既定政策。食品营养强化已成为食品科学和营养学的主要研究内容之一，营养强化食品产业将成为食品工业发展的一个新方向。

一、营养强化食品的种类

随着我国经济的发展，人们的生活水平已经显著提高，饮食已经不仅仅是为了解决温饱问题，多数人已经开始更多地追求营养健康的平衡膳食。通过推广强化食品来提高我国公众的营养健康状况和防治某些疾病已取得十分可喜的成果。营养强化食品正以前所未有的力度渗透到我们的生活之中，影响着我们的饮食、健康和观念。

纵观时下的食品市场，营养强化食品种类繁多，常见的营养强化食品主要有粮食、乳和乳制品、饮料、调味品、植物油、糖果等，以及军用强化食品、职业病强化食品、勘探采矿等特殊需要强化食品。目前，我国已基本确定将食盐、面粉、大米、酱油、食用油、乳制品和儿童辅助食品等作为营养强化战略的实施载体，将维生素 A、维生素 B_1、维生素 B_2、烟酸、泛酸、叶酸、赖氨酸、甲硫氨酸、苏氨酸、色氨酸、牛磺酸、钙、铁、锌、硒、碘等营养素作为添加的主要营养强化剂。

（一）营养强化食盐

我国是世界上碘缺乏病流行最严重的国家之一，而微量元素"碘"是机体所必需的生命元素。人体需要的碘主要来源于食物，长期食用含碘低的食物会造成碘摄入量不足。在食盐中强化碘是防止甲状腺肿等疾病的最好方法，日常生活中最普遍、最有效的补碘方法就是食用碘盐，这是因为盐一日三餐都需摄取，每天食用 5~6g 碘盐中所含的碘就可以满足人体日常的生理需要。我国加碘盐多数为加碘酸钾的碘盐，个别地区有加碘化钾的碘盐。我国居民在食用碘盐后，碘营养水平已明显改善并更趋合理。此外，还有微胶囊铁强化盐、硒强化盐、锌强化盐、核黄素强化盐等。

（二）营养强化面粉

在谷类制品中添加营养素，是我国继对食盐加碘强化后又一改善公众营养状况的重大举措。通常是在面粉中添加维生素 A、维生素 B_1、维生素 B_2、烟酸、叶酸、钙、铁、锌等人体所需的维生素和矿物质，有的还增补赖氨酸和甲硫氨酸，还有的在面粉中加入干酵母、脱脂乳粉、大豆粉和谷物胚芽等天然食物。在食用强化面粉后，试点地区人群的微量元素摄入量全面提高，营养性贫血状况明显好转，锌缺乏有所改善，取得了较好效果。

（三）营养强化大米

大米是人类的主食之一，提供人类 27% 的热能、20% 的蛋白质和 3% 的脂肪；也是维生素 B_1、维生素 B_2、烟酸、锌等营养素的重要食物来源。大米中的营养素在加工过程中均有一定的损失，越是加工精白的大米，其营养素的损失越多，以及大米蛋白质中赖氨酸与甲硫氨酸还存在不足等问题，因此大米进行营养强化十分必要。目前应用最广的强化方法是将各种营养强化剂配制成水溶液或脂溶性溶液，然后将米浸渍于其中，吸附各种营养成分，或将复合营养强化剂溶液喷涂于米粒上，然后经真空干燥制成。强化的营养物质主要有维生素 B_1、维生素 B_2、维生素 B_6、维生素 B_{12}、赖氨酸、苏氨酸、甲硫氨酸、色氨酸、磷酸盐等。

（四）营养强化酱油

酱油是日常生活中常用的调味品，主要添加维生素 B_1、维生素 B_2、铁、钙等。维生素 B_1 的强化量一般为 17.5mg/L 酱油。由于我国膳食中植物性食物占主要部分，铁的吸收率极低，缺铁性贫血是我国公众普遍存在的问题。针对我国存在缺铁性贫血和铁营养不良的状况，国家开始推广"酱油补铁"。有关部门在贵州地区进行了大规模的试验后发现，当地缺铁性贫血的儿童比例由食用铁强化酱油之前的 42% 减少到食用后的 7%。此外，高钙低盐酱油是强化酱油的典型例子之一，利用牡蛎壳中提取的天然水溶性活性钙，可制造高钙低盐酱油。

（五）营养强化食用油

根据全国营养调查结果显示，我国膳食中动物性食物来源的维生素 A 不足，维生素 A 主要来源于植物性食物，仅为需要量的 60%~70%。我国居民中，城乡 3~12 岁儿童维生素 A 缺乏率为 9.3%，有的西部省区缺乏率高达 42.0%。维生素 A 缺乏引起了政府的高度重视，已经确定维生素 A 强化食用油作为食物改善方式之一。食用植物油作为食品营养强化的载体之一，非常适合进行维生素 A、维生素 E 等脂溶性维生素的强化。

营养强化剂现已广泛应用于辅助食品中。以乳粉为例，普通乳粉一般是鲜牛乳经过干燥工艺制成的粉末状乳制品，配方乳粉是根据不同人群的营养需求，通过调整普通乳粉营养成分的比例，强化所需的钙、铁、锌、硒等矿物质，维生素 A，维生素 D，维生素 E，维生素 K，维生素 C，B 族维生素，以及牛磺酸、AA、DHA、低聚半乳糖、多聚果糖（含低聚果糖）等营养强化剂及益生元类物质，从而生产出孕妇及乳母乳粉、婴幼儿乳粉、儿童及青少年乳粉、中老年营养强化乳粉等配方乳粉。

二、复合营养强化剂在食品中的应用

当前，"复合型"营养强化剂已成为一大发展趋势。营养素强化追求全面、均衡，营养强化食品已由早期的单一营养素强化向多种营养素强化发展。为了有效地解决强化食品的强化剂加入量的精确控制及其在最终产品中的均匀分布两大技术难题，并根据强化不同产品的需求，已经趋向于进行营养强化剂的预混与复合。预先配制各种营养素，稀释、分散到一种适配性较强的载体（如葡萄糖、麦芽糊精）中。复合营养强化剂预混合物除添加维生素、氨基酸、无机盐、脂肪酸和膳食纤维等营养素之外，还可组合风味成分、色素、抗氧化剂以及其他功能性成分等配料，以提高强化食品的品质。

此外，食品营养强化剂向"保健功能型"发展已成为另一大趋势。营养强化食品内涵向"保健功能型"拓展。越来越多的消费者相信，合理的饮食方式以及适宜的营养素、植物化学物等成分有助于预防慢性疾病，提高生活质量。人们对健康问题的关注焦点已经由解决营养素缺乏拓展到相关营养因子和非营养保健因子对特定人群的实际效果。营养强化不再仅仅是以维持身体健康或不生病为目的，消费者更加迫切希望借助营养强化来预防甚至辅助治疗某些特殊疾病，以维持最佳的健康状况。

复合营养强化剂又称复合营养素、营养素预混料，它是根据不同状态人群及生理需要，本着均衡营养的原则，依据国家有关标准，将人体所需要的维生素、氨基酸、无机盐等营养素经特殊工艺进行复配，专供营养强化食品生产企业使用的复合型食品添加剂。复合营养强化剂具有强化及添加工艺简便、采购手续简化、便于贮存、减少浪费等优点，目前已经越来越受到广大食品企业的青睐，正在成为食品添加剂行业新的"亮点"。

复合营养强化剂的种类较多，它针对不同的人群、不同生理特点、不同劳动强度而设计有不同的配方。按原料种类可分为：

（1）由单一营养素及其他辅料制成的预混料　如维生素A预混料、硒预混料、花生四烯酸（AA）预混料等。

（2）由同类原料组成的预混料　如复合维生素、复合微量元素、复合氨基酸、复合核苷酸等。

（3）由两类或多类强化剂组成的营养强化剂　如由维生素、氨基酸、无机盐和不饱和脂肪酸等组成的复合营养强化剂。

复合营养强化剂在食品中的应用要注意以下几点：

（1）针对性要强　强化食品要经过严格的调查，针对不同的人群了解各地区的膳食模式及营养摄入量等情况，而且肯定某种疾病确实是由于某种营养素摄入不足引起的，方可为这类人群提供强化食品。

（2）强化量要合适　不能太少也不能过量。强化量太少，不足以预防营养缺乏症，强化过量则会引起营养素之间新的不平衡，甚至引起慢性中毒。各强化营养素之间也要注意平衡。

（3）不影响食品质量　强化剂的使用不能影响和降低食品的原有品质，也不能影响其原有的风味，否则会使食品感官质量下降。

（4）包装要求　强化食品必须在包装上注明"营养强化食品"字样；并标明生产厂名，生产日期，强化剂种类、数量，使用对象，食用方法，食用量和保存期等。

随着人类社会的发展和人们健康意识、营养强化意识的增强，食品科学和营养学理论及食品强化技术的不断创新发展，以及我国食品相关的法律法规体系的不断健全完善，为了满足各类人群对营养素的需要，添加营养强化剂的食品将会越来越多，食品营养强化剂对改善我国居民的营养状况和提高人们的营养健康水平起到重要的作用，营养强化食品产业将得到长足发展，前景十分广阔。

> **思考题**
>
> 1. 食品营养强化和食品营养强化剂的概念是什么？
> 2. 食品营养强化有哪些意义和作用？
> 3. 常用的维生素类强化剂有哪些？各自有何作用？
> 4. 常用的氨基酸类强化剂有哪些？各自有何作用？
> 5. 常用的无机盐类强化剂有哪些？各自有何作用？
> 6. 常用的脂肪酸类强化剂有哪些？各自有何作用？

第十二章

食品酶制剂

[本章简介]

本章主要介绍了动物源、植物源及微生物源食品酶制剂,并对酶制剂的使用安全性进行了阐述,目的是使学生掌握主要食品酶制剂性质,并为其正确应用食品酶制剂奠定良好的理论基础。

[学习重点]

1. 掌握主要食品酶制剂的性质;
2. 了解各种食品酶制剂的主要应用方向;
3. 了解食品酶制剂的使用安全性。

酶是一种由细胞产生,受多种因素调节,具有催化能力并以蛋白质为主要成分的生物催化剂。生物的一切新陈代谢都是在酶的作用下进行的。由动物或植物的可食或非可食部分直接提取,或由传统或通过基因修饰的微生物(包括但不限于细菌、放线菌、真菌菌种)发酵、提取制得,用于食品加工,具有特殊催化功能的生物制品称为食品酶制剂。食品加工是将原材料转变为可供人们直接食用的成品、半成品的过程,是通过化学变化或生物学变化来实现的。食品酶制剂的主要作用就是催化食品加工过程中的各种化学反应,提高生产效率,降低成本,并生产出更优质的产品。目前,我国列入《食品安全国家标准 食品添加剂使用标准》(GB 2760—2014)的食品酶制剂品种已有 54 种,较 2011 版新增两种,分别为甘油磷脂胆固醇酰基转移酶(glycerophospholipid cholesterol acyltransferase,GCAT)和右旋糖酐酶(dextranase)。而在日本食品卫生法(新法)中,作为食品添加剂的酶已达 76 种。目前,食品酶制剂在食品工业的许多领域得到了广泛的应用。

食品酶制剂的选择必须考虑几个原则,这些原则包括安全性、法规允许、成本、来源稳定性、纯度、专一性、催化反应能力以及在加工过程中保持稳定等。食品酶制剂的来源包括动物、植物和微生物。前两者由于原料生长周期长，成本高，又受地理、气候、季节等因素的影响不适宜于大规模生产酶制剂。目前工业上应用的酶大多采用微生物发酵法生产。相对于动、植物源酶制剂，微生物酶制剂的生产具有明显的优点：微生物种类繁多，产酶的微生物多；一种微生物可产生多种酶；微生物繁殖快，生产周期短，产量高，便于大规模生产；微生物方法便于选育菌株和改良发酵条件，易于提高产率等。目前利用DNA重组技术改造微生物，可大大提高酶制剂的产量。

《食品安全国家标准 食品添加剂 食品工业用酶制剂》（GB 1886.174—2016）规定：用于生产酶制剂的原料必须符合良好生产规范或相关要求，在正常使用条件下不应对最终食品产生有害健康的残留污染。动物源性酶制剂要求其动物组织必须符合肉类检疫要求；植物源性酶制剂，其植物组织不得霉变；对微生物生产菌种应进行分类和（或）遗传学鉴定，并符合相关规定，其保藏方法和条件应保证发酵批次间的稳定性和可重复性。所有GB 2760—2014允许使用的食品酶制剂均需符合表12-1中各项指标的要求。

表12-1 食品酶制剂的通用质量指标

项目	指标	检验方法
酶活力（为所标值的）/%	85.0~115.0	GB 1886.174—2016
总砷（以As计）/（mg/kg）	≤3.0	GB 5009.75—2014[①]或 GB 5009.12—2017[②]
铅（Pb）/（mg/kg）	≤5.0	GB 5009.11—2014[③]
菌落总数/（CFU/g或CFU/mL）	≤50000	GB 4789.2—2016[④]
大肠菌群/（CFU/g或CFU/mL）	≤30	GB 4789.3—2016[⑤]
大肠埃希氏菌/（CFU/g或CFU/mL）	≤10	GB 4789.38—2012[⑥]
/（MPN/g或MPN/mL）	≤3.0	
沙门氏菌/（25g或25mL）	不得检出	GB 4789.4—2016[⑦]
抗菌活性（微生物源酶制剂）	不得检出	GB 4789.43—2016[⑧]

注：经基因重组技术得到的微生物生产的酶制剂不应检出生产菌。

大肠菌群（Coliforms）；大肠埃希氏菌（Escherichia coli）；沙门氏菌（Salmonella）。

① 《食品安全国家标准 食品添加剂中铅的测定》（GB 5009.75—2014）；
② 《食品安全国家标准 食品中铅的测定》（GB 5009.12—2017）；
③ 《食品安全国家标准 食品中砷及无机砷的测定》（GB 5009.11—2014）；
④ 《食品安全国家标准 食品微生物学检验 菌落总数测定》（GB 4789.2—2016）；
⑤ 《食品安全国家标准 食品微生物学检验 大肠菌群计数》（GB 4789.3—2016）；
⑥ 《食品安全国家标准 食品微生物学检验 大肠埃希氏菌计数》（GB 4789.38—2012）；
⑦ 《食品安全国家标准 食品微生物学检验 沙门氏菌检验》（GB 4789.4—2016）；
⑧ 《食品安全国家标准 食品微生物学检验 微生物源酶制剂抗菌活性的测定》（GB 4789.43—2016）。

第一节 动物来源酶制剂

动物来源酶制剂是由动物的各种分泌腺产生和分泌的,主要从动物的胃黏膜、胰脏和肝脏中提取得到。例如,从动物的胃中可以提取胃蛋白酶和凝乳酶,从胰脏中可以提取胰蛋白酶和胰凝乳蛋白酶等。

一、凝乳酶

凝乳酶(chymosin),又称皱胃酶,是干酪制品的凝乳剂,相对分子质量 36000~310000。

(一)性状与性能

为澄清的琥珀至暗棕色液体,或白色至浅棕黄色无定形粉末,是一种含硫的特殊蛋白酶。最适 pH 为 5.8,最适温度 37~45℃,微溶于水,不溶于乙醇、氯仿和乙醚。干燥品活性稳定,在溶液中不稳定。凝乳酶是以无活性的酶原形式从哺乳期小牛第四胃中分泌出来的,从无活性的酶原转变成活性酶时经受了部分水解。pH 和盐浓度影响着酶原激活的过程。pH=5.0 时,酶原主要通过自身催化作用激活;在 pH=2.0 时,激活过程进行得非常快,自身催化起次要作用。凝乳酶在 pH 为 5.3~6.3 区间最稳定;在 pH 为 3.5~4.5 区间内,凝乳酶由于自我消化,较快地失活。pH 在中间和碱性区间,凝乳酶很快失去凝乳的活力。

(二)毒性与安全性

ADI:无限制性规定。

(三)使用建议

凝乳酶从犊牛、小山羊或羊羔的皱胃中提取,或通过发酵的方法制备。其主要作用是水解多肽类,特别是胃蛋白酶难以水解的多肽。GB 2760—2014 规定了可用于食品加工的凝乳酶的种类、来源及供体。凝乳酶 A 由含有小牛前凝乳酶 A 基因的大肠杆菌 K-12 受控发酵产生,商业制品为含有活性酶的液体,主要作用是断裂干酪中的多肽单链;凝乳酶 B 由含有小牛前凝乳酶 B 基因的黑曲霉或酵母发酵产生。

凝乳酶广泛用于干酪制造,也可用于酶凝干酪素及凝乳布丁的制造。凝乳酶催化酪蛋白沉淀是干酪制造中非常重要的一步。在凝乳酶的作用下,牛乳形成凝块或凝胶结构的过程包括两个阶段:第 1 阶段是酶作用阶段,其基本特征是在 12%三氯乙酸(TCA)中可溶的含氮组分增加;第 2 阶段包括经酶作用而改变的酪蛋白胶粒聚集成凝胶结构。凝乳酶水解 κ-酪蛋白分子中 Phe-Met 键后产生 Para-κ-酪蛋白和一个糖肽,后者含有 20%~30%的碳水化合物,可溶于 12% TCA。Para-κ-酪蛋白是不溶解的,当它沉淀时,还导致酪蛋白中的其他部分沉淀。当约 90% κ-酪蛋白被水解时,可以用肉眼观察到胶粒的聚集。乳中的黏度随着胶粒聚集而增加,直到形成凝胶结构为止。提高温度和增加钙离子浓度可加快凝胶形成的速度。

凝乳酶的活力单位 RU(rennin unit)是指单位重量(1g 或 1mL)的凝乳酶在 35℃条件下,40min(2400s)内所凝固的牛乳质量或体积,其活力计算公式为:

$$活力 = \frac{供试乳质量或体积}{凝乳酶质量或体积} \times \frac{2400(s)}{凝乳时间} \tag{12-1}$$

在天然干酪的加工过程中，凝乳的形成是一个主要环节。一般情况下按凝乳酶的效价和原料的重量计算出酶的用量。用1%食盐水将酶配成2%的酶溶液加到原料中，充分搅拌2~3min后加盖（不至起泡沫）在28~30℃下保温30min使乳凝固，并达到要求。随后切块、除乳清、堆积、成型、加盐、成熟。

二、胃蛋白酶

胃蛋白酶（pepsin）是Schnann在1825年首次从胃壁中分离而得。在消化液分泌初期并不作为胃蛋白酶，而是胃蛋白酶源（pepsinogen），在酸性条件（盐酸作用）下才成为胃蛋白酶。现已从猪、小牛、小羊、禽类等动物的胃液中制得胃蛋白酶精制品。

（一）性状与性能

胃蛋白酶为类白色或淡黄色粉末，微酸及盐味。易溶于水，呈不同程度的乳白色；几乎不溶于醇、氯仿和醚。在酸性环境中活性较高，酶溶液在pH为5.0~5.5时最稳定，pH为2.0时则发生自身消化。相对分子质量33000（猪胃获得的胃蛋白酶），最适作用温度为40~65℃。

（二）毒性与安全性

ADI：无限制性规定。

（三）使用建议

GB 2760—2014未规定胃蛋白酶的使用限量。胃蛋白酶作为消化性蛋白酶，主要用于水解多肽，使其成为低分子的肽类。胃蛋白酶可用于谷类的前处理（在方便食品制造上使用淀粉酶和胃蛋白酶）及婴儿食品，甚至口香糖；也可用于干酪制造、水解蛋白制备，或作为啤酒澄清的凝乳剂。

关于胃蛋白酶的作用机制，已从酶作用动力学数据得以证实：酶活性部位含两个羧基（—COOH），在未与底物结合时，一个羧基处于质子化状态，另一个羧基则处于解离态。当酶-底物吸附结合物生成后，酶活性部位中解离的羧基对肽键上羰基的亲核进攻导致共价中间物的形成；随后，质子化羧基上的羰基氧从羧基上夺走一个质子，有助于羧基碳化亚氨基（—NH—）的亲核进攻；最后，氨基-酰基-酶中间产物经水解生成产物和酶复原。

三、胰蛋白酶

胰蛋白酶（trypsin）作为蛋白质水解酶，可从牛或猪的胰腺中提取而得，相对分子质量23800。

（一）性状与性能

为白色或米黄色粉末，溶于水，不溶于乙醇、甘油、氯仿和乙醚，能选择性地优先水解蛋白质中由赖氨酸或精氨酸的羧基侧的肽键。等电点pH为10.5，最适pH为7.8~8.5，当pH>9时，该酶会自溶失活。钙离子对胰蛋白酶活性有稳定作用，而重金属离子、有机磷化合物以及一些天然存在的蛋白质，如大豆、小麦蛋白酶抑制剂或卵糖蛋白酶等，对其活性有强烈抑制作用。胰蛋白酶除存在于脊柱动物外，还广泛存在于蚕、蜊蛄、海盘车及放线菌等生物体中。

（二）使用建议

GB 2760—2014规定，应用于食品工业的胰蛋白酶仅限于猪或牛的胰腺。在食品加工中，胰蛋白酶可用于酒类和饮料的澄清、畜蛋白原的水解，以及有效抑制乳脂肪因不良条件引起的乳脂肪氧化味的产生。

第二节 植物来源酶制剂

能够提供食品酶制剂的植物品种较多，包括大麦芽、菠萝、番木瓜、无花果和大豆粉等。例如，从大麦芽中提取的 β-淀粉酶，可以用在淀粉工业、啤酒酿造中；从菠萝茎、番木瓜汁和无花果汁中提取的菠萝蛋白酶、木瓜蛋白酶及无花果蛋白酶，可以用于生产蛋白质水解物、防止啤酒冷沉淀和嫩化肉类制品等。目前植物来源的酶制剂应用较广的主要包括菠萝蛋白酶、木瓜蛋白酶及无花果蛋白酶等。

一、木瓜蛋白酶

木瓜蛋白酶（papain），又称木瓜酶，是 Balls 等在 1937 年从番木瓜的未成熟果实中提取的乳液，经凝固、干燥得到的粗制品，是未经纯化的多酶体系。纯木瓜蛋白酶是由 212 个氨基酸组成的单链蛋白质，制品含有木瓜蛋白酶、木瓜凝乳蛋白酶、木瓜凝乳蛋白酶 M（chymopapain M）和溶菌酶等。

（一）性状与性能

该酶为乳白色至微黄色粉末或液体，具有番木瓜特有的气味，粉末稍具有吸湿性。易溶于水、甘油，几乎不溶于乙醇、氯仿和乙醚等有机溶剂，等电点为 8.75。水溶液为无色至浅黄色，有时为乳白色。木瓜蛋白酶是一种巯基蛋白酶，其水解蛋白质能力强，但几乎不能分解蛋白胨。有效温度范围为 10~90℃，最适作用温度为 55~65℃；有效 pH 范围为 3.0~9.0，最适作用 pH 为 5.0~7.0。木瓜蛋白酶的 pH 随底物而动，以明胶为底物时为 5，以蛋清蛋白和酪蛋白为底物时则为 7。除蛋白质外，木瓜蛋白酶对酯和酰胺类底物也表现出很高的活力，还具有从蛋白质水解物再合成蛋白质类物质的能力。这种活力有可能被用来改善植物蛋白质的营养价值或功能性质，如将甲硫氨酸并入大豆蛋白质中。

（二）毒性与安全性

木瓜蛋白酶取自番木瓜果实部分，无毒。

ADI：无须作规定。

（三）使用建议

根据 GB 2760—2014 规定，木瓜蛋白酶主要应用于水解动、植物蛋白质，饼干，肉、禽制品。木瓜蛋白酶在食品工业中应用广泛：①可作为肉类嫩化剂（如嫩肉粉），这是因为其可将肌动球蛋白和胶原蛋白分解成分子较小的多肽和氨基酸物质，使得肉类的筋腱丝和肌丝断裂，令口感更爽滑鲜嫩。②可应用于啤酒中，作为啤酒品质改良剂，能把啤酒中的大部分蛋白质水解，破坏产生混浊的主要成分，从而提高啤酒稳定性，防止啤酒产生冷混浊，延长啤酒保存期；还可改善啤酒口感及原有多肽和氨基酸的组成和比例，改善口感；同时还能有效地提高麦汁中氨基酸的含量和保持啤酒的发泡特性，且不会产生因水解出现的不愉快的苦味。③可作为饼干松化剂，在饼干和糕点中使用可以通过破坏巯基，降低面团筋度，令饼干更加膨松，使其具有较好的外观和油润性，降低饼干次品率，提高生产效率；另外还可减少糖分和油脂的用量。④可用于调味品生产，通过分解啤酒酵母菌，提取出具有浓郁香味的酵母抽提物，经过调味可以制作成调味酱，提高酵母菌的利用价值。⑤可用于营养保健食品的生产，木瓜蛋白酶有助于消化吸收，可用于肠溶片的制作，通过口服的方式改善消化不良等现象，还可将一些具有特殊蛋白质的动、植物分解成营养保健液。

二、菠萝蛋白酶

菠萝蛋白酶（bromelain），又称菠萝酶、凤梨酶或凤梨酵素，由菠萝果实及茎（主要利用其外皮）经压榨提取、盐析（或丙酮、乙醇沉淀）、分离、浓缩、酶固定化、干燥而制得。其相对分子质量33000。

（一）性状与性能

成品为白色至浅黄色无定形粉末，溶于水，水溶液为无色至淡黄色，有时有乳白光，不溶于乙醇、氯仿和乙醚。此酶属糖蛋白，含糖量约为2%，优先水解碱性氨基酸（如精氨酸）或芳香族氨基酸（如苯丙氨酸、酪氨酸）羧基侧的肽键，水解多肽成为低分子的肽类，还可水解酰胺基键和脂类。菠萝蛋白酶等电点为pH 9.55，最适pH为6~8，最适温度为55℃。

（二）毒性与安全性

菠萝蛋白酶为纯天然植物蛋白酶。

ADI：不作限制性规定。

（三）使用建议

其活化和活性的机制与木瓜蛋白酶相似，这表明它们对底物有着类似的特性。在食品工业中菠萝蛋白酶作为一种食品添加剂，能分解蛋白质、肽、酯和酰胺等，可用于肉质嫩化、蛋白质水解、啤酒澄清、干酪生产、烘焙食品加工、软糖制造、脱水豆类等。菠萝蛋白酶对含酪氨酸较多的蛋白质有很强的水解能力，用于牛肉加工中的嫩化过程，可缩短时间、提高牛肉的适口感。菠萝蛋白酶对香肠的嫩化作用，菠萝蛋白酶以不同的浓度加入一种干燥的西班牙口利左香肠中，菠萝蛋白酶对肌浆球蛋白和其他的肌原纤维蛋白有明显的水解作用，以浓度6U/100g的浓度加入香肠中，低温冷藏48h，感官分析得此浓度和作用时间的菠萝蛋白酶有很好的嫩化效果并且不影响香肠固有的风味。

三、无花果蛋白酶

无花果蛋白酶（ficin）是一类巯基蛋白酶，源自无花果树的胶乳和花托蛋白质中，相对分子质量约26000。

（一）性状与性能

为白色至淡黄色粉末，有一定吸湿性，溶于水时成浅棕色至深棕色，不溶于一般有机溶剂。无花果蛋白酶的最适pH为5.7。其热稳定性高，在100℃下水溶液酶可失活，但粉状酶仍需数小时才会失去活性，最适温度为65℃。该酶的粗制品是许多蛋白酶的混合物，因无花果的种类不同，酶的质量也不同，平均10~15g青无花果中含有无花果蛋白酶100~150mg。无花果蛋白酶在许多方面与木瓜蛋白酶相似，能用半胱氨酸激活，受重金属及氧化剂的抑制。

（二）使用建议

无花果蛋白酶除参与蛋白质的分解和迁移外，还与细胞信号的传导有关。纯化的无花果蛋白酶因其稳定性好、蛋白水解能力强、对多种蛋白质均有很好的降解作用，被广泛应用于食品加工、工业生产和医疗卫生等领域。在食品工业中，无花果蛋白酶主要用于啤酒抗寒、肉类软化、烘焙时调节面团筋度、干酪制造时替代凝乳酶作乳液凝固剂之用等。因此，大力开展对无花果蛋白酶的研究，可改变我国植物蛋白质资源长期主要依靠番木瓜、菠萝等少数热带水果资源的现状。

第三节 微生物来源酶制剂

近年来，酶制剂的主要来源已逐渐被微生物所取代，这是因为利用微生物提取的酶具有下述优点：

① 微生物种类多，酶种丰富。存在于动植物体内的酶类，几乎也都存在于微生物体内。
② 微生物繁殖迅速，酶产量高。
③ 采用深层发酵或连续培养技术，适于大规模生产。
④ 培养简单、成本低廉。

目前在食品工业中应用较为广泛的微生物酶主要有淀粉酶、蛋白酶、果胶酶、脂肪酶等。

一、淀粉酶

淀粉酶是能催化淀粉水解生成葡萄糖、麦芽糖及其他低聚糖的一类酶的总称。根据淀粉酶对淀粉的水解方式不同，可以将淀粉酶分成三类：① α-淀粉酶：从底物分子内部将糖苷键裂解；② β-淀粉酶：从底物的非还原性末端将麦芽糖单位水解下来；③ 葡萄糖淀粉酶：从底物的非还原性末端将葡萄糖单位水解下来。其中，食品工业中使用的 α-淀粉酶和葡萄糖淀粉酶绝大部分来源于微生物；而 β-淀粉酶大多来源于麦芽粉、大麦、小麦、大豆、麸皮等植物源，这是因为微生物发酵法生产的 β-淀粉酶活力低，成本高，而来源于植物的 β-淀粉酶活力高，是啤酒酿造、饴糖（麦芽糖浆）制造的主要糖化剂。

（一）α-淀粉酶

α-淀粉酶（α-amylase），又称液化型淀粉酶、糊精化酶等，相对分子质量约 50000。高等植物，如玉米、稻米、高粱等含有 α-淀粉酶，发芽大麦中含有丰富的 α-淀粉酶；人及动物唾液、胰液中也含有此酶。能产生 α-淀粉酶的微生物有枯草杆菌（Bacillus subtilis）、芽孢杆菌、吸水链霉菌（Streptomyces hygroscopicus）、米曲霉（Aspergillus oryzae）、黑曲霉（Aspergillus niger）和扩展青霉（Penicillium expansum）等。α-淀粉酶以随机的方式作用于淀粉，产生还原糖。其作用模式、性质和降解物因酶的来源不同而稍有差别。

1. 性状与性能

一般为浅黄色粉末或浅棕黄色液体，溶于水，不溶于乙醇、氯仿和乙醚。α-淀粉酶以直链淀粉为底物时，反应一般按两个阶段进行。首先，直链淀粉快速地降解，产生寡糖（麦芽糖和麦芽二糖），它是 α-淀粉酶以随机的方式作用于淀粉的结果。由于 α-淀粉酶不能水解麦芽糖分

子中的 α-1，4 糖苷键，第二阶段的反应比第一阶段要慢得多，最终将寡糖缓慢地水解成最终产物葡萄糖和麦芽糖。随着淀粉分子的变小，粉浆黏度降低，工业上称这种现象为"液化"。又因产生糊精，也称为"糊精化"。α-淀粉酶作用于支链淀粉时，生成葡萄糖、麦芽糖和一系列 α-限制糊精（由 4 个或更多个葡萄糖基构成的寡糖），后者都含有 α-1，6-糖苷键。

α-淀粉酶的最适 pH 一般为 4.5~7.0，不同来源的 α-淀粉酶的最适 pH 稍有差异。从人类唾液和猪胰腺中得到的 α-淀粉酶的最适 pH 范围较窄，在 6.0~7.0；枯草杆菌 α-淀粉酶的最适 pH 范围较宽，在 5.0~7.0；嗜热脂肪地芽孢杆菌（Geobacillus stearothermophilus）α-淀粉酶的最适 pH 则在 3.0 左右；高粱芽 α-淀粉酶的最适 pH 为 4.8；大麦芽 α-淀粉酶的最适 pH 范围为 4.8~5.4；小麦 α-淀粉酶的最适 pH 在 4.5 左右。每一个 α-淀粉酶分子中含有 1 个 Ca^{2+}，Ca^{2+} 不直接参与酶-底物复合物的形成，其功能是保持酶的结构，使酶具有最大的稳定性和最高的活性。不同来源的 α-淀粉酶对热的稳定性也存在差异。枯草杆菌 α-淀粉酶和嗜热脂肪芽孢杆菌 α-淀粉酶对热的稳定性特别高。一般 α-淀粉酶的最适温度为 70℃，而细菌 α-淀粉酶的最适温度可达 85℃ 以上。α-淀粉酶具有较高的热稳定性，这在食品加工中极为宝贵。在工业生产中，使用 α-淀粉酶时，须先将一定量的细菌淀粉酶制剂调入淀粉浆液中，加热搅拌，α-淀粉酶随着温度的升高而发挥作用，当达到淀粉糊化温度时，糊化的淀粉颗粒已经成为低分子的糊精，淀粉浆液变为黏度小的溶液。若用其他 α-淀粉酶，在淀粉糊化温度时早已失活。

2. 使用建议

GB 2760—2014 规定：α-淀粉酶可来源于地衣芽孢杆菌（Bacillus licheniformi）、黑曲霉、解淀粉芽孢杆菌（Bacillus amyloliquefaciens）、米根霉（Rhizopus oryzae）、米曲霉、嗜热脂肪地芽孢杆菌以及猪或牛的胰腺。α-淀粉酶的用途极为广泛，不同来源的 α-淀粉酶具有不同的性质，不同性质的酶具有不同的用途。米曲霉的 α-淀粉酶耐热性较差，用于面包工业；糖化型细菌淀粉酶因产物具有较多的麦芽糖，可用于制造低光密度（OD）的糖类；而耐热性强的细菌 α-淀粉酶，由于液化完全，用酶量少，操作较容易，适于淀粉液化及酶法生产葡萄糖。目前，α-淀粉酶已用在淀粉加工业、面包工业、发酵工业和饲料制造等方面，是市场上产量最大的酶类。

（二）葡糖淀粉酶

葡糖淀粉酶（glucoamylase）是一种外切酶，又称糖化酶、糖化酶、γ-淀粉酶、淀粉葡糖苷酶和糖化型淀粉酶。很早以前，人们就已利用霉菌糖化淀粉来产生酒类，这种酶主要由霉菌所产生。GB 2760—2014 中规定该酶可来源于戴尔根霉（Rhizopus delemar）、黑曲霉、米根霉、米曲霉和雪白根霉（Rhizopus niveus）。

1. 性状与性能

葡糖淀粉酶其特征因菌种而异，大部分制品为液体。由黑曲霉而得的液体制品呈黑褐色，在室温下最少可稳定 4 个月，最适 pH 为 4.0~4.5，最适温度为 60℃。由根霉而得的液体制品需要冷藏，粉末制品在室温下可稳定 1 年，最适 pH 为 4.5~5.0，最适温度为 55℃。大部分重金属，如铜、银、汞、铅等对葡糖淀粉酶均有抑制作用。葡糖淀粉酶能从直链淀粉、支链淀粉和糖原等碳链上的非还原性末端逐一地水解 α-1，4-糖苷键，将葡萄糖分子切下，并将其构型由 α-型转变为 β-型。此酶既可分解 α-1，4-糖苷键，也可分解 α-1，6-糖苷键以及较小的低聚麦芽糖，但相对水解速度较慢。此外，葡糖淀粉酶亦可加速逆反应，即葡萄糖分子的缩合作用。逆反应的产物主要是麦芽糖和异麦芽糖。如果底物浓度高，反应时间长，也会形成其他的二糖和低聚糖。在此可逆反应中，葡萄糖的最大积累浓度为 95%~97%。

2. 使用建议

葡糖淀粉酶的主要用途是作为淀粉的糖化剂,广泛用于葡萄糖工业、酿酒和酒精工业及发酵工业,在改进食品加工技术、提高食品质量、改善食品风味等方面有显著作用。用酶法代替酸水解法生产葡萄糖是葡萄糖工业的重大突破。日本自 1959 年研究成功以来,10 年内葡萄糖的产量猛增 10 倍,许多国家的葡萄糖厂先后改为酶法生产。酶法生产可克服传统水解工艺的缺点。例如:①糖化率高,葡萄糖当量(D.E)≥97%,结晶葡萄糖≥70%;②设备不需要耐酸耐压,对材料质地要求低,投料浓度高(可达 50%),加工简单;③酶法糖化液纯度高、甜味纯正、不易褐变,可制成食品加工的全糖等。酶法生产葡萄糖的简要步骤是:以淀粉制成 30%~40%粉浆,在 pH 6.0~6.5 加入 α-淀粉酶,90℃左右液化至碘反应消失,迅速冷却到 55~60℃,立刻用 HCl 调节 pH 至 4.0~5.0,加入糖化酶于 60℃保温 40~50h,随后升温至 80℃终止酶反应,然后经脱色浓缩,结晶喷雾干燥等处理,便成产品,其葡萄糖当量(D.E)可达 80%以上。

二、蛋白酶

(一)蛋白酶的种类

微生物源蛋白酶是商品化蛋白酶的主体,根据其作用最适 pH 分为碱性蛋白酶、中性蛋白酶、酸性蛋白酶等。蛋白酶为近乎白色至浅棕黄色粉末或棕褐色液体,溶于水,几乎不溶于乙醇、氯仿和乙醚。

1. 酸性蛋白酶

酸性蛋白酶是水解酶类的一种,能够在微酸性环境下(pH 2.5~4.0),通过内切和外切作用将蛋白质水解为小肽和氨基酸,从而水解动、植物蛋白质。酸性蛋白酶首先由吉田于 1954 年在黑曲霉中发现,目前商品酸性蛋白酶的生产菌主要是黑曲霉、黑曲霉大孢子变种、斋藤曲霉(*Aspergillus saito*)、根霉(*Rhizopus sp.*)、杜邦青霉(*Penicillium dupontii*)、血红色陀螺孔菌(*Trametes sanguinea*)和微小毛霉(*Mucor pusillus*)(凝乳酶)等少数菌株。该酶广泛存在于霉菌、酵母菌和担子菌中,细菌中极少发现,相对分子质量 35000 左右,在 pH 为 2.0~6.0 范围内稳定,最适 pH 为 3.0~4.0,等电点低(pI = 3.0~4.0)。在 pH 为 7.0、40℃条件下处理 30min,酸性蛋白酶将立即失活。

酸性蛋白酶主要是一种羧基蛋白酶,大多数在酶分子活性中心有两个天冬氨酸残基,酶蛋白中酸性氨基酸含量高,而碱性氨基酸含量低,在已经进行过氨基酸序列分析的酸性蛋白酶分子中约有 30%的区域是同系的。由于酸性蛋白酶活性中心具有—COOH,多数抑制剂都是通过与其发生酯化反应而迅速使之钝化。例如,重氮乙酰正亮氨酸甲酯等重氮试剂可以与活性基团—COOH 发生酯化反应。微生物酸性蛋白酶与胃蛋白酶不同在于霉菌酸性蛋白酶能裂开胰蛋白酶原的赖氨酸与异亮氨酸间的肽键(Lys-6-Ile-7),使活性中心暴露而激活,利用此原理可在有其他酸性或碱性肽酶共存下,专一地测定霉菌酸性蛋白酶的活性。

2. 中性蛋白酶

中性蛋白酶是最早用于工业生产的蛋白酶。商品中性蛋白酶的生产菌种,主要是枯草杆菌、耐热解蛋白芽孢杆菌(*Bacillus thermoproteolyticus*)、灰色链霉菌(*Streptomyces griseus*)、寄生曲霉(*Aspergillus parasiticus*)和米曲霉等。大多数微生物中性蛋白酶是金属酶,一部分酶蛋白总含有一个锌离子,相对分子质量 35000~40000,等电点 pH 为 8.0~9.0,是微生物蛋白酶中最不稳定的酶，易自溶，即使在低温冰冻干燥的条件下，也会造成相对分子质量的明显减少。合成底物实验表明，中性蛋白酶只水解由亮氨酸、苯丙氨酸、酪氨酸等疏水大分子氨基酸提供氨基的肽键。不同氨基酸构成的肽键的水解能力，因酶的来源而异，大体是：亮氨酸>苯丙氨酸>酪氨酸。

代表性的中性蛋白酶是由耐热解蛋白芽孢杆菌所产生的热解素与枯草杆菌的中性蛋白酶，这些酶在 pH 为 6.0~7.0 稳定，超出此范围迅速失活。以酪蛋白为底物时，枯草杆菌蛋白酶最适 pH 为 7.0~8.0，热解素最适 pH 为 7.0~9.0。通常，中性蛋白酶的热稳定性较差。枯草杆菌中性蛋白酶在 pH 为 7.0、60℃ 处理 15min，失活 90%；放线菌（$Actinomycetes$）中性蛋白酶的热稳定性更差，只在 35℃ 以下稳定，45℃ 迅速失活。只有少数例外，例如，热解素在 80℃ 处理 1h，尚存 50% 活性；有的枯草杆菌中性蛋白酶，在 pH 为 7.0、65℃，酶活几乎无损失。酶的最适温度，取决于反应时间，在反应时间 10~30min 内，最适温度是 45~50℃。钙离子可以增加酶的稳定性，并减少酶自溶，故中性蛋白酶提纯过程的每一步都需有钙离子的存在。

3. 碱性蛋白酶

碱性蛋白酶，又称丝氨酸蛋白酶，广泛存在于细菌、放线菌和真菌中。目前，研究最为广泛和深入的是芽孢杆菌的丝氨酸蛋白酶。工业生产用的菌种主要是枯草杆菌、淀粉液化芽孢杆菌和短小芽孢杆菌等少数几种。多数微生物碱性蛋白酶在 pH 为 7.0~11.0 范围内有活性。以酪蛋白为底物时的最适 pH 多为 9.5~10.5，这种酶除了水解肽键外，还具有水解酯键、酰胺键以及转酯转肽的能力。碱性蛋白酶的相对分子质量为 20000~34000，等电点 pH 为 8.0~9.0。多数微生物碱性蛋白酶不耐热，若在 50~60℃ 加热 10~15min，几乎有一半酶的活性下降 50%。但是，费氏链霉菌（$Streptomyces\ fradiae$）与立德链霉菌（$Streptomyces\ mctus$）等的碱性蛋白酶，经 70℃ 处理 30min，酶活性仅损失 10%~15%。不少链霉菌（$Streptomyces$）碱性蛋白酶即使在 pH 为 12.0~13.0 时仍有活性，可是超过 50℃ 就引起失活。我国生产的几种碱性蛋白酶的耐热性亦在 60℃ 以下。碱土金属，特别是钙对碱性蛋白酶有明显的热稳定作用。

碱性蛋白酶与胰蛋白酶都是丝氨酸酶，对底物有高度专一性，只能水解蛋白质肽链，而不能水解淀粉、脂肪等其他物质，但是有可能水解多种蛋白质。不同的碱性蛋白酶具有对切开点羧基侧的专一性，如枯草杆菌碱性蛋白酶对酸性残基的专一性等。

（二）使用建议

蛋白酶具有降解蛋白质水解成肽和氨基酸的功能，能提高和改善蛋白质的溶解性、乳化性、起泡性、黏度和风味等，在食品工业中广泛应用于肉的嫩化、制造鱼蛋白、增加面团柔软性、防止啤酒产生混浊、蛋白质水解物脱苦、风味调料的生产以及甜味剂的合成等方面。例如，面粉中应用的蛋白酶可以水解面筋蛋白，切断蛋白质分子的肽键，弱化面筋，使面团变软，改善面团黏弹性、延伸性和流动性等。利用蛋白酶，可以避免酸水解、碱水解对氨基酸的破坏作用及变质，保证蛋白质的营养价值不受影响。由于蛋白质是决定食品的物理性质、营养价值和风味等性质的主要成分之一，因而与分解蛋白质有关的蛋白酶制剂是食品工业的主要酶制剂之一。需要注意的是，在蛋白质类食品加工的过程中，对蛋白酶制剂的选择，需考虑酶制剂的最适 pH、最适温度是否与生产过程的要求一致。这是因为蛋白质类产品自身的特殊性，决定了不可能改变生产过程的 pH 和温度来适应酶的最适条件。

三、果胶酶

果胶酶（pectinase）主要是采用发酵法由曲霉菌产生一类能够分解果胶物质的多酶复合体，包括果胶裂解酶、果胶酯酶（PE）和多聚半乳糖醛酸酶（PG）。果胶裂解酶是一种内切型的果胶解聚酶，可分解长链状的甲基聚半乳糖醛酸，形成稍短且可溶的直链甲基聚半乳糖醛酸，也能分解积累于细胞壁的原果胶；PE能催化甲氧基果胶脱去甲酯基，生成聚半乳糖醛酸链和甲醇；PG能分解果胶酸（聚半乳糖醛酸），形成半乳糖醛酸。

（一）性状与性能

果胶酶为灰白色或微黄色粉末，最适pH因底物而异。以果皮为底物时，pH为3.5；以多聚半乳糖醛酸为底物时，pH为4.5。最适温度为40~50℃。在低温和干燥条件下失活较慢。保存1至数年活力不减。Fe^{3+}、Fe^{2+}、Cu^{2+}、Zn^{2+}等能明显抑制其活性，多酚物质对其也有抑制作用。

（二）使用建议

果胶酶主要用于果汁澄清，提高果汁过滤速率，降低果汁黏度，防止果泥和浓缩果汁胶凝化，提高果汁得率，以及用于果蔬脱去内皮、内膜和囊衣等。例如，在苹果汁加工中使用果胶酶，便于果汁的提取和果汁中悬浮物的分离。其过程是将果胶酶溶于水或果汁后加到混浊果汁中，不断地搅拌果汁，其黏度逐渐下降，果汁中的细小颗粒聚结成絮凝物而沉积下来。由于上清液中仍然有少量的悬浮物，故还需要加入硅藻作为助凝剂，然后以离心或过滤的方法得到稳定的澄清果汁。果汁澄清时果胶酶的用量和作用条件，因果实的种类、品种、成熟程度，以及酶制剂的种类和活力不同而不同。葡萄汁用0.2%的果胶酶在40~42℃下放置3h，即可完全澄清。苹果汁澄清，果胶酶最高用量为3%。此外，果胶酶还可应用于咖啡和茶叶的发酵、油料生产和单细胞产品的开发之中。

第四节 酶制剂的使用安全性

酶制剂不仅来源于动、植物，也有来源于微生物的，酶与其配制剂中的蛋白质组分作为外源蛋白质在随同食品进入人体后，有可能引起过敏反应。虽然目前还极少见这样的例子，但在新的酶制剂出现时必须予以考虑。另外，来源于微生物的酶制剂也可能带有毒素，必须选择那些不产生毒素的菌种来生产酶制剂，或检查每一批酶制剂以确定其不含毒素。酶制剂作为食品添加剂使用时应符合GB 2760—2014的规定。

对酶制剂产品的安全性要求，JECFA早在1978年WHO第二届大会就提出了对酶制剂来源安全性的评估标准。内容如下：

①来自动、植物可食部位即传统上作为食品成分，或传统上用于食品的菌种所生产的酶，如符合适当的化学与微生物学要求，即可视为食品，而不必进行毒性试验。

②由非致病的一般食品污染微生物所产生的酶要做短期毒性试验。

③由非常见微生物所产生的酶要做广泛的毒性试验，包括实验动物的长期喂养试验。

这一标准为各国酶的生产提供了安全性评估的依据，即生产菌种必须是非致病性的，不产生毒素、抗生素和激素等生理活性物质，菌种需经各种安全性试验证明无害后方可用于生产。对于毒素的测定，除化学分析外，还要做生物分析。近年来，随着基因重组技术的发展，针对基因修饰微生物产生酶制剂的现象逐渐增加，故需加强对这一类酶制剂的科学管理，制定相应的安全性评价程序和管理办法，确保其使用安全，保障消费者健康。

思考题

1. 简述淀粉酶的主要类型、区别以及在食品工业中的应用。
2. 简述微生物源蛋白酶的分类、特点以及在食品工业中的应用。
3. 简述果胶酶在食品工业中的主要用途。

第十三章 水分保持剂和抗结剂

[本章简介]

本章介绍复合水分保持剂的特性及使用，常用抗结剂的结构、性质、安全性及使用规范。

[学习重点]

1. 掌握水分保持剂和抗结剂的定义和分类；
2. 了解水分保持剂的主要作用及其作用机制；
3. 熟悉常用水分保持剂的结构、性质、安全性及使用规范。

第一节 水分保持剂

水分保持剂（moisture-retaining agents）是指有助于保持食品中的水分而加入的物质。多指磷酸盐类，还有甘油、乳酸钾等。

一、水分保持剂概述

（一）允许使用的磷酸盐种类

GB 2760—2014 许可使用的水分保持剂共有 28 种。具体的种类和 CNS 号是：丙二醇 18.004，聚葡萄糖 20.022，磷酸 01.106，磷酸氢二铵 06.008，磷酸氢钙 06.006，磷酸三钙 02.003，磷酸三钾 01.308，磷酸三钠 15.001，六偏磷酸钠 15.002，三聚磷酸钠 15.003，焦磷酸钠 15.004，磷酸二氢钠 15.005，磷酸氢二钠 15.006，磷酸二氢钙 15.007，焦磷酸二氢二钠

15.008，磷酸氢二钾 15.009，磷酸二氢钾 15.010，乳酸钾 15.011，乳酸钠 15.012，焦磷酸一氢三钠 15.013，甘油 15.014，聚偏磷酸钾 15.015，酸式焦磷酸钙 15.016，焦磷酸四钾 15.017，麦芽糖醇 19.005，麦芽糖醇液 19.022，山梨糖醇 19.006，山梨糖醇液 19.023。

常见的水分保持剂是用于肉制品的磷酸盐类，我国使用的食品磷酸盐有 18 种，美国使用的食品磷酸盐有 31 种，日本使用的食品磷酸盐有 26 种。磷酸盐类包括正磷酸盐、焦磷酸盐、聚磷酸盐和偏磷酸盐等。①正磷酸：又称磷酸（H_3PO_4），其所构成的盐称正磷酸盐；②焦磷酸盐：又称二磷酸盐，两个磷酸盐经缩合脱水而成；③聚磷酸盐：是由聚磷酸所形成的盐，包括三聚磷酸盐、四聚磷酸盐等；④六偏磷酸钠（$NaPO_3$）$_6$：以链状聚磷酸钠为主，含有少量的环状偏磷酸钠。常用磷酸盐种类和特性见表 13-1。

表 13-1　　食品添加剂磷酸钠的分类

分类	英文缩写	分子式	P_2O_5 含量/%	pH（1%）	名称	俗称
正磷酸钠盐	MSP	NaH_2PO_4	59.2	4.4	磷酸二氢钠	磷酸一钠
	SDP	Na_2HPO_4	50.0	9.2	磷酸氢二钠	磷酸二钠
	TSP	Na_3PO_4	43.3	12.0	磷酸三钠	磷酸三钠
聚磷酸钠盐	SAPP	$Na_2H_2P_2O_7$	66.9	4.1	焦磷酸二氢钠	酸式焦钠
	TSPP	$Na_4P_2O_7$	64.0	10.2	焦磷酸四钠	焦钠
	STPP	$Na_5P_3O_{10}$	57.9	9.5	三聚磷酸钠	五钠
		$Na_6P_4O_{13}$	60.0	8.0~8.5	四聚磷酸钠	六钠
多聚磷酸钠盐	SHMP	$(NaPO_3)_n$	≥68	5.8~6.5	六偏磷酸钠	六偏
	SHMP	$(NaPO_3)_m \cdot (HPO_3)_n$	≥74	1.7~2.4	酸式六偏磷酸钠	酸性六钠

（二）磷酸盐对肉制品的保水作用

磷酸盐多用于肉制品中，可保持肉的持水性，增强结着力，保持肉的营养成分、新鲜度及柔嫩性。尽管其保水机制的研究尚未完全清楚，但可能包含以下几种：

1. 提高肌肉 pH

肉的持水性在肌肉蛋白质的等电点时最低，此时的 pH 约 5.5。当加入磷酸盐后，可使肌肉 pH 上升，高于肌肉蛋白质的等电点，从而肉的持水能力得到提高，质量也相应地提高。

2. 螯合肌肉结构蛋白质结合的二价金属离子

磷酸盐能螯合肌肉结构蛋白质结合的二价金属离子（如 Mg^{2+} 和 Ca^{2+}），使蛋白质中的极性基游离，极性基之间的排斥力增大，蛋白质网状结构膨胀，肌纤维结构变得松散，减少加工过程中的水分流失，持水性提高，进而延长货架期，提升肉制品品质。

3. 解离肌肉蛋白质中肌动球蛋白

磷酸盐具有解离肌肉蛋白质中肌动球蛋白的作用，它将肌动球蛋白解离为肌动蛋白和肌球蛋白，而肌球蛋白具有较强的持水性，故能提高肉的持水性。

4. 增大肉的肌球蛋白的溶解性

磷酸盐中有多价阴离子，且离子强度较大，添加后增加了肉离子强度，促进肌原纤维蛋白的溶出；在食盐存在时，磷酸盐可以与肌浆蛋白形成一种特殊的三维格网状结构，从而将水分汇聚在网状结构中，持水能力增加。

有研究表明磷酸盐对鲜肉和冻肉的乳化能力比鲜肉高 6.4%。当磷酸盐的添加量分别为 0.50% 和 0.75% 时，乳化能力分别增加 8.4% 和 10.4%。而对肉的微观结构的研究表明，添加磷酸盐后，蛋白质聚合体消失而乳胶体分布更加均匀。在鲜肉和冻肉中，乳化能力随着磷酸盐添加量的增加而增大。

（三）磷酸盐对食品的其他作用

磷酸盐除了持水性作用外，还是一类具有多种功能的食品添加剂。磷酸盐的作用还包括以下 7 点：

1. 螯合作用

磷酸盐可螯合钙、镁、铁、铜等离子，抑制由金属阳离子引起的氧、催化、变色、分解维生素 C 的作用，达到防止和延缓脂肪氧化，防止肉类、鱼类、禽类酸败，保持色泽的目的。另外，磷酸盐还能阻止罐头中漂白剂过氧化氢的分解，从而提高漂白效果，除去金属离子引起的臭味。聚磷酸盐可防止或延缓不饱和脂肪的氧化，抑制微生物生长，起到防腐抑菌的作用。

2. 乳化分散作用

聚磷酸盐能防止蛋白质、脂肪分离，具有使水中难溶物质分散或形成稳定悬浮体的作用，防止悬浮液附着、凝聚，还能使蛋白质的水溶胶质在脂肪球上形成一种胶膜，从而使脂肪均匀分散，因此广泛用于淀粉的磷酸化处理、色素的分散、乳化食品（干酪、乳制品、冰淇淋等），以及用作香肠、肉末的分散剂。

3. pH 调节、缓冲作用

磷酸盐的 pH 从中等酸性（pH=4）到强碱性（pH=12）不尽相同，当不同的磷酸盐以不同比例相配合使用时，可有效地将介质中的液相稳定在一定 pH 范围内，得到稳定在不同水平的缓冲剂。磷酸盐作为高效的 pH 调节剂、pH 稳定剂和凝固剂应用于大多数食品 pH 范围内。

4. 抗结块作用

磷酸盐能够防止难溶性结晶析出，用作抗结剂的磷酸盐可以提高粉末状或吸湿性食品的自由流动性能。

5. 抑菌作用

微生物细胞生长必需依赖二价金属阳离子，特别是 Zn^{2+} 和 Mg^{2+}，磷酸盐能螯合金属阳离子，从而降低了微生物在细胞分裂时细胞壁的稳定性，还降低了许多细胞的热稳定性，所以抑制了细菌滋生。

另外由于磷酸盐的 pH 调节作用，破坏了微生物生长的最适 pH。随着磷酸盐链长的增大，抑菌作用增强。有些聚磷酸盐类在降低食品中革兰阳性细菌含量方面也有效，并且在一定程度上还能抑制革兰阴性细菌的繁殖。这些聚磷酸盐类能有效地将食品中的革兰细菌的生长速度降低到较低水平，并控制适宜的 pH 范围内，而它们又不损害食品中的有机物。这种效果是食品中的蛋白质与磷酸盐类两者相互作用的结果。

6. 膨松作用

各种反应速度的酸式焦磷酸钠都有二次膨发特性，即一开始迅速膨发，但很快中止，在醒发期间对醒发时间变化有高度适应性,一直到烘烤时完成最后膨发。由它所配制的膨松剂有多种反应速度,所以酸式焦磷酸钠在磷酸盐膨松剂中应用最为广泛。

7. 矿物质营养强化作用

磷酸盐有钙盐、镁盐、铁盐、锌盐等类型,常用作矿物质营养强化剂。

常用磷酸盐的结构与作用的关系如图 13-1 所示。

	正磷酸盐	焦磷酸盐	聚磷酸盐	多聚磷酸盐
缓冲效应	强	←	→	弱
整合作用	弱	←	→	强
持水作用	弱	→ 强 ←		弱
乳化、分散性能	弱	←	→	强

图 13-1 磷酸盐特性与链长关系示意图

(四)磷酸盐对人体的作用

磷是人体内一种比较重要的常量构成元素,是人体内部的"能源库"和"供应站";磷还能帮助营养物质的吸收和转运;一些 B 族维生素也必须经过磷酸化后才能发挥作用。再如人体内的脱氧核糖核酸和核糖核酸中,磷酸盐也是其不可分割的组成成分等,这些都说明磷是人体内不可缺少的元素。然而当摄入的磷酸盐在达到最大允许值(0.5%)时,就可能危害身体健康。短时间内大量摄入可能会导致腹痛与腹泻,长期的影响主要在于导致机体的钙磷比例失衡。人体和外环境之间的钙磷交换,体内各器官之间的钙磷平衡,体液内钙磷浓度恒定的维持等都受神经体液的调节控制,其中以维生素 D、甲状腺素和降钙素的调节最为重要,它们主要通过对骨骼、肠道和肾脏的调节,维持正常的钙磷代谢。正常成人骨骼中钙磷含量的比例为 2∶1,每日进出体内的钙磷量大致相等,即处于动态平衡状态。当钙磷代谢出现紊乱时,人体就会出现相应的疾病,如高血钙症、低血钙症以及佝偻病、骨质疏松等之类的代谢性骨病。由上述可见,过多地摄入磷酸盐对人体确实是有一定的危害性的,所以必须控制人体每日摄入的总磷的量。对于肉制品中添加的磷酸盐也必须加以控制,应控制在国家标准以内。

二、常用水分保持剂

(一)磷酸三钠

磷酸三钠(monophosphate trisodium),分子式 $Na_3PO_4 \cdot 12H_2O$,相对分子质量 380.16。

1. 性状与性能

为无色至白色的六方晶系结晶,可溶于水,不溶于乙醇,在水溶液中几乎全部分解为磷酸氢二钠和氢氧化钠,呈强碱性。1%水溶液 pH 为 11.5~12.1。它具有保持水分、乳化、络合金属离子、改善色调和色泽、调整 pH 和组织结构等作用。

2. 毒性与安全性

①LD_{50}:2g/kg(bw)(大鼠,经口);

②ADI:0~70mg/kg(bw)(以磷酸计的磷酸盐的总量,并且要注意与钙的平衡);

③FDA 将其列入一般公认安全物质。

磷对所有活的机体是一个重要的元素,常以磷酸根的形式为生物体所利用,它在能量传递、人体组织(如牙齿、骨骼及部分酶)以及糖类、脂肪、蛋白质代谢方面都是不可缺少的部分。因此磷酸盐又常用作食品的营养强化剂，在正常用量下，不会导致磷和钙的失衡，但用量过多，会与肠道中的钙结合成难溶于水的正磷酸钙，从而降低钙的吸收。

3. 制法

磷酸三钠是磷酸用水稀释后，加入氢氧化钠或碳酸钠中和成磷酸钠溶液，经过滤、浓缩、冷却结晶、分离而得，再经过加热脱水而得无水磷酸钠。还可用工业级磷酸三钠为原料，经结晶纯化而得。

4. 使用建议

磷酸三钠可用于各类食品，可作肉制品的品质改良剂，也可作为膨松剂的酸性盐使用。GB 2760—2014 规定：磷酸三钠用于乳及乳制品，稀奶油，水油状脂肪乳化制品，水油状脂肪乳化制品以外的脂肪乳化产品（包括混合的和调味的脂肪乳化制品），可可制品、巧克力和巧克力制品以及糖果，小麦粉及其制品，小麦粉，生湿面制品（如面条、饺子皮、馄饨皮、烧卖皮），面糊（如用于鱼和禽肉的拖面糊），裹粉、煎炸粉、杂粮粉、食用淀粉、即食谷物［包括碾轧燕麦或燕麦（片）］，预制肉制品，熟肉制品，冷冻水产品，冷冻鱼糜制品（包括鱼丸等），热凝固蛋制品（如蛋黄酪、松花蛋肠），饮料类，果冻，最大使用量 5.0g/kg；米粉、谷类和淀粉类甜品、预制水产品、水产品罐头，最大使用量 1.0g/kg；乳粉和奶油粉及调味糖浆，最大使用量 10.0g/kg；复合调味料，最大使用量 20.0g/kg；其他固体复合调味料，最大使用量 80.0g/kg；膨化食品和熟制坚果与籽类，最大使用量 2.0g/kg；其他油脂或油脂制品类食品，最大使用量 20.0g/kg；再制干酪，最大使用量 15.0g/kg；杂粮罐头、其他杂粮制品，最大使用量 1.5g/kg。

（二）六偏磷酸钠

六偏磷酸钠（sodium hexametaphosphate），又称聚磷酸钠、磷酸钠玻璃体，分子式 $Na_6P_6O_{18}$ 或 $(NaPO_3)_6$，相对分子质量 611.17，它是一个长链的聚合物。

1. 性状与性能

为玻璃状无定形固体，呈片状、纤维状或粉末，无色或白色。溶于水，不溶于乙酸或乙醚等有机溶剂，水溶液可和金属离子形成络合物，二价金属离子的络合物较一价的稳定。六偏磷酸钠具有较强的分散性、乳化性、高黏性及与金属离子络合的作用。

2. 毒性与安全性

①LD_{50}：7250mg/kg（bw）（小鼠，经口），LD_{50}：4000mg/kg（bw）（大鼠，经口）；

②ADI：0~70mg/kg（bw）（指食品和食品添加剂中的总量，以磷计，并且要注意与钙的平衡）。

3. 制法

①将预先精制过的磷酸二氢钠加热脱水，置于炉内，在 700~900℃ 条件下加热熔融，经 2~4h 熔融聚合后，物料变成透明，内部气泡全部消失后，将熔融物流到不锈钢板上迅速冷却后得到薄片玻璃状固体，将其粉碎后，经重结晶即制得六偏磷酸钠成品。

②将四水合磷酸氢氨钠加热至 110℃ 保温维持 2h，然后将坩埚移至已经加热到 700~900℃ 的炉中，加热 4h，进行聚合，之后，将熔融物冷却，粉碎后即得六偏磷酸钠成品。

4. 使用建议

GB 2760—2014 规定：六偏磷酸钠在食品中的使用同磷酸三钠。

（三）三聚磷酸钠

三聚磷酸钠（sodium tripolyphosphate），又称三磷酸五钠、三磷酸钠，分子式 $Na_5P_3O_{10}$，相

对分子质量367.88。

1. 性状与性能

为白色颗粒或粉末，有潮解性。分为无水盐和六水盐。25℃时，该产品的溶解度为13g/100g（水），其水溶液呈碱性。三聚磷酸钠在水溶液中发生水解，水解程度因温度和溶液pH不同而不同，水解产物为焦磷酸盐和正磷酸盐。可与铜、镍、镁等金属离子形成极稳定的水溶性络合物，也可和碱土金属形成相当稳定的水溶性络合物，与碱金属仅能形成弱的络合物。

2. 毒性与安全性

①LD_{50}：3210mg/kg（bw）（小鼠，经口），LD_{50}：6500mg/kg（bw）（大鼠，经口）；LD_{50}：134mg/kg（bw）（大鼠，腹腔注射）。

②ADI：0~70mg/kg（bw）（指食品和食品添加剂中的总量，以磷计，并且要注意与钙的平衡）。

3. 制法

将磷酸二氢钠和磷酸氢二钠充分混合后加热至110℃脱水，继续加热至540~580℃，脱水聚合成稳定的晶体颗粒。再加热至620℃以上熔融，降温至550℃，然后于空气中冷却，则崩裂成粉末。无水物溶于水后加入乙醇则得六水化合物。

4. 使用建议

三聚磷酸钠可用作水分保持剂、品质改良剂、pH调节剂、金属螯合剂等。GB 2760—2014规定：六偏磷酸钠在食品中的使用同磷酸三钠。

（四）焦磷酸钠

焦磷酸钠（sodium pyrophosphate），又称焦磷酸四钠，分子式$Na_4P_2O_7 \cdot 10H_2O$，相对分子质量265.9（无水物）、446.07（十水物）。

1. 性状与性能

焦磷酸钠为白色或无色结晶，溶于水，不溶于乙醇。对热极稳定，在988℃下加热才分解。能与金属离子发生络合反应。其1%的水溶液的pH为10.0~10.2。它具有普通聚合磷酸盐的通性，即具有乳化性、分散性，可防止脂肪氧化，提高蛋白质的结着性，还具有在高pH下抑制食品的氧化和发酵的作用。

2. 毒性与安全性

①LD_{50}：4000mg/kg（bw）（大鼠，经口）；

②ADI：0~70mg/kg（bw）（指食品和食品添加剂中的总量，以磷计，并且要注意与钙的平衡）。

3. 制法

焦磷酸钠是由磷酸氢二钠在200~300℃加热，生成无水物，溶于水，浓缩后得结晶十水物。

4. 使用建议

GB 2760—2014规定：六偏磷酸钠在食品中的使用同磷酸三钠。

（五）磷酸二氢钠

磷酸二氢钠（sodium dihydrogen phosphate），又称酸性磷酸钠，分子式$NaH_2PO_4 \cdot 2H_2O$和NaH_2PO_4，相对分子质量156.01和119.98。

1. 性状与性能

磷酸二氢钠为白色结晶或粉末，无臭，微具潮解性，加热至100℃失去结晶水，若继续加热则分解成酸性焦磷酸钠（$Na_3H_2P_2O_7$），易溶于水，其水溶液呈酸性。

2. 毒性与安全性

①LD_{50}：250mg/kg（bw）（小鼠，腹腔注射）；

②ADI：0~70mg/kg（指食品和食品添加剂中的总量，以磷计，并且要注意与钙的平衡）。

3. 制法

浓磷酸加氢氧化钠或碳酸钠，在 pH 为 4.4~4.6 下控制浓缩，于41℃以下结晶，制得含 2 分子水的磷酸二氢钠。在100℃下失去结晶水后继续加热，则生成磷酸二氢钠。

4. 使用建议

磷酸二氢钠具有调节 pH、膨松和结着作用，通常与磷酸氢二钠复配使用。GB 2760—2014 规定：六偏磷酸钠在食品中的使用同磷酸三钠。

（六）磷酸氢二钠

磷酸氢二钠（dsodumhydrgen phosphate），又称磷酸二钠，它有无水物和十二水合物，分子式 Na_2HPO_4 和 $Na_2HPO_4 \cdot 12H_2O$，相对分子质量 141.96 和 358.17。

1. 性状与性能

十二水合物为白色结晶，相对密度 1.52，熔点 34.6℃，在空气中迅速风化成七水盐，易溶于水，水溶液呈碱性，3.5%水溶液 pH 为 9.0~9.4。在 250℃时分解成焦磷酸钠。它对乳制品和肉制品等有调节 pH 和结着作用，还可提高乳制品的热稳定性。

2. 毒性与安全性

同磷酸二氢钠。

3. 制法

浓磷酸加碳酸钠或氢氧化钠溶液，将 pH 调整到 8.9~9.0，蒸发浓缩，在 35℃以下得含 12 个水分子的制品，在 35.4~48.35℃得含 7 个水分子的制品，48.35℃~95℃得含 2 个水分子的制品，95℃以上得无水物。

4. 使用建议

GB 2760—2014 规定：本产品可用于各类食品，最大使用量可按生产需要适量使用，一般和磷酸二氢钠配合使用。

以上产品以复合磷酸盐使用时，以磷酸盐总计，罐头、肉制品不得超过 1.0g/kg，炼乳不得超过 0.50g/kg。焦磷酸钠、三聚磷酸钠及磷酸三钠复合作用时，以磷酸盐计不得超过 5g/kg。西式蒸煮、烟熏火腿按《食品安全国家标准 炼乳》（GB 13102—2010）及《食品安全国家标准 熟肉制品》（GB 2726—2016）执行，复合使用时不得超过 5g/kg。西式火腿可适当多加，但以磷酸盐计不得超过 8g/kg。

三、水分保持剂的复配

随着人们对磷酸盐在食品加工中作用认识程度的提高，单一磷酸盐的使用局限性越来越突显，磷酸盐在食品加工中的协同作用已被广泛认同，水分保持剂的复配，即由几种磷酸盐或磷酸盐与其他的食品添加剂按一定配方复合而成使其能发挥相互协同作用的复配型添加剂。这种复配的水分保持剂因其表现出更经济的添加量和多重的作用效果而在国内外发展十分迅速，而且经时间证明非常方便有效。

复合磷酸盐有两种制造方式：物理混合工艺和化学混合工艺。化学混合工艺明显优于物理混合工艺。国际先进磷酸盐制造商德国的 Budenheim 公司已能生产各种各样的化学复合磷酸盐，这种磷酸盐以分子均布和溶解，具有易溶解、扩散快、均匀等特点，能够实现最佳添加量，降低食品企业生产成本。而物理混合是分子团或晶簇混合，其溶解性、分布均匀性和协同作用都远不如化学复合磷酸盐。我国磷酸盐生产起步较晚，目前我国复配型磷酸盐产品主要使用简单的机械混合法并开始采用喷雾造粒技术。

四、复合磷酸盐在食品中的应用

（一）在肉、鱼、禽类制品方面

肉制品加工中加入复合磷酸盐可以使肉的持水能力得到提高，嫩度有所改善，还可以起抗氧化护色保鲜作用。有报道复合磷酸盐可防止虾头变黑；防止鱼丸、虾球、蟹肉腐败变质；防止鱼糜制品蛋白质的冷冻变性；改善猪肉、牛肉、狗肉等肉制品持水性和切片性。

由焦磷酸钠、三聚磷酸钠、六偏磷酸钠复配而成的复合磷酸盐，应用于鲜切猪里脊肉肌球蛋白热诱导凝胶保水性方面，比使用单一磷酸盐后凝胶的保水效果好；应用于低温冷藏肉中，通过提高 pH（由 5.58 上升到 6.38）使肌球蛋白热诱导凝胶的保水性由 70.03% 提高到 87.54%，同时抑制了细菌等微生物的生长繁殖。

在美国，卡拉胶磷酸盐添加剂已成功地用于生产低脂、低盐、低热量和高蛋白质的具有保健作用的禽肉商品。这类食品添加剂主要用来保持禽肉中水分，并使产品中盐含量比原来减少 50%，此外还有增加蒸煮禽肉产品的体积、保持产品香味、改良结构、提高可切性等特点。

（二）在粮油制品方面

复合磷酸盐能增加面筋筋力，减少淀粉溶出物，增强面条弹性，提高面条表面光洁度。如使用偏磷酸钠、焦磷酸钠、三聚磷酸钠复配在面条中能明显提高面条的食用品质，降低面汤浊度，减少"浑汤"现象。

复合磷酸盐在曲奇饼干、面包、蛋糕等焙烤食品加工中可使酵母面团改良，改善面团流变特性，控制 pH 使酵母菌保持最高活性，聚磷酸盐还能抑制微生物的生长繁殖。在烘焙过程中磷酸盐能与碱性物质发生化学反应释放气体，有利于面团的膨松。

复合磷酸盐在速冻馒头中的应用特点是：可减少馒头解冻后开裂现象的发生，减少馒头在成型、醒发、蒸制过程中水分的损失，增加馒头的膨松度和光泽。

复合磷酸盐在速冻水饺的应用，在肉馅中添加磷酸盐后，能改善肉的色泽、增加嫩度、弹性和保水率。在肉和蔬菜等混合馅中添加磷酸盐能增加馅料的保水能力，防止解冻后汁液流出和蔬菜的褐变，从而解决饺子解冻后饺皮颜色加深的问题，同时馅料中添加磷酸盐还能明显改善饺子的口感。在面皮中添加磷酸盐则可改善饺皮色泽，增加弹性和爽滑感。

复合磷酸盐用于方便米饭，可使产品不易回生，口味较好。

（三）在饮料制品方面

复合磷酸盐在各种软饮料、啤酒、葡萄酒和其他酒精饮料中用作防腐剂、澄清剂、缓冲剂和酸化剂。复合磷酸盐一方面能延长果汁饮料的酸味时间，而且添加时间不同对改善果汁饮料口感效果也不同，另一方面可以协同其他护色剂，对果汁饮料具有增强护色的作用。

（四）在乳制品方面

复合磷酸盐可防止乳脂与水相分离，可使蛋白质变性、增溶，防止凝胶形成。在干酪生产中，磷酸盐能结合副络蛋白复合物上的钙，有助于脂肪分散，使干酪制品质构均匀、光滑。另外磷酸盐的阴离子还参与构成蛋白质分子间的离子桥，使加工干酪中的脂肪夹杂在一个稳定的基质中。

（五）在果蔬制品方面

利用复合磷酸盐的抑菌护色作用应用于果蔬保鲜，延长其保质期。有研究用由食品级焦磷酸钠、维生素C、柠檬酸按1∶0.1∶2复配而成的复合磷酸盐配方，应用于鲜切青苹果具有较好的抗酶促褐变和护绿的双重功效，对多酚氧化酶的活性抑制率达到99.8%以上，保鲜期可达4~7d。另有研究发现，将由0.1‰植酸、0.2‰异维生素C钠、0.6‰多聚磷酸盐、0.1‰EDTA二钠组成的复合磷酸盐应用于鲜切马铃薯保鲜时，可将其保鲜期从4~8d延长至180d，马铃薯色泽依旧良好，无明显褐变或色泽加深现象。

利用磷酸盐的螯合作用，可以软化水果果皮，在果胶提取工艺中，复合磷酸盐可以有效地破碎组织细胞，大大提高了果胶的提取效率。

第二节 抗结剂

抗结剂（anticaking agents）是加入颗粒或粉末食品中以防止食品结块，保持其松散或自由流动的物质。抗结剂的基本特点是颗粒细小（2~9μm），比表面积大（310~675m^2/g），比容高（80~465kg/m^3）。有的呈微小多孔性，以利用其高度的孔隙率吸附导致结块的水分。主要用于涂覆用蔗糖粉、葡萄糖粉、发酵粉、食盐、面粉及汤料，也可用于乳粉、可可粉等。

常用的食品抗结剂有巴西棕榈蜡、二氧化硅、硅酸钙、滑石粉、聚甘油脂肪酸酯、可溶性大豆多糖、柠檬酸铁铵、碳酸镁、亚铁氰化钾、亚铁氰化钠、硬脂酸钙、硬脂酸钾、硬脂酸镁、酒石酸铁和微晶纤维素等几十种。我国允许使用的食品抗结剂有亚铁氰化钾、硅铝酸钠、磷酸三钙、二氧化硅、微晶纤维素等几种。不同的品种具有不同的抗结特性，如精制的硅酸钙在吸收其本身质量2.5倍的液体后仍能保持分散，常用于发酵粉、食盐等食品。硬脂酸钙具有很高的比容（320.37kg/m^3）和很大的比表面积，作为抗结剂使用在经济上是比较合理的。

一、硅酸钙

硅酸钙（calcium silicate）是由不同比例的CaO和SiO$_2$组成，包括硅酸三钙（3CaO·SiO$_2$）和硅酸二钙（Ca$_2$O·SiO$_4$），分无水和有水2种。

（一）性状与性能

硅酸钙系白色至灰白色易流动粉末，在吸收较多水分后仍能较好保持其流动性。一般不溶于水，但可与无机酸形成凝胶，相对密度2.9，其5%悬浊液的pH为8.4~10.2。常用作抗结剂、助滤剂、悬浮剂等。

（二）毒性与安全性

ADI：不作特殊规定。一般认为是安全的。

（三）使用建议

GB 2760—2014规定：硅酸钙作为抗结剂可以用于乳粉（包括加糖乳粉）和奶油粉及调制

产品、干酪和再制干酪及其类似品，可可制品（包括以可可为主要原料的脂、粉、浆、酱、馅等），淀粉以及淀粉类制品，食糖、餐桌甜味料，盐及代盐制品，香辛料及粉，复合调味料，固体饮料，酵母及酵母类制品，最大使用量按照生产需要适量使用。

FAO/WHO规定，该产品用于干燥乳清粉及乳清制品的最大使用量为10g/kg，用于糖分和葡萄糖粉的最大使用量为15g/kg，用于盐及代盐制品最大使用量为按照生产需要适量添加。FDA规定该产品可用于餐桌用盐及各种食品的抗结剂，最大添加量不超过食品质量的2%；用于发酵粉，最大添加量不超过食品质量的5%；添加量均以质量计。

二、硬脂酸钙

硬脂酸钙（calcium stearate）是由硬脂酸钙和棕榈酸钙按硬脂酸钙不定比例组合的混合体，分子式 $C_{36}H_{70}CaO_4$。

（一）性状与性能

为纯白至黄白色松散粉末，细腻，无砂粒感，有较淡的特殊气味。在空气中，有吸湿性。熔点179℃，不溶于水、乙醇和乙醚，微溶于热乙醇，常用作抗结剂、黏结剂、乳化剂、脱膜剂、稳定剂和凝固剂、增稠剂、增香剂等。

（二）毒性与安全性

ADI：无限制性规定。一般公认是安全的。

（三）使用建议

我国添加剂分类中属于乳化剂（CNS 10.039），功能上可作为乳化剂和抗结剂，规定用于香辛料及粉和固体复合调味料，最大使用量20.0g/kg。

FAO/WHO规定，该产品涂覆用于葡萄糖粉、蔗糖粉及汤块等，最大使用量15g/kg。美国将本产品用于甜菜糖、压制糖果、大蒜盐、香辛料粉、酵母等。

三、微晶纤维素

微晶纤维素（cellulose microcrystalline）是以β-1,4葡萄糖苷键结合的直链式多糖类物质，聚合度为3000~10000个葡萄糖分子。在一般植物纤维中，微晶纤维素约占73%，另外30%为无定形纤维素。

（一）性状与性能

微晶纤维素为白色细小结晶性粉末，无臭，无味。由可自由流动的非纤维颗粒组成，并可由于自身黏合作用而压缩成可在水中迅速分散的片剂。不溶于水、稀酸、稀碱溶液和大多数有机溶剂。可吸水胀润。可用作抗结剂、乳化剂、黏结剂、分散剂、无营养的膨松剂等。

（二）毒性与安全性

ADI：不作特殊规定。

（三）使用建议

GB 2760—2014规定：可在各类食品中按生产需要适量使用。

FAO/WHO规定最大使用量：稀奶油，5.0g/kg；食用冰和加冰饮料，10.0g/kg。

四、亚铁氰化钾和亚铁氰化钠

亚铁氰化钾［hexacyanoferrate（Ⅱ）］，又称黄血盐钾，分子式$K_4Fe(CN)_6 \cdot 3H_2O$，相对

分子质量 422.96。

(一) 性状与性能

为柠檬黄色单斜体结晶粉末或颗粒，有时有立方晶体。有咸味，加热至 70℃ 开始失去结晶水，100℃ 时完全失去结晶水而变为具有吸湿性的白色粉末。强烈灼烧时分解而放出氮，生成氰化钾和碳化铁。相对密度 1.85，溶于水，不溶于乙醇、乙醚、乙酸甲酯和液氨。

(二) 毒性与安全性

ADI：0~0.025mg/kg（bw）（以亚铁氰根计）。因铁与氰基的结合很强，故毒性极低。

(三) 使用建议

GB 2760—2014 规定：允许作为食盐的抗结剂，最大使用量 0.01g/kg（以亚铁氰根计）。

五、硅铝酸钠

硅铝酸钠（sodium ahuminosicicate）的主要成分是含水的硅铝酸钠，约按 $Na_2O：Al_2O_3：SiO_2 = 1：2：13：2$ 的摩尔比组成。

(一) 性状与性能

硅铝酸钠为白色无定形细粉或小珠，无臭，无味。相对密度约 2.6，熔点 1000~1100℃，折射率约 1.54（20℃）。不溶于水、乙醇和其他有机溶剂。在 80~100℃ 时，部分溶于强酸和氢氧化钠溶液。多用作抗结剂。

(二) 毒性与安全性

ADI：不作特殊规定，一般认为是安全的。

(三) 使用建议

GB 2760—2014 规定：在脂质性粉末中，最大用量 5.0g/kg；在干酪、可可制品、淀粉及淀粉制品、食糖、盐等中按生产需要适量使用。

FAO/WHO 规定，用于乳粉、稀奶油粉，最大使用量为 265mg/kg；乳粉、稀奶油粉类似产品，最大使用量 570mg/kg；乳清粉和乳清制品（不包括乳清干酪），最大使用量 1140mg/kg；盐、调味料和调味品，最大使用量 1000mg/kg。

六、二氧化硅

食品用的二氧化硅（SiO_2）（silicon dioxide）按制法不同分胶体硅和湿结硅两种形式。

(一) 性状与性能

胶体硅为白色，膨松、无砂、吸湿、粒度非常细小的粉末；湿结硅为白色、膨松吸湿或能从空气中吸取水分的粉末或似白色的微空泡状颗粒。相对密度 2.2~2.6，晶态二氧化硅的熔点 1723℃，沸点 2230℃，不溶于水、酸和有机溶剂，溶于氢氟酸和热的浓碱液。常用作抗结剂、悬浮剂、消泡剂等。

(二) 毒性与安全性

ADI：不作特殊规定。一般公认是安全的。

(三) 使用建议

GB 2760—2014 规定：二氧化硅可以用在乳粉（包括加糖乳粉）和奶油粉及其调制产品、其他乳制品（如乳清粉、酪蛋白粉）（仅限奶片）、其他油脂或油脂制品（仅限植脂末）、可可制品（包括以可可为主要原料的脂、粉、浆、酱、馅等）、脱水蛋制品（如蛋白粉、蛋黄粉、蛋白片）、其他甜味料（仅限糖粉）、固体饮料等食品中，最大使用量 15.0g/kg；冷冻饮品（03.04 食用冰除外），最大使用量 0.5g/kg；原粮，最大使用量 1.2g/kg；面糊（如用于鱼和禽肉的拖面糊）、裹粉、煎炸粉、盐及代盐制品、香辛料类和固体复合调味料，最大使用量 20.0g/kg；豆制品工艺，最大使用量 0.025g/kg；其他特殊膳食用食品（仅限 1~10 岁特殊医学用途配方食品），最大使用量 10.0g/kg。

思考题

1. 水分保持剂的主要种类有哪些？
2. 水分保持剂的保水作用机制是什么？
3. 水分保持剂在食品中除了起保水作用，还起什么作用？
4. 水分保持剂的安全性如何？
5. 复合磷酸盐有什么优点？
6. 抗结剂的主要种类有哪些？各种抗结剂在使用上有什么特点？
7. 如何评价亚铁氰化钾的安全性？

第十四章 其他食品添加剂

[本章简介]

本章介绍了消泡剂、助滤剂、被膜剂、胶姆糖基础剂的性状与性能、毒性与安全性以及使用。

[学习重点]

1. 了解消泡剂、助滤剂、被膜剂、胶姆糖基础剂的特性及毒性与安全性；
2. 熟悉上述添加剂的概念、分类；
3. 掌握其在食品中应用的范围及用量。

第一节 消泡剂

一、概述

消泡剂（antiforming agents）指在食品加工过程中具有消除或抑制泡沫，保证操作顺利进行的一类食品添加剂。在食品的加工过程中，由于所溶解的蛋白质等作用，有时会产生大量的泡沫，泡沫在外力的作用下进入液体并被液体彼此隔离而成非均相混合物。液体的表面张力越低，形成泡沫所需要的外力就越少，也就越容易形成泡沫。泡沫很不稳定，在一定的条件下，经过气泡的再分布，膜厚度下降而导致膜的破裂。消泡剂的作用是将其以微粉的形式，渗入两气泡之间的液膜中去，并捕获泡沫表面的憎水链而形成很薄的双分子膜层，再利用消泡剂的低表面张力，使泡膜的表面张力局部下降，膜壁逐步变薄，被周围表面张力大的膜层所牵拉，最后导致泡沫的破裂。

食品加工制造过程中，有时会产生大量的泡沫。如罐头、饮料加工、酱油、葡萄酒、啤酒、味精等的生产发酵过程及浓缩中都会产生大量泡沫，泡沫可降低设备的使用容积，增加加工时间和消耗，可见泡沫的产生直接影响工业生产的顺利进行，所以为了解决这些问题必须向其中加入消泡剂。

对泡沫的控制可通过改变工艺或采用机械消泡设备来达到，但从效果和经济角度考虑，还是以应用化学消泡剂最为有利，一般油类都具有良好的消泡效果。最常用的是硅质消泡剂。有效的消泡剂既要迅速破泡，又要能在相当长的时间内防止泡沫生成。实际应用的消泡剂种类很多，但应用于食品工业的除要考虑其消泡、抑泡能力外，还要考虑其毒性与安全性，故可用品种并不太多。下面介绍几种常用的消泡剂。

二、常用消泡剂

（一）聚氧乙烯聚氧丙烯胺醚

1. 性状与性能

为无色或微黄色的非挥发性油状液体，溶于苯及其他芳香族溶剂，亦溶于乙醚、乙醇、丙酮、四氧化碳等溶剂。在冷水中溶解度比在热水中大。相对密度 0.78（20℃/4℃）。消泡率可达 96%~98%，属破泡型消泡剂。

2. 毒性与安全性

LD_{50}：17.1g/kg（bw）（大鼠，经口）。

3. 使用建议

本品消泡力强，用量少，在味精工业中具有产酸高、生物素减少、转化率提高等优点。建议用量 0.03%~0.06%。种子罐用量 0.012%。

（二）聚氧丙烯氧化乙烯甘油醚

1. 性状与性能

聚氧丙烯氧化乙烯甘油醚（polyoxypropylene oxyethylene glycol ether，GPE）为无色或黄色非挥发性油状液体，溶于苯及其他芳烃溶剂，亦溶于乙醚、乙醇、丙酮、四氯化碳等溶剂中。在冷水中溶解较热水中容易。本品具有一定的亲水性和延伸性，适用于比较稠厚的发酵液。在较高温度下，加热及多次循环加热，对消泡活性均无影响。

2. 毒性与安全性

LD_{50}：0.379g/kg（bw）（小鼠，经口）。

3. 使用建议

GB 2760—2014 规定用于发酵工艺，按生产工艺适量使用。生产味精时，建议用量 0.02%~0.03%。

（三）聚氧乙烯聚氧丙烯季戊四醇醚

1. 性状与性能

聚氧乙烯聚氧丙烯季戊四醇醚（polyoxyethylene polyoxypropylene pentaohythnitol）为无色透明油状液体，难溶于水，能与低级脂肪醇、乙醚、丙酮、苯、甲苯、芳香族化合物等有机溶剂混溶，不溶于煤油等矿物油，与酸、碱不发生化学反应，热稳定性良好。

2. 毒性与安全性

LD_{50}：10.8g/kg（bw）（大鼠，经口）。

3. 使用建议

GB 2760—2014 规定用于发酵工艺。

（四）聚氧丙烯甘油醚

1. 性状与性能

无色至淡黄色非挥发性黏稠油状液体，有苦味。难溶于水，溶于乙醇，热稳定性好。消泡能力强，用于酵母、味精等生产，消泡效率为食用油的数倍至数十倍。

2. 毒性与安全性

LD_{50}：10g/kg（bw）（小鼠，经口）。

3. 使用建议

GB 2760—2014 规定用于发酵工艺。

第二节　助滤剂

一、概述

助滤剂是一种能够加速有机溶液和悬浮液过滤，本身不含可溶性杂质，不与被过滤物质和溶液起化学作用的试剂。助滤剂加入待滤的溶液中，能吸附凝聚微细的固体粒子，不仅使滤速加快，而且容易滤清。食品助滤剂是指在食品加工过程中，以帮助过滤为目的的食品添加剂。作用是在食品加工中，将食品内的杂质或不需要的物质除去，使食品得以精制。主要有活性炭、硅藻土、高岭土、凸凹棒黏土等。

二、常用助滤剂

（一）活性炭

活性炭（active carbon）是由竹、木、果壳等原料，经碳化、活化、精制等工序制备而成的。

1. 性状与性能

为黑色微细粉末，无臭，无味，有多孔结构，对气体、蒸汽或胶态固体有强大的吸附能力，每克的总表面积可达 500~1000m²。相对密度约 1.9~2.1（20℃/4℃），不溶于任何有机试剂。该产品有较强的吸附作用，故又可作吸附剂，它的表面能够吸附气体、液体或胶态固体；对于气体、液体，吸附物质的质量可接近于活性炭本身的质量。其吸附作用具有选择性，非极性物质比极性物质更易于吸附。在同一系列物质中，沸点越高的物质越容易被吸附；压强越大、温度越低、浓度越大、吸附量越大。可用于蔗糖、葡萄糖、饴糖、油脂的脱色。

2. 毒性与安全性

ADI：无须作规定（植物性活性炭）。

3. 使用建议

GB 2760—2014 规定，活性炭可以在各类食品加工中使用，残留量无须限制。一般用于蔗糖、葡萄糖、饴糖的脱色，也可用于油脂和酒类的脱色、脱臭。其方法是在用活性炭脱色之前，首先将糖液中的胶黏物滤去，然后将其蒸发至浓度为48%~52%，再加入一定量的活性炭进行脱色，并压滤以便将残存糖液中的一些微量色素脱除干净，得到无色澄清的糖液。活性炭对糖中的焦糖色素、单宁色素、皮渣色素等的脱除效果好。

活性炭脱色是由于其有较强的吸附作用，影响该产品吸附作用的因素较多，使用时应注意以下事项。

（1）温度　温度高，糖液黏度小，使杂质容易渗透入活性炭的组织内部，杂质被吸附的速度和数量相应提高，但温度过高会使糖液炭化、分解，所以温度也不宜过高，一般以70~80℃为宜。

（2）搅拌　为了使糖液充分与活性炭接触，以增加活性炭的脱色作用，必须有一定的搅拌速度，通常为100~120r/min。

（3）pH　脱色效率一般在酸性条件下较好，pH适宜范围为4.0~4.8。

（4）时间　若使活性炭发挥其吸附作用，必须经一定的时间才能使杂质充分渗入破粒内部，一般为30min，当吸附平衡达到饱和点时，就不必再延长时间。

（5）糖液浓度　一般将质量分数掌握在48%~52%，浓度太低，效果不好，浓度过高，难以脱色。

（6）活性炭的质量　活性炭的质量要好，可溶性灰分和杂质要少，否则会影响产品的质量。成品中应将活性炭除尽。

（二）硅藻土

硅藻土（diatomaceous earth）是由硅藻的硅质细胞壁组成的一种沉积岩，主要成分是二氧化硅的水合物。

1. 性状与性能

为黄色或浅灰色粉末，多孔而轻。有强吸水性，能吸收其量1.5~4.0倍的水。不溶于水、酸（氢氟酸以外）和稀碱而溶于强碱溶液。相对密度1.9~2.35（20℃/4℃）。最纯的硅藻土的化学成分是硅酸94%，水6%。纯度高的呈白色。但几乎所有的硅藻土都含铝、钙、镁、铁等盐类。含铁盐多的呈褐色。

2. 毒性与安全性

①ADI：未作规定；

②本品不被消化吸收，其精制品毒性低。

3. 使用建议

硅藻土对食品里的有效成分、食品口味和气味都没有影响，所以硅藻土助滤剂作为一种高效、稳定的助滤剂在食品工业中得到广泛应用。GB 2760—2014规定，硅藻土可以在各类食品加工中使用，残留量无须限制。常作为砂糖精制、葡萄酒、啤酒、饮料等加工的助滤剂，若与活性炭并用可以提高脱色效果和吸附胶质作用。在低聚糖过滤工艺阶段，在一次脱色过滤与离子交换中间联合采用硅藻土与活性炭过滤，不仅可去除大部分杂质，提高产品质量，还可减少活性炭的用量，降低生产成本。在使用硅藻土前先将其放在水中搅匀，然后流经过滤机网片，使其在网片上形成硅藻土薄层，当硅藻土薄层达1mm厚左右，即可过滤得到澄清的制品。视成品澄清度的下降情况，在适当的时候换一次硅藻土。在成品中应将这些物质除去。

(三)高岭土

高岭土（KaoLin），又称白陶土、瓷土。主要成分为含水硅酸铝。主要是由我国江西景德镇附近的高岭地方发现而得名的高岭石，经粉碎而成的微细晶体矿物，是各种结晶岩（花岗岩、片麻岩）风化后的产物。

1. 性状与性能

纯净的高岭土为白色粉末，一般含有杂质，呈灰色或淡黄色，质软，易分散于水或其他液体中，有滑腻感，并有土味，相对密度2.54~2.60（20℃/4℃），熔点约1785℃。

2. 毒性与安全性

ADI：未作规定。

3. 使用建议

GB 2760—2014规定，高岭土可用于葡萄酒、果酒、黄酒、配制酒的加工工艺和发酵工艺。既有助滤、脱色作用，还可作为抗结剂、沉降剂等。例如，葡萄酒的澄清方法是，每100L葡萄酒，用高岭土500g，加水1000mL，打成极均匀的泥浆，加入葡萄酒充分搅匀，使其自然澄清。其缺点是澄清速度慢，需3~4周；且高岭土若含有微量铁时，使酒变黑，所以必须使用品质纯净的高岭土。

(四)凸凹棒黏土

凸凹棒黏土（attapulgite clay）是一种富镁黏土矿物。

1. 性状与性能

为青灰、灰白或鹅蛋青的纤维状、棒状，集合体呈束状、交织状。有滑感，湿时具有黏性和可塑性，浸入水中崩散成黏状，有较强的吸附和脱色能力，并具有吸毒作用，能除去食油中的黄曲霉毒素、农药等有害成分。

2. 毒性与安全性

本品安全无毒，但在成品中应除去。

3. 使用建议

GB 2760—2014规定，凸凹棒黏土主要用于油脂的加工，添加量按生产需要适量使用。

第三节　被膜剂

一、概述

被膜剂（coating agents）最先用于采矿业作为活泼金属的抗氧化剂，后来才被食品行业借鉴，用于食品表面，起到保鲜、保质、美化外观，提高食品感官质量及商品价值的作用。食品工业被膜剂是一种覆盖在食物的表面后能形成薄膜的物质，可防止微生物入侵，抑制水分蒸发或吸收和调节食物呼吸作用。如为了长期贮藏水果，往往在果皮表面涂以薄膜，将空气中的氧与组织隔绝，以抑制水分蒸发、调节呼吸作用、防止细菌侵袭，从而达到保持新鲜的目的。在糖果、巧克力等表面涂膜不仅可防潮、防黏、有利于保持质量稳定而且还可使其外表光亮、美观。在粮食贮藏过程中，被膜剂能有效隔离病菌和虫害，同时也能在一定程度上抑制粮食的呼吸作用，具有良好的保鲜作用。在稻米加工中，被膜剂不仅能使米粒具有晶莹的光泽，而且可添加不同成分，使稻香和营养得到强化，使用和贮藏品质都明显提高，商品价值随之上升。

被膜剂根据其来源分为两类：天然被膜剂和人工被膜剂。按溶解性可分为水不溶性和水溶性被膜剂两类。目前，我国允许使用的被膜剂有紫胶、白油（液体石蜡）、吗啉脂肪酸盐（果蜡）、松香季戊四醇酯、蜂蜡、聚乙二醇、聚乙烯醇、普兰多糖、巴西棕榈蜡、硬脂酸等。现简要介绍如下。

二、常用被膜剂

（一）紫胶

紫胶（shellac，gumlac），又称虫胶，为紫胶虫分泌的紫胶、原胶经加工而得，其主要成分为油桐酸（约40%）、虫胶酸（约40%）和虫胶蜡酸（约20%）。尚含棕榈酸、肉豆蔻酸等。

1. 性质与性状

为暗褐色透明薄片或粉末，脆而坚。无味、稍有特殊气味。熔点115~120℃，软化点70~80℃，相对密度1.02~1.12（20℃/4℃）。溶于乙醇，乙醚中可溶解5%~10%。不溶于水，但溶于碱性水溶液。有一定的防潮能力和防腐能力。涂于食品表面能够形成一层光亮的膜，不仅能够隔离水分、保持食品的质量稳定，而且美观。制品有含蜡品和脱蜡品。

2. 毒性与安全性

紫胶的原料紫梗是天然的动物性树脂。据《本草纲目》记载，紫胶具有清热、凉血、解毒的效果，在长期使用过程中未发现有害作用。只要未被污染使用是比较安全的。

LD_{50}：15g/kg（bw），普通紫胶、漂白紫胶。

3. 使用建议

GB 2760—2014规定，紫胶可用于可可制品巧克力和巧克力制品（包括代可可脂巧克力及制品），威化饼干的外膜涂层，最大使用量0.2g/kg；经表面处理的鲜水果（仅限柑橘类），最大使用量0.5g/kg；经表面处理的鲜水果（仅限苹果类），最大使用量0.4g/kg；胶基糖果，最大使用量3.0g/kg。以巧克力为例，具体操作过程如下：巧克力球滚制冷却后，放置2~3d，使巧克力结晶稳定，即可进行上光处理。上光时在转箱内第一遍可加1:10的桃胶乙醇溶液；第二遍可加1:10的紫胶乙醇溶液，加胶后马上吹风。上光后铺成深层晾干，以免黏连，晾干后即可包装。

（二）巴西棕榈蜡

1. 性质与性状

巴西棕榈蜡由巴西棕榈树叶中取得，熔点66~82℃，相对密度0.996~0.998（25℃），皂化值78~88，碘值7~14，为淡黄色固体。巴西棕榈蜡与蓖麻油的互溶性很好，它主要由蜡酯、高碳醇、烃类和树脂状物质组成。

2. 毒性与安全性

通常认为基本无毒、无刺激性。WHO规定，可接受的巴西棕榈蜡每日摄入量最大为7mg/kg（bw）。

3. 使用建议

GB 2760—2014规定，可用于可可制品、巧克力和巧克力制品（包括代可可脂巧克力及制品）以及糖果，最大使用量0.6g/kg；用于新鲜水果的涂膜保鲜，最大用量0.0004g/kg。

(三）液体石蜡

液体石蜡（liquid paraffin），又称白油、石蜡油，一般以 C_nH_{2n+2} 表示，由饱和烷烃组成，碳链在 16~24。

1. 性状与性能

为无色半透明黏稠状液体，无臭，无味，加热时有轻微的石油气味。不溶于水和乙醇，溶于乙醚、石油醚和油中，并可与大多数非挥发油混溶。化学性质稳定。长时间光照或加热，能缓慢氧化生成过氧化物。具有消泡、润滑、脱模和抑菌等性能。不被细菌污染，易乳化，有渗透性、软化性和可塑性，在肠内不易吸收。

2. 毒性与安全性

①ADI：无作特殊规定（FAO/WHO）。

②FDA 将其列入一般公认安全物质。日服大量液体石蜡，会引起软便、痢疾和腹泻。长期连续服用还可引起消化器官功能障碍，以及影响维生素正常吸收。

3. 使用建议

GB 2760—2014 规定，本品用于除胶基糖果以外的其他糖果，最大使用量 5.0g/kg；鲜蛋的涂膜保鲜，最大使用量 5.0g/kg。

（四）吗啉脂肪酸盐（又名果蜡）

吗啉脂肪酸盐（morpholine fatty acid salt）是用无机酸使二乙醇胺脱水制成吗啉，再与脂肪酸作用而制得。

1. 性状与性能

为浅黄色至黄褐色油状或蜡状物，略有氨气味，溶于水和乙醇。

2. 毒性与安全性

LD_{50}：1600mg/kg（bw）（大鼠，经口）。

无蓄积、致畸、致突变作用。

3. 使用建议

该产品主要用做果蔬保鲜剂。涂覆于柑橘、苹果等果实的表面，形成薄膜，以抑制果实呼吸，防止内部水分蒸发，抑制微生物入侵，并能改善外观，提高商品价值，延长货架期。GB 2760—2014 规定，本品用于经表面处理的鲜水果可以按生产需要适量添加。

第四节 胶姆糖基础剂

一、概述

胶姆糖基础剂或胶姆糖中的基础性物质（又名胶基）是以橡胶、树脂、蜡等经配合制成的用于胶基糖果生产的物质，胶基能够赋予胶姆糖起泡、增塑、耐咀嚼等性质。一般以天然橡胶、合成橡胶、树脂、蜡类高分子胶状物质为主，加上乳化剂、软化剂、抗氧化剂、防腐剂，填充剂等食品添加剂，以及可可粉和氢化植物油制成。还可根据生产厂家的需要，制作相应的胶基。

胶基无营养成分，它只对增强口香糖或泡泡糖的口感起到一种辅助作用。一般在泡泡糖、口香糖、无糖口香糖中分别含有15%~20%、20%~25%、25%~30%的胶基。

GB 2760—2014 在 GB 2760—2011 的基础上作了修改。在 GB 2760—2014 的食品添加剂名单里，只有三种胶姆糖基础剂，分别为松香季戊四醇酯、硬脂酸、紫胶。但同时发布了《食品安全国家标准 食品添加剂 胶基及其配料》（GB 29987—2014）。根据这个标准胶基可以不标示食品添加剂字样，在胶基及配料的标准里列出了胶基允许使用的配料物质名单，共七个类别，54种物质。现简要介绍常用的几种胶姆糖基础剂。

二、常用胶姆糖基础剂

（一）巴拉塔树胶

1. 性状与性能

是天然植物源性凝结物，主要是由产于圭亚那和委内瑞拉等地的一种山榄科植物巴拉塔树的乳胶制得其组成是异戊二烯的反式聚合物。因含水量和精制过程中热处理方式的不同，呈色由白色至棕色。一般不溶于水和冷乙醇，部分溶于热乙醇，溶于油脂。硬度较高，弹性较差。其可塑性随加温急剧增加。商品有片状和块状两种。片状的树脂含量约为40%，收缩率15%，块状的树脂含量约为50%，收缩率30%。

2. 毒性与安全性

大鼠饲以含有0.05%~1.6%巴拉塔树胶的饲料6个月，饲以含有0.1%~0.3%巴拉塔树胶的饲料2年，均无副作用。狗饲以含有0.1%~0.3%巴拉塔树胶的饲料2年，无副作用。大鼠三代繁殖试验，饲以含有0.06%和0.2%饲料，无异常。

3. 使用建议

作为胶姆糖基础剂使用应符合 GB 29987—2014 的规定要求。

（二）糖胶树胶

1. 性状与性能

糖胶树胶（chicle）为白色或棕色固体，硬而易碎，常温下为有弹性和可塑性的树胶状物质，加热后为糖浆黏稠体，不溶于水，溶于大多数有机溶剂，不易氧化。

2. 毒性与安全性

大鼠饲以含有3%~5%糖胶树胶的饲料8周，无异常；饲以含糖胶树胶0.1%~6%的饲料6个月与食用含糖胶树胶0.4%~1.4%的饲料2年，无副作用。对大鼠进行三代繁殖试验，无异常。

3. 使用建议

作为胶姆糖基础剂使用应符合 GB 29987—2014 的规定要求。

（三）天然橡胶（乳胶固形物）

天然橡胶是一种以聚异戊二烯为主要成分的天然高分子化合物，其橡胶烃（聚异戊二烯）含量在90%以上，还含有少量的蛋白质、脂肪酸、糖分及灰分等。

1. 性状与性能

为白色有韧性片状或块状胶体，不易氧化。常温下有较高弹性，略有塑性，低温时结晶硬化。有较好的耐碱性，但不耐强酸。不溶于水、低级酮和醇类，在非极性溶剂如三氯甲烷、四氯化碳等中能溶胀。

2. 毒性与安全性

大鼠饲以含 1.7% 天然橡胶的饲料 6 个月，大鼠饲以含 0.1%~0.3% 天然橡胶的饲料 2 年，均无副作用。狗饲以含有 0.1%~0.3% 天然橡胶的饲料 2 年，无异常。

3. 使用建议

作为胶姆糖基础剂使用应符合 GB 29987—2014 的规定要求。

（四）荧茨棕树胶

1. 性状与性能

同糖胶树胶。

2. 毒性与安全性

大鼠以含荧茨棕树胶 0.1%~0.5% 的饲料 16 个月，大鼠饲以用含荧茨棕树胶 0.049%~0.08% 的饲料 2 年，均无副作用。狗饲以含荧茨棕树胶 0.04%~0.08% 的饲料 2 年，无异常。

3. 使用建议

作为胶姆糖基础剂使用应符合 GB 29987—2014 的规定要求。

（五）丁二烯-苯乙烯 75/25，50/50 橡胶、聚丁烯（丁苯橡胶）

1. 性状与性能

为丁二烯苯乙烯共聚物，按所含丁二烯、苯乙烯的比例不同分为 50/50 与 75/25 两种。有液体状乳胶和固体状乳胶。50/50 胶乳的 pH 为 10.0~11.0，固形物含量 41%~63%。72/25 胶乳的 pH 为 9.5~11.0，固形物含量 26%~42%。有似苯乙烯气味，不完全溶于汽油、苯和氯仿。相对密度（0.9~0.95，20℃/4℃）和玻璃化温度（-75~60℃）随苯乙烯含量增加而增加。其黏着性小。

2. 毒性与安全性

可安全用于食品（FDA）。

3. 使用建议

作为胶姆糖基础剂使用应符合 GB 29987—2014 的规定要求。

（六）聚乙酸乙烯酯

聚乙酸乙烯酯（polyvinyl acetate，PVAC），分子式 $(C_4H_6O_2)_n$。

1. 性状与性能

为无色黏稠液体或微淡黄色透明玻璃状颗粒，无臭，有韧性和塑性，不因日光和热而着色和老化，30℃ 左右时软化。溶于乙醇、丙醇和苯，不溶于水和脂肪，熔点 100~250℃，平均相对分子质量 22000，吸水性 2%~3%（25℃，24h）。它具有适当的热可塑性和良好的咀嚼性。不溶于水和油，即使误入腹内也不被人体吸收。

2. 毒性与安全性

作为胶姆糖咀嚼剂使用，不进入体内，无毒。而且，该产品属于不溶于水及油的高分子的物质，无法被人体吸收利用。

①大鼠口服 500mg/kg 共 30d，肝和心脏细胞可发生干酪样变化。

②ADI：0~20mg/kg（bw）。

3. 使用建议

作为胶姆糖基础剂使用应符合 GB 29987—2014 的规定要求。

（七）松香甘油酯

松香甘油酯（rosin glycerin ester）的主要成分以甘油三香酯为主，另含有少量单、双松香酸甘油酯。

1. 性状与性能

为淡黄至淡褐色易碎透明玻璃块状物。无臭，或微有特殊气味。味较苦且不溶于水，溶于甲醇、苯、石油、松子油、亚麻仁油等，略溶于乙醇。相对密度 1.08（20℃/4℃），空气中易氧化。

2. 毒性与安全性

属于一般公认安全物质。

3. 使用建议

作为胶姆糖基础剂使用应符合 GB 29987—2014 的规定要求。

（八）部分氢化木松香甘油酯（氢化松香甘油酯）

1. 性状与性能

氢化松香甘油酯（resin acids and rosin acids）为中等硬度的浅琥珀色玻璃状固体树脂。无异味。溶于丙酮和苯，不溶于水和乙醇。

2. 毒性与安全性

可安全用于食品（FDA）。

3. 使用建议

作为胶姆糖基础剂使用应符合 GB 29987—2014 的规定要求。

🔍 **思考题**

1. 消泡剂的定义及消泡剂消泡的原理是什么？
2. 简述助滤剂的定义及作用。
3. 简述被膜剂的定义及作用，常用的被膜剂有哪些？
4. 简述胶姆糖基础剂的定义及作用。

第十五章 食品中非食用物质和易滥用的食品添加剂

[本章简介]

本章主要介绍了食品中可能出现的非食用物质和易滥用的食品添加剂的特性、危害以及在食品生产中的违法应用。重点介绍食品中可能出现违法添加的有害物质的特性和作用，了解我国发布的违法添加的非食用物质和易滥用的食品添加剂的检测方法。

[学习重点]

1. 了解什么是非食用物质；
2. 了解非食用物质的使用方式和危害；
3. 了解非食用物质和易滥用添加剂的检测方法。

第一节 食品非法添加物

非食用物质是指没有在 GB 2760—2014 与 GB 14880—2012 及其后续增补公告中列出的物质。由于任何的食品添加剂在审批使用之前都需要经过严格的安全检验，其发生食品安全问题的风险在可控的范围内，而非法添加物则是被证实了不能达到食品所允许的安全要求，或未经安全检测的未知风险物质，因此与合法的食品添加剂相比，非食用物质的非法添加物所带来的食品安全隐患更大，后果更加严重。

长期以来，社会公众对"食品非法添加物质"的理解存在一定的误区，近年来我国食品安全事件频发，从报道的备受人们关注的食品安全事件来看，大都是由人为因素造成的。"毒大米""人造鸡蛋""苏丹红""福寿螺""三聚氰胺""含塑化剂饮料"等食品安全事件，使食品添加剂的名声一落千丈。其原因都是不法分子为了个人利益，不讲诚信，在食品原料的生产加工和流通过程中非法加入某些化工原料，以获得食品某种感官性状和虚假理化指标，这些化工原料不是食品的成分也不是国家允许加入的食品添加剂。这类事件不仅会影响消费者健康，还会引发社会的恐慌，给我国食品安全造成巨大威胁，同时给食品行业造成巨大经济损失并严重影响我国外贸声誉。事实上，由于食品添加剂的使用经过严格的安全监测，只要用量适当，程度符合规定，其食品安全质量通常能够得以保证。但是非食用物质的非法使用则不同，这些有害物质不论在用量和使用方法上如何改变都会对身体造成不同程度的伤害。

为配合打击违法添加非食用物质和滥用食品添加剂专项整治的开展，有针对性地打击在食品中违法添加非食用物质的行为，对食品添加剂超量、超范围使用进行有效监督管理，2011年4月19日，卫生部发布了2008年以来我国食品中可能违法添加的非食用物质名单如表15-1所示。

表15-1　　食品中可能违法添加的非食用物质名单（第一至五批汇总）

序号	名称	可能添加的食品品种	检测方法
1	吊白块	腐竹、粉丝、面粉、竹笋	GB/T 21126—2007　小麦粉与大米粉及其制品中甲醛次硫酸氢钠含量的测定；《卫生部关于印发面粉、油脂中过氧化苯甲酰测定等检验方法的通知》（卫监发〔2001〕159号）"附件2 食品中甲醛次硫酸氢钠的测定方法"
2	苏丹红	辣椒粉、含辣椒类的食品（辣椒酱、辣味调味品）	GB/T 19681—2005　食品中苏丹红染料的检测方法　高效液相色谱法
3	王金黄、块黄	腐皮	GB/T 23496—2009　食品中禁用物质的检测　碱性橙染料　高效液相色谱法
4	蛋白精、三聚氰胺	乳及乳制品	GB/T 22388—2008　原料乳与乳制品中三聚氰胺检测方法；GB/T 22400—2008　原料乳中三聚氰胺快速检测　液相色谱法
5	硼酸与硼砂	腐竹、肉丸、凉粉、凉皮、面条、饺子皮	—
6	硫氰酸钠	乳及乳制品	SN/T 3927—2014　出口乳制品中硫氰酸钠含量的测定
7	玫瑰红B	调味品	SN/T 2430—2010　进出口食品中罗丹明B的检测方法
8	美术绿	茶叶	—
9	碱性嫩黄	豆制品	—

续表

序号	名称	可能添加的食品品种	检测方法
10	工业用甲醛	海参、鱿鱼等干水产品、血豆腐	SC/T 3025—2006 水产品中甲醛的测定
11	工业用火碱	海参、鱿鱼等干水产品、生鲜乳	—
12	一氧化碳	金枪鱼、三文鱼	SN/T 2052—2008 进出口水产品中一氧化碳残留量的检验方法 气象色谱法
13	硫化钠	味精	SN/T 3936—2014 出口味精中硫化钠含量的测定
14	工业硫黄	白砂糖、辣椒、蜜饯、银耳、龙眼、胡萝卜、姜等	—
15	工业染料	小米、玉米粉、熟肉制品等	—
16	罂粟壳	火锅底料及小吃类	参照上海市食品药品检验所自建方法
17	皮革水解物	乳与乳制品 含乳饮料	乳与乳制品中动物水解蛋白鉴定——L（-）-羟脯氨酸含量测定（检测方法由中国检验检疫科学院食品安全所提供）；该方法仅适应于生鲜乳、纯牛乳、乳粉
18	溴酸钾	小麦粉	GB/T 20188—2006 小麦粉中溴酸盐的测定 离子色谱法
19	β-内酰胺酶（金玉兰酶制剂）	乳与乳制品	SN/T 3979—2014 乳及乳制品中β-内酰胺酶的测定方法 杯碟法（检测方法由中国检验检疫科学院食品安全所提供）
20	富马酸二甲酯	糕点	气相色谱法（检测方法由中国疾病预防控制中心营养与食品安全所提供）；NY/T 1723—2009 食品中富马酸二甲酯的测定 高效液相色谱法
21	废弃食用油脂	食用油脂	—
22	工业用矿物油	陈化大米	—
23	工业明胶	冰淇淋、肉皮冻等	—
24	工业酒精	勾兑假酒	—
25	敌敌畏	火腿、鱼干、咸鱼等制品	GB/T 5009.20—2003 食品中有机磷农药残留量的测定

续表

序号	名称	可能添加的食品品种	检测方法
26	毛发水	酱油等	—
27	工业用乙酸	勾兑食醋	GB/T 5009.41—2003 食醋卫生标准的分析方法
28	肾上腺素受体激动剂类药物（盐酸克伦特罗、莱克多巴胺等）	猪肉、牛羊肉及肝脏等	GB/T 22286—2008 动物源性食品中多种β-受体激动剂残留量的测定 液相色谱串联质谱法
29	硝基呋喃类药物	猪肉、禽肉、动物性水产品	GB/T 21311—2007 动物源性食品中硝基呋喃类药物代谢物残留量检测方法 高效液相色谱/串联质谱法
30	玉米赤霉醇	牛羊肉及肝脏、牛乳	GB 5009.209—2016 食品安全国家标准 食品中玉米赤霉烯酮的测定
31	抗生素残渣	猪肉	—（需要研制动物性食品中测定万古霉素的液相色谱-串联质谱法）
32	镇静剂	猪肉	GB/T 20763—2006 猪肾和肌肉组织中乙酰丙嗪、氯丙嗪、氟哌啶醇、丙酰二甲氨基丙吩噻嗪、甲苯噻嗪、阿扎哌隆、阿扎哌醇、咔唑心安残留量的测定 液相色谱-串联质谱法
33	荧光增白物质	双孢蘑菇、金针菇、白灵菇、面粉	蘑菇样品可通过照射进行定性检测；面粉样品无检测方法
34	工业氯化镁	木耳	—
35	磷化铝	木耳	—
36	馅料原料漂白剂	焙烤食品	—（需要研制馅料原料中二氧化硫脲的测定方法）
37	酸性橙II	黄鱼、鲍汁、腌卤肉制品、红壳瓜子、辣椒面和豆瓣酱	SN/T 3536—2013 出口食品中酸性橙II号的检测方法
38	氯霉素	生食水产品、肉制品、猪肠衣、蜂蜜	GB/T 22338—2008 动物源性食品中氯霉素类药物残留量测定
39	喹诺酮类	麻辣烫类食品	—（需要研制麻辣烫类食品中喹诺酮类抗生素的测定方法）
40	水玻璃	面制品	—

续表

序号	名称	可能添加的食品品种	检测方法
41	孔雀石绿	鱼类	GB/T 20361—2006 水产品中孔雀石绿和结晶紫残留量的测定 高效液相色谱荧光检测法（建议研制水产品中孔雀石绿和结晶紫残留量测定的液相色谱-串联质谱法）
42	乌洛托品	腐竹、米线等	—（需要研制食品中六亚甲基四胺的测定方法）
43	五氯酚钠	河蟹	SC/T 3030—2006 水产品中五氯苯酚及其钠盐残留量的测定 气相色谱法
44	喹乙醇	水产养殖饲料	农业部 1077 号公告—5—2008 水产品中喹乙醇代谢物残留量的测定 高效液相色谱法；SC/T 3019—2004 水产品中喹乙醇残留量的测定 液相色谱法
45	碱性黄	大黄鱼	—
46	磺胺二甲嘧啶	叉烧肉类	GB 20759—2006 畜禽肉中十六种磺胺类药物残留量的测定 液相色谱-串联质谱法
47	敌百虫	腌制食品	GB/T 5009.20—2003 食品中有机磷农药残留量的测定

卫生部在 2011 年 6 月 1 日发布第六批食品中可能违法添加的非食用物质和易滥用食品添加剂名单，见表 15-2。

表 15-2 食品中可能违法添加的非食用物质和易滥用的食品添加剂名单（第六批）

名称	可能添加的食品品种	检验方法
邻苯二甲酸酯类物质，主要包括：邻苯二甲酸二（2-乙基）己酯（DEHP）、邻苯二甲酸二异壬酯（DINP）、邻苯二甲酸二苯酯、邻苯二甲酸二甲酯（DMP）、邻苯二甲酸二乙酯（DEP）、邻苯二甲酸二丁酯（DBP）、邻苯二甲酸二戊酯（DPP）、邻苯二甲酸二己酯（DHXP）、邻苯二甲酸二壬酯（DNP）、邻苯二甲酸二异丁酯（DIBP）、邻苯二甲酸二环己酯（DCHP）、邻苯二甲酸二正辛酯（DNOP）、邻苯二甲酸丁基苄基酯（BBP）、邻苯二甲酸二（2-甲氧基）乙酯（DMEP）、邻苯二甲酸二（2-乙氧基）乙酯（DEEP）、邻苯二甲酸二（2-丁氧基）乙酯（DBEP）、邻苯二甲酸二（4-甲基-2-戊基）酯（BMPP）等	乳化剂类食品添加剂使用乳化剂的其他类食品添加剂或食品等	GB 5009.271—2016 食品安全国家标准 食品中邻苯二甲酸酯的测定

第二节　食品中常见的非食用物质

生产食品中可能违法添加的非食用物质，大都是应用较广且价格低廉的化工原料，这些化工原料加入食品中可以给食品带来颜色、质地、口味等特性，常被不法分子加入伪劣食品中，而这些化工原料不是食品添加剂，其安全性没有保证，会给人民健康带来现实的和潜在的危害。

一、着色增亮类

该类为化学染料也称工业染料，通常价格比食用着色剂低，在对一些产品着色时其效果甚至比食用色素还要好，此外不法分子还用一些非法化学添加剂对食品进行上光，这不仅掩盖不良食品缺陷还对消费者的健康构成威胁。

（一）苏丹红

1. 性状与性能

苏丹红（sudan dyes）为亲脂性偶氮类化合物，主要包括苏丹红Ⅰ、苏丹红Ⅱ、苏丹红Ⅲ和苏丹红Ⅳ共4种类型。全球多数国家都禁止将苏丹红Ⅰ号用于实际食品生产，分子式 $C_{16}H_{12}N_2O$，相对分子质量248.49。苏丹红系列的染料不溶于水，微溶于乙醇，易溶于油脂、矿物油和丙酮中。

2. 毒性与安全性

其安全限度为 0.7×10^{-6} mg/（kg·d）。研究者通过试验发现苏丹红Ⅰ号会导致鼠类患癌，在人类肝细胞研究中也显现出可能致癌的特性。苏丹红自身对人体并不产生有害影响，但其在人体内会被还原降解为强致癌性的芳香胺类化合物，被国际癌症研究机构（IARC）认定为是三类致癌物，因此包括我国在内的多个国家都严格禁止其作为食品添加剂在食品和动物饲料中使用。

3. 工业应用

作为一种工业染料，被广泛用于如溶剂、油、蜡、汽油的增色，以及鞋、地板等产品的增光方面。苏丹红Ⅱ号和Ⅲ号可用于化妆品及外敷的药物；苏丹红Ⅳ号又名猩红，可用于促进动物和人类伤口愈合的药膏或敷药。

4. 食品中的违法应用

由于苏丹红有颜色鲜艳，不易褪色且有油溶性等特点，因此常被不法商贩使用。2005年国内暴发苏丹红事件，多种市售品牌食品相继被检出含有苏丹红Ⅰ号。多个省市的多个食品种类如调味品、腌菜、调味剂、番茄酱、辣酱等都被检测出含有苏丹红。原因是由于苏丹红具有油溶性、红色艳丽不易褪色，不法分子将其非法加入辣椒油和辣椒粉产品中，而这些调味品又影响到众多的其他食品。2006年国内又爆出红心鸭蛋事件，原因是不法分子将苏丹红Ⅰ加入鸭饲料中，而使鸭产出含苏丹红的红心鸭蛋。

（二）碱性橙Ⅱ和酸性橙Ⅱ

1. 性状与性能

碱性橙Ⅱ（basic orangeⅡ），俗称块黄或者王金黄，化学名为2,4-二氨基偶氮苯盐酸盐，是一种偶氮类碱性染料，分子式 $C_{12}H_{12}N_4 \cdot HCl$，相对分子质量248.72。为红褐色晶体粉末或带绿色光泽的黑色晶体。易溶于乙醇、乙二醇、乙醚，微溶于丙醇，不溶于苯。

酸性橙Ⅱ（acid orangeⅡ），俗称黄金粉，酸性金黄Ⅱ、金橙Ⅱ、二号橙，化学名为2-萘酚偶氮对苯磺酸钠，是一种偶氮类酸性工业染料，分子式$C_{16}H_{11}N_2NaO_4S$，相对分子质量350.32。为鲜艳的黄金色粉末。溶于水中呈红光黄色，溶于乙醇呈橙色，溶于硫酸呈品红色，将其稀释后成棕黄色沉淀，加氢氧化钠呈深棕色，是一种酸碱指示剂。

2. 毒性与安全性

正常人长期食用会影响激素代谢、新陈代谢，食物中毒等。根据美国卫生研究所（NH）化学品健康与安全数据库资料表明：过量摄取、吸入以及皮肤接触该物质均会造成急性和慢性的中毒伤害。

3. 工业应用

碱性橙是一种偶氮类碱性染料。主要用于纺织品、皮革制品及木制品的染色。由于碱性橙Ⅱ比柠檬黄、日落黄等更易于在豆腐以及鲜海鱼上染色且不易褪色，因此一些不法商贩用碱性橙Ⅱ对豆腐皮、辣椒、辣椒粉、黄鱼进行染色，以次充好，以假冒真，欺骗消费者。

酸性橙主要用于纺织品、皮革制品、塑料及木制品的染色。酸性橙属于非食用色素，在食品中禁止食用。

4. 食品中的违法应用

同上文提到，由于碱性橙Ⅱ比柠檬黄、日落黄等更易于在食品上着色且不易褪色，颜色鲜艳、着色稳定、价格低廉，因此一些不法商贩常用其对豆腐皮、辣椒、辣椒粉、黄鱼等食品进行染色，欺骗消费者。

长期食用这些被碱性橙染色的食品会使人体受到严重危害，甚至出现致癌的风险，因此碱性橙被我国明令禁止用于食品加工行业。

（三）玫瑰红B

1. 性状与性能

玫瑰红B也称罗丹明B（rhodanine B），俗称花粉红，又名四乙基罗丹明，碱性玫瑰红B是一种具有鲜桃红色的碱性荧光染料，分子式$C_{28}H_{31}ClN_2O_3$，相对分子质量479.01。常为亮绿色闪光结晶粉状物，易溶于水和乙醇，水溶液为玫瑰红色溶液，鲜艳美观，稀释时有荧光。

2. 毒性与安全性

玫瑰红B会引致皮下组织生肉瘤，被怀疑是致癌物质。2017年，世界卫生组织国际癌症研究机构（IARC）公布的致癌物清单，玫瑰红B在3类致癌物清单中。

3. 工业应用

主要用于纸张和化妆品的着色，也用于制色淀和染蚕丝。在化妆品工业中，可用于浴液、洗发水、冷烫水等类产品的着色，但不得用于眼部、口腔及唇部化妆品中。

4. 食品中的违法应用

用于调味品如辣椒粉、辣椒油的造假。

（四）美术绿

1. 性状与性能

美术绿（lead chrome green），又称铅铬绿、翠铬绿或油漆绿，是用铅铬黄和锡利翠蓝颜料合成的绿色颜料，分子式Cr_2O_3。

2. 毒性与安全性

食用后可对人的中枢神经、肝脏、肾脏等器官造成极大的伤害并引发多种病变。

3. 工业应用

美术绿用于彩色地坪、彩色沥青、油墨、玩具、纸品、木器家具、墙体装饰、文教用品和高温涂料、便道砖、建材涂料、油漆、塑料等工业。因含有毒的重金属,用量已渐减少。

4. 食品中的违法应用

由于其有色泽鲜艳,分散性好,易于加工等优点,因此被不法分子用美术绿让陈茶"变"新茶。

(五)碱性嫩黄O

1. 性状与性能

碱性嫩黄O(auramine O),又称盐基淡黄O或盐基槐黄、奥拉明O,是一种碱性染料,分子式$C_{17}H_{22}N_3Cl$,相对分子质量为303.84。为黄色均匀的粉末,难溶于冷水和乙醚,易溶于热水和乙醇,溶于水中呈亮黄色,溶于乙醇呈黄色。

2. 毒性与安全性

碱性嫩黄O接触或者吸入都会引起中毒,长期过量食用会对人体肾脏、肝脏造成伤害甚至致癌。

3. 工业应用

主要用于麻、纸、皮革、草编织品、人造丝等的染色,也用于印染棉织品。其色淀用于制墙纸、色纸、油墨和油漆等。用于乙酸纤维、媒染棉,但牢度低,色泽鲜艳,可用来拼制绿色或红色等。

4. 食品中的违法应用

由于其颜色优良,价格低廉一些不法商贩把碱性嫩黄O加入到腐竹中。

(六)工业用矿物油

1. 性状与性能

矿物油是石油分馏后所得系列产品的总称,包括汽油、煤油、柴油、润滑油、石蜡等,属于非食用油。常温下为无色、无味、透明的液体或者固体。

2. 毒性与安全性

长期食用大量被矿物油污染的食品会出现呕吐、腹泻以及昏迷等症状。更严重的是人体误食工业用矿物油后会产生急性中毒和慢性中毒,破坏人体内的各个细胞,进而造成神经系统的损坏。另外还会破坏人体的呼吸系统,使血液中红细胞的数量减少,导致呼吸功能衰竭等。依据2017年IARC公布的致癌物清单,未经处理或轻度处理矿物油在1类致癌物清单中,高精炼矿物油在3类致癌物清单中。

3. 工业应用

用于制造洗衣粉、合成洗涤剂、合成石油蛋白、农药乳化剂等。

4. 食品中的违法应用

工业用矿物油不纯,含有对人体有害的物质,如重金属、芳香烃以及长链烷烃等都会对人体产生伤害不属于我国批准的食品添加剂范畴。不法分子将工业用矿物油用于陈粮抛光等造假。以矿物油为基础油,经深度化学精制、食用酒精抽提等工艺处理可得到食品级白油,可作为食品加工助剂用于食品加工设备的润滑、食品上光、防黏、消泡、密封、脱模等。

GB 2760—2014规定,可用于除胶基糖果以外的其他糖果、鲜蛋,最大使用量5.0g/kg。

其他使用参考:作为面包脱模剂,对烤盘腐蚀性小,不产生不愉快的气味;作为食品机械润滑剂，不腐蚀机械；此外，也可用以延长水果、蔬菜、罐头的贮藏期。

二、漂白、质构改良、防腐综合类

此类非法化学物质主要用作食品的漂白、防腐和质构改良，低质量食品原料经过此类化学物质加工后，产品的色泽和质构会发生很大改善，使消费者误认为是高档食品，而对强力防腐作用的非法化学物质的使用，使生产者无须良好卫生条件便可延长产品的货架期，大大降低生产成本。此类相关食品对消费者具有极大欺骗作用，也存在很强的毒性。

（一）吊白块

1. 性状与性能

吊白块（sodium fomaldehyde sulfoxylate），俗名雕白块、雕白粉，化学名为甲醛次硫酸氢钠，分子式 CH_7NaO_5S，相对分子量 154.12。吊白块呈半透明白色块状或结晶粉粒状，易溶于水，在高温下有极强的还原性，有漂白作用，是一种工业用漂白剂。遇酸即分解；常温下稳定，60℃以上开始分解，120℃时产生甲醛、二氧化硫和硫化氢等有害气体。

2. 毒性与安全性

吊白块的毒性主要来自甲醛，甲醛气体可由呼吸道吸入，液体可由消化道吸收，甲醛在肝脏和红细胞内被迅速氧化为甲酸，此过程可引起组织损害；甲醛还可以还原为甲醇，对视神经有破坏作用；甲醛具有凝固蛋白质，使蛋白质变性的特点，甲醛易与细胞内亲核物质反应形成加合物，并引起 DNA-蛋白质交联；IARC 1995 年将甲醛列为对人体（鼻咽部）可能的致癌物（Group2A）。

LD_{50}：2g/kg（bw）（大鼠，经口）。吊白块的毒性与其分解时产生的甲醛有关，口服甲醛溶液 10~20mL，可致人死亡。

3. 工业应用

主要应用于印染工业作拔染剂和还原剂，生产靛蓝染料等；还用于橡胶工业作丁苯橡胶聚合活化剂，感光照相材料相助剂，日用工业作漂白剂，以及用于医药工业等。

4. 食品中的违法应用

吊白块中的甲醛具有防腐和改善质构等作用，使食品外观和口感得到显著改善。一些不法厂商为了追求利益无视国家法规，将其用于面粉、腐竹、米粉、豆腐、粉条、银耳、白糖、水产品、罐头等食品中。

（二）工业甲醛

1. 性状与性能

甲醛（formaldehyde），又称蚁醛，分子式 CH_2O，相对分子质量 30.00，对人眼、鼻等有刺激作用。是一种无色但是有刺激性气味的气体。易溶于水和乙醇，其水溶液俗称福尔马林。

2. 毒性与安全性

LD_{50}：800mg/kg（bw）（大鼠，经口）。

是一种毒性较强的可以破坏生物细胞蛋白的物质，可引起食物中毒等疾患。一旦使用含甲醛的食品会出现中毒反应，损伤肝脏肾脏功能。WHO 将甲醛确定为致癌，致畸物质和公认的变态反应原，我国也早已经明令禁止在食品中添加甲醛。2017 年 IARC 公布的致癌物清单中，将甲醛放在 1 类致癌物列表中。2019 年甲醛被列入有毒有害水污染物名录。

3. 工业应用

甲醛主要应用于化工原料、纺织产业、防腐溶液等。

4. 食品中的违法应用

甲醛具有防腐和改善一些蛋白质类食物质构的作用，常被不法分子用于水发产品造假。如牛百叶、牛筋、牛肚、海蜇、海参、鱼皮、鸭肠、鸭血、鸭舌、鸭鹅掌、猪蹄筋等水发产品中加入甲醛；鱼类、虾、蟹、贝类以及干海参、干贝等干制水产品。

（三）工业硫黄

1. 性状与性能

工业硫黄（sulphur）是一种重要的化工产品和基本工业原料，不溶于水，微溶于乙醇，是制造硫酸的主要原料。

2. 毒性与安全性

食品级的硫黄属于食品添加剂中的漂白剂，可以在一定条件下使用于特定食品。而工业用硫黄含较多杂质如铅、砷等有毒重金属，是国家公布的禁用的非食品添加物，少量使用会对人体内脏造成损害，大量使用会影响智力。

3. 工业应用

广泛用于化工、轻工、农药、橡胶、染料、造纸、医药行业、漂白、熏染等行业。

4. 食品中的违法应用

硫黄在熏蒸过程中与氧结合生成二氧化硫，而二氧化硫具有漂白作用和防腐作用，所以不法商贩主要利用硫黄熏蒸来漂白或增白食品，以及防止食品腐败，延长保质期。不法分子常将工业硫黄用于熏蒸食品中，包括辣椒、笋干、银耳、中药材、粉丝、蜜饯等。

（四）工业火碱

1. 性状与性能

火碱，又称烧碱、苛性钠，化学名为氢氧化钠。常温下为白色固体，具有强腐蚀性，易溶于水，其水溶液呈强碱性，是一种极常用的碱。市售火碱有固态和液态两种：固体呈白色，有块状、片状、棒状、粒状，质脆；纯液体烧碱为无色透明液体。

2. 毒性与安全性

食品级氢氧化钠可作为食品加工助剂而应用于食品工业，但工业火碱不纯，含较多铅、砷、汞等有毒重金属，是国家公布的禁用的非食品添加物。消费者食用后会造成消化道灼烧、黏膜糜烂甚至出血休克等严重后果。

3. 工业应用

工业火碱广泛的用在化工、印染、造纸、环保等行业。

4. 食品中的违法应用

一些不法分子在制作鱿鱼、海参、鲜乳等食品时会违法使用工业火碱，主要原因是工业火碱成本低，能改善产品外观和口感，如使鱿鱼、海参的外观更鲜亮，而且可增加该类水产品的体积和重量。将工业火碱加入生鲜乳中则是作为防腐剂以掩盖生鲜乳酸败后的味道。

（五）硼酸和硼砂

1. 性状与性能

硼酸（H_3BO_3），为白色粉末状结晶或三斜轴面鳞片状光泽结晶，有滑腻手感，无臭味。溶于水、酒精、甘油、醚类及香精油中，水溶液呈弱酸性。硼砂 [$Na_2B_4O_7 \cdot 10H_2O$ 或 $Na_2B_4O_5(OH)_4 \cdot 8H_2O$]，是非常重要的含硼矿物及硼化合物。通常为含有无色晶体的白色粉末，易溶于水。

2. 毒性与安全性

硼酸、硼砂具有低毒蓄积性，影响消化酶的作用，过量会引起恶心、呕吐、腹痛等肠道症状。硼砂毒性较高，世界各国多禁用为食品添加物。人体若摄入过多的硼，会引发多脏器的蓄积性中毒。

3. 工业应用

硼砂是制取含硼化合物的基本原料，几乎所有的含硼化物都可经硼砂来制得。它们在冶金、钢铁、机械、军工、刀具、造纸、电子管、化工及纺织等行业中都有着重要而广泛的用途。

4. 食品中的违法应用

硼砂具有增加食物韧性、脆度及改善食物保水性及保鲜防腐等功能，一些不法商贩在制作腐竹、豆腐、米粽、米粉、面条、牛（鱼）肉丸和各种糕点等食品中添加硼砂，使产品煮不糊，韧性好，防腐，增加弹性、脆度和膨胀度。早期曾作为防腐剂和膨松剂在肉制品、豆制品和面制品等食品中使用。

（六）溴酸钾

1. 性状与性能

溴酸钾（potassium bromate）是一种无机盐，室温下为无色晶体，分子式 $KBrO_3$，相对分子质量 167.01。溶于水，不溶于丙酮，微溶于乙醇，为无色三角晶体或白色结晶性粉末。

2. 毒性与安全性

溴酸钾在试验条件下对大鼠有致癌作用。多项研究证实，溴酸钾是一种毒害基因的致癌物质，可导致动物的肾脏、甲状腺及其他组织发生癌变。我国卫生部自2005年取消溴酸钾作为面粉处理剂在小麦粉中使用。依据2017年IARC公布的致癌物清单初步整理参考，溴酸钾在2B类致癌物清单中。

3. 工业应用

主要用于化学试剂、印染助剂及皮毛处理剂等。

4. 食品中的违法应用

早期溴酸钾是一种食品添加剂，在面制品发酵、醒发及焙烤工艺过程中起到一种缓慢氧化剂的作用，使用了溴酸钾的面粉制作的面包能快速膨胀。因其添加方便，效果明显，曾作为食品添加剂在面制品中广泛使用。

三、保鲜防腐类

（一）硫氰酸钠

1. 性状与性能

硫氰酸钠（sodium rhodanate），分子式 NaSCN，相对分子质量 80.07，为白色斜方晶系结晶或粉末。相对密度 1.735，熔点 287℃。在空气中易潮解，遇酸产生有毒气体。易溶于水、乙醇和丙酮。

2. 毒性与安全性

硫氰酸钠的毒性主要由其在体内释放的氰根离子而引起，氰根离子在体内与细胞色素氧化酶中的三价铁离子结合，抑制该酶活力，使组织不能利用氧。中毒症状主要表现为恶心、呕吐等，严重时出现抽搐、血压下降等。

3. 工业应用

多用于化学分析试剂、有机试剂合成、照片冲洗剂和植物脱叶剂等。

4. 食品中的违法应用

不法商贩将其添加于乳及乳制品中保鲜。目前国家已经禁止在食品加工中添加和使用硫氰酸钠。

（二）磷化铝

1. 性状与性能

磷化铝（aluminium phosphide），分子式 AlP，相对分子质量 57.95，为浅灰黄色或绿色松散的粉末。不溶于冷水，溶于乙醇、乙醚。

2. 毒性与安全性

遇水或酸产生磷化氢而中毒。吸入磷化氢气体引起头晕、头痛、乏力、食欲减退、胸闷及上腹部疼痛等。严重者有中毒性精神症状，脑水肿、肺水肿、肝肾及心肌损害、心律失常等。口服产生磷化氢中毒，有胃肠道症状，以及发热、畏寒、头晕、兴奋及心律失常，严重者有气急、少尿、抽搐、休克及昏迷等症状。

3. 工业应用

磷化铝是一种广谱性熏蒸杀虫剂，主要用于熏蒸各种仓库害虫，也可用于仓库灭鼠。磷化铝吸收空气后会立即产生高毒的磷化氢（PH_3）气体，磷化氢通过呼吸系统进入虫体，抑制昆虫正常生长致死。熏蒸完成后食品要充分通风之后才可以食用，磷化氢吸入人体会导致人体中毒。

4. 食品中的违法应用

不法分子将磷化铝加入黑木耳中作为保藏时的杀虫剂。

（三）孔雀石绿

1. 性状与性能

孔雀石绿（malachite green，MG），又称碱性绿、孔雀绿，分子式 $C_{23}H_{25}N_2 \cdot Cl$，相对分子质量 364.91。易溶于水，溶于乙醇、甲醇和戊醇，是一种人工合成的三苯基甲烷型绿色有机染料。

2. 毒性与安全性

孔雀石绿进入水生动物体内后，会快速代谢成脂溶性的无色孔雀石绿。孔雀石绿具有潜在的致癌、致畸、致突变的作用。

3. 工业应用

孔雀石绿是一种工业性染料属于碱性染料，可用于羊毛、丝、皮革等染色，也是一种生物染色剂。孔雀石绿在细胞分裂时可以有效的阻碍蛋白肽的形成，产生抗菌杀虫的作用，所以被作为一种有效的驱虫剂、杀虫剂和防腐剂来使用。孔雀石绿可用作治理鱼类或鱼卵的寄生虫、真菌或细菌感染。

4. 食品中的违法应用

我国在农业行业标准《无公害食品 渔用药使用准则》（NY 5071—2012）中也将孔雀石绿列为禁用药物。由于没有低廉有效的替代品，孔雀石绿在水产养殖中的使用屡禁不止。中国、美国、加拿大及欧盟等国家和地区禁止其在鱼类兽药中使用。2019 年孔雀石绿被列入食品动物中禁止使用的药品及其他化合物清单。

（四）敌敌畏

1. 性状与性能

敌敌畏（DDVP）是一种有机磷杀虫剂，分子式 $C_4H_7Cl_2O_4P$，相对分子质量 220.98。挥发性大，纯品为琥珀色的液态。室温下在水中溶解度 1g/100g，易水解，遇碱分解更快。对热稳定，对铁有腐蚀性。

2. 毒性与安全性

为中等毒杀虫剂。原药可燃，乳油易燃。

①LD_{50}：80mg/kg（bw）（雄性大鼠，经口，原药），LD_{50}：56mg/kg（bw）（雌性大鼠，经口，原药）。

②敌敌畏可经口服、皮肤吸收或呼吸道吸入。口服中毒者潜伏期短，发病快，病情严重，常见有昏迷，可在数十分钟内死亡。

③2017 年 IARC 公布的致癌物清单中敌敌畏在 2B 类清单中。

3. 工业应用

敌敌畏除作农业杀虫剂外也用作家庭杀蚊虫，作为一种高效的有机磷杀虫剂，可以很好的杀灭刺吸口器和咀嚼口器的害虫。多用于果树、蔬菜和农田作物。

4. 食品中的违法应用

为防止蚊虫叮咬，一些不法分子加工火腿、咸鱼、醋时加入敌敌畏。

四、掺假造假类

（一）三聚氰胺

1. 性状与性能

三聚氰胺（melamine，MEL），化学名为 2，4，6-三氨基-1，3，5-三嗪（1，3，5-triamine-2，4，6trazine），简称三胺，别名蜜胺、氰尿酰胺、三聚酰胺等，化学式 $C_3H_6N_6$。为白色单斜晶体，几乎无味，微溶于水，可溶于甲醛、甲醇、乙醇等，不溶于丙酮、醚类。

2. 毒性与安全性

三聚氰胺在强酸或强碱液中可水解生成三聚氰酸。三聚氰酸和三聚氰胺均具有低急性毒性，但两者共存时，会依靠氢键作用生成稳定且难溶于水的大分子复合物，即三聚氰胺氰尿酸盐，可在肾细胞中沉淀，从而形成肾结石，堵塞肾小管，最终造成肾衰竭，甚至死亡。

3. 工业应用

三聚氰胺作为一种重要的氮杂环有机化工原料，主要的用途是作为生产三聚氰胺-甲醛树脂的原料，广泛地用于塑料、涂料、黏合剂、食品包装、消毒剂中。与其他原料混配，还可以生产织物整理剂、皮革糅润剂、上光剂和抗水剂、橡胶黏合剂、高效水泥减水剂等。

4. 食品中的违法应用

三聚氰胺氮含量高，无嗅无味。三聚氰胺被不法分子加入饲料和食品中，造成食品蛋白质检测指标虚高，因此三聚氰胺也被称为"蛋白精"。2007 年 3 月，美国暴发宠物中毒事件，原因是宠物食品的原料小麦蛋白粉中掺杂了三聚氰胺。2008 年 9 月，国内暴发三鹿婴幼儿问题乳粉事件，导致食用受污染乳粉的婴幼儿患肾结石，国家质检总局对其余 109 家乳品企业的 491 批次产品进行了排查，有 22 家婴幼儿乳粉生产企业的 69 批次产品含有不同量的三聚氰胺。2017 年，IARC 公布致癌物清单，三聚氰胺在 2B 类致癌物清单中。

(二)皮革水解物

1. 性状与性能

皮革水解物是指将破旧皮衣、皮箱、皮鞋,还有厂家生产皮具时剩下的边角料,经过化学处理后,提取出蛋白质,作为蛋白质添加剂加入食品或伪造食品。

2. 毒性和安全性

由于皮革在制作、染色等过程中含有大量重铬酸钾和重铬酸钠等有毒物质,因此其水解物中含有大量对人体健康有害的重金属六价铬,并且在皮革水解过程中不能被有效除去,如果长期食用,其中的重金属铬便会被人体吸收、积累,造成铬中毒,引起人体关节疏松肿大,甚至造成儿童死亡。

3. 食品中的违法应用

不法分子将皮革水解物加入乳制品和酱油中,其作用是增加蛋白质含量,作用和三聚氰胺类物质相似,但由于其本质上讲也属于蛋白质,因此检测难度更大。也有将皮革边角料提取出的蛋白作为食用明胶。

(三)工业酒精

1. 性状与性能

工业酒精是工业上使用的酒精,也称变性酒精,是一种化工原料,其中含有铅、砷等重金属,乙醇含量为95%,甲醇低于1%,不能在食品中使用。

2. 毒性与安全性

工业酒精不能用于人体的消毒,因为甲醇会导致中毒,甲醇有较强的毒性,急性中毒症状为:头疼、恶心、胃痛、疲倦、视力模糊以致失明,继而呼吸困难,最终导致呼吸中枢麻痹而死亡。慢性中毒反应为:眩晕、昏睡、头痛、耳鸣、视力减退、消化障碍。

3. 工业应用

工业酒精可用于印刷、电子、五金、香料、化工合成、医药合成等方面,还可用作清洗剂、溶剂,应用广泛。

4. 食品中的违法应用

食用酒精有较严格的标准《食品安全国家标准 食用酒精》(GB 31640—2016)仅指以谷物、薯类、糖蜜或其他可食用农作物为原料,经发酵、蒸馏精制而成的供食品工业使用的含水酒精。其中甲醇≤150mg/L、异丁醇+异戊醇 30mg/L、重金属(以铅计)≤1mg/L。而工业酒精没有严格定义,甲醇含量 8000mg/L,其他如杂醇、重金属等相关指标没有规定。显然工业酒精不符合食品安全要求,由于工业酒精较食用酒精便宜,不法分子常将工业酒精用作食用。饮用工业酒精会引起食物中毒,甚至出现死亡,我国明令禁止食用工业酒精生产各种酒类。

(四)工业乙酸

1. 性状与性能

无色澄清的吸湿性液体,有刺激性气味。能溶于水、乙醇和乙醚。不溶于二硫化碳。熔点16.7℃,因此在低温时凝固成冰状。

2. 毒性与安全性

工业乙酸对人体具有腐蚀性,同时由于其含有很多杂质、重金属和苯类物质,可对人体造成危害。在水溶液或在溶剂中的浓度超过 50%时,对皮肤就有强烈的腐蚀性,对眼、呼吸道、食道及胃有强烈的刺激作用，能引起呕吐、腹泻、神经麻痹和尿中毒，甚至死亡。

3. 工业应用

工业乙酸主要用于化学工业及制造业等。

4. 食品中的违法应用

工业乙酸是一种化工原料，由于其中含有铅、砷等重金属，不能在食品中使用。但是不法分子常把工业乙酸作为食用级乙酸用于食品加工。工业乙酸和食用乙酸有不同的国家标准，作为食品添加剂的冰乙酸执行《食品安全国家标准 食醋》（GB 2719—2018）进行生产，而工业冰乙酸执行《工业用冰乙酸》（GB/T 1628—2020）。因此工业乙酸不符合食品安全要求，不是食品添加剂，不能用于配制食用醋。

五、养殖流通用

（一）β-兴奋剂类

1. 性状与性能

β-兴奋剂在医药上是一大类药物，常见的除了盐酸克伦特罗，还有沙丁胺醇、马布特罗等。β-兴奋剂是一种可以引起交感神经兴奋的类似肾上腺的药物，具有减少胴体脂肪、提高瘦肉率，使瘦肉的外观鲜艳等特点，又称瘦肉精。

2. 毒性与安全性

激素类药物存在着潜在的生理毒性，长期食用较大残留量的食物会使易感人群出现一些明显的中毒症状，如头晕、恶心、手脚颤抖、心跳，甚至心脏骤停致昏迷死亡，特别对心律失常、高血压、青光眼、糖尿病和甲状腺机能亢进等患者有极大危害。

3. 食品中的违法应用

由于β-兴奋剂类能提高瘦肉率，使其颜色鲜艳等特点，因此不法分子在饲料中大量使用β-兴奋剂，以提高瘦肉率。据不完全统计，自1998年以来，全国相继发生18起瘦肉精中毒事件，中毒人数达1700多人，死亡1人。目前，我国已经禁止其作为饲料剂应用于动物生产中。

（二）硝基呋喃类

1. 性状与性能

硝基呋喃类药物（nitrofurans）是人工合成的具有5-硝基呋喃基本结构的广谱抗菌药物，主要是呋喃唑酮（furazolidone，FZD）、呋喃它酮（furaltadone，FTD）、呋喃西林（nitrofurazone，NFZ）、呋喃妥因（nitrofurantion，NFT）。

2. 毒性与安全性

硝基呋喃类化合物有基因诱变性，是直接致变剂，呋喃它酮为强致癌性药物，呋喃哇酮具有中等强度致癌性。2005年，FDA和欧洲药品管理局（EMA）已禁止其在人类和动物中使用。

3. 工业应用

硝基呋喃类药物是广谱抗生素，对大多数革兰阳性菌和革兰阴性菌、真菌和原虫等病原体均有杀灭作用，其广泛的应用于动物的疾病和预防控制。

4. 食品中的违法应用

由于硝基呋喃类可以治疗或预防畜禽类的肠炎，水产鱼类的疥疮、赤鳍病、溃疡病等疾病。因此近年来不法分子将硝基呋喃类抗菌物用于水产品养殖和运输，造成硝基呋喃类药物残留量超标，严重威胁着人民身体健康和我国水产品出口贸易。我国农业部于2002年4月发布

193 号公告，规定硝基呋喃类抗生素在所有食品及动物中禁止使用。

（三）玉米赤霉醇

1. 性状与性能

玉米赤霉醇（zeranil，ZER）是具有雌性激素效应的合成激素，其结构类似于发霉的玉米黍中分离而得的玉米赤霉烯醇。

2. 毒性与安全性

玉米赤霉醇及其代谢产物具有雌激素类物质的生物活性，对促性腺激素结合受体、体外肝脏激素结合受体均有抑制作用，会引起人体性激素机能紊乱及影响第二性征的正常发育，在外部条件诱导下，可能致癌。玉米赤霉醇排出动物体外后，还可经饮水和食物造成二次污染及环境污染。

3. 主要用途

玉米赤霉醇具有良好心血管保护作用，但对子宫内膜癌、乳腺癌等的发病率无明显的影响，甚至对子宫、乳腺具有潜在的保护作用，对心血管系统有广泛的保护作用。

4. 食品中的违法应用

玉米赤霉醇可以提高体内生长激素和胰岛素水平，促进机体蛋白质的合成，提高饲料利用率，从而产生促增重作用，曾被广泛用于促生长，如肉牛增重。欧盟已于 1996 年明确禁止玉米赤霉醇在家畜生产上的使用；2002 年，我国农业部也明确规定其禁止用于食品动物，所有可食动物不得检出。2010 年，卫生部发布的《食品中可能违法添加的非食用物质名单（第四批）》中明确将玉米赤霉醇列入非食用物质。2019 年，玉米赤霉醇被列入食品动物中禁止使用的药品及其他化合物清单。但由于玉米赤霉醇作为牛羊增重剂效果好，经济回报高，仍有违法使用的现象。

第三节 食品添加剂的滥用

科学合理地按照《中华人民共和国食品安全法》、《食品安全国家标准 食品添加剂使用标准》（GB 2760—2014）使用食品添加剂是有益无害的。食品添加剂是经过科学研究论证，由国家制定标准，可适量用于食品的化学物质，其安全性是有前提的。一些不法分子超量超范围使用食品添加剂，以获得所想要的食品性状，从而欺骗消费者，取得非法利益，对消费者安全构成潜在威胁。

一、滥用食品添加剂

滥用食品添加剂目前主要表现形式为超量、超范围使用食品添加剂。主要是指食品添加剂的使用超出了《食品安全国家标准 食品添加剂使用标准》（GB 2760—2014）所规定的食品添加剂使用的种类和范围，将着色剂等物质用于掩盖食品腐败变质和伪装掺假等情况。

超限量使用食品添加剂是指在食品生产加工过程中，食品添加剂的使用剂量超出了 GB 2760—2014 所规定的最大使用量和残留量。2008 年 12 月 12 日，卫生部全国打击违法添加非食用物质和滥用添加剂专项整治领导小组提出部分食品的《食品中可能违法添加的非食用物质和易滥用的食品添加剂品种名单（第一批）》，之后陆续颁布了第二、三、四、五批名单，参见表 15-3。

表 15-3　食品中可能滥用的食品添加剂品种名单（第一～五批汇总）

序号	食品品种	可能易滥用的添加剂品种	检测方法
1	渍菜（泡菜等）葡萄酒	着色剂（胭脂红、柠檬黄、诱惑红、日落黄）等	GB 5009.35—2016　食品安全国家标准　食品中合成着色剂的测定；GB 5009.141—2016　食品安全国家标准　食品中诱惑红的测定
2	水果冻 蛋白冻类	着色剂、防腐剂、酸度调节剂（己二酸等）	—
3	腌菜	着色剂、防腐剂、甜味剂（糖精钠、甜蜜素等）	—
4	面点、月饼	乳化剂（蔗糖脂肪酸酯等、乙酰化单甘脂肪酸酯等）、防腐剂、着色剂、甜味剂	—
5	面条、饺子皮	面粉处理剂	—
6	糕点	膨松剂（硫酸铝钾、硫酸铝铵等）、水分保持剂磷酸盐类（磷酸钙、焦磷酸二氢二钠等）、增稠剂（黄原胶、黄蜀葵胶等）、甜味剂（糖精钠、甜蜜素等）	GB 5009.182—2017　食品安全国家标准　食品中铝的测定；GB 5009.256—2016　食品安全国家标准　食品中多种磷酸盐的测定；GB 5009.28—2016　食品安全国家标准　食品中苯甲酸、山梨酸和糖精钠的测定
7	馒头	漂白剂（硫黄）	—
8	油条	膨松剂（硫酸铝钾、硫酸铝铵）	GB 5009.182—2017　食品安全国家标准　食品中铝的测定
9	肉制品和卤制熟食、腌肉料和嫩肉粉类产品	护色剂（硝酸盐、亚硝酸盐）	GB 5009.33—2016　食品安全国家标准　食品中亚硝酸盐与硝酸盐的测定
10	小麦粉	二氧化钛、硫酸铝钾	GB 5009.246—2016　食品安全国家标准　食品中二氧化钛的测定；GB 5009.182—2017　食品安全国家标准　食品中铝的测定
11	小麦粉	滑石粉	GB 5009.269—2016　食品安全国家标准　食品中滑石粉的测定

续表

序号	食品品种	可能易滥用的添加剂品种	检测方法
12	臭豆腐	硫酸亚铁	—
13	乳制品（除干酪外）	山梨酸	GB 5009.28—2016 食品安全国家标准 食品中苯甲酸、山梨酸和糖精钠的测定
14	乳制品（除干酪外）	纳他霉素	GB 21915—2008 食品中纳他霉素的测定方法 高效液相色谱法
15	蔬菜干制品	硫酸铜	—
16	酒类（配制酒除外）	甜蜜素	—
17	酒类	安赛蜜	—
18	面制品、膨化食品	硫酸铝钾、硫酸铝铵	GB 5009.182—2017 食品安全国家标准 食品中铝的测定
19	鲜瘦肉	胭脂红	GB 5009.35—2016 食品安全国家标准 食品中合成着色剂的测定
20	大黄鱼、小黄鱼	柠檬黄	GB 5009.35—2016 食品安全国家标准 食品中合成着色剂的测定
21	陈粮、米粉等	焦亚硫酸钠	GB 5009.34—2016 食品安全国家标准 食品中二氧化硫的测定
22	烤鱼片、冷冻虾、烤虾、鱼干、鱿鱼丝、蟹肉、鱼糜等	亚硫酸钠	GB 5009.34—2016 食品安全国家标准 食品中二氧化硫的测定

资料来源：《食品中可能违法添加的非食用物质和易滥用的食品添加剂品种名单》（第一至五批）。

超限量使用食品添加剂的原因一方面在于生产者过于追求效果，另一方面则是为了延长食品保质期。这样做虽然可以延长食品保质期、降低企业生产成本，但超量使用会对人体造成严重危害。据国家市场监督管理总局公布的数据显示，目前阶段在我国容易滥用食品添加剂的食品类型主要为粮食和粮食制品、蔬菜及其制品、酒类、乳及乳制品和肉制品等。易被滥用的食品添加剂类别为漂白剂（二氧化硫和亚硫酸盐）、甜味剂（甜蜜素和糖精钠）、防腐剂（苯甲酸及其钠盐和山梨酸及其钾盐）、着色剂（日落黄及其铝色淀、柠檬黄及其铝色淀和胭脂红）和膨化剂（硫酸铝钾）。

食品添加剂在行业中占有重要地位，因此食品添加剂的使用直接关系到食品的性能和安全。随着科学的逐渐进步，我国的食品安全法规陆续推出，为食品安全提供了保障。合格的、负责任的食品企业一定要严格按照《食品安全国家标准　食品添加剂使用标准》（GB 2760—

2014）来科学合理地使用食品添加剂，同时依照《中华人民共和国食品安全法》加强政府部门的监管力度，坚决打击滥用食品添加剂的不法行为。

二、使用劣质、过期及污染的食品添加剂

劣质食品添加剂主要是一些不符合我国食品添加剂强制性国家标准的添加剂产品，其中含有超标的有害性物质如汞、铅、砷等。使用这样的劣质添加剂对消费者的健康会造成严重的危害。而超过保质期或者受污染的食品添加剂会使产品的质量下降，严重的会影响消费者的身体健康。因此，必须加强食品的生产管理，严禁劣质、过期和受污染的添加剂在食品加工中使用。

> **思考题**
>
> 1. 我国公布的食品中禁用的非法化学品有哪些？
> 2. 我国公布的易滥用的食品添加剂有哪些？
> 3. 我国禁用的添加剂对人体有哪些危害？

附 录

食品添加剂相关常用缩略语

1. ADI（acceptable daily intake estimation）：每日容许摄入量
2. AOB（antioxidant of bamboo leaves）：竹叶抗氧化物
3. BHA（butylated hydroxy anisole）：丁基羟基茴香醚
4. BHT（butylated hydroxy toluene）：二丁基羟基甲苯
5. bw（body weight）：按体重计
6. CAC（Codex Alimentarius Commission）：食品法典委员会
7. CCFA（Codex Committee on Food Additives）：食品添加剂法典委员会
8. CCFAC（Codex Committee on Food Additives and Contaminants）：食品添加剂与污染物法典委员会
9. CE 或 COE（Council of Europe）：欧洲理事会
10. CFR（Code of Federal Regulation）：美国联邦法规
11. C. I.（colour index）：染料索引
12. CNS（Chinese number system）：食品添加剂中国编码系统
13. D. E（dextrose equivalent value）：葡萄糖当量
14. DLTP（dilauryl thiodipropionate）：硫代二丙酸二月桂酯
15. EEC（European Economic Community）：欧洲经济共同体
16. EFA（essential fatty acid）：必需脂肪酸
17. FAO（Food and Agriculture Organization）：联合国粮食及农业组织（简称联合国粮农组织）
18. FDA（Food and Drug Administration）：美国食品与药物管理局
19. FEMA（Flavor Extract Manufacturer's Association）：美国食品香料和萃取物制造者协会
20. FCC（Food Chemical Codex）：美国食用化学品法典
21. FNP（Food and Nutrition Paper）：食品与营养报告（联合国粮农组织）
22. GB：中华人民共和国国家标准
23. GRAS（Generally Recognized As Safe）：一般公认安全
24. HACSG（Hyperalive Children's Support Group of EEC）：欧共体儿童保护集团
25. HAP（hydrolyzed animal protein）：水解动物蛋白
26. HLB（value of hydrophility and lipophility balance）：亲水亲油平衡值
27. HVP（hydrolyzed vegetable protein）：水解植物蛋白
28. IFRA（International Fragrance Association）：国际日用香料香精协会

29. INS (international numbering system):食品添加剂国际编码系统

30. IOFI (International Organization of the Flavor Industry):国际香料工业组织

31. JECFA (Joint Expert Committee on Food Additives):食品添加剂联合专家委员会

32. JMPR (Joint FAO/WHO Meeting on Pesticide Residues):国际农药残留量法典会议

33. LD_{50} (50%Lethal Dose):半数致死量(mg/kg 动物)

34. LOAEL (lowest-observed adverse effect level):最低毒副作用剂量

35. MIC (minimum inhibitory concentration,):最小抑菌浓度

36. MNL (maximum no-effect level):最大无作用量(mg/kg 动物)

37. MRL (maximum residue limit):最高残留限量

38. MUFA (mono-unsatarated fatty acid):单不饱和脂肪酸

39. NOEL (no-observable-effect level):无作用量

40. PG (propyl gallate):没食子酸丙酯

41. PUFA (poly-unsatarated fatty acid):高度不饱和脂肪酸或多不饱和脂肪酸

42. QB:中华人民共和国轻工业部标准

43. SCF (Scientific Committee for Foods of the EEC):欧洲经济共同体食品科学委员会

44. SN/T:商检行业推荐性标准

45. SFA (satarated fatty acid):脂肪酸

46. TBHQ (tert-butyl hydroquinone):特丁基对苯二酚

47. TP (tea polyphenol):茶多酚

48. USDA (United States Department of Agriculture):美国农业部

49. WHO (World Health Organization):世界卫生组织

50. WTO (World Trade Organization):世界贸易组织

参考文献

[1] 中华人民共和国国务院. 中华人民共和国食品安全法［A］. 2018.

[2] 中华人民共和国国家卫生和计划生育委员会. GB 2760—2014 食品安全国家标准 食品添加剂使用标准［S］. 北京：中国标准出版社，2014.

[3] 中华人民共和国卫生部. GB 14880—2012 食品安全国家标准. 食品营养强化剂使用标准［S］. 北京：中国标准出版社，2012.

[4] 中华人民共和国国家卫生和计划生育委员会. GB 1886 食品安全国家标准 食品添加剂［S］. 北京：中国标准出版社.

[5] 迟玉杰. 食品添加剂［M］. 北京：中国轻工业出版社，2014.

[6] 郝利平. 食品添加剂［M］. 3 版. 北京：中国农业出版社，2016.

[7] 高彦祥. 食品添加剂基础［M］. 北京：中国轻工业出版社，2012.

[8] 张华江. 食品添加剂原理与应用［M］. 北京：中国农业出版社，2014.

[9] 孙宝国. 食品添加剂［M］. 2 版. 北京：化学工业出版社，2013.

[10] 林晶晶. 食品添加剂的研究评述［J］. 粮食流通技术，2018（16）：64-65，69.

[11] 张辉，贾敬敦，王文月，等. 国内食品添加剂研究进展及发展趋势［J］. 食品与生物技术学报，2016，35（3）：225-233.

[12] 王静，孙宝国. 食品添加剂与食品安全［J］. 科学通报，2013，58（26）：2619-2625.

[13] 何国庆，贾英民，丁立孝. 食品微生物学［M］. 3 版. 北京：中国农业大学出版社，2016.

[14] 刘蔚，周涛. ε-聚赖氨酸抑菌机理研究［J］. 食品科学，2009，30（9）：15-20.

[15] M. P. Doyle, R. L. Buchanan. Food microbiology: Fundamentals and frontiers［M］. 4th Ed. Washington, D.C.: ASM Press, 2013.

[16] Gálvez A, López R L, Pulido R P, et al. Natural antimicrobials for food biopreservation［M］. New York: Springer, 2014.

[17] S. Brul, P. Coote. Preservative agents in foods: Mode of action and microbial resistance mechanisms［J］. International Journal of Food Microbiology, 1999（50）: 1-17.

[18] Rai M, Pandit R, Gaikwad S, et al. Antimicrobial peptides as natural bio-preservative to enhance the shelf-life of food［J］. Journal of Food Science and Technology, 2016, 53（9）: 3381-3394.

[19] Silva M M, Lidon F. Food preservatives - An overview on applications and side effects［J］. Emirates Journal of Food and Agriculture, 2016, 28（6）: 366-373.

[20] 刘钟栋. 食品添加剂分析方法［M］. 北京：中国轻工业出版社，2007.

[21] 孙宝国. 食品添加剂 [M]. 北京：化学工业出版社，2008.

[22] 郝利平. 食品添加剂 [M]. 2版. 北京：中国农业大学出版社，2009.

[23] 王金玲. 食品添加剂 [M]. 哈尔滨：东北林业大学出版社，2010.

[24] 孙平. 食品添加剂 [M]. 北京：中国轻工业出版社，2009.

[25] 孙平. 新编食品添加剂应用手册 [M]. 北京：化学工业出版社，2017.

[26] 李凤林，黄聪亮，余蕾. 食品添加剂 [M]. 北京：化学工业出版社，2007.

[27] 胡国华. 复合食品添加剂 [M]. 北京：化学工业出版社，2012.

[28] 刘钟栋. 食品添加剂 [M]. 郑州：郑州大学出版社，2015.

[29] 黄文，江美都，肖作兵. 食品添加剂 [M]. 2版. 北京：中国质检出版社，2013.

[30] 林春绵，徐明仙，陶雪文. 食品添加剂 [M]. 北京：化学工业出版社，2004.

[31] 曾名湧，董士远. 天然食品添加剂 [M]. 北京：化学工业出版社，2005.

[32] 范继善. 实用食品添加剂 [M]. 天津：天津科学技术出版社，1993.

[33] 阮春梅. 食品添加剂应用技术 [M]. 北京：中国农业出版社，2018.

[34] 江建军. 食品添加剂应用技术 [M]. 北京：科学出版社，2010.

[35] 侯振建. 食品添加剂及其应用技术 [M]. 北京：化学工业出版社，2004.

[36] 郝素娥，徐雅琴，郝璐瑜. 食品添加剂与功能性食品——配方·制备·应用 [M]. 北京：化学工业出版社，2010.

[37] 刘程. 食品添加剂实用大全（修订版）[M]. 北京：北京工业大学出版社，2004.

[38] 高彦祥. 食品添加剂 [M]. 北京：中国轻工业出版社，2014.

[39] 杨玉红. 食品添加剂应用技术 [M]. 北京：中国质检出版社，中国标准出版社，2013.

[40] 李明，王培义，田怀香. 香料香精应用基础 [M]. 北京：中国纺织出版社，2010.

[41] 林翔云. 调香术 [M]. 3版. 北京：化学工业出版社，2013.

[42] 卢晓黎，赵志峰. 食品添加剂——应用及检测 [M]. 北京：化学工业出版社，2014.

[43] 田红玉，陈海涛，孙宝国. 食品香料香精发展趋势 [J]. 食品科学技术学报，2018，36（2）：1-11.

[44] 李燕敏. 异硫氰酸酯类香料化合物的合成与应用研究 [D]. 北京：中国工商大学，2017.

[45] 赖军丽. 中国香精香料行业出口竞争力与发展对策研究 [D]. 杭州：浙江工业大学，2013.

[46] Liu Jiaxu, Xu Baojun. A comparative study on texture, gelatinisation, retrogradation and potential food application of binary gels made from selected starches and edible gums [J]. Food chemistry, 2019, 296 (30): 100-108.

[47] Mehdi Khodashenas, Mohammad Jouki. Optimization of stabilized probiotic doogh formulation by edible gums and response surface methodology: Assessment of stability, viability and organoleptic attributes [J]. Journal of Food Science and Technology, 2020, 57 (9): 1-10.

[48] 杨雪松，孙杨赢，潘道东，等. 阿拉伯胶、瓜尔豆胶复配对鸭血凝胶特性的影响 [J]. 食品科学，2018（5）：6-32.

［49］付丽，陈晓，高雪琴.食用胶复合添加对台湾烤肠品质影响的研究［J］.肉类工业，2019（11）：25-30.

［50］Tahir Haroon Elrasheid, Xiaobo Zou, Mahunu Gustav Komla, et al. Recent developments in gum edible coating applications for fruits and vegetables preservation: A review［J］. Carbohydrate Polymers, 2019, 224（15）：115-141.

［51］梁克中，黄美英，方荣美，等.复配食品乳化剂在食品生产中的应用研究进展［J］.食品与药品，2015，17（6）：455-458.

［52］徐宝财，王瑞，张桂菊.国内外食品乳化剂研究现状与发展趋势［J］.食品科学技术学报，2017，35（4）：1-7.

［53］许晶，李洋洋，金花.纳米乳在食品工业中应用［J］.东北农业大学学报，2017，48（5）：89-96.

［54］孟宗，王风艳，孙小玲，等.复配乳化剂对月桂酸型代可可脂巧克力物化性质影响研究［J］.粮食与油脂，2013，26（7）：19-21.

［55］胡国华.功能性食品胶［M］.北京：化学工业出版社，2004.

［56］黄来发.食品增稠剂［M］.北京：中国轻工业出版社，2000.

［57］焦学瞬，薛毅.天然食品乳化剂和乳状液——组成、性质、制备加工与应用［M］.北京：科学出版社，2004.

［58］郝利平.食品添加剂［M］.2版.北京：中国农业大学出版社，2009.

［59］靳烨.抗坏血酸、烟酸和pH对香肠发色和色素稳定性的影响［J］.肉类研究，1994（4）：22-25.

［60］江婷.肉用发色剂替代品研究进展［J］.肉类工业，2009（12）：50-52.

［61］许益峰.护色剂在肉制品中的应用［J］.科技致富向导，2015（8）：291-291.

［62］刘志国，刘烈炬.多不饱和脂肪酸：对大脑功能的影响与机制［M］.北京：化学工业出版社，2019.

［63］薛建平.食物营养与健康［M］.北京：中国科学技术大学出版社，2004.

［64］王兴国，金青哲.油脂化学［M］.北京：科学出版社，2012.

［65］王兆明，贺稚非，李洪军.脂质和蛋白质氧化对肉品品质影响及交互氧化机制研究进展［J］.食品科学，2018，39（11）：295-301.

［66］王旭，赵月，李婷婷，等.天然抗氧化剂对玉米油稳定性的影响［J］.食品科学，2018，39（16）：7-12.

［67］鲁青，黄继超，朱宗帅，等.响应面法优化天然抗氧化剂抑制调理鸡排褪色和脂质氧化工艺［J］.食品科学，2019，40（6）：296-303.

［68］韩梦凡，蒋思睿，钟舒睿，等.臭氧联合植酸处理对鲜切水果甘蓝品质的影响［J］.食品科学，2019，40（3）：266-272.

［69］沈克欣.食品添加剂与食品安全相关问题分析［J］.食品安全导刊，2020（3）：46.

［70］张燕.食品添加剂的作用与安全性控制［J］.现代食品，2019（12）：132-134.

［71］王哲.食品添加剂的作用与安全性控制［J］.食品安全导刊，2019（22）：77-78.

［72］吴金模.食品添加剂的种类与作用及其安全使用［J］.广西轻工业，2009，25（6）：11-16.

[73] 陈旋,王梦格.食品添加剂在饮料中的应用及危害浅谈[J].农村经济与科技,2019(1):32-37.

[74] 金远航,唐艺卓,于明洋.食品添加剂的分类探究[J].化工管理,2019(15):17-18.

[75] 陈霞,卢晶.食品添加剂的作用与安全性[J].现代食品,2018(24):71-73.

[76] 吴文清.浅谈食品添加剂对食品安全的影响[J].现代食品,2018(24):59-62.

[77] 潘焰琼.食品添加剂的使用对食品安全的影响及应对措施[J].食品安全导刊,2019(15):56,63.

[78] 王继荣,申淑琦.食品甜味剂及其应用[J].食品安全导刊,2019(9):183-183,188.

[79] 柴梅梅,侯磊磊,加力,等.饮料中甜味剂的应用与食品安全[J].食品安全质量检测学报,2018,9(11):2573-2577.

[80] 禹晓,杨媚,翟娅菲,等.甜菊糖苷在我国保健食品中的应用现状分析及思考[J].食品研究与开发,2018,39(7):215-220.

[81] 高玉婷,张鹏,杜刚,等.人造甜味剂对人体健康的影响[J].食品科学报,2018,39(7):285-290.

[82] 吴成见.功能性甜味剂在食品中的应用分析[J].食品安全导,2017(18):71.

[83] 徐岚,段远霞,蔡茂,等.甜叶菊作为甜味剂的应用研究进展[J].山东化工,2016,45(2):63-65.

[84] 侯伟.酸味剂的种类及其应用[J].农产品加工,2008(9):16-17.

[85] 杨雅轩,丁兆钧,杨柳,等.食品酸味剂使用现状及发展趋势[J].南方农业,2015,9(9):165-167.

[86] 褚添,吴之翔.甜味剂、鲜味剂的应用及发展[J].中国调味品,2014,39(6):138-140.

[87] 王仲礼.食品鲜味剂及其在食品工业中的应用[J].中国调味品,2003(9):50-52.

[88] 毛伟峰,宋雁.食品中常见甜味剂使用方面存在的主要问题及危害[J].食品科学技术学报,2018,36(6):9-14.

[89] 薛建平,盛玮.食物营养与健康[M].北京:中国科学技术大学出版社,2009.

[90] 周春燕,药立波.生物化学与分子生物学[M].9版.北京:人民卫生出版社,2018.

[91] 郑建仙.功能性低聚糖[M].北京:化学工业出版社,2004.

[92] 中国营养学会.中国居民膳食营养素参考摄入量[M].北京:中国轻工业出版社,2006.

[93] 杨月欣,王光亚.中国食物成分表[M].北京:北京大学医学出版社,2002.

[94] 周家华,崔英德,曾颢.食品添加剂[M].北京:化学工业出版社,2008.

[95] 贾敬敦,陈春明.中国食品安全态势分析[M].北京:中国科学技术出版社,2003.

[96] 黄雨三.食品安全评价与流通领域检测体系标准化制度化建设及最新政策法规解读

[M]．北京：中科多媒体电子出版社，2005．

［97］康鉴文化编辑部．防癌抗癌食疗事典：防癌食物保健事典［M］．北京：中国纺织出版社，2010．

［98］刘志国，王丽梅，王华林，等．多不饱和脂肪酸对大脑功能影响研究进展［J］．食品科学，2015，36（21）：284-290．

［99］朱路英，张学成，宋晓金，等．n-3多不饱和脂肪酸DHA、EPA研究进展［J］．海洋科学，2007（11）：78-85．

［100］梁慧珍，许兰杰，余永亮，等．红花籽油中脂肪酸组成评价与分析［J/OL］．食品科学，［2020-04-19］．

［101］王萍，张银波，江木兰．多不饱和脂肪酸的研究进展［J］．中国油脂，2008，33（12）：42-46．

［102］王炜，张伟敏．单不饱和脂肪酸的功能特性［J］．中国食物与营养，2005（4）：44-46．

［103］张伟敏，钟耕，王炜．单不饱和脂肪酸营养及其生理功能研究概况［J］．粮食与油脂，2005（3）：13-15．

［104］Gallardo María A，PérezDruso D，Leighton Federico M．Modification of fatty acid composition in broiler chickens fed canola oil［J］．Biological Research，2012，45（2）：149-161．

［105］Kris-Etherton P M，Pearson T A，Wan Y，et al． High-monounsaturated fatty acid diets lower both plasma cholesterol and triacylglycerol concentrations［J］． The American Journal of Clinical Nutrition，1999，70（6）：1109-1015．

［106］周爱梅．食品营养强化剂的应用与展望［J］．农产品加工，2009，12（8）：29-31．

［107］史银飞，路新国．我国营养强化剂的应用进展［J］．食品研究与开发，2009（3）：7-11．

［108］陈锦丽．食品安全的探讨［J］．食品研究与开发，2004（6）：55．

［109］王丽娟，申桂英．食品营养强化剂的品种与市场［J］．精细与专用化学品，2016，24（11）：1-4．

［110］高彦祥．食品添加剂［M］．2版．北京：中国轻工业出版社，2019．

［111］李宏梁．食品添加剂安全与应用［M］．2版．北京：化学工业出版社，2012．

［112］王永华，宋丽军．食品酶工程［M］．北京：中国轻工业出版社，2018．

［113］高彦祥．食品添加剂基础［M］．北京：中国轻工业出版社，1994．

［114］罗斌．浅谈焙烤食品与酵母［J］．食品安全导刊，2009（5）：77．

［115］豆康宁，石晓．发酵方法对面食营养的影响［J］．粮食与食品工业，2008（5）：12-14．

［116］秦连平，王书平，Tianping Z．半干酵母的研究综述［J］．山东化工，2017（18）：71-73．

［117］刘志皋，高彦祥．食品添加剂基础［M］．北京：中国轻工业出版社，1994．

［118］王菁文，刘涛．豆腐凝固剂的种类与特点［J］．大豆通报，1997（3）：25．

［119］刘志胜，李里特，辰巳英三．豆腐盐类凝固剂的凝固特性与作用机理的研究［J］．中国粮油学报，2000（3）：39-43．

[120] 薛文通,任媛媛,张泽俊,等.盐类凝固剂短时间内凝固特性的研究 [J].食品工业科技,2005(5):130-132.

[121] 田亚,李丹,胡萍等.不同凝固剂形成豆腐凝胶特性研究 [J].大豆科学,2018,37(4):606-613.

[122] 王宇.柠檬酸亚锡二钠的制备 [J].化学工程师,2014,28(12):65-67.

[123] 黄春秋,杨志伟,林君,等.柠檬酸亚锡二钠抑制橄榄果汁褐变研究 [J].南方农业学报,2015,46(2):313-316.

[124] 张婷婷,夏文水,姜启兴,等.柠檬酸亚锡二钠对双孢菇罐头的护色作用 [J].食品与生物技术学报,2013(1):88-94.

[125] 张念荣,党传玉,王全杰.谷氨酰胺转氨酶的特性及其应用研究进展 [J].西部皮革,2012,34(14):36-40.

[126] 李明奇,贺稚非,李洪军.微生物源谷氨酰胺转氨酶修饰蛋白质机理及其在食品方面的应用进展 [J].食品与发酵工业,2018,44(12):274-280.

[127] 陆姣姣.茂源链霉菌来源的谷氨酰胺转氨酶在革兰氏阳性菌中的表达研究 [D].合肥:合肥工业大学,2019.

[128] 李先保,刘伟.TG酶对鸡肉肉糜凝胶特性的影响 [J].安徽科技学院学报,2010,24(3):9-12.

[129] 王银,张富新,王毕妮,等.谷氨酰胺转氨酶添加量对酸羊乳凝胶特性的影响 [J].食品与发酵工业,2017,43(11):119-124.

[130] 丛广源.面制品中复合无铝膨松剂的研究 [D].长春:吉林农业大学,2016.

[131] 余蕾.新型复合膨松剂 [J].中国食品添加剂,2006(3):128-129.

[132] 赵维克.复配膨松剂工艺研究与组分分析 [J].现代食品,2017(7):41-42.

[133] 董海洲,刘传富,侯汉学.复合膨松剂的复配技术在焙烤食品中的应用 [J].中国商办工业,2002(9):48-50.

[134] 郝永德.豆制品生产工艺与深加工技术 [M].北京:中国农业出版社,1993.

[135] 骆承庠.大豆与大豆制品 [M].北京:中国轻工业出版社,1997.

[136] 王红燕.豆腐凝固剂及保鲜研究 [D].郑州:河南工业大学,2014.

[137] 沈建华,李立.一种环保豆腐的制作方法:中国,CN103891908A [P].2014-07-02.

[138] 陈杰,谭琳,彭钰淇,等.响应面法优化全豆豆腐凝固剂配方的研究 [J].中国粮油学报,2018,33(5):16-23.

[139] 无锡轻工学院食品工业教研室.食品添加剂 [M].北京:中国轻工业出版社,1999.

[140] 刘钟栋.食品添加剂原理及应用技术 [M].北京:中国轻工业出版社,2000.

[141] 刘程,周汝忠.食品添加剂实用大全 [M].北京:北京工业大学出版社,2000.

[142] 张茜.水分保持剂及其使用卫生标准 [J].教师教育学报,2010.

[143] 唐劲松.食品添加剂应用与检测技术 [M].中国轻工业出版社,2012.

[144] 王龙宇.肉品加工中磷酸盐的作用 [J].黑龙江科技信息,2008(16):140.

[145] 李俊,韩卓,檀胜江,等.磷酸盐在肉制品加工中作用及替代物研究进展 [J].肉

类研究,2013(2):33-36.

[146] 仝莹莹,王璐,李栓栓,等.亚硝酸盐在肉制品加工中的作用及其替代物的研究[J].河南科技,2015(21):64-66.

[147] 王道营,诸永志,徐为民.复合磷酸盐在肉品加工中的应用[J].农村新技术,2009(6):21-23.

[148] 郑善强,佘亚飞.磷酸盐在烘焙食品、海产品及肉制品中的应用研究[J].中国食品添加剂,2007(1):240-242.

[149] 邵珠刚.西式低温肉制品加工过程中复合磷酸盐使用要点[J].肉类工业,2015(6):40-40,45.

[150] 王鹏,严玉玲.复合磷酸盐在食品中的应用分析[J].食品界,2017(4):103.

[151] Ahmed, Zaheer. Microbial production of food ingredients and additivesii biopolymer produced by the lactic acid bacteria: Production and practical application [M]. Microbial Production of Food Ingredients & Additives, 2017.

[152] Lipasek R A, Ortiz J C, Taylor L S, et al. Effects of anticaking agents and storage conditions on the moisture sorption, caking, and flowability of deliquescent ingredients [J]. Food research international, 2012, 45 (1): 369-380.

[153] Stoklosa A M, Lipasek R A, Taylor L S, et al. Effects of storage conditions, formulation, and particle size on moisture sorption and flowability of powders: A study of deliquescent ingredient blends [J]. Food Research International, 2012, 49 (2): 783-791.

[154] Chang L S, Karim R, Mohammed A S, et al. Moisture sorption isotherm and shelf-life prediction of anticaking agent incorporated spray-dried soursop (*Annona muricata* L.) powder [J]. Journal of Food Process Engineering, 2019, 42 (5): e13134.1-e13134.10.

[155] 丁晓雯.食品安全学[M].北京:中国农业大学出版社,2011.

[156] 刘宁,肖白曼,朱正浩,等.HPLC法测定食品中非食用色素酸性橙中国食品卫生检验杂志[J].2005,17(5):422-424.

[157] 中华人民共和国国家食品监督管理局.世界卫生组织国际癌症研究机构致癌物清单[Z].2017.

[158] 赖明华.β-兴奋剂的作用及其影响因素[J].江西饲料,1998(1):7-9.

[159] 潘心红,邓艳芬,李军涛,等.用胶体金试纸法直接测定鱼肉中硝基呋喃类残留的方法探讨[J].中国卫生检验杂志,2011,21(3):568-569.

[160] 刘筠筠.食品添加剂非法添加和滥用的法律规制研究[M].北京:中国政法大学出版社,2015.

[161] 郝利平.食品添加剂[M].第3版.北京:中国农业出版社,2016.